一歩進んだ知識があなたの武器になる！

データベース技術の教科書

アイテックIT人材教育研究部 [編著]

実務にも、
試験対策にも、
両方に役立つ万能書！

はじめに

　データベーススペシャリスト試験は，旧試験制度の平成6年春から実施されているデータベーススペシャリスト試験，平成13年春からのテクニカルエンジニア（データベース）試験を経て，平成21年春から実施されている情報処理技術者試験の一つです。試験制度のスキルレベル4に相当し，高度情報処理技術者試験に含まれます。試験対象者は，システムエンジニアの中でも特にデータベース設計者とSQLプログラマ，データベース管理者です。

　午前Ⅰの共通知識30問は応用情報技術者試験と同じ広い範囲から出題されます。午前Ⅱの専門知識25問はそれぞれ範囲を絞った分野からの出題です。午後Ⅰ試験はデータベース設計，同時実行制御，索引設計，運用管理などの分野から3問出題され，得意分野から2問選択します。午後Ⅱ試験はデータベース（物理）設計と概念データモデリングの2問が出題され，同じく得意分野から1問選択します。データモデルの作成，データベースの設計・運用など，実務経験に基づく専門知識，応用能力，実務能力を問う問題です。

　旧試験制度のデータベーススペシャリスト試験開始から四半世紀が経過し，数年前から試験内容が少し変化しているようです。従来は概念設計や論理設計といったシステム開発の上流工程に重きを置いていましたが，データベースの実装，SQLなどの中流から下流工程に比重を少し移しているように見受けられます。

　専門的，実務的な問題が出題されるとはいえ，問題を解く上で，その前提となっているデータベース技術に関する基礎的な知識は欠かせません。そこで，本書では，こうした基礎知識を修得しようとする方々のために，共通キャリア・スキルフレームワークに準拠し，データベースの広範で基礎的な技術項目について詳しく解説しました。また，基礎知識の理解度を試す演習問題や応用能力アップを図るための例題も収録しました。

　基本情報技術者試験，応用情報技術者試験などの基礎技術を習得された方々は，是非，本書を利用して，データベーススペシャリスト試験の前提となる基礎知識・応用能力を身に付けていただければと思います。また，本書をデータベースの企業内教育用のテキストとして用いることもできます。

　本書を用いてデータベーススペシャリスト試験の午前や午後問題に対応できる基礎知識・応用能力を身に付けたならば，次に，弊社発行の「徹底解説 データベーススペシャリスト本試験問題」，「データベーススペシャリスト専門知識＋午後問題の重点対策」，「極選分析 データベーススペシャリスト予想問題集」などにも挑戦してみてください。本試験問題や予想問題に数多く挑戦すること（アウトプット学習）によって知識の整理ができ，表現力も身に付き，解決能力・実務能力のレベルアップが可能になります。本書と併せてご活用願いたいと思います。なお，本書は主としてデータベーススペシャリスト試験の受験者にデータベース関連の知識を体系的に修得してもらうことに主眼を置いていますが，一般的なデータベースの教科書としても十分に使えるものだと思います。

　データベーススペシャリスト試験は情報処理技術者試験の中でも難関です。皆さまが，努力の結果，合格の栄冠を勝ち取られますよう心からお祈り申し上げます。

2018年9月
アイテック IT人材教育研究部

目次

第1章 データベースとデータモデル……………………………………7
- 1.1 データベースとは…………………………………………………8
- 1.2 データモデルの考え方……………………………………………12
- 1.3 概念データモデル…………………………………………………16
  - 1.3.1 データモデル機能の機能要件……………………………16
  - 1.3.2 E-Rモデル…………………………………………………19
  - 1.3.3 拡張E-Rモデル……………………………………………28
- 1.4 論理データモデル…………………………………………………33
  - 1.4.1 階層モデル…………………………………………………33
  - 1.4.2 ネットワークモデル………………………………………34
- 1.5 章末問題……………………………………………………………36

第2章 関係モデルの理論……………………………………………41
- 2.1 関係モデル…………………………………………………………42
  - 2.1.1 関係モデルの背景・目標…………………………………42
  - 2.1.2 関係モデルの機能…………………………………………44
  - 2.1.3 関係モデルの要素…………………………………………46
- 2.2 関係代数……………………………………………………………50
- 2.3 正規化理論…………………………………………………………57
  - 2.3.1 正規化の意義………………………………………………57
  - 2.3.2 関数従属性…………………………………………………58
  - 2.3.3 第1正規形…………………………………………………62
  - 2.3.4 第2正規形…………………………………………………65
  - 2.3.5 第3正規形とBCNF………………………………………67
  - 2.3.6 第4正規形…………………………………………………74
  - 2.3.7 第5正規形…………………………………………………77
- 2.4 章末問題……………………………………………………………79

第3章 DBMSの機能……………………………………………………85
- 3.1 SQL言語……………………………………………………………86
  - 3.1.1 データベース言語方式……………………………………86
  - 3.1.2 SQLの特徴・言語レベル…………………………………87
  - 3.1.3 ホスト言語方式……………………………………………88
  - 3.1.4 データ定義…………………………………………………91
  - 3.1.5 データ操作…………………………………………………105
  - 3.1.6 クライアントサーバ機能と情報スキーマ………………140
  - 3.1.7 静的SQLと動的SQL……………………………………142
  - 3.1.8 ストアドプロシージャとトリガ…………………………144
- 3.2 整合性管理…………………………………………………………148
- 3.3 セキュリティ管理…………………………………………………154

3.4　トランザクション管理 …………………………………… 158
3.5　同時実行制御（排他制御） ……………………………… 168
3.6　障害回復管理 ……………………………………………… 181
3.7　章末問題 …………………………………………………… 186

第4章　DBMSの実装技術 …………………………………… 199
4.1　ファイル編成 ……………………………………………… 200
4.2　インデックス法 …………………………………………… 204
4.3　バッファリング技法 ……………………………………… 214
4.4　問合せ処理の最適化 ……………………………………… 216
4.5　章末問題 …………………………………………………… 222

第5章　分散データベース …………………………………… 225
5.1　分散データベースの概要 ………………………………… 226
　　5.1.1　分散データベースの概念 ………………………… 226
　　5.1.2　データの分散戦略 ………………………………… 231
　　5.1.3　分散データベースの透過性 ……………………… 235
5.2　分散問合せ処理 …………………………………………… 239
5.3　分散トランザクション処理 ……………………………… 244
5.4　分散データベースリカバリ ……………………………… 249
5.5　レプリケーション ………………………………………… 258
5.6　章末問題 …………………………………………………… 263

第6章　情報資源管理とデータベース設計 ………………… 265
6.1　システムカタログ ………………………………………… 266
6.2　情報資源辞書システム …………………………………… 267
6.3　情報資源管理 ……………………………………………… 271
6.4　リポジトリ ………………………………………………… 274
6.5　CASEツールとリポジトリ ……………………………… 278
　　6.5.1　CASE環境についてのPCTE（ISO/IEC 13719）…… 278
　　6.5.2　CASEツールとリポジトリ ……………………… 279
　　6.5.3　メタデータベース ………………………………… 280
6.7　章末問題 …………………………………………………… 282

第7章　データ分析・データモデル作成 …………………… 283
7.1　データ定義の標準化 ……………………………………… 284
7.2　データベースの要件定義 ………………………………… 288
7.3　データ分析・データモデル作成の概略手順 …………… 290
7.4　トップダウンアプローチ ………………………………… 297
　　7.4.1　エンティティの識別 ……………………………… 298

- 7.4.2 エンティティのキーの識別 ………………………… 299
- 7.4.3 エンティティ間の関連の識別 ………………………… 301
- 7.4.4 ビジネスルールの識別 ………………………… 311
- 7.4.5 エンティティの属性の洗出し ………………………… 316
- 7.4.6 データ正規化によるチェック ………………………… 317
- 7.4.7 DFDとの整合性検証 ………………………… 317
- 7.4.8 コード分析 ………………………… 318
- 7.4.9 データモデルとビジネスプロセスの整合性確認 …… 319
- 7.4.10 データ制約の分析 ………………………… 324
- 7.5 ボトムアップアプローチ ………………………… 326
  - 7.5.1 ユーザビューの収集，データ項目の抽出とデータ定義 ………………………… 327
  - 7.5.2 ユーザビューごとのデータ正規化と部分図の作成 ………………………… 327
  - 7.5.3 複数部分図の類似エンティティの統合 ………………………… 330
  - 7.5.4 ユーザビューの設計 ………………………… 332
- 7.6 論理データモデルの作成 ………………………… 335
  - 7.6.1 論理データモデルへの変換 ………………………… 335
  - 7.6.2 テーブル構造 ………………………… 336
- 7.7 概念データモデル作成例題 ………………………… 350
- 7.8 論理データモデル作成（DB設計）例題 ………………………… 364

第8章 データベースシステム設計と実装 ………………………… 377
- 8.1 DBMSの選定と導入の概要 ………………………… 378
- 8.2 スペース見積り ………………………… 386
- 8.3 性能見積り ………………………… 389
- 8.4 物理データベース設計 ………………………… 395
  - 8.4.1 物理環境の確認とトランザクション分析 ………………………… 395
  - 8.4.2 物理設計のポイントと非正規化 ………………………… 396
  - 8.4.3 インデックスの利用と選定他 ………………………… 404
- 8.5 性能調整 ………………………… 407
  - 8.5.1 効率向上トレードオフ ………………………… 407
  - 8.5.2 データの物理的な配置 ………………………… 410
  - 8.5.3 アプリケーション性能調整 ………………………… 412
- 8.6 章末問題 ………………………… 417

第9章 データベースシステムの運用管理 ………………………… 421
- 9.1 運用管理の指針 ………………………… 422
- 9.2 性能管理 ………………………… 423
- 9.3 障害管理 ………………………… 426

9.4　セキュリティ管理 ……………………………………………… 428
　　　9.5　データベース保守管理 ………………………………………… 431
　　　9.6　章末問題 ………………………………………………………… 432

第10章　データベースの技術動向 ……………………………………… 435
　　　10.1　データベース言語 …………………………………………… 436
　　　　　10.1.1　SQL/CLI ……………………………………………… 438
　　　　　10.1.2　SQL/PSM ……………………………………………… 438
　　　　　10.1.3　SQL-99 ……………………………………………… 440
　　　10.2　データウェアハウス ………………………………………… 444
　　　　　10.2.1　データウェアハウスの概要 ………………………… 444
　　　　　10.2.2　データウェアハウスのアーキテクチャ …………… 447
　　　　　10.2.3　データウェアハウスの設計と構築 ………………… 451
　　　　　10.2.4　オンライン分析処理 ………………………………… 454
　　　　　10.2.5　データマイニング …………………………………… 458
　　　10.3　オブジェクト指向とデータベース ………………………… 462
　　　　　10.3.1　オブジェクト指向の基本概念 ……………………… 462
　　　　　10.3.2　オブジェクト指向システム開発 …………………… 467
　　　　　10.3.3　オブジェクト指向システム開発とデータベース … 472
　　　10.4　オブジェクトリレーショナルデータベース ……………… 476
　　　10.5　Webとデータベース ………………………………………… 479
　　　10.6　データ記述言語 XML／JSON とデータベース …………… 484
　　　10.7　ビッグデータと NoSQL ……………………………………… 493
　　　　　10.7.1　ビッグデータの分析処理 …………………………… 493
　　　　　10.7.2　分散処理フレームワーク …………………………… 494
　　　　　10.7.3　ストリーム処理 ……………………………………… 498
　　　　　10.7.4　NoSQL ………………………………………………… 501
　　　10.8　章末問題 ……………………………………………………… 507

章末問題　解答・解説 ………………………………………………………… 511

APPENDIX ………………………………………………………………………… 541
　　1　主要な RDBMS の概要 ……………………………………………… 542
　　2　代表的なデータベース設計ツール（E-R図エディタ）の概要 … 543
　　用語 INDEX …………………………………………………………… 544
　　参考文献 ……………………………………………………………… 555

第1章

データベースとデータモデル

1.1 データベースとは ……………………………………… 8
1.2 データモデルの考え方 …………………………………… 12
1.3 概念データモデル ………………………………………… 16
1.4 論理データモデル ………………………………………… 33
1.5 章末問題 …………………………………………………… 36

1.1 データベースとは

　データベースは，現在のコンピュータシステムでは，特に事務処理向けではなくてはならないものである。データベースとは何かを簡単にいえば，「長期間に渡って必要とする情報のかたまり」であるが，もう少し具体的に定義するなら，「コンピュータシステムにおいて，**DBMS**（DataBase Management System；データベース管理システム）によって管理されるデータの集合体」となる。DBMS は，次のような機能を持っている。

▶DBMS

- データベースの論理構造を定義する機能：この定義する言語を**データ定義言語**（**DDL**；Data Definition Language）という。
- データベースの内容を問い合わせたり，更新したりする機能：この言語を**データ操作言語**（**DML**；Data Manipulation Language）という。
- 大量データの格納管理機能
- 多くのデータベースユーザの同時アクセスにおいて，データに矛盾が生じないようにする機能：この機能を**同時実行制御**機能という。

▶データ定義言語
▶DDL
▶データ操作言語
▶DML

▶同時実行制御

　企業の資産としてのデータ（情報）を効率的に管理する手段がデータベースである。データベースは，企業などの組織体の日々の業務を効率化するための基幹系（業務系）システムのデータを，体系的に蓄積・管理するためにできた。

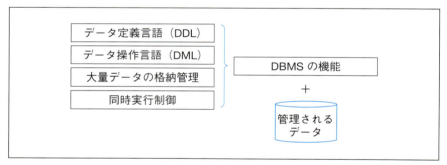

図 1-1　データベースの定義

　データベース管理システムは，それまでのファイルシステムを発展させたものである。最初の商用データベース管理システムが出現したのは，1960 年代の後半である。ファイルシステムは，上記四つの機能の一部を備えているが，完全な形ではそれらの機能を備えていなかった。歴史的には，データベースシステムの代表例として列車，航空機の座席予約システム，銀行の勘定系システム（一般には経理会計業務システム，特に銀行の基幹系システム）などがある。

(1) 関係データベースの登場

座席予約システムや銀行の勘定系システムは，その多くが階層型やネットワーク型といわれる種類のデータベースで構築されていた。その後に登場したのが関係データベース（relational database）である。関係データベースが実用化されはじめたのは，1980年代の前半である。当時は，関係データベースは，単純なファイルシステムと比較しても複雑で大きく，高性能な汎用コンピュータでないと実用的な性能で使えるものではなかった。それが，マイクロプロセッサの高性能化，ディスクと主メモリの大容量・低価格化で，小さなノートパソコンでも本格的な関係データベースが使えるようになったのである。関係データベースがここまで普及した背景には，ハードウェアの進歩とともに，従来型のファイルシステムあるいは階層型データベースやネットワーク型データベースと比較して，プログラムとデータの独立性が高く，システム開発の生産性が高かったことがある。また，関係データベース操作言語 SQL の標準化も大きく貢献している。

▶関係データベース

▶SQL

関係データベースは，主に単純な計数データや文字データを扱うビジネス分野で使われているが，徐々にマルチメディア情報等を扱うオブジェクト指向データベースの機能を含んだものへと拡張されてきた。SQL は，初期の頃は対話形式で行単位入力するのが普通であったが，現在はアプリケーションプログラムあるいはデータベース検索専用ツールの内部で使われている。クライアントサーバデータベースの場合，クライアントからサーバに SQL 文が渡される。アプリケーション開発ツールと関連して，特に Web ブラウザを使用したデータベースアクセスは，現時点では特に重要である。Web ブラウザから Web サーバにアクセスして，そこから SQL を使用してデータベースシステムにアクセスし，問合せ結果を HTML の記述の中に埋め込み Web ブラウザに返す。

関係データベースは，先の情報系システムとしての大規模データベース向けの機能拡張（並列 SQL 機能，結合演算の高速化等）と並んで，逆に従来は関係データベースを使うことなど考えられなかったモバイル機器，組込み機器でも利用されるようになった。

(2) データベースの役割

データベースは，企業の日々の業務を効率化するための基幹系システムのデータを体系的に蓄積・管理するために登場した。特に初期の頃のデータベースは，階層型あるいはネットワーク型データベースという構造型データベース（階層構造やネットワーク構造を前提にしたデータベース）が中心であった。

▶構造型データベース

一方，データベースを使用目的から分類すると，トランザクション処理を主体とする基幹系データベースから，履歴型データを扱う情報系データベースへと拡大してきた。基幹系システムとは，銀行の勘定系システム，座席予約，販売管理，在庫引当などの日々の企業活動に不可欠な業務を直接支援する情報システムである。基幹系データベースは，毎日毎日の発生あるいは変化するデータを扱う。この日々の実績データを履歴データとして，時系列をキーとして蓄積したものを情報系データベースという。基幹系データベースが，日常業務を支援するのに対し

▶基幹系データベース
▶情報系データベース

て，情報系データベースは，企業戦略の立案，マーケティング，経営シミュレーション等を支援するものと位置付けられる。特に，従来の更新処理を中心に考えたデータベースの構成ではなく，履歴型データの検索を主体に考えたデータベースの構成法を，データの倉庫という意味から**データウェアハウス**（Data Warehouse）という。

▶データウェアハウス

(3) データの独立性

データベースは，文字や数字などを主とする計数データ（受注データ，在庫データ，売上データなど）を利用目的に従って整理して，蓄えておくものである。企業が基幹業務で使用している情報システムでは，大部分が計数データを格納したデータベースが中心であった。

データベースが単なるファイルシステムと違う第1の点は，データの整合性を保ち，プログラムからデータを独立させて管理することにある。これを**データの**（プログラムからの）**独立性**という。データの整合性を保つとは，データの値を現実の正しい値と間違いなく一致させることである。プログラムからデータを独立させて管理するために，データ自体を管理するデータが必要とされる。このデータを**システムカタログ**，**データディクショナリ**又は**メタデータ**（データのデータという意味）という。

▶データの独立性

▶システムカタログ
▶データディクショナリ
▶メタデータ

データベース，特に関係データベースが普及するまでは，情報システムは，COBOLなどの第3世代言語で書かれたアプリケーションプログラムとそこから使用されるファイルで構成され，これはファイルシステムと呼ばれていた。ファイルは，一まとまりのレコードの集合である。ファイルは個別にプログラムに依存した形で設計されるため，どうしても処理プログラムごとにデータがばらばらになったり，同じデータが重複して持たれたり，ファイルフォーマットを少し変更しようとするとその処理プログラムまで変更しなければならなかったりと，いろいろな不都合が生じていた。データベースは，これらの不都合を解決した。データベースには，階層型データベース，ネットワーク型データベース，関係データベースといろいろなものがあるが，その中でデータの独立性という観点から理想に近いものが，関係データベースである。関係データベースでは，プログラムとデータの独立性がほぼ達成されている。

表1-1 ファイルシステムの制限事項

項　　目	説　　明
データの分離	データを統合化する場合，複数のファイルにアクセスしなければならない。
データの重複	格納コストが増大，整合性が保ちにくい。
データに依存	プログラムがファイル構造に依存する。
ファイルの非互換性	ファイル形式がプログラム言語に依存する。
アプリケーションの非汎用性	ファイル内容にアプリケーションが固定化され，汎用性がない。

(4) データの統合化

▶データの統合化

ファイルシステムとデータベースの違いの第2の点は，データの統合化が図れることである。ただし，データの統合化は，関係データベースを単にファイルシステムの代わりに使用すれば自然と達成されるものではなく，関係データベースをどう使用するかによる。データベースを利用する狙いは，共通データベースを中心とした統合化にある。しかし，現実には関係データベースを単にファイルシステムの代わりに使用しただけの縦割りの情報システム（経理，販売，人事 などが独立）があり，本来のデータベースの利点を生かしていないケースもよくあった。これは，プログラムとデータの独立性はある程度高められているが，データはプログラムに依存した形で設計されていて，データ間の統一性，統合化が達成されいない場合に起こる。

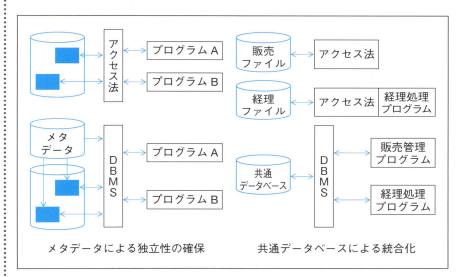

図1-2 データベースによる独立性の確保と統合化

> **? データベースとファイルシステムの最も異なる点は何でしょうか。**
>
> データベースはファイルシステムと比較して，データの整合性を保ち，プログラムからデータを独立させるように管理できます。

1.2 データモデルの考え方

データモデルは，企業全体のデータ体系を，ダイアグラムなどを使ってモデル化して表現したものである。データモデルを作成することによって，企業全体のデータ体系が矛盾のない整合性のとれたデータ構造になり，必要な情報を速やかに取り出すことができるようになる。

(1) データモデル機能とデータモデル

① データモデル機能

企業全体や特定業務などのデータモデルを記述するときの，ダイアグラムなどを使ってモデル化するモデリング技法のことを▶データモデル機能という。

〔例〕 E-R モデル，IDEF1X，関係モデルなど

② データモデル

モデリング技法を用いて設計した結果が▶データモデル，又は応用データモデルである。

〔例〕 販売管理データモデル，財務経理データモデルなど

③ データモデルインスタンス

データモデルの，ある時点におけるデータ実現値が▶データモデルインスタンスである。

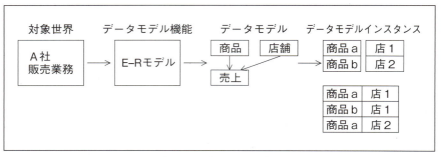

図 1-3 データモデル機能とデータモデル

(2) 様々なデータモデル

データモデルに関しては，後述する ANSI/X3/SPARC 3 層スキーマアーキテクチャをはじめ，様々な考え方がある。2000 年 6 月に JIPDEC が発表したテクニカルエンジニア（データベース）の「情報処理技術者スキル標準」においては，データモデルを概念データモデル，論理データモデル，物理データモデル（物理

データベース）に3区分する（図1-4参照）。

　図1-4は，システム開発の各工程において概念，論理，物理のどのデータモデルが用いられるかを示している。上流工程では概念データモデルが，システム分析・要求定義，外部分析，データベース設計では論理データモデルが，内部設計では実装依存の物理データモデル（物理データベース）が用いられる。ここでは，概念データモデル，論理データモデルなどの考え方とANSI/X3/SPARC 3層スキーマアーキテクチャについて説明する。

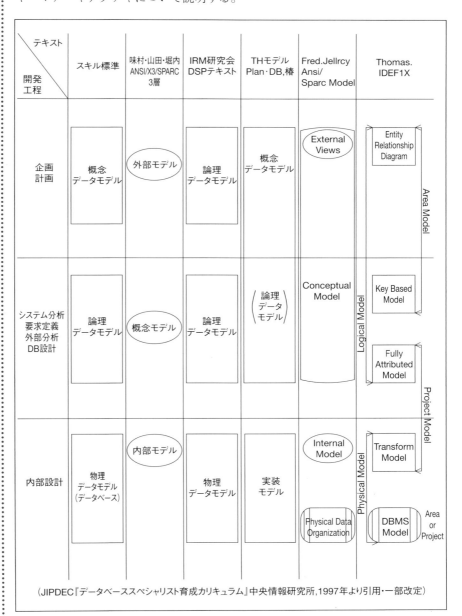

図1-4　様々なデータモデルの考え方

(3) データモデル

概念データモデル，論理データモデル，物理データモデルは，次のように区分される。

① 概念データモデル

▶概念データモデル

概念データモデル（conceptual data model）は，企業全体のデータ体系や業務ルールを，ダイアグラムなどを使ってモデル化したもの，あるいは対象世界の情報要件を表現したものである。概念データモデルは，企業の業務で必要となる対象（データ）を認識し，その意味関係を表現することに重点が置かれるので，別名，意味データモデルともいわれる。概念データモデルはその名が示すように概要レベルのデータ構造だけ，つまりエンティティ（実体）とその関連及びキーを含む主要な属性までしか定義しない。代表的な概念データモデル機能に E-R モデルがある。

▶意味データモデル

② 論理データモデル

▶論理データモデル

階層構造，ネットワーク構造，関係などのデータモデル（データ構造）の特性を加味して作成されるのが，論理データモデル（logical data model）である。関係モデルでいえば，関係スキーマあるいはテーブル構造に相当する。概念データモデルはコンピュータ化されない部分についても記述するが，論理データモデルはコンピュータ化対象領域だけを記述する。論理データモデルでは，概念データモデルのデータ構造を受けて詳細なデータ構造，つまり，エンティティとその関連及びキーを含む全ての属性を定義する。代表的な論理データモデル機能には，階層モデル，ネットワークモデル，関係モデルなどがある。

なお，概念データモデルも論理データモデルも，ともに DBMS に依存しない実装独立のデータモデルである。

▶実装独立

③ 物理データモデル

▶物理データモデル

DBMS 固有のデータ構造や性能（インデックス，格納構造）を考慮して作成されるのが，物理データモデル（physical data model）（又は物理データベース）である。物理データモデルは実装依存のデータモデルである。

(4) ANSI/X3/SPARC 3層スキーマアーキテクチャ

▶ANSI/X3/SPARC
▶3層スキーマアーキテクチャ

CODASYL 型データベースやコッドによる関係モデルの発表など DBMS の発展を契機として ANSI/X3/SPARC（Standards Planning And Requirements Commitee）3層スキーマアーキテクチャの最終報告が1978年に発表された。これは，データベースシステムのアーキテクチャ（基本構成）を，インタフェースを中心にして徹底的に分析し，3層のスキーマからなるモデルを提示したものである（図1-5 参照）。現実の DBMS は大部分がこの3層スキーマアーキテクチャに従っている。なお，図1-5 のスキーマをモデルという語に置き換えれば，図1-4 の ANSI/X3/SPARC のデータモデルに対応する。

1.2 データモデルの考え方

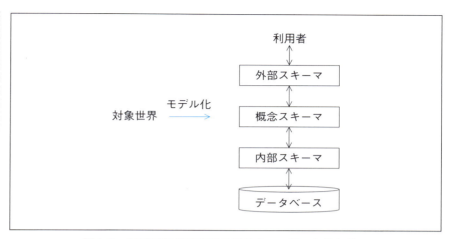

図1-5 ANSI/X3/SPARC 3層スキーマアーキテクチャ

① 概念スキーマ

▶概念スキーマ

概念スキーマ（conceptual schema）は，データベース全体のデータ構造を物理的な実現方法とは独立に定義したものであり，使用データモデル（階層モデル，ネットワークモデル，関係モデル）の特性を加味して作成される。RDBMS（Relational DBMS）のテーブル定義のSQL文（CREATE TABLE）が対応する。ただし，これにはデータ型の定義も含まれるので，内部スキーマの一部を含んだ概念スキーマといえる。

② 外部スキーマ

▶外部スキーマ

外部スキーマ（external schema）は，利用者やアプリケーションに直接見える世界であり，利用者からの要求を念頭においてデータ定義を行う。サブスキーマやSQLのビューなどによって外部スキーマを定義することで，概念スキーマのデータ構造の変更が利用者の作成した問合せやアプリケーションに影響を与えないようにすることができる。これを論理的データ独立性

▶論理的データ独立性

といい，外部スキーマを定義するメリットである。

③ 内部スキーマ

▶内部スキーマ

内部スキーマ（internal schema）は，データの物理的な格納面からの定義を行う。ネットワークモデルでは，DSDL（Data Storage Definition Language），DMCL（Device Media Control Language）によって定義を行う。商用のRDBMSでは，SQLのテーブル定義文を拡張してインデックス定義や格納構造の定義を行うようにしている。内部スキーマを独立した一つの階層にすることによって，物理的な表現の変更が概念スキーマ及び外部スキー

▶物理的データ独立性

マに影響することを防ぐことができる。これを物理的データ独立性と呼び，内部スキーマを定義するメリットである。

15

1.3 概念データモデル

1.3.1 データモデル機能の機能要件

　E-Rモデルなどのデータモデル機能には，対象とする世界のデータの意味関係を忠実に記述でき，分析・設計した結果を的確に第三者に伝えることができる機能が求められる。概念データモデル機能及び論理データモデル機能に求められる機能要件を示すと，次のようになる。

(1) 概念データモデル機能の機能要件
　概念データモデル機能には，データ定義と整合性制約の二つの機能が求められる。
　① データ定義機能
　・誰がモデリングしても同じ結果になること
　・視覚的に理解しやすいこと（ダイアグラム表現）
　・複合オブジェクト（繰返し項目，階層構造）や汎化・特化関係などのデータの意味関係を表現できること
　・概念データモデル機能自身に矛盾がないこと（完全性）
　② 整合性制約機能
　　データベース（データモデル）内のデータが正当で矛盾がない状態を整合性があるという。整合性制約はその状態を維持するために設定する様々な制約のことであり，E-Rモデルなどの概念データモデル機能で直接表現できる整合性制約には，識別子制約，存在制約，参照制約，多重度制約，導出制約がある。

(2) 論理データモデル機能の機能要件
　論理データモデル機能には，データ定義とデータ操作，整合性制約の三つの機能が求められる。
　① データ定義機能
　　論理データモデル機能も，概念データモデル機能同様，複合オブジェクトや汎化・特化関係などのデータ構造を表現できなければならない。例えば関係モデルの場合，汎化・特化関係はそれらをフラットなテーブルへマッピングして表現する。
　② データ操作機能
　　データモデル（データベース）上のデータに対する登録，更新，問合せを行う機能である。

③ 整合性制約機能

論理データモデル機能の整合性制約には，概念データモデル機能で挙げた識別子制約，存在制約，参照制約，多重度制約，導出制約の他に，形式制約や更新制約がある。関係モデルでいえば，形式制約はドメイン制約で，更新制約はトリガやストアドプロシージャで定義できる。

(3) 複合オブジェクト，汎化・特化関係など

データモデル機能は，複合オブジェクト（繰返し項目，階層構造）や汎化・特化関係などのデータの意味関係を表現できなければならない。

① 複合オブジェクト（繰返し項目，階層構造）

▶複合オブジェクト

複合オブジェクト（composite object）は，アプリケーションプログラムで使われる階層構造（木構造）や繰返し項目などの複雑なデータ構造を表現したものである（図1-6 参照）。

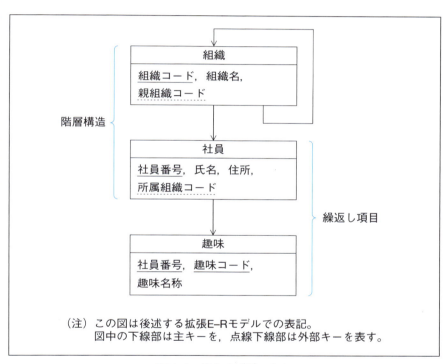

図1-6　複合オブジェクト

▶汎化・特化関係

② **汎化・特化関係**

汎化は，複数の対象物に共通する属性（特性）に注目して，それらを一つのものにまとめる（抽象化，一般化する）。例えばパソコン，サーバ，メインフレームは，コンピュータとしての共通の属性を持つので，これらの対象物をコンピュータというくくりで一つにまとめることができる。これが汎化（generalization）である。逆に，特化（specialization）は，ある対象物の共

通部分以外の固有の属性に注目し，その属性に基づいて再分類（特殊化，具体化）する。例えばパソコン，サーバ，メインフレームは，コンピュータとしての共通属性以外にそれぞれパソコン固有，サーバ固有，メインフレーム固有の属性を持つ。コンピュータは，その固有の属性に基づいて，パソコン，サーバ，メインフレームに再分類できる。これが特化である（図1-7参照）。汎化・特化関係は is-a 関係，汎化関係，汎化階層ともいわれる。is-a は，「パソコン is-a コンピュータ（パソコンはコンピュータの一つである）」というように読む。

▶ is-a 関係
▶ 汎化関係
▶ 汎化階層

③ 集約化・分解関係

汎化・特化関係は対象の性質に注目した意味関係であるが，対象の構成に注目したものが集約化・分解関係である。集約化・分解関係には，全体と部分の構成関係を表現する集約（part-of 関係）と，強い所有関係を表現するコンポジット集約（has-a 関係）の二つがある。part-of 関係では，対象物の構成に注目したグループ化を集約化といい，逆を分解という（図1-8参照）。図1-8はUML（Unified Modeling Language）（「10.3 オブジェクト指向とデータベース」参照）の表記法を用いているが，後述する拡張E-Rモデルでは，集約化・分解関係と通常の関連とは特に区別しない。

▶ 集約化・分解関係
▶ part-of 関係
▶ has-a 関係

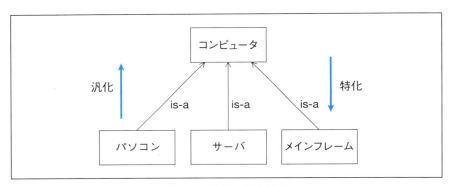

図1-7　汎化・特化関係

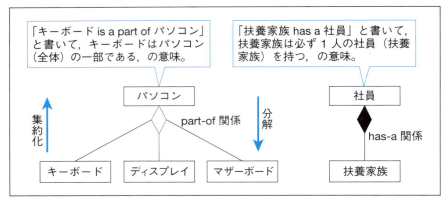

図1-8　集約化・分解関係

1.3.2 E-R モデル

▶E-R モデル
▶実体関連モデル
▶エンティティ
▶実体
▶リレーションシップ
▶関連

E-R モデル（Entity-Relationship モデル；実体関連モデル）はネットワークモデル，関係モデル，エンティティセットモデルの 3 モデルを統合するデータモデルとして 1976 年に P.P. チェンによって発表された。E-R モデルは現実世界をエンティティ（実体）とエンティティ間のリレーションシップ（関連）としてとらえ，E-R 図を用いて表現する。E-R モデルは現実世界をモデル化する手段として理解しやすい，実体間の関係の意味表現ができる，様々なデータ構造が表現できる，あるいは関係モデルとの親和性が高いなどの特徴から広く利用されている。

(1) E-R モデルでの表現

E-R モデルではエンティティ，リレーションシップ，属性，ロール（役割），多重度(注)などの概念を用いて現実世界の意味関係を表現する。

① エンティティタイプ（実体型）とインスタンス

▶実体型
▶エンティティ

エンティティとは，モデル化対象世界の対象物のことをいう。この対象物には物理的な実体（特定の車や商品，顧客など）と抽象的な実体（特定の組織や売上・発注などの事象）がある。エンティティは，それ自体を説明する幾つかの属性を持つ。例えば，図 1-9 における逢坂一郎，江戸花子はエンティティであり，顧客コード，顧客名などの属性を持つ。エンティティは，また，

▶インスタンス
▶オカレンス
▶エンティティタイプ

インスタンス（instance；実現値）あるいはオカレンス（occurrence）ともいわれる。このエンティティが属する集合を表現する概念（抽象化した概念）がエンティティタイプ（entity type；実体型）である。エンティティタイプは，そこに所属するエンティティに共通な属性を持つ。その属性がある特定の値（具体的な値）を持つとき，それがエンティティである。インスタンス（又はエンティティ）とエンティティタイプとの間の関係は，オブジェ

▶is an instance of 関係
▶分類
▶グループ化

クト指向では is an instance of 関係（分類，グループ化）と呼ばれる（図 1-9 参照）。

なお，エンティティタイプを単にエンティティという場合も多い。

(注) 本書では多重度（multiplicity）という用語を使用するが，これは主に UML クラス図で使用されている用語で，E-R モデルではカーディナリティ（cardinality；基数又は濃度）と呼ばれていたものを包含する。E-R モデルではカーディナリティでよいが，日本語がしっくりこないので，多重度とする。

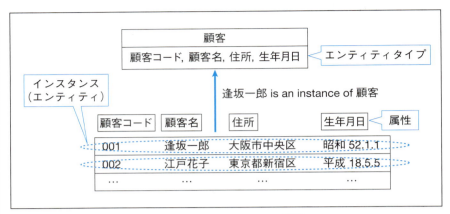

図 1-9　is an instance of 関係

② リレーションシップタイプ（関連型）とインスタンス

▶リレーションシップ

　リレーションシップ（関連）とは，業務上の規則（ビジネスルール）によって発生するエンティティ間の意味的な関係のことである。リレーションシップは属性を持つことができるが，持たなくても構わない。リレーションシップの属する集合を表す概念がリレーションシップタイプ（relationship type；関連型）である。リレーションシップタイプの属性がある具体的な値を持つとき，それをインスタンスという。なお，二つのエンティティタイプ間に複数のリレーションシップが存在してもよい。

▶リレーションシップタイプ

③ 属性

▶属性

　属性（attribute）はエンティティタイプやリレーションシップタイプの特性・性質を表現する要素・データ項目のことである。

④ ロール（役割）

▶ロール

　ロール（role）は，リレーションシップタイプにおいてエンティタイプが果たす役割を記述する。

⑤ E-R モデルの表記法（E-R 図）

▶E-R 図

　E-R 図（E-R diagram）では，エンティティタイプを四角のボックス，リレーションシップタイプを菱形のボックスで記述する。属性は，円のボックス（ここでは楕円で表記）で表す。エンティティのインスタンス間に 1 対 1，1 対 N（1 対多），N 対 M（多対多）の関連がある場合，これを表現するために 1 や N，M を実線上に記述する。この記述を多重度という。片方のエンティティが相手のエンティティに対して果たす役割（ロール）も必要に応じ実線上に記述する（図 1-10 参照）。

1.3 概念データモデル

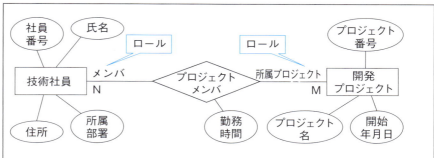

図1-10　E-Rモデルの表記法（E-R図）

(2) 属性

① 単純属性・複合属性

　E-Rモデルは関係モデルとの統合を意識しており，エンティティタイプや関連型は**単純属性**（simple attribute）から構成される。単純属性は，単独で意味を持つ原子的な属性（スカラー項目）のことである。単純属性以外の，配列や繰返しグループなどを**複合属性**（composite attribute）という。エンティティタイプ中に含まれる配列や繰返しグループは，第1正規化の考えに従ってフラットな表に変換するか，別のエンティティタイプへ分離する（図1-11参照）。繰返しグループ，第1正規化については「2.3 正規化理論」を参照のこと。

▶単純属性

▶複合属性

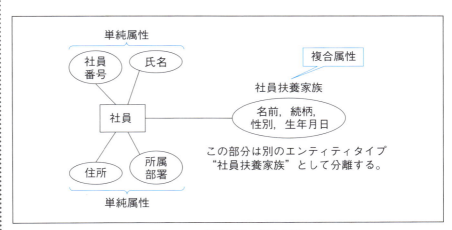

図1-11　単純属性・複合属性

② 主キー

　エンティティタイプや関連型のインスタンスを一意に識別する属性又は属

21

▶主キー

▶複合キー
▶連結キー

性の組合せを主キー（primary key）という。インスタンスを一意に識別する属性又は属性の組合せが複数ある場合は，そのうちの一つを主キーに決める。なお，キーが複数の属性の組合せから構成されているとき，これを複合キー（composite key）又は連結キー（concatenated key）という（図1-12参照）。

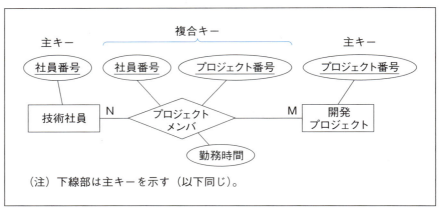

図1-12　主キー・複合キー

(3) 強エンティティと弱エンティティ

P.P.チェンは，1976年の論文の中でエンティティタイプを強エンティティと弱エンティティの二つに分類した。

① 強エンティティ

エンティティタイプがインスタンスを一意に識別する属性（主キー）を持つ場合，これを強エンティティ（strong entity）という。強エンティティは，次に述べる弱エンティティのように他のエンティティタイプに依存することはなく，それ自体として独立している。

▶強エンティティ

② 弱エンティティ

エンティティタイプがそれ自体としてはインスタンスを一意に識別する属性を持たない場合，これを弱エンティティ（weak entity）という。弱エンティティは自分と関連する強エンティティとキーを共用することで，インスタンスを一意に識別できる。弱エンティティの主キーは，関連するエンティティの主キーが埋め込まれ複合キーとなる。弱エンティティは親に当たる強エンティティの存在なしには存在できない（存在制約）。強エンティティと弱エンティティ間の関連は，IDEF1Xでいう依存リレーションシップあるいは集約化・分解関係のhas-a関係に相当する。例えば，受注と受注明細，売上と売上明細，社員と扶養家族などが該当する（図1-13参照）。

▶弱エンティティ

1.3 概念データモデル

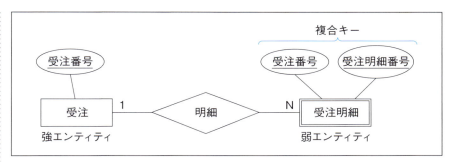

図1-13 強エンティティと弱エンティティの例

(4) リレーションシップ
① 多重度
　エンティティタイプXとYの間に1対Nの関連がある場合，Xの一つのインスタンスに対してYのN個のインスタンスが対応し，Yの一つのインスタンスに対してXの1個のインスタンスが対応する。このインスタンスの数を示す数字（1やN）のことを**多重度**という。対応するインスタンスが，最小何個で，最大何個であるかを明示する場合は，最小，最大の範囲を示す式で記述する。Xに対して最小が0個（対応するYのインスタンスがない）の場合は，0：Nあるいは0..Nと記述する。Yに対して最小値が0の場合（対応するインスタンスがない）も同様に，0：1あるいは0..1と記述する（図1-14参照）。

▶多重度

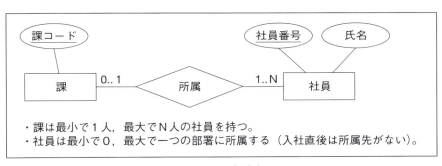

・課は最小で1人，最大でN人の社員を持つ。
・社員は最小で0，最大で一つの部署に所属する（入社直後は所属先がない）。

図1-14 多重度

② リレーションシップの基本対応関係
　エンティティタイプのインスタンス間には，1対1，1対多（1対N），多対多（N対M）の三つの基本的な対応関係がある。
　(a) 1対1関連
　　XとYのエンティティタイプ間の**1対1関連**は，Xの各インスタンス対して，Yの一つのインスタンスが対応し，Yの各インスタンスに対してXの一つのインスタンスが対応する（図1-15参照）。

▶1対1関連

23

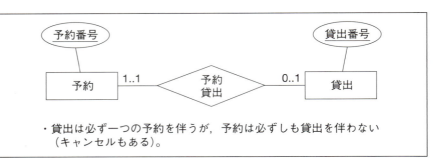

図 1-15　1 対 1 関連

多重度はインスタンスレベルで考える

エンティティタイプ間の多重度が分からなくなったら，インスタンスレベルで考えてみてください。図 1-14 の例でいえば，課には 1 課，2 課があり，社員には A，B，C，D，E，F がおり，1 課には A，B が，2 課には C，D，E が所属し，F は新人なので無所属などというように具体的にインスタンスの対応関係を考えます。このように具体的に考えれば，"課"と"社員"との間の多重度の意味が理解できるのではないでしょうか。また，多重度の最小値が 0 になるのか 1 になるのかもハッキリしてきます。

(b) 1 対多関連

▶1 対多関連

　　X と Y のエンティティタイプ間の 1 対多（1 対 N）関連は，X の各インスタンス対して Y の多数（N 個）のインスタンスが対応し，Y の各インスタンスに対して X の一つのインスタンスが対応する（図 1-16 参照）。

(c) 多対多関連

▶多対多関連

　　X と Y のエンティティタイプ間の 多対多（N 対 M）関連は，X の各インスタンス対して Y の多数（M 個）のインスタンスが対応し，Y の各インスタンスに対して X の多数（N 個）のインスタンスが対応する（図 1-16 参照）。

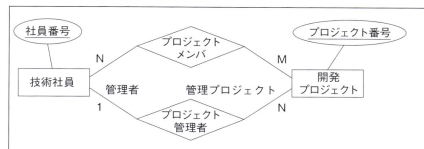

図1-16 1対多関連，多対多関連

(d) 多対多の1対多への変換

多対多関連の場合，エンティティタイプと関連型の対応関係は1対多になる。したがって，関連型をエンティティタイプとみなせば，多対多関連は1対多関連に変換できる（図1-17参照）。

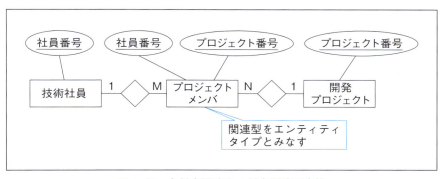

図1-17 多対多関連を1対多関連に変換

③ 2項関連

▶2項関連

二つのエンティティタイプ間の関連を**2項関連**という。今までに示した例は全て2項関連である。後述する拡張E-Rモデルでは，関連は2項関連に限定されている。

④ n項関連

▶n項関連

三つ以上のエンティティタイプ間の関連を**n項関連**という。図1-18のように，n項関連の関連型のキーは，関連するエンティティタイプの主キーが埋め込まれた複合キーとなる。

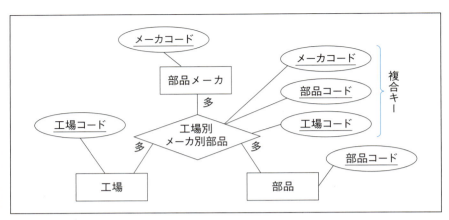

図 1-18　n 項関連

⑤　複合 2 項関連

2 項関連における関連をいったんエンティティタイプに置き換えるようなことはせず，関連同士を直接関係付けるものを複合 2 項関連という（図 1-19 参照）。

▶複合 2 項関連

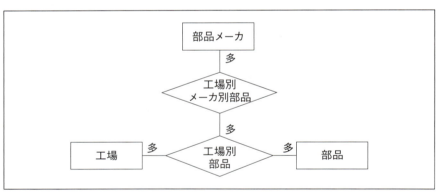

図 1-19　複合 2 項関連

⑥　ループ構造の表現

ループ構造（あるいは再帰構造）とは，あるエンティティが自分自身に関連を持つデータ構造のことである。E-R モデルにおけるループ構造の例を図 1-20，図 1-21 に示す。

▶ループ構造
▶再帰構造

(5)　E-R モデルの特徴

①　長所

E-R モデルの特徴は認識したことを率直に表現できることである。したがって，詳細なデータ項目が決まっていない全体計画段階でもデータモデルを作成することができる。

② 短所

E-Rモデルでは，多対多関連を1対多関連で表現できる，あるいは関連型はエンティティタイプともみなせる。このため，共通理解できるようなエンティティを設定しにくい。

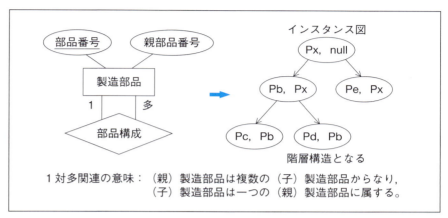

図 1-20　ループ構造（1対多）

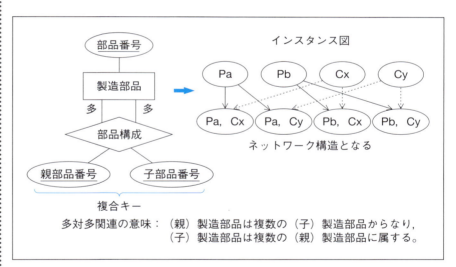

図 1-21　ループ構造（多対多）

1.3.3　拡張 E-R モデル

▶拡張 E-R モデル

E-R モデルには，E-R モデルの特徴の所で述べたような短所があった。こうした恣意的な概念を取り除くため，拡張 E-R モデル（Enhanced E-R model）では関連型の概念を取り除き，基本的にはリレーションシップを 2 項関連に限定し，1 対 1，1 対多関連で表現する。ただし，概略レベルでは多対多関連も許す。現時点では，データベース設計の現場，データベーススペシャリスト試験（以下，DB 試験という）では，拡張 E-R モデルが使われているといってよいだろう。

(1)　拡張 E-R モデルの表記法

拡張 E-R モデルでは，一般的にエンティティタイプを四角のボックスで表し，属性をボックスの中に記述する。リレーションシップについては様々な表記方法があるが，代表的なものを次に示す。

①　からすの足跡法

▶からすの足跡法

からすの足跡法は，J.マーチンのインフォメーションエンジニアリングなどで用いられる E-R 図の表記法である（図 1-22 参照）。

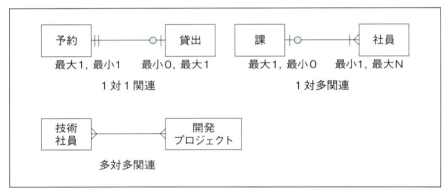

図 1-22　からすの足跡法

②　バックマン線図

▶バックマン線図

バックマン線図は，もともと C.W.バックマンによって提唱されたネットワークモデルのデータ構造（データ構造ダイアグラム）の表記法であるが，エンティティタイプ間の 2 項関連を矢線で表す。DB 試験では，E-R 図の表記には，このバックマン線図を用いる。本書でも，特に断らない限り，E-R 図としてこのバックマン線図を用いる（図 1-23 参照）。

1.3 概念データモデル

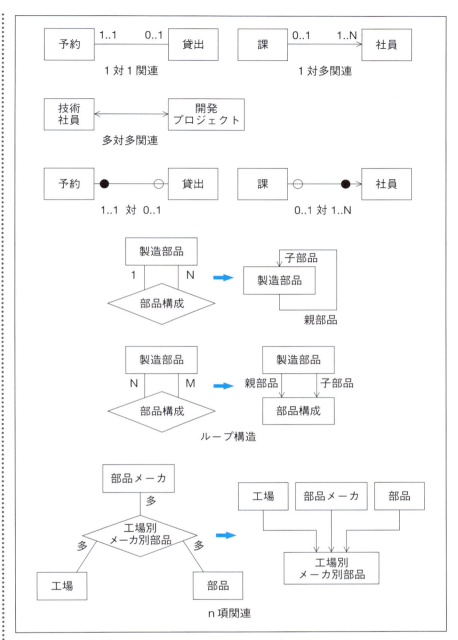

図1-23 バックマン線図

③ 矢印法

▶矢印法

バックマン線図同様，データ構造ダイアグラムに用いられる表記法であるが，矢線の表記がバックマン線図と若干異なる（図1-24参照）。

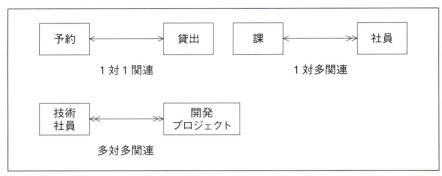

図 1-24　矢印法

④　IDEF1X

IDEF1Xの表記法は「第7章　データ分析・データモデル作成」を参照のこと。

(2) エンティティタイプの種類

基本的なエンティティタイプには，核エンティティ，連関エンティティ，記述エンティティ，スーパタイプ／サブタイプがある。

①　核エンティティ

▶核エンティティ

核エンティティは，そのインスタンスが主キーで識別される基本になるエンティティのことであり，E-Rモデルの所で説明した強エンティティに相当する。

②　連関エンティティ

▶連関エンティティ

連関エンティティは，二つのエンティティタイプ間に多対多関連がある場合，これを1対多関連に変換するためのエンティティタイプである。E-Rモデルで多対多の関連があるとき，その関連型をエンティティタイプとみなしたものと同じである（図1-25参照）。

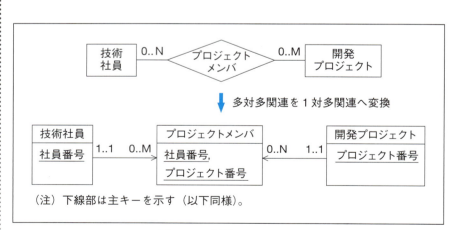

図 1-25　連関エンティティ

1.3 概念データモデル

③ 記述エンティティ

▶記述エンティティ

　記述エンティティは，エンティティタイプに繰返しグループがある場合，繰返しグループのために新しく作られるエンティティタイプである。記述エンティティには，通常，元のエンティティタイプの主キーが埋め込まれるので，記述エンティティのキーは複合キーになる。記述エンティティは E-R モデルの所で説明した弱エンティティに相当する。また，元のエンティティタイプに依存するので，元のエンティティタイプと記述エンティティの間は，IDEF1X での依存リレーションシップあるいは has-a 関係になる（図 1-26 参照）。

図 1-26　記述エンティティ

④ スーパタイプ／サブタイプ

▶スーパタイプ
▶サブタイプ

　拡張 E-R モデルでは汎化・特化関係も表現できるが，これには**スーパタイプ**，**サブタイプ**というエンティティタイプを用いる。汎化・特化関係の親側がスーパタイプであり子側がサブタイプである。スーパタイプはサブタイプ間で共通の属性を持ち，サブタイプはそのサブタイプに固有な属性だけを持つ。スーパタイプとサブタイプの主キーは共通である。サブタイプ間には

 依存リレーションシップでは親エンティティは必須

　図 1-25，図 1-26 において連関エンティティ"プロジェクトメンバ"と，記述エンティティ"受注明細"の主キーには，親エンティティの"技術社員"・"開発プロジェクト"と"受注"の主キーが埋め込まれています。主キーは一意でかつ NULL は不可なので，子エンティティの"プロジェクトメンバ"，"受注明細"の主キー要素である，社員番号，プロジェクト番号，受注番号の値に NULL は許されません。これらの値に NULL が不可ということは，対応する親エンティティのインスタンスが必ず存在するということです。このことを，IDEF1X での依存リレーションシップでは子エンティティは親エンティティの存在に依存する（存在制約），といいます。

　子エンティティに対し必ず一つの親エンティティが対応するので，子から見た親の多重度は（1..1）となります。

▶排他的サブタイプ
▶共存的サブタイプ
▶サブタイプ識別子

インスタンスの重複がない排他的サブタイプとインスタンスが重複する共存的サブタイプがある。スーパタイプはサブタイプを識別するための属性を持つが，これをカテゴリ識別子（IDEF1X での呼び方）あるいはサブタイプ識別子という。J. ランボーらが提唱した OMT（Object Modeling Technique）法におけるスーパタイプ／サブタイプの表記法を図 1-27 に示す。OMT 法の表記法は DB 試験でも用いられており，スーパタイプ，サブタイプについては特に断らない限り，本書もこの表記法を用いる。

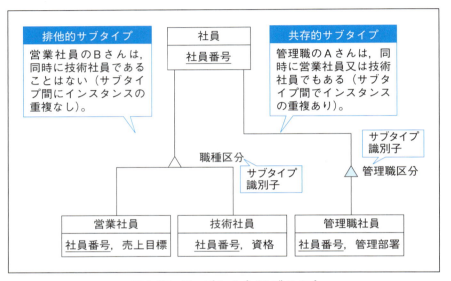

図 1-27　スーパタイプ／サブタイプ

(3) E-R モデルから関係モデルへの変換

　P.P. チェンの提案した E-R モデルなど本来の E-R モデルに外部キーは含まれないが，関係モデルにおいて，二つの関係の間に 1 対 1 関連や 1 対多関連がある場合は，これを主キーと外部キーによる参照関係で表現しなければならない。関係の間の 1 対 1，1 対多関連，多対多関連については，「2.1.3 関係モデルの要素」を参照のこと。

1.4 論理データモデル

▶論理データモデル機能

　代表的な論理データモデル機能には，階層モデル，ネットワークモデル，関係モデルがあるが，ここでは階層モデル，ネットワークモデルについて説明する。関係モデルの詳細は第2章で説明する。

1.4.1 階層モデル

▶階層モデル

　階層モデル（hierarchical model）は，データ構造に階層構造を採用したデータモデルで，商用の階層モデルとしては米IBMのメインフレーム専用のIMS（Information Management System）が有名である。

(1) 階層モデルでの表現
① 親子関係

▶木構造
▶階層構造
▶親子関係

　階層モデルは，データ構造に木構造（階層構造）を使用し，対象世界のデータを親と子の関係（親子関係）として表現する。親と子のインスタンスの間には1：N（1対多）関連がある（図1-28参照）。親はN個の子を持つが，子は1個の親しか持てない。

② 親子関係に従った検索

▶アクセスパス

　親子関係は，内部的には親から子，兄弟へ，さらに子から親へのつなぎ（ポインタ）によって表現される。親から子の検索，あるいは子から親の検索は，親子関係のつなぎに沿った処理経路（アクセスパス）を経由する（図1-28参照）。

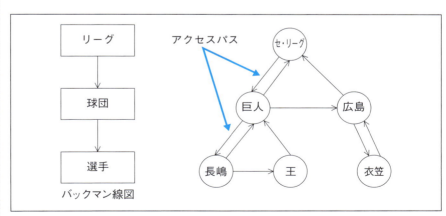

図1-28　階層モデルのデータ構造

③　親子関係がないために検索できないこと

親子関係がないと，親から子，子から親への検索ができない。子が複数の親を持つ場合は，どちらかにしか親子関係を設定できない。親子関係が設定されなかった側では，子から親を検索できない。ただし，複数の親を持てるように拡張した DBMS もある。

(2) 階層モデルの特徴

①　長所

データ操作を行うときのアクセスパスは，あらかじめデータ構造に定義されている。したがって，定型処理などのアクセスパスに沿った処理は非常に速くなる。

②　短所

(a) 親子関係に沿ったデータ操作を行うため，データ操作が複雑になる。
(b) データの論理的関係（親子関係）とアクセスパス（つなぎ構造）を一体化して表現している。このため，応用プログラムは常にデータ構造を意識しなければならず，プログラムのデータ独立性が低くなる。
(c) アクセスパスが決まらない非定型処理の場合は，アクセス効率が悪い。
(d) モデル化の対象が木構造の場合は問題ないが，そうでない場合は木構造に合うように変換しなければならない。

1.4.2　ネットワークモデル

▶ネットワークモデル

ネットワークモデル（network model）は，データ構造にネットワーク構造を採用したデータモデルである。代表的なものには，CODASYL（COnference on DAta SYstems Language；データシステムズ言語協会），DBTG（Data Base Task Group；データベース作業班）の提案した CODASYL データベース仕様や，ISO 及び JIS の標準である標準データベース言語 NDL がある。

(1) ネットワークモデルでの表現

対象世界の実体をレコード型でとらえ，実体間の関連を親子集合型（セット）に基づいたネットワーク構造で表現する。親子集合型は基本的には階層モデルの親子関係を踏襲したものであるが，次の点が機能拡張されている。

▶親子集合型

①　複数の親を持つことができること

子は複数の親子集合型に属することができる。

ただし，一つの親子集合では，一つの子レコードは一つの親レコードしか持てない。

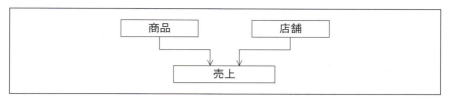

図1-29　複数の親を持つ親子集合型の例

②　サイクルやループを持つことができること

　　サイクルとは数珠つなぎのデータ構造のことである。ループは自分自身を再帰的に参照するデータ構造である。ネットワークモデルではサイクルはそのまま表現可能である。ループは，NDLであればそのまま表現可能であるが，それ以外のネットワークモデルでは構造レコード又は関係レコードと呼ばれるダミーのレコードを追加する必要がある。

　　なお，多対多のデータ構造の場合も，多対多を1対多に変換するため，この構造レコードを用いる。

▶サイクル
▶ループ

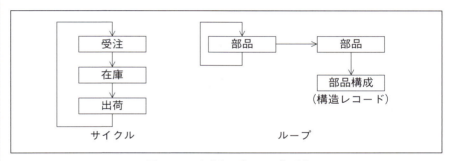

図1-30　サイクルとループの例

③　一時的に親子関係を定義できること

　　一時的な親子関係を定義する場合，親子集合の組入れ属性を手動（MANUAL）にし，保存属性を一時（OPTIONAL）にする。こうすれば任意の時点で子レコードを親子集合に追加でき，任意の時点で子レコードを親子集合から切り離すことができる。

(2) 特徴

①　長所

　　長所は，親子間のデータ構造として様々な表現が可能であり，階層モデルのデータ構造に比べ自由度と汎用性が高いことである。

②　短所

　　短所は，階層モデル同様，データの論理的関係とアクセスパスとを一体化して表現しているため，データの独立性が低いことやアクセスパス以外の経路での処理効率が悪いことである。

1.5 章末問題

問 1-1 ■H21 春-DB 午前Ⅱ問1

ANSI/SPARC3層スキーマに関する記述として，**適切でないもの**はどれか。

ア　ANSI/SPARC3層スキーマの意義は，物理的データ独立性及び論理的データ独立性を確保することである。
イ　外部スキーマは，概念スキーマが変化しても応用プログラムができるだけ影響を受けないようにするための考え方である。
ウ　関係データベースのビューやネットワークデータベースのサブスキーマは，概念スキーマに相当する。
エ　内部スキーマは，概念スキーマをコンピュータ上に実装するための記述である。

問 1-2 ■H24 春-DB 午前Ⅱ問4

次の概念データモデルを関係データベース上に実装することとし，実装用のデータモデルを作成した。適切な多重度が指定されているものはどれか。ここで，モデルの表記にはUMLを用いる。

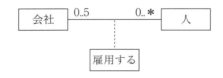

問 1-3 ■ H21 秋 -AP 問 30

部品在庫管理台帳における，部品，仕入先，在庫の三つのエンティティの関係をデータモデルとして記述した。エンティティa～cの組合せとして，適切なものはどれか。ここで，1 ＊は1対多の関連を表す。

部品在庫管理台帳

部品コード	部品名	仕入先コード	仕入先名	仕入日付	仕入価格	在庫数
001	R部品	Z010	A商会	9月1日	1,500	1,000
001	R部品	Z010	A商会	10月15日	1,400	1,500
002	S部品	Z010	A商会	9月20日	800	500
003	T部品	Z015	B商店	10月8日	1,600	1,450
003	T部品	Z020	C商店	9月15日	1,200	800

a 1――＊ b ＊――1 c

	a	b	c
ア	在庫	仕入先	部品
イ	在庫	部品	仕入先
ウ	仕入先	部品	在庫
エ	部品	在庫	仕入先

問 1-4 ■ H23 春 -ES 午前Ⅱ問 21

次のE-R図の解釈として，適切なものはどれか。ここで，＊ ＊は多対多の関連を表し，自己参照は除くものとする。

ア　ある組織の親組織の数が，子組織の数より多い可能性がある。
イ　すべての組織は必ず子組織をもつ。
ウ　組織は2段階の階層構造である。
エ　組織はネットワーク構造になっていない。

問 1-5　　　　　　　　　　　　　　　　　　　　　　　　　■H12春-DB 問30

製品構成管理のための E-R 図がある。図中の a に当てはまる語句として，適切なものはどれか。ここで，⌐△⌐ の記号は，エンティティ間に階層関係があることを表す。この E-R 図では，製品エンティティがほかの二つのエンティティの上位に位置するスーパークラスである。また，──→ は 1 対多のカーディナリティを表す。

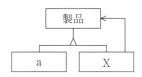

　ア　組立て品　　　　イ　最終製品　　　　ウ　設計図　　　　エ　材料

問 1-6　　　　　　　　　　　　　　　　　　　　　　　　　■H15春-DB 問23

論理データモデルの特徴に関する次の記述中の a 〜 c に入れるべき字句の適切な組合せはどれか。

　階層モデル及びネットワークモデルは，実体間の関係を親子関係の組合せで表現する。階層モデルでは，一つの子は　　a　　をもち，ネットワークモデルでは，一つの子は　　b　　をもつことができる。一方，関係モデルは，数学の集合概念に基礎をおき，一つの表の一つの行と，別の表の行との関連付けは　　c　　によって行う。

	a	b	c
ア	必ず一つの親	複数の親	値の一致
イ	必ず一つの親	複数の親	ポインタ
ウ	複数の親	必ず一つの親	値の一致
エ	複数の親	必ず二つの親	ポインタ

問 1-7

■ H19春-DB 問31

次のデータモデルに関する記述のうち，適切なものはどれか。ここで，モデルの表記にUMLを用いる。クラス名の先頭の"/"は，それが導出クラスであることを示す。

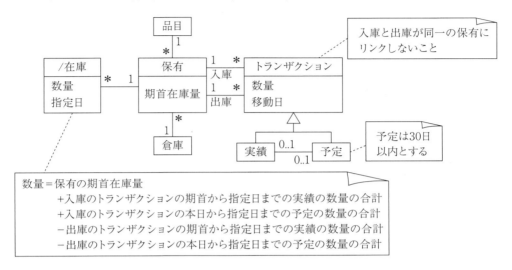

- ア "/在庫"クラスは，"トランザクション"クラスにインスタンスが追加されるたびに更新されなければならない。
- イ "トランザクション"クラスの移動日は，"/在庫"クラスの数量を日ごとに集計するために利用される。
- ウ "トランザクション"クラスの一つのインスタンスは，入庫と出庫のどちらか一方の移動を記録する。
- エ "保有"クラスのインスタンスは品目コードごとに作られる。

問 1-8

■ H28春-DB 午前Ⅱ問4

部，課，係の階層関係から成る組織のデータモデルとして，モデル A ～ C の三つの案が提出された。これらに対する解釈として，適切なものはどれか。組織階層における組織の位置を組織レベルと呼ぶ。組織間の相対関係は，親子として記述している。ここで，モデルの表記にはUMLを用い，{階層}は組織の親と子の関連が循環しないことを指定する制約記述である。

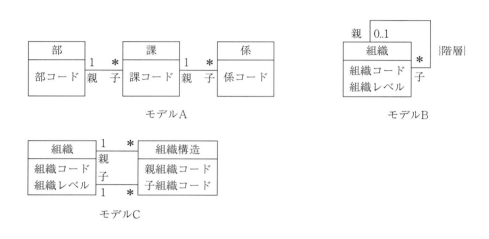

ア　新しい組織レベルを設ける場合，どのモデルも変更する必要はない。
イ　どのモデルも，一つの子組織が複数の親組織から管轄される状況を記述できない。
ウ　モデルBを関係データベース上に実装する場合，子の組織コードを外部キーとする。
エ　モデルCでは，組織の親子関係が循環しないように制約を課す必要がある。

第2章

関係モデルの理論

2.1 関係モデル ……………………………………………………… 42
2.2 関係代数 ………………………………………………………… 50
2.3 正規化理論 ……………………………………………………… 57
2.4 章末問題 ………………………………………………………… 79

第2章 関係モデルの理論

2.1 関係モデル

▶RDBMS

1970年にE.F.Coddによって提案された関係モデルは，数学に基礎を置くフラットな表（テーブル）をデータ構造に採用したデータモデルである。現在のDBMSの主流は関係モデルを用いた **RDBMS**（Relational DBMS）である。

2.1.1 関係モデルの背景・目標

（1）関係モデルの背景

E.F.Coddの「ACMチューリング賞受賞記念講演論文　関係データベース：生産性向上のための実用的基盤」では，階層モデルやネットワークモデルを使用したにも関わらず応用プログラマの生産性が上がらなかった理由として，次のものを挙げている。

① ナビゲーションの問題
　1対多の対応関係，存在従属性，利用者の目に見えるつなぎ構造の三つの独立な概念を親子構造に集約したことがCODASYL DBTG親子集合の難点であり，特につなぎ構造に沿ってプログラミングすること（ナビゲーション）がプログラマの大きな負担となった。
② 複数のレコードを同時に処理するコマンドが用意されなかった。
③ 端末利用者がデータベースと直接対話する機能，特に予期しないやり方で対話する機能の必要性が十分に認識されなかった。

（2）関係モデルの目標

E.F.Coddの前述の論文及び「関係データベース，その主要機能と実践的価値」では，四つの関係モデルの目標を挙げている。

① データ独立の目標
　応用プログラムが次の四つのものから独立している。
　（a）物理的表現方法・アクセス方法（物理的なデータ独立性）
　（b）論理的なデータ構造の変化を受けない（論理的なデータ独立性）
　（c）データベースのインテグリティを守る制約条件（インテグリティのデータ独立性）
　（d）分散データの位置，移動，重複など（分散からのデータ独立性）
② 相互理解の目標
　モデルを構造的に単純にし，利用者やプログラマがデータの共通の理解と，データベースについて相互のコミュニケーションを図ることができる。

③ 集合演算の目標
一つの文で複数のレコードを同時に処理できる機能。
④ 論理的基盤の目標
データベースの編成と管理に健全な理論的基盤を与える。

▶関係 DBMS の
ルール

(3) 関係 DBMS のルール

E.F.Codd は「関係データベース，その主要機能と実践的価値」の中で，関係 DBMS が持つべき 12 のルールを示した。

① ルール 0：基本原則
RDBMS は，次の 12 のルールで示すリレーショナル機能だけでデータベースマネジメントを行うことができなければならない。

② ルール 1：情報に関する原則
関係データベースでは全ての情報（データの他，表，列の名前，定義域の名前なども含む）が，一つ又は複数のテーブル（カタログ）に記憶されなければならない。こうすることで，データ操作命令が 1 種類ですみ，データベース管理者が管理しやすくなり，コントロールが単純化するなどのメリットが得られる。

③ ルール 2：アクセスの保証
関係データベースにおける全ての情報は，テーブル名，主キーの値，列名によって論理的にアクセス可能なこと。データの連続性，インデックス，アドレスなどは用いない。

④ ルール 3：NULL 値の取扱い
NULL 値（空値）がデータベースに含まれるとき，それを統一的な方法で取り扱えること。これを扱うためには真，偽，不定からなる三値論理が必要である。合計，平均値を集計する機能でも NULL（空，ナル，ヌル）が扱えること。

⑤ ルール 4：関係モデルに基づいたオンラインカタログ
データを表現するのと全く同じ方法でオンラインカタログを使用可能にする。カタログ（ディレクトリ）を，データをアクセスする場合と同じ高水準言語でアクセスできること。

⑥ ルール 5：データ言語
データの定義，ビューの定義，データ操作，インテグリティの制約，権限付与，トランザクションの機能（`COMMIT` など）を単一の言語で実現すること。また，この六つの機能が同時並行的に行えること。

⑦ ルール 6：ビューの更新
ビューを通してベースリレーション（実表）を更新（挿入，削除，更新）することが論理的に可能な場合と不可能な場合があるが，可能な場合は，DBMS が実際の変更をベースリレーションに対して行うことができなければならない。

⑧ ルール 7：高水準言語
高水準言語が挿入，更新，削除の一時点での複数レコード処理をサポート

⑨　ルール8：物理的なデータの独立性
　　物理的表現方法，アクセス方法の変更が応用プログラムに影響を与えないこと。
⑩　ルール9：論理的なデータの独立性
　　論理的なデータ構造やビューの変更が応用プログラムに与える影響をできる限り小さくすること。
⑪　ルール10：インテグリティの独立
　　データベースの整合性（インテグリティ）を守るための制約条件が変更されても，応用プログラムが影響を受けないこと。
⑫　ルール11：分散からの独立
　　分散（位置，移動，重複など）していることを，応用プログラムが意識しないこと。
⑬　ルール12：データ破壊からの独立性
　　同時に一つのレコードしか扱えない低水準言語が，その機能を実行したために，高水準言語によるシステムの制約を破壊するなどということがないこと。

2.1.2　関係モデルの機能

(1) 関係モデルの機能

▶関係モデルの機能

関係モデルの機能は，データ構造部分，データインテグリティ（整合性）部分，データ操作部分の三つからなる。これらは論理データモデル機能のデータ定義機能，整合性制約機能，データ操作機能にそれぞれ対応する。

①　データ構造部分

▶データ構造

データ構造部分は，定義域，任意の次数の関係（任意の個数の属性からなる関係），属性，組（タプル：行のこと），候補キー，主キーからなる。関係は次のような性質を持つ（関係の性質）（図2-1 参照）。

▶関係の性質

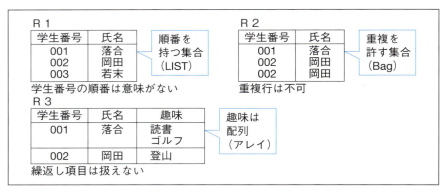

図2-1　関係の性質

- 関係は表形式で表現されるが，表形式では，列や行がある順番に従って並んでいるという概念はない。順番は意味がない。
- 関係は，集合の要素の一般的性質を引き継いでいるため，同じ行（組）が複数行存在することはない。また，繰返し項目ないしは繰返し項目を含む表は扱えない。

なお，関係モデルにおける関係の性質は前記のとおりであるが，現実のSQLでは重複行を許す。SQLでは，`SELECT`文に`DISTINCT`を指定しないと重複行を取り出す。テーブル定義で主キーや候補キー（一意性制約）を定義しないと，表に重複行の存在を許す。

② データインテグリティ部分

▶データインテグリティ

データインテグリティ部分は次のものからなる。
- エンティティインテグリティ（一意性制約，非NULL制約，検査制約）
- 参照インテグリティ（参照制約）
- 定義域インテグリティ（ドメイン制約又は形式制約）
- ユーザ定義インテグリティ（更新制約）

③ データ操作部分

▶データ操作

データ操作部分は，選択，射影，結合などの代数的な演算子からなる。これらの演算子は関係を別の関係に変換する。

(2) 拡張関係モデル

▶拡張関係モデル

拡張関係モデルでは次の点が機能拡張されている。

① NULL値を含んだデータ操作部分の拡張（`OUTER JOIN`）

▶OUTER JOIN

SQL-92では問合せ式に`OUTER JOIN`（外結合）がサポートされた。詳細は，「3.1 SQL言語」で述べる。

② 汎化の拡張

▶汎化の拡張

SQL-99ではオブジェクト指向の概念が採り入れられた。ユーザデータ型（抽象データ型）では，上位型（supertype），副型（subtype）からなるクラス階層を定義でき，上位型の属性と関数は副型に継承できる。テーブル定義では，`UNDER`句が追加され，スーパテーブル／サブテーブルによる汎化階層

▶上位型
▶副型

関係モデルは値指向のデータモデル

関係モデルは，ポインタなどの内部のつなぎ構造が外に見えることを排除し，主キーや属性の値によって論理的なアクセスが可能であることを目標に掲げています。主キーの値によって行を一意に識別し，属性の値によって検索が可能です。また，外部キーの値と主キーの値によって，二つの関係の間の対応関係（リレーションシップ）が表現可能です。こうした理由から，関係モデルは値指向のデータモデルといわれています。

が表現できる。
③ 抽象データ型
SQL-99ではユーザ定義型の一つとして**抽象データ型**（**ADT**；Abstract Data Type）を定義できるようになった。抽象データ型では，集合型，参照型及び複合型を用いた複雑なデータ構造を持つ複合オブジェクトを表現できる。また，抽象データ型は，その属性（データ項目）の定義とその操作・振舞い（関数）の記述を一体化して記述できる（カプセル化）。

▶抽象データ型
▶ADT

2.1.3 関係モデルの要素

(1) 関係モデルの要素
① 関係
実体が持つ属性 A，B，C，…の値の集合（これを属性値集合又は定義域という）から直積を作る。この直積から任意のn個組を取り出して作った集合（部分集合）のことを**関係**（relation；リレーション）という（図2-2参照）。n個組とはn個の属性からなる直積の要素のことである。関係Rの一つのn個組は，表の一つの行を表す。n個組は単にタプルともいう。関係又は表には，**関係名**又は**表名**が与えられる。

▶関係

▶関係名
▶表名

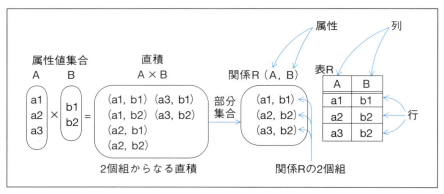

図2-2 関係の定義

② 属性
関係が持つ特性・性質を表現するものを**属性**（attribute）という。属性は値を持ち，これを属性値という。属性は，列（column），フィールド，データ項目ともいう。属性には**属性名**を与え，属性の数を**次数**（degree）という。
③ 定義域
関係が持つ属性の値の集合を**属性値集合**又は**定義域**（domain）という。複数の属性が，一つの定義域を共有しても構わない。例えば，誕生日と採用年月日という属性は，西暦の年月日を定義域として共有してもよい（図2-3参照）。

▶属性

▶属性名
▶次数
▶属性値集合
▶定義域

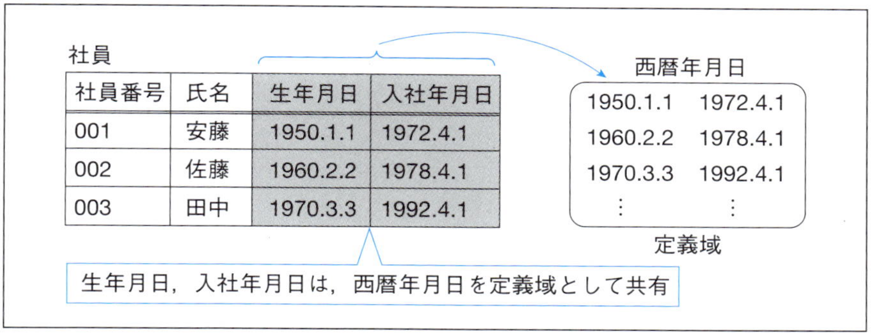

2.1 関係モデル

社員				
社員番号	氏名	生年月日	入社年月日	
001	安藤	1950.1.1	1972.4.1
002	佐藤	1960.2.2	1978.4.1
003	田中	1970.3.3	1992.4.1

西暦年月日
1950.1.1　1972.4.1
1960.2.2　1978.4.1
1970.3.3　1992.4.1
　⋮　　　　⋮
定義域

生年月日，入社年月日は，西暦年月日を定義域として共有

図 2-3　定義域の例

④　関係スキーマ

　　関係はタプルの論理的な集合であるから，タプルが挿入されたり，削除されたりすると変化する。一方，関係名と属性名は恒常的と考え，恒常的な部分を**関係スキーマ**（relation schema）という。

▶関係スキーマ

⑤　候補キー

　　関係の中で，タプル（行）を一意に識別する，冗長性のない一つ又は複数の属性を**候補キー**（candidate key）又は単に**キー**という。冗長性がないとは，候補キーの属性集合から一つでも属性を除いた部分集合ではタプルを一意に特定できないということである。表現を変えれば，候補キーはタプルを一意に特定できる極小の属性集合である。関係の中に候補キーは複数個あってもよい。一方，候補キーを含む属性集合を**スーパキー**（super key；**超キー**）という。スーパキーも候補キーを含むからタプルを一意に特定できるが，冗長性がある。関係の属性全部を組み合わせたものもスーパキーの一つである。なお，スーパキーは，正規化理論を厳密に展開する場合に必要となるが，実用的なデータベース設計の立場では候補キーだけで十分である。

▶候補キー
▶キー

▶スーパキー
▶超キー

⑥　主キー

　　候補キーのうちのどれか一つの主たるものを**主キー**（primary key）という。候補キーが複数ある場合，代表的なものを主キーに定める。主キーは一つの関係にただ一つあり，一意性を保証するため，NULL 値は認められない。NULL 値は属性が値を持たない状態をいう。主キーに選ばなかった残りの候補キーを**代替キー**（alternate key）という。また，マイナンバのような自然のキーではなく，属性数の多い複合キーなどの代わりとする人工的な連番を**代用キー**（surrogate key）という。

▶主キー

▶代替キー

▶代用キー

(2) 関係の間の 1 対 1，1 対多関連

　関係モデルは**値指向のデータモデル**であるため，二つの関係のタプルの間に 1 対 1 あるいは 1 対多の対応関係がある場合，これを表現するために，主キー／外部キーの参照関係で表現する（参照制約）。関係モデルが値指向のデータモデルといわれるのは，主キーの値で一意にタプルを識別し，属性の値によって検索が

▶値指向のデータモデル

可能であることによる。

① 外部キー

ある関係の属性の値が他の関係の属性の値を参照し，この値に一致すれば，両者の間に参照関係が成立する。この参照関係において，参照する側の属性を外部キー（foreign key）という。被参照側（参照される側）の属性は主キー又は候補キーである（図2-4参照）。

② 関係の間の多対多関連

関係モデルで無理に多対多関連を表現しようとすると，後述する第3正規形が崩れる。第3正規形を維持するため，多対多関連は1対多関連へ変換する。

▶外部キー

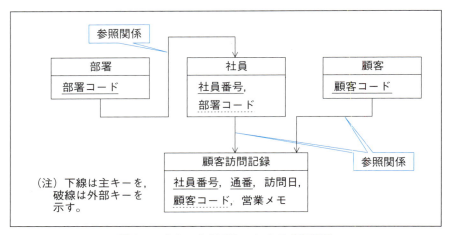

図 2-4 主キーと外部キーによる参照関係

(3) 実表，ビュー，導出表

ANSI/X3/SPARC 3層モデルの概念スキーマに相当する関係（リレーション）を基底関係（base relation；ベースリレーション）という。データベースに実在する関係を実表（base table；ベーステーブル）ともいう。関係に対するデータ操作言語の操作結果は，また関係になる。ベースリレーションに対する操作結果を，ビュー（view）という。ビューは，データベースに実在しないので，仮想関係（virtual relation），仮想表（virtual table）あるいは操作結果として導き出されたという意味で導出関係（drived relation），導出表（drived table）という。関係に対して演算を施した結果得られる関係は，全て導出関係である。

データ操作言語による操作結果がまた関係になるという再帰性のために，関係データベースの操作言語は強力な問合せ機能を持つことになる。

▶ベースリレーション
▶実表

▶ビュー

▶導出関係
▶導出表

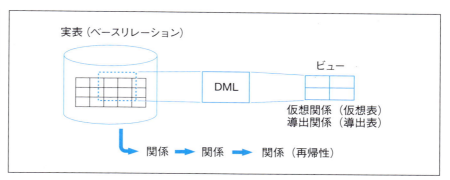

図 2-5　実表，ビュー，導出表

2.2 関係代数

▶関係操作

　論理データモデルの三つの役割の一つであるデータ操作に対応して，関係モデルではその機能を関係操作という。関係操作は，関係に対する問合せを関係の集合演算としてとらえた関係代数（relational algebra）と，データの問合せ言語 SQL などのベースとなった関係計算（relational calculus）からなる。関係計算は関係論理ともいう。関係操作のうち，特に関係計算はユーザフレンドリな言語ではなく，現時点では SQL 言語の理論的基礎を与えていると考えられ，関係計算（アルファ式）の具体的説明は本書では省略する。

　関係計算はデータベースに対する問合せを 1 階述語論理によって表現したものである。E.F.Codd は関係計算を記述するためにアルファ式を提案した。E.F.Codd は，アルファ式を関係代数表現に変換する一定の手順を用いることによって，任意のアルファ式が関係代数に表現可能であることを示した。すなわち，関係代数と等価であることを証明した。データベースの操作言語で，関係計算と

▶関係完備

等しいかそれ以上の検索能力を持つものを Codd は関係完備（relational complete）といい，関係代数もまた関係完備である。

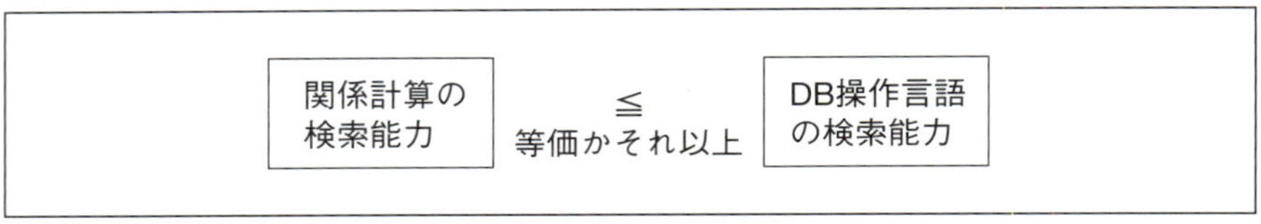

```
┌──────────┐      ┌──────────┐
│ 関係計算の │  ≦   │ DB操作言語 │
│ 検索能力   │ 等価かそれ以上 │ の検索能力 │
└──────────┘      └──────────┘
```

図 2-6　関係完備

(1) 関係代数の演算

▶関係代数

　関係代数は通常の集合演算と関係代数独自の演算からなる。これらを用いて，関係に対する種々の問合せを行うことができる。通常の集合演算は，和，積，差，直積からなる。関係代数独自の演算は，射影，結合，選択，商からなる。

(2) 通常の集合演算

　関係 R と S があるとする。関係代数の通常の集合演算は次のように定義される。
　① 和（union）

▶和

　　和は，R と S との間で OR 演算を行い，和集合（R∪S）を作る。R と S の属性の数（列数）は同じでなければならない。和は重複行が生じない。SQL の UNION は和と同じく重複行を許さないが，UNION ALL は重複行を許す。

2.2 関係代数

```
池袋店                      梅田店                    池袋店∪梅田店
| 商品コード | 商品名  |     | 商品コード | 商品名  |    | 商品コード | 商品名  |
| 490010 | パソコン |  ∪  | 490010 | パソコン | =  | 490010 | パソコン |
| 490020 | 液晶TV  |     | 490030 | デジカメ |    | 490020 | 液晶TV  |
| 490030 | デジカメ |                              | 490030 | デジカメ |

    SELECT * FROM 池袋店                         重複行なし
      UNION
    SELECT * FROM 梅田店
```

図 2-7　和の例

② 積（intersect）

▶積

積は，RとSとの間でAND演算を行い，積集合（R∩S）を作る。RとSの属性の数（列数）は同じでなければならない。

RとSのAND演算は，RとSの共通部分を取り出すので，積は共通とも呼ばれる。なお，積は，差演算を2回使って，R∩S＝R−(R−S) と表現することもできる。

```
池袋店                      梅田店                    池袋店∩梅田店
| 商品コード | 商品名  |     | 商品コード | 商品名  |    | 商品コード | 商品名  |
| 490010 | パソコン |  ∩  | 490010 | パソコン | =  | 490010 | パソコン |
| 490020 | 液晶TV  |     | 490030 | デジカメ |    | 490030 | デジカメ |
| 490030 | デジカメ |

    SELECT * FROM 池袋店
      INTERSECT
    SELECT * FROM 梅田店
```

図 2-8　積の例

③ 差（difference）

▶差

差は，RとSとの間の差分（共通部分以外）を取り出し，差集合（R − S）を作る。差集合（R − S）はRからSに属するものを除いた集合になる。RとSの属性の数（列数）は同じでなければならない。

```
  池袋店                 梅田店                 池袋店－梅田店
 ┌──────────┬────────┐  ┌──────────┬────────┐  ┌──────────┬────────┐
 │商品コード│商品名  │  │商品コード│商品名  │  │商品コード│商品名  │
 │ 490010   │パソコン│ －│ 490010   │パソコン│ ＝│ 490020   │液晶TV  │
 │ 490020   │液晶TV  │  │ 490030   │デジカメ│  └──────────┴────────┘
 │ 490030   │デジカメ│  └──────────┴────────┘
 └──────────┴────────┘
```

SELECT 商品コード，商品名 　　　　　　SELECT * FROM 池袋店
 FROM 池袋店 WHERE NOT EXISTS 　　　　 EXCEPT
(SELECT * FROM 梅田店 　　　　　　　　SELECT * FROM 梅田店
  WHERE 池袋店．商品コード 　　　　　　　…SQL-92 の構文
  ＝梅田店．商品コード)

図 2-9　差の例

④　直積（Cartesian product；デカルト積）

▶直積　　　　RとSの直積は，Rの組とSの組との全ての組合せからなる集合を作る（R×S）。RとSのそれぞれの行数をm，nとすると，直積の結果の行数はm×n行となる。また，RとSのそれぞれの属性の数（列数）をr，sとすると，直積の結果の列数はr＋sとなる。

```
 商品                          売上明細
 ┌──────────┬────────┐       ┌────────┬──────────┬───┐
 │商品コード│商品名  │       │伝票番号│商品コード│…  │
 │ 490010   │パソコン│   ×  │  101   │ 490010   │…  │
 │ 490020   │液晶TV  │       │  102   │ 490040   │…  │
 │ 490030   │デジカメ│       └────────┴──────────┴───┘
 └──────────┴────────┘            　列数 n

 商品 × 売上明細
  ┌──────────┬────────┬────────┬──────────┬───┐
  │商品コード│商品名  │伝票番号│商品コード│…  │
 ＝│ 490010   │パソコン│  101   │ 490010   │…  │
  │ 490010   │パソコン│  102   │ 490040   │…  │
  │ 490020   │液晶TV  │  101   │ 490010   │…  │  行数 3×2
  │ 490020   │液晶TV  │  102   │ 490040   │…  │
  │ 490030   │デジカメ│  101   │ 490010   │…  │
  │ 490030   │デジカメ│  102   │ 490040   │…  │
  └──────────┴────────┴────────┴──────────┴───┘
                      列数 2＋n
```

SELECT 商品．*，売上明細．* FROM 商品，売上明細

図 2-10　直積の例

(3) 関係代数独自の演算

① 射影（projection）

▶射影

射影は，関係 R を構成する属性のうち，必要な属性 1，A2，…だけを残して新しい関係 R[A1, A2, …] を作る。新しい関係の中の重複したタプル（行）は取り除かれる。

```
商品コード，商品名で射影

売上明細
| 伝票番号 | 商品コード | 商品名  | … |
| 101      | 490010     | パソコン | … |
| 102      | 490020     | 液晶TV  | … |
| 103      | 490030     | デジカメ | … |
| 103      | 490010     | パソコン | … |
| 104      | 490020     | 液晶TV  | … |

→射影→

売上明細[商品コード, 商品名]
| 商品コード | 商品名  |
| 490010     | パソコン |
| 490020     | 液晶TV  |
| 490030     | デジカメ |

重複したタプル（行）は取り除かれる

SELECT DISTINCT 商品コード，商品名 FROM 売上明細
```

図 2-11　射影の例

② 結合（join）

▶結合

結合は，R と S の直積（R × S）の中から，指定された条件を満たすタプル（行）を取り出して新しい関係を作る。結合は，直積と選択の組合せとして表現できる。

R の属性（列）と S の属性（列）に対する θ（シータ）結合は，R[A θ B]S と表現される。ここで θ は，＝，≠，＜，≦，＞，≧からなる比較演算子を表す。R の属性 A と S の属性 B は，比較ができるように，A，B の属性の数と定義域が同じでなければならない。

▶等結合

θ が＝の場合を等結合（equi-join）という。ただし，等結合は，内容の全く同じ列（列名は同じでも異なっていてもよい）が重複して現れるので冗長である。

▶自然結合

重複する列のうち片方を射影によって取り除いたものを自然結合（natural join）という。

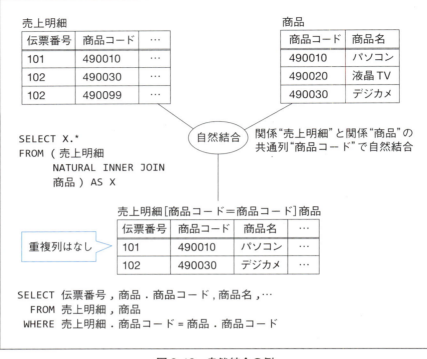

図 2-12　自然結合の例

③　選択（selection）又は制限（restriction）

▶制限
▶選択

選択は，R の属性（列）間の比較条件を満足するタプル（行）からなる新しい関係を作る。選択は，R[A θ B] と表現される。ここで θ は結合と同じ比較演算子（＝，≠，＜，≦，＞，≧）であり，R の中の比較対象の属性 A と B は同じものであってはならない。結合と同様に，A，B の属性の数と定義域は同じでなければならない。なお，θ の右辺は定数でも構わない。

図 2-13　選択の例

2.2 関係代数

④ 商（division）

▶商

商 R ÷ S では，R の中に，商を示すタプル t と S の直積（t×S）が含まれている場合に，その商に当たるタプル t を取り出す。

R と S の属性の数（列数）をそれぞれ r，s とすると，r＞s であり，かつ S が空であることを許さない（S ≠ φ）。商のタプル（商演算の結果得られるタプル）の列数は r − s 個となる。商のタプルを t，S のタプルを u とすると，商 R ÷ S は，R の中に含まれる直積 t×u から t の部分を取り出すことを意味する。

店別取扱商品

店舗番号	商品コード	商品名
A01	490010	パソコン
A02	490010	パソコン
A01	490020	液晶TV
A01	490030	デジカメ
A02	490030	デジカメ

÷

店舗

店舗番号
A01
A02

＝

店別取扱商品 ÷ 店舗

商品コード	商品名
490010	パソコン
490030	デジカメ

図 2-14　商演算の例

関係代数の商演算の手順（図 2-14 を例に）

① 関係"店別取扱商品"から，射影によって，店舗番号以外の列（商品コード，商品名）を残して新たな関係 P を作ります（重複行は取り除く）。
② 関係 P から順に行を抽出します。→{490010，パソコン}，{490020，液晶ＴＶ}，…
③ この抽出した行と関係"店舗"との直積を求め，得られたタプルの全てが関係"店別取扱商品"に含まれるかをチェックします。
　　→{A01，490010，パソコン} と {A02，490010，パソコン} は二つとも全て関係"店別取扱商品"に含まれます。この行は OK です。
　　一部しか含まれない場合はその行は NG です。… {490020，液晶ＴＶ} の行
④ 前記の②③を，関係 P の全ての行について繰り返します。

なお，商は直積，差，射影を用いて導き出すこともできる。

Rは，直積t×u以外のタプルも含んでいるので，商のタプルt以外を取り出すことを考える。Rの先頭からr−s個分の属性だけを取り出す射影とSのタプルuの直積を取る。射影の結果得られるr−s個の組からなるタプルをt'とすると，t'×uなる直積は，t×u以外のタプルも含む。t'×uとRの差を取ると，両方に共通なt×uを含めた部分が取り除かれる。つまり，少なくともt×uの部分が除かれ，それ以外の部分がt'×u−Rに残る。次に，このt'×u−Rの先頭からr−s個の属性を射影によって取り出す。射影によって得られるタプルをt"とすると，これには「t以外のタプル」が含まれる。t'とt"との差を求める。t'にはタプルtと「t以外のタプル」が含まれるので，結局，両方に共通な「t以外のタプル」が差演算によって取り除かれ，商であるタプルtが求められる。

商演算は，直積，差，射影を用いて次のように表される。ただし，$\pi_i(R)$はi番目の属性を取り出す射影演算を意味する。

$R \div S = \pi_{1,2,\cdots,r-s}(R) - \pi_{1,2,\cdots,r-s}((\pi_{1,2,\cdots,r-s}(R) \times S) - R)$

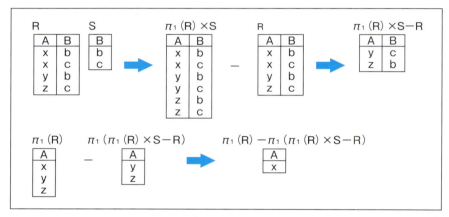

図2-15　直積，差，射影による商演算

2.3 正規化理論

正規化理論は，関係モデルでテーブル設計を行う場合の理論的指針となる。

2.3.1 正規化の意義

▶1事実複数箇所

（1） 1事実複数箇所の問題点

▶関数従属

ある関係で一つの属性 X の値を決めると，別の属性 Y の値が一意に決まる関係を関数従属という。図 2-16 の関係 R では，主キーの従業員番号が決まると，一意に氏名，所属コード，所属名称が決まる（関数従属）。さらに，主キー以外の属性である所属コードに所属名称が関数従属する。主キー以外の属性に関数従属する属性があるとき，関係 R に推移的関数従属性があるという。推移的関数従属性があると，関係 R は同じ値の ｜所属コード，所属名称｜ の組を，複数の行にわたって重複して保持することになる。

この関係 R を更新（挿入，更新，削除）しようとすると，事前登録ができない，重複更新が必要になる，ある関係が喪失するなど，データの矛盾をきたし，データ管理上の問題が生じる。

① 事前登録

関係 R は，｜所属コード，所属名称｜ の関係が分離されていないので，事前に，所属コードとその所属名称を登録しておくことができない。ある従業員がその所属部門に配属された時点でしか登録できず，運用上問題がある。

▶重複更新

② 重複更新，重複登録

関係 R の所属名称を更新する場合には，同時に，同じ ｜所属コード，所属名称｜ の値を持つ行を複数箇所重複して更新しなければならない。また，関係 R に，ある行を追加する場合には，既に，特定の ｜所属コード，所属名称｜ の値を持つ行が存在しても，重複して登録しなければならない。登録・更新のコストがかかる上，更新漏れがあるとデータの整合性が失われる。

▶関係の喪失

③ 関係の喪失

関係 R 上のある行を削除すると仮定する。この場合，ただ一つしかない ｜所属コード，所属名称｜ の関係が失われる可能性がある。例えば，図 2-16 の関係 R において，従業員番号が 3 のデータを削除すると，この従業員の情報がなくなるだけでなく，｜02, 横浜工場｜ という工場に関する情報も失われる。この関係が失われると，データに矛盾をきたし，データ整合性上の問題が生じる。

第2章 関係モデルの理論

(2) 1事実1箇所

▶1事実1箇所
▶1 fact in 1 place

正規化理論は，こうした1事実が複数箇所にある関係を分解し，関係を **1事実1箇所**（**1 fact in 1 place**）の単純な形式にするための理論的指針を与える。正規化理論に基づいて，関係Rを分解すると1事実1箇所の状態が得られる（図2-16）。この状態では，データ更新は1箇所に対してだけ行えばよく，(1) の①～③のような問題は生じない。

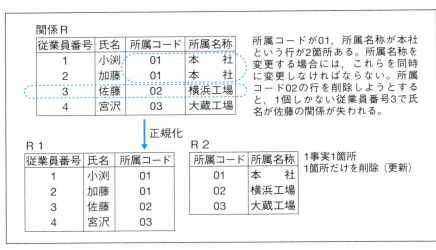

図2-16 1事実複数箇所の例

2.3.2 関数従属性

(1) 関数従属の定義

▶関数従属性
▶関数従属
▶関数決定
▶決定項
▶被決定項

関係Rの属性X，Yにおいて，Xの値が決まるとYの値が一意（ただ一つ）に決まるとき，XとYの間には**関数従属性**（functional dependency）がある，あるいはYはXに**関数従属**するといい，X→Yと書く。別の言い方をすれば，XがYを一意に決定するので，XはYを**関数決定**するという。XはYを関数決定するので，Xを**決定項**（determinant），Yを**被決定項**（resultant）という。X，YはX$_1$，X$_2$，…やY$_1$，Y$_2$，…などの複数の属性（複合属性）からなっていてもよい。

① X→Yは，XとYの値にN対1，1対1の対応関係があることを意味し，Xに対応するYの値は重複してもよい。

② X→Y，Y→Xの場合は，XとYは1対1に対応する。

2.3 正規化理論

学生

学生番号	氏名	学年	学部	科目名	評価
01	青山	3	工学部	情報理論	優
01	青山	3	工学部	応用数学	可
02	木村	3	理学部	情報理論	優
02	木村	3	理学部	応用数学	良

・関係"学生"において，学生番号の値が"01"に決まれば，氏名，学年，学部の値が"青山，3，工学部"に一意（ただ一つ）に決まる。{氏名，学年，学部}は学生番号に関数従属する，あるいは学生番号は{氏名，学年，学部}を関数決定する，という。
　　　学生番号→氏名，学年，学部
・関係"学生"において，学生番号と科目名の値が"01，応用数学"に決まれば，評価の値が"可"に一意に決まる。評価は{学生番号，科目名}に関数従属する。
　　　{学生番号，科目名}→評価
・関係"学生"において，学生番号の値が"02"に決まれば氏名の値が"木村"に一意に決まる。仮に，同姓同名がないものとすれば，氏名の値が"木村"に決まれば学生番号の値も"02"に一意に決まる。
　この状態は，学生番号と氏名が1対1に対応することを意味する。
　　　学生番号→氏名，氏名→学生番号

図 2-17 関数従属の例

(2) 関数従属性図

▶関数従属性図

関数従属性図は DB 試験の午後 I 問題でも用いられる。この図は，どの属性がどの属性に関数従属しているかを必要最小限の関数従属性でもって明確に示し，関係の中の複雑な関数従属性を理解するのに有効である。関数従属性図の表記法を図 2-18 に示す。

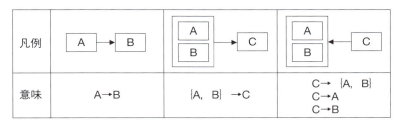

図 2-18 関数従属性図の表記法

(3) 関数従属性に関する推論則

▶関数従属性に関する推論則

関係 R が複雑な関数従属性を含む場合，次に示す関数従属性に関する推論則（inference rule）を用いることで，候補キーや推移的関数従属性などを導くことができる。

▶反射律

① 反射律：U を関係 R の属性集合とする。Y⊆X⊆U のとき，X→Y は関数従属である。これは右辺の Y が左辺の X に含まれるならば X→Y であること，つまり，X と Y との間に自明の（trivial）関数従属性があること

▶自明の関数従属性

59

を示す。

▶増加律

② **増加律**：X→Y が成立し，かつ Z⊆U のとき，XZ→YZ が成り立つ。X，Y，Z は属性の集合であり，XZ は X∪Z の略記である。

▶推移律

③ **推移律**：X→Y と Y→Z が成立すると，X→Z が成立する。
以上のルールから，さらに次のルールが導き出される。

▶合併律

④ **合併律**：X→Y，X→Z が成立すると，X→YZ が成立する。

（注）Y⊆X は，Y は X に含まれるか等しい（Y は X の部分集合）の意味。
　　　X∪Z は，X と Z の OR（和集合）の意味。X∪X＝X となる。

⑤ 分解律：X→YZ が成立すると，X→Y，X→Z が成立する。

⑥ 擬推移律：X→Y_1，Y_1Y_2→Z が成立すると，XY_2→Z が成立する。

■反射律の例

図2-19 から，{A，B}→B→C が成り立つ。

このうち，{A，B}→B の部分が反射律である。

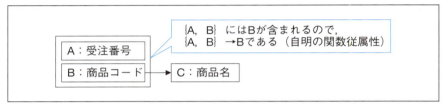

図2-19　関係"受注明細"の関数従属性

■増加律の例

図2-20 から，{A，B}→C…①である。

増加律を適用し，①の両辺に B を加えると，

{A，B，B}→{B，C}…②となる。

だが，{B，B}は B∪B の略記であり，B∪B＝B となるので，

{A，B}→{B，C}…③が得られる（太線部）。

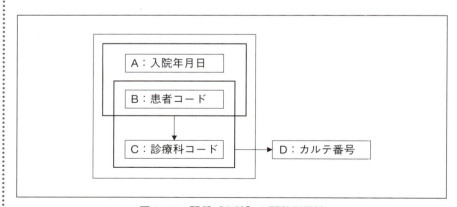

図2-20　関係"入院"の関数従属性

■推移律の例
図 2-20 から，{B, C} →D…④である。
増加律の例において，{A, B} → {B, C} …③が得られた。
これら③④から，{A, B} → {B, C} →D が導ける。
つまり，{A, B} →D となる。

■合併律の例
図 2-20 から，{A, B} →C…①である。
反射律によって，{A, B} →B…⑤が導ける。
これら①⑤から，合併律によって {A, B} → {B, C} …③が導ける。

■擬推移律の例
図 2-21 から，X→Y₁，{Y₁, Y₂} →Z である。
Y₁ を X に置き換えることによって，{X, Y₂} →Z が導ける。

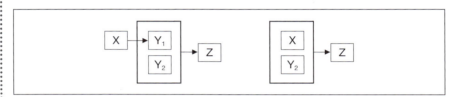

図 2-21　擬推移律

（4）完全関数従属

関係 R の属性 X, Y において，Y が X に関数従属で，かつ Y が X のどの真部分集合にも関数従属でないとき，Y は X に**完全関数従属**（あるいは**全関数従属**）

▶完全関数従属
▶全関数従属

 自明の関数従属性

A ⊇ B（B が A の部分集合）ならば，A→B となりますが，これについては，次のように考えてください。

関係 R の属性 A は複合属性（複数の属性）からなり，属性 B は単純属性からなるものとします。例えば，関係 "履修" において属性 A が {学生番号，科目}，属性 B が科目とします。

この場合，{学生番号，科目} ⊃科目になります。

{学生番号，科目} は，科目を含むので，自明の関数従属性（反射律）によって，{学生番号，科目} →科目となります。

つまり，左辺に含まれる科目（例えばその値が "幾何学"）が決まれば，右辺の科目（"幾何学"）が決まります（関数決定する）。これは左辺に含まれる属性と右辺の属性が同じなので当たり前ですが，これを自明の関数従属性といいます。

▶真部分集合

という（図 2-22 参照）。

なお，真部分集合は次のように定義される。X' ⊂ X かつ X' ≠ X のとき，X' は X の真部分集合であるという。

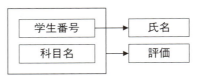

図 2-22　完全関数従属の例

2.3.3　第 1 正規形

(1) 非正規形

▶繰返し項目

▶非正規形

▶非単純定義域

▶単純定義域

図 2-23 に示す関係"学生"は，関係の中に {科目名, 成績, 先生} という繰返し項目を含んでいる。関係の要素の中に繰返し項目を含んでいるような関係を非正規形（non-normal form）という。より一般的にいえば，関係の属性の定義域が集合の集合（ベキ集合という）であるとき，このような属性を含む関係を非正規形という。関係を要素とする定義域を非単純定義域という。つまり，非正規形は関係の要素の中に関係を含んだものである。非正規形は意味的には理解しやすいが，冗長で，重複更新の問題が発生する。一方，属性の定義域の集合の中に集合を含まないものを単純定義域といい，次に述べる第 1 正規形以降の正規形は全て単純定義域からなっている。

2.3 正規化理論

学生							
学生番号	氏名	学年	学部	学部所在地	科目名	成績	先生
01	青山	3	工学部	川崎市	幾何学 代数学	80 65	松井 高橋
02	木村	3	理学部	東京都	幾何学 代数学	85 70	松井 高橋

図 2-23　非正規形

(2) 第 1 正規形（1NF）

▶第 1 正規形

関係 R がその属性に繰返し項目（非単純定義域）を一つも含まないものを第 1 正規形（first normal form）という。ただし，第 1 正規形は後述する部分関数従属性を含む。

(3) 第 1 正規化

▶第 1 正規化

関係 R の中の繰返し項目を取り除くことによって第 1 正規形が得られる。繰返し項目を含む非正規形を第 1 正規形へ導く手順のことを第 1 正規化といい，その方法には，次の二つがある。

① フラットなテーブルにする方法

繰返し項目を含めて，非正規形を単にフラットな表にする。こうして第 1 正規形が得られる。ただし，全体のキーは {固定部分のキー，繰返し項目部分のキー} の複合キーになる。

▶複合キー

非正規形である学生（学生番号, 氏名, 学年, 学部, 学部所在地, 履修（科目名, 成績, 先生））は，属性の要素に履修という繰返し項目（関係）を含む。非正規形"学生"をフラットなテーブルにすると第 1 正規形が得られる。こうして得られた関係"学生"の全体のキーは {学生番号, 科目名} となる（図 2-24 参照）。

学生							
学生番号	氏名	学年	学部	学部所在地	科目名	成績	先生
01	青山	3	工学部	川崎市	幾何学 代数学	80 65	松井 高橋
02	木村	3	理学部	東京都	幾何学 代数学	85 70	松井 高橋

↓

学生							
学生番号	氏名	学年	学部	学部所在地	科目名	成績	先生
01	青山	3	工学部	川崎市	幾何学	80	松井
01	青山	3	工学部	川崎市	代数学	65	高橋
02	木村	3	理学部	東京都	幾何学	85	松井
02	木村	3	理学部	東京都	代数学	70	高橋

図 2-24　第 1 正規形（フラットなテーブルにする方法）

　　　　　学生（学生番号, 氏名, 学年, 学部, 学部所在地, 科目名, 成績, 先生）
　　　　　　　　　　　※なお，下線部は主キーであることを示す（以下同じ）。
　この場合，関係"学生"は次に示す部分関数従属性（「2.3.4 第2正規形」参照）を持つことになる。
　　　学生番号→氏名, 学年, 学部, 学部所在地
　　　科目名→先生

② 繰返し項目を分解する方法

　第1正規形にするとは，関係の中の繰返し項目を排除することなので，繰返し項目に元の関係のキーを埋め込んで，関係を分解していく。こうすることで第1正規形が得られる。この場合，分解された繰返し項目を含む側の関係のキーは，｛元の関係のキー，繰返し項目部分のキー｝の複合キーとなる。
　なお，この方法は機械的な方法なので，次のステップで関係の中の部分関数従属性を分解し，第2正規形を導くと，ある関係の射影となる冗長な関係が生じる場合がある。生じた冗長な関係は不要なので取り除く。
　非正規形である学生（学生番号, 氏名, 学年, 学部, 学部所在地, 履修（科目名, 成績, 先生））を，この方法で分解し，第1正規形を導いてみる。属性の要素に履修という繰返し項目を含むので，学生と履修の二つの関係に分解する。その際，元の関係のキー｛学生番号｝を繰返し項目側の履修に埋め込む。履修のキーは，｛学生番号, 科目名｝の複合キーとなる。関係"学生"は，次のように分解される（図2-25参照）。
　　　学生（学生番号, 氏名, 学年, 学部, 学部所在地）
　　　履修（学生番号, 科目名, 成績, 先生）
　この場合は，関係"履修"に，科目名→先生なる部分関数従属性が生じるだけである。

学生

学生番号	氏名	学年	学部	学部所在地	科目名	成績	先生
01	青山	3	工学部	川崎市	幾何学	80	松井
					代数学	65	高橋
02	木村	3	理学部	東京都	幾何学	85	松井
					代数学	70	高橋

学生

学生番号	氏名	学年	学部	学部所在地
01	青山	3	工学部	川崎市
02	木村	3	理学部	東京都

履修

学生番号	科目名	成績	先生
01	幾何学	80	松井
01	代数学	65	高橋
02	幾何学	85	松井
02	代数学	70	高橋

図2-25　第1正規形（繰返し項目を分解する方法）

2.3.4 第2正規形

▶部分関数従属性

▶非キー属性

(1) 部分関数従属性

関係Rにおいて非キー属性がキーの真部分集合に関数従属することを，関係Rは部分関数従属性（partial functional dependency）を含む，あるいは非キー属性はキーに部分関数従属するという。キーの一部（真部分集合）に部分関数従属するとはいわないので注意する。非キー属性（non-prime attribute）とは，関係Rのどの候補キーにも属さない属性のことである。第1正規形であるが第2正規形ではなく，キーが複数の属性（複合キー）からなる関係はこの部分関数従属性を含む。

(2) 第2正規形（2NF）

▶第2正規形

関係Rが第1正規形で，関係Rの非キー属性はいずれも，いかなる候補キーにも完全関数従属であるとき，これを第2正規形という。

完全関数従属という条件から，第2正規形（second normal form）は部分関数従属性を含まないが推移的関数従属性（後述）を含む。

(3) 第2正規化

▶第2正規化

関係Rの非キー属性がキーの真部分集合に関数従属するならば，この関数従属性部分を元の関係から分解することによって第2正規形が得られる。第1正規形から第2正規形に分解することを第2正規化という。

① 第2正規形への分解例その1

フラットなテーブルにする方法を用いて得られた第1正規形"学生"を，第2正規形へ分解する。学生（<u>学生番号</u>，氏名，学年，学部，学部所在地，<u>科目名</u>，成績，先生）は，前述したように，次の部分関数従属性を持つ。

　　学生番号→氏名，学年，学部，学部所在地

　　科目名→先生

{氏名，学年，学部，学部所在地} は候補キーの一部である学生番号に，先生は候補キーの一部である科目名にそれぞれ関数従属する。したがって，関係"学生"は次のように分解される（図2-26参照）。なお，成績は候補キーである {学生番号，科目名} に関数従属する。

　　学生（<u>学生番号</u>，氏名，学年，学部，学部所在地）

　　科目（<u>科目名</u>，先生）

　　履修（<u>学生番号</u>，<u>科目名</u>，成績）

学生

学生番号	氏名	学年	学部	学部所在地	科目名	成績	先生
01	青山	3	工学部	川崎市	幾何学	80	松井
01	青山	3	工学部	川崎市	代数学	65	高橋
02	木村	3	理学部	東京都	幾何学	85	松井
02	木村	3	理学部	東京都	代数学	70	高橋

↓

学生

学生番号	氏名	学年	学部	学部所在地
01	青山	3	工学部	川崎市
02	木村	3	理学部	東京都

履修

学生番号	科目名	成績
01	幾何学	80
01	代数学	65
02	幾何学	85
02	代数学	70

科目

科目名	先生
幾何学	松井
代数学	高橋

図 2-26　第 2 正規形への分解例その 1

② 第 2 正規形への分解例その 2

繰返し項目を分解する方法によって得られた第 1 正規形の履修を，第 2 正規形へ分解する。履修（学生番号，科目名，成績）において，成績は候補キーである ｛学生番号，科目名｝ に関数従属する。

｛学生番号，科目名｝ →成績

一方，先生は候補キーの一部である科目名に関数従属である。

科目名→先生

したがって，履修は次のように分解される（図 2-27 参照）。

履修（学生番号，科目名，成績）

科目（科目名，先生）

履修

学生番号	科目名	成績	先生
01	幾何学	80	松井
01	代数学	65	高橋
02	幾何学	85	松井
02	代数学	70	高橋

→

履修

学生番号	科目名	成績
01	幾何学	80
01	代数学	65
02	幾何学	85
02	代数学	70

科目

科目名	先生
幾何学	松井
代数学	高橋

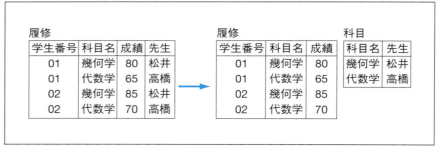

図 2-27　第 2 正規形への分解例その 2

2.3.5　第3正規形と BCNF

▶推移的関数従属性

(1) 推移的関数従属性（transitive functional dependency）

関係Rの互いに重複しない属性X，Y，Zにおいて，YはXに関数従属し，ZはYに関数従属し，XはYに関数従属しないとき，ZはXに推移的関数従属するという。

　　　X→Y，Y→Z，Y↛Xならば，ZはXに推移的関数従属（X→Z）。

関係Rの互いに重複しない属性X，Y，Zとは，YがXの真部分集合ではなく，ZがYとXに属さないことを意味する。これらの条件は完全関数従属でないものを排除する。仮にYがXの真部分集合であれば，ZはXに完全関数従属しない（Xの一部に関数従属する）。ただし，X，Y間の属性に一部重複があってもよい。

(2) 推移的関数従属性の留意点

推移的関数従属性であるかどうかは，次に示す事項に留意して判断する。

① 関係Rの属性X，Y，Zにおいて，X，Y，Zは互いに1対1対応
　　　X⇄Y⇄Zならば，ZはXに推移的関数従属しない。
　　　Xを候補キーとすれば，Y，Zも候補キーである。

② 関係Rの属性X，Y，Zにおいて，X，Yが1対1対応
　　　X⇄Y→Zならば，ZはXに推移的関数従属しない。

この場合，Xを候補キーとすればYも候補キーであり，ZはXとYに直に関数従属する（推移的関数従属しない）。

③ 関係Rの属性X，Y，Zにおいて，YとZが1対1対応
　　　X→Y⇄Zならば，ZはXに完全推移的関数従属しない。
　　　X→Y⇄Zは，X→Z⇄Yの形にも変形できる。X→Yと同時にX→Zでもある。Y，ZはXに直に関数従属する。

〔例〕　関係"治療"の推移的関数従属性（平成10年 DB 試験午後Ⅰ問3より）
　　関係"治療"の関数従属性（図 2-28 参照）において，
　　　{患者番号，医師番号}→治療コード→治療名は推移的関数従属ではない。
　　　{患者番号，医師番号}→治療コード→治療区分は推移的関数従属である。
　　　{患者番号，医師番号}→治療名→治療区分は推移的関数従属である。

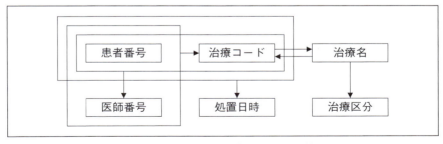

図 2-28　関係"治療"の関数従属性

④ 関係 R の属性 X，Y，Z において，Y が X の真部分集合に関数従属
〔例〕 関係"売上明細"の推移的関数従属性
　　関係"売上明細"の関数従属性（図 2-29 参照）において，
　　　{伝票番号，商品コード}→顧客番号→氏名は推移的関数従属ではない。
　　顧客番号は，{伝票番号，商品コード}の真部分集合である伝票番号に関数従属する。
　　　伝票番号→顧客番号→氏名は推移的関数従属である。

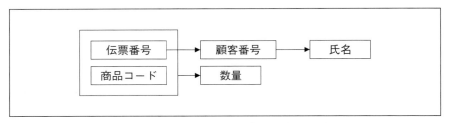

図 2-29　関係"売上明細"の関数従属性

⑤ 関係 R の属性 X，Y，Z において，X の属性と Y の属性が一部重複
〔例〕 関係"A"の推移的関数従属性（平成 9 年 DB 試験午後 I 問 1 より）
　　関係"A"の関数従属性（図 2-30 参照）において，
　　　{著者名，所属，論文タイトル} → {論文タイトル，雑誌名，冊通番}
　　　　　　　　　　　　　　　　　→ 掲載ページ
は推移的関数従属である。

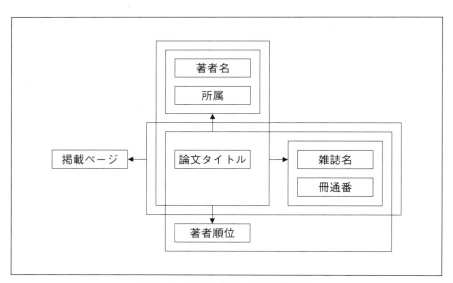

図 2-30　関係"A"の関数従属性

⑥ 関係Rの属性X，Y，Zにおいて，ZがY又はXに属するとき
　（a）ZがYに属する場合
　　　　X → {Y, Z} → Zを意味する。Xが決まれば，Y, Zが一意に決まる。
　　　　X → Zは推移的関数従属ではない（直に関数従属）。
　（b）ZがXに属する場合
　　　　Z⊂Xなので，自明の関数従属性X → Zが成り立つ。
　　　　この場合，X → Y → Zは推移的関数従属とはいわない。
〔例〕 関係"選択科目"の場合
　　　関係"選択科目"の関数従属性（図2-31参照）において，
　　　　{学生番号，科目名} → 先生 → 科目名は推移的関数従属ではない。
　　　　{学生番号，科目名} → 科目名は自明の関数従属である。

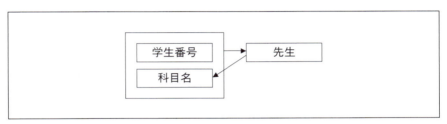

図2-31　関係"選択科目"の関数従属性

(3) 第3正規形（3NF）

▶第3正規形

E.F.Coddの定義によれば，関係Rが第2正規形で，非キー属性が候補キーに推移的関数従属しないものを第3正規形（third normal form）という。なお，第3正規形は任意のキーの要素間に完全関数従属ではない関数従属性があっても構わない（「(6)第3正規形とBCNFの違い」参照）。

(4) 第3正規化

▶第3正規化

関係Rの非キー属性がキーに推移的関数従属するならば，この推移的関数従属性部分を元の関係から分解することによって第3正規形が得られる。第2正規形から第3正規形に分解することを第3正規化という。

これまでの例で得られた第2正規形に，推移的関数従属性があるかどうかを見てみる。

学生（学生番号，氏名，学年，学部，学部所在地）においては，キー以外の属性である学部と学部所在地に，学部→学部所在地という関数従属性があることが分かる。主キーの学生番号は学部を関数決定するので，学生番号→学部となる。したがって，関係"学生"は，学生番号→学部→学部所在地という推移的関数従属性を持つ。関係"学生"は，推移的関数従属性を持つので，次のように分解される（図2-32参照）。

　　　　学生（学生番号，氏名，学年，学部）
　　　　学部（学部，学部所在地）

第2章 関係モデルの理論

```
学生
| 学生番号 | 氏名 | 学年 | 学部 | 学部所在地 |
| 01 | 青山 | 3 | 工学部 | 川崎市 |
| 02 | 木村 | 3 | 理学部 | 東京都 |
```

↓

```
学生
| 学生番号 | 氏名 | 学年 | 学部 |
| 01 | 青山 | 3 | 工学部 |
| 02 | 木村 | 3 | 理学部 |

学部
| 学部 | 学部所在地 |
| 工学部 | 川崎市 |
| 理学部 | 東京都 |
```

図 2-32　第 3 正規形

(5) ボイス - コッド正規形（BCNF；Boyce-Codd Normal Form）

第 1 正規形の関係 R のいかなる属性の組 X に対しても，X に含まれない属性の組が X に関数従属するときは，R の全ての属性は X に関数従属する。このとき，関係 R は**ボイス - コッド正規形（BCNF）**であるという。なお，ボイスとコッドは正規化理論の研究者の名前である。

▶ボイス - コッド正規形
▶BCNF

① ここで，X は候補キーであり，かつそれが複数あってもよいことを意味する。BCNF は複数の候補キーを持てる。

② R の全ての属性が X に関数従属するとは，X に含まれない属性の組を A とすると（関係 R の全ての属性は X，A となる），X，A が X に関数従属することを意味する。すなわち，X → X，A である。

③ 候補キーが二つある場合には，仮に候補キーを X_1，X_2，候補キー以外の属性を A とすると，X_1 → X_2，A，又は，X_2 → X_1，A を意味する。

```
関係       ： 業者（業者番号，業社名，所在地）
             ただし，業社名はユニークとする。
候補キー   ： 業者番号
             業社名
関数従属   ： 業者番号 → 業社名，所在地
             業社名   → 業者番号，所在地
```

業者
業者番号	業者名	所在地
101	㈲XYZ	神奈川県横浜市
102	㈱ABC	東京都豊島区
103	NPO法人EFG	東京都中央区

図 2-33　候補キーが二つある BCNF の例

④ BCNF でいう関数従属は，完全関数従属（部分関数従属を含まない）を意味する。また，推移的関数従属も含まないことを意味する。したがって，第 1，2 正規形は BCNF ではない。なぜなら，第 1 正規形は部分関数従属性

を含み,第2正規形は推移的関数従属性を含むためである。
⑤ 第3正規形とBCNFの違いについては,次の(6)を参照のこと。
⑥ BCNFへの損失なしの分解は元の関係に含まれた関数従属性を保存するとは限らない((8)を参照)。第3正規形への関数従属性を保存した分割は常に存在する。なお,損失なしの分解については(7)を参照のこと。

(6) 第3正規形とBCNFの違い

▶第3正規形

第3正規形は,厳密には次のように定義される。
① 関係Rのいかなる属性の組Xに対しても,Xに含まれない属性の組(これをAとする)がXに関数従属する。つまり,X→Aである。
② あるいは,Aが関係Rの任意のキーの要素である。つまり,Aが関係Rの任意のキーの要素であるとき,Aが候補キーに完全関数従属することを求めない。
③ ①はBCNFと同条件であるが,②があるためにBCNFより緩い条件とされている。

〔例〕 重複キーが二つ以上ある場合の第3正規形
　　　関係"仕入"の関数従属性を図2-34のとおりとする。

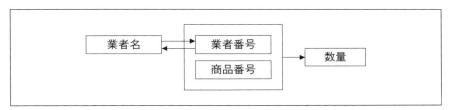

図2-34 関係"仕入"の関数従属性

関係:仕入(業者番号,業者名,商品番号,数量)
　　なお,業者名はユニークとする。
候補キー:{業者番号,商品番号}
　　　　　{業者名,商品番号}

▶重複キー

　　　　　この二つの候補キーは,商品番号が重複する重複キーである。
関数従属:{業者番号,商品番号}→業者名,数量
　　　　　ただし,業者名は業者番号に関数従属する。
　　　　　{業者名,商品番号}→業者番号,数量
　　　　　ただし,業者番号は業者名に関数従属する。

・主キーを{業者番号,商品番号}としたとき,業者番号→業者名というキーに完全関数従属しない関数従属性が存在するため,BCNFではない。主キーを{業者名,商品番号}とした場合も同様である。
・一方,業者番号→業者名という関数従属性を持つにも関わらず,業者名は{業者名,商品番号}なるキーの要素であり,条件②「Aが関係Rの任意のキーの要素」を満たすため,第3正規形である。同様に,業者番号

は {業者番号, 商品番号} なるキーの要素であり, 条件②を満たすため第3正規形である。なお, 業者名, 業者番号はともに, 候補キーの一部を構成する属性なので, 第2正規形の定義「関係Rのキー以外の属性（どの候補キーにも属さない属性）はいずれも, いかなる候補キーにも完全関数従属する」を満たす。関係"仕入"のキー以外の属性は, 数量だけである。

・関係"仕入"は, 業者名の変更に際し, 更新漏れなどの問題が生じるため, 次の二つの関係に分割した方がよい（図2-35参照）。

業者（業者番号, 業者名）
仕入（業者番号, 商品番号, 数量）

この場合はBCNFとなる。

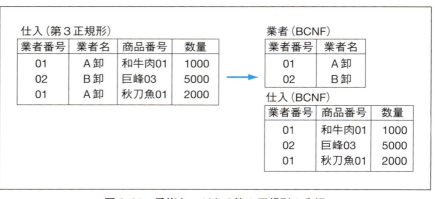

図2-35　重複キーがある第3正規形の分解

(7) 適切な分解と不適切な分解

正規化の過程では, 元の関係を射影によって分解するが, 結合すると再び元の関係が得られるような分解を, 損失なしの分解という。損失なしの分解さえ行えば特に不都合はないように思えるが, この場合にも, 適切な分解と不適切な分解という問題がある。

▶損失なしの分解
▶適切な分解
▶不適切な分解

〔例〕　関係：人名録（氏名, 社名, 役職）（平成8年DB試験午前問題28より）
　　　　↓　この関係を射影によって, 次のように分解する。
　　分解された関係：A（氏名, 社名）
　　　　　　　　　　B（氏名, 役職）
　　　　　　　　　　C（社名, 役職）下線の付いた項目は主キーである

元の関係をAとB, AとCのどちらに分解しても, 自然結合によって元の関係"人名録"を再現できるので, 損失なしの分解という点ではどちらも正しいといえるが, 次のような問題がある。

① 元の関係をAとBに分解した場合（不適切な分解）

社名→役職の関数従属性が関係間の制約になっているため（図2-36参照），ある人が特定の社名, 役職を持たないと, 特定の社名と役職との関係を挿入できない。あるいは複数の人が同じ社名を持っている場合は, その人達が同

じ役職を持つように監視しなければならないという問題がある。この分解は不適切な分解といわれる。

② 元の関係を A と C に分解した場合（適切な分解）

社名→役職の関数従属性が関係 C の中に含まれ，あらかじめ特定の社名と役職の関係を挿入でき，①のような問題が生じない。この分解は適切な分解といわれる。

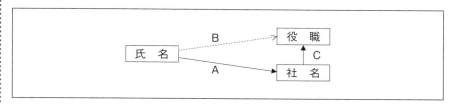

図 2-36　適切な分解と不適切な分解

(8) 関数従属性を保存しない BCNF への損失なしの分解

次の例が示すように，BCNF への損失なしの分解が，元の関係に含まれた関数従属性を保存しない場合がある。そのため，分解された関係（射影）は各々独立に更新できないという問題が生じる。

〔例〕　選択科目（学生番号，科目名，先生）の BCNF への分解

選択科目（学生番号，科目名，先生）は第 3 正規形であり，次の関数従属性が含まれる。

① {学生番号，科目名} →先生（学生は各科目について 1 人の先生に教えられる）
② 先生→科目名　　　　　（先生は一つの科目を教える）
③ 科目名↛先生　　　　　（各科目は複数の先生によって教えられる）
④ 関係"選択科目"は，重複キー {学生番号，科目名}，{学生番号，先生} を候補キーに持つ。

選択科目（学生番号，科目名，先生）を，キーを含まない関数従属性②先生→科目名を用いて，R1（学生番号，先生），R2（科目名，先生）へ分解する（図 2-37 参照）。

これは BCNF への損失なしの分解であるが，次の問題が生じる。

(a) R1 と R2 の関数従属性から，{学生番号，先生} →科目名は導けるが，元の関係に含まれた① {学生番号，科目名} →先生の関数従属性は導けない（保存されない）。

(b) 例えば，R2 において，科目を教える先生が変わった場合（独語の先生を"本木"から"二丘"へ変更，"本木"はラテン語を担当），R1 と R2 を結合すると，01 と 02 の学生は，自分が選択しないラテン語を専攻することになる。この場合，R1 において独語を選択する学生が先生を"二丘"に変更すれば，選択科目に矛盾は生じない。結局，分解された射影 R1，R2 は独立に更新で

きないことになる。

選択科目

学生番号	科目名	先生
01	独語	本木
01	仏語	江頭
02	独語	本木
02	仏語	松井

関係"選択科目"の関数従属性図

学生番号
科目名 → 先生

BCNFへ分解

R1

学生番号	先生
01	本木
01	江頭
02	本木
02	松井

R2

科目名	先生
独語	本木
仏語	江頭
仏語	松井

図2-37 関数従属性を保存しないBCNFへの分解

次の関係は，第何正規形でしょうか。
学生（学生番号，氏名，学部，所属クラブ1，所属クラブ2，所属クラブ3）

所属クラブ1，所属クラブ2，所属クラブ3という繰返しグループを横方向に含む関係ですが，学生が関係である限り，第1正規形です。さらにこの場合，部分関数従属性も推移的関数従属性もないので，第3正規形です。ただし，固定数でない繰返しグループがある場合は，学生クラブ（学生番号，所属クラブ）として別の関係に分解した方がよいでしょう。

2.3.6 第4正規形

▶多値従属性

(1) 多値従属性

図2-38の関係Rの社員番号と子供や趣味の間には1対多数の対応関係がある。社員番号が決まると，その子供の集合が決まり，同時に（社員番号，趣味）の値に対しても，子供の集合が決まる。より正確には，（社員番号，趣味）に対応する子供は社員番号にだけ依存し，趣味の値には関係しない（独立している）。こ

▶多値従属性

のような場合，社員番号と子供の間には**多値従属性**（multi-valued dependency）がある，あるいは子供は社員番号に多値従属するといい，社員番号→→子供と

書く。

さらに社員番号，及び（社員番号，子供）の値に対して趣味の集合も決まる。すなわち，社員番号→→子供であれば社員番号→→趣味であり，これを多値従属性の対称性という。対称性のある多値従属性のことを**自明でない多値従属性**（not trivial multi-valued dependency）といい，社員番号→→子供｜趣味と書く。

▶自明でない多値従属性

R

社員番号	子供	趣味
1	太郎	散歩
1	花子	散歩
1	太郎	読書
1	花子	読書
2	うらら	大工
2	はじめ	大工

→

第4正規形

R1

社員番号	子供
1	太郎
1	花子
2	うらら
2	はじめ

R2

社員番号	趣味
1	散歩
1	読書
2	大工

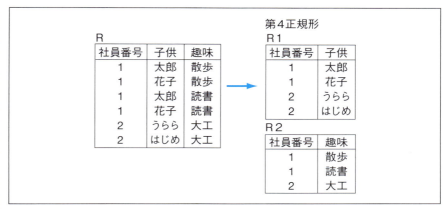

図 2-38　多値従属性の例

多値従属性は，次の性質を持つ。

① 多値従属性 X→→Y｜Z は，関係 R（X，Y，Z）において一定のパターン（x，y，z），（x，y'，z'）があるならば，パターン（x，y'，z），（x，y，z'）も R の組であると，形式的にとらえることができる（図 2-39 参照）。

R

X	Y	Z
x	y	z
x	y'	z'

があれば →

R

X	Y	Z
x	y	z
x	y'	z
x	y	z'
x	y'	z'

の組もある

図 2-39　多値従属性のパターン

② 関係 R（X，Y，Z）において多値従属性 X→→Y が成り立つのは，Y 値の集合が X 値だけに依存し，Z 値と独立している場合である。

③ 自明でない多値従属性は，関係 R が最低三つの属性を持っている場合に成り立つ。

④ 関数従属は多値従属の特殊な場合である（多値従属は，関数従属の一般化である）。多値従属 X→→Y の場合は，X に対して Y 側は Y 値の集合が対応するが，関数従属 X→Y の場合は，X に対して Y 側はただ一つの値に決まるという意味で，関数従属は，多値従属の特殊な場合である。

(2) 第4正規形への分解

関係 R（X, Y, Z）が，X ─→→ Y｜Z となる自明でない多値従属性を含む場合，関係 R を分解して得られる，R1（X, Y），R2（X, Z）を**第 4 正規形**（forth normal form）という。

▶第 4 正規形

R1, R2 は，X ─→→ Y（X ─→→ Y｜φ）あるいは X ─→→ Z の関係だけが残り，対称性が存在しない。これを**自明な多値従属性**（trivial multi-valued dependency）という。

▶自明な多値従属性

図 2-38 の関係 R（社員番号，子供，趣味）の場合は，社員番号 ─→→ 子供｜趣味の多値従属性を含むので，R1（社員番号，子供）と R2（社員番号，趣味）に分解される。分解して得られた R1 と R2 を自然結合すると，再び元の関係 R に戻すことができる。

(3) 第 4 正規形（4NF）

関係 R の中に多値従属性 A ─→→ B が存在するときは，常に R の全ての属性 X が A に関数従属する場合（A ─→ X）に，関係 R は**第 4 正規形**であると定義される。

▶第 4 正規形

これは，関係 R における唯一の従属性（多値従属性又は関数従属性）は，A ─→ X の形であることを意味する。A は候補キーであり，X を多値従属の場合は集合的に，関数従属の場合は一意に決定する。

具体的には次の①②は第 4 正規形であるが，③は第 4 正規形ではない。
① 自明な多値従属性だけが存在する関係
② 自明でない多値従属性を含み，かつこれが関数従属性でもある場合
　　これは BCNF を意味する。X ─→→ Y は，実は X ─→ Y である。
③ 自明でない多値従属性を含み，かつ関数従属でもない場合

J.D. Ullman 著;「Principles of Database and Knowledge-Base Systems」，Computer Science Press, 1988 によれば，関係 R の中に自明でない多値従属性 X ─→→ Y が存在し，XY が R の全ての属性を含んでいないときは常に，X が R のスーパーキーであるならば，R は第 4 正規形である。逆にいうと，自明でない多値従属性 X ─→→ Y が存在し，X が関係 R のスーパーキーでないとき，R は第 4 正規形ではない。

そこで，具体例として，図 2-38 の関係 R の社員番号「1」に趣味「釣り」を追加することを考えてみる。R は，対象性のある自明でない多値従属性を持つので，全ての {社員番号，子供} の組に対して趣味を追加しなければならない。{1, 太郎, 釣り}，{1, 花子, 釣り} を追加しなければならない。つまり，候補キー"社員番号"から集合的に属性"趣味"を決定できない。したがって，関係 R は第 4 正規形ではない。

一方，図 2-38 の関係 R2 の社員番号「1」に趣味「釣り」を追加することを考えてみる。関係 R2 は対象性のない自明の多値従属性を持つので，候補キー"社員番号"から集合的に属性"趣味"を決定できる。この場合は，{1, 釣り} を追加すればよい。したがって，関係 R2 は第 4 正規形である。同様に，関係 R1 も

第 4 正規形である。
なお，第 4 正規形にするということは，繰返し項目を排除することであり，実際にはこれ以前の正規化の段階で取り除かれる場合が多い。

2.3.7 第 5 正規形

▶結合従属性

▶3- 分解可能
▶n- 分解可能

（1）結合従属性

関数従属性や多値従属性を含む関係では，これらを二つの射影（関係）に損失なしに分解したが，次に述べる**結合従属性**（join dependency）を含む関係は，これを三つ以上の射影に損失なしに分解する。三つ以上の射影に分解できることを，**3- 分解可能**（three-decomposition），**n- 分解可能**（n-decomposition）という。

ある関係 R(X_1, X_2, …X_m) を射影によって分解した関係を R1(X_1)，R2(X_2)，…，R_m(X_m) とする。R_1，R_2，…，R_m を自然結合によって結合すると意味的妥当性を持って元の関係 R が得られるような場合，R と R1，R2，…，R_m の間に結合従属性があるという。ただし，属性の組 $X_i \cap X_j \neq \phi$ でもよい（重複してもよい）。関係 R のこの関係を表すのに略号 JD（Join Dependency；結合従属性）を用いて，JD＊(X_1，X_2，…X_m) と書き，関係 R は，JD＊(X_1，X_2，…X_m) を満たすと読む。

多値従属性は，R(X, Y, Z) において X $\longrightarrow\!\!\!\longrightarrow$ Y｜Z が成り立つ場合であるが，これは JD＊(XY，XZ) と表せる。多値従属性は元の関係を三つではなく二つの射影に分解するという点で違いはあるが，結合従属性の特殊な場合である。逆に，多値従属性の一般化が結合従属性である。

（2）第 5 正規形（5NF，projection/join normal form）

▶第 5 正規形

再結合すると元の関係を生成できるような射影によって得られる R1，R2，…，R_m を**第 5 正規形**（fifth normal form）という。関係 R_i の候補キーを X とすると，関係 R_i 内の全ての結合（すなわち元の関係との結合従属性）が，X が R_i の候補キーであるということ自体によって暗黙に意味されている場合，その関係 R_i は第 5 正規形である。

図 2-40 において，元の関係 R は，全キーの第 4 正規形であるが，結合従属性を含んでいるので，第 5 正規形ではない。これを分解して得られた関係 R1，R2，R3 は第 5 正規形である。R1，R2，R3 も全キーである。例えば，R1 では，従業員 NO ＋ プロジェクトがキーである。元の関係 R を生成するためには，初めに R1 と R2 を従業員 NO で自然結合し，中間結果を得る。次に，その中間結果と R3 を｛プロジェクト，スキル｝の組で自然結合すると元の関係 R が得られる。なお，多値従属性があるとして，R1（従業員 NO，プロジェクト）と R2（従業員 NO，スキル）の二つの関係に分解し，それを自然結合すると元の R に存在しない行が現れる。

第2章　関係モデルの理論

R

従業員NO	プロジェクト	スキル
100	流通	マーケティング
100	流通	財務
100	会計	財務
200	流通	財務

プロジェクトとスキルの間に何らかの関連がある場合，つまり，「従業員が持っているスキルは，当該プロジェクトで使用されるときだけ使用する」という関連があるものとする。
関連がなく独立しているものであれば，多値従属性が存在することになる。

第5正規形

R1

従業員NO	プロジェクト
100	流通
100	会計
200	流通

R2

従業員NO	スキル
100	マーケティング
100	財務
200	財務

R3

プロジェクト	スキル
流通	マーケティング
会計	財務
流通	財務

図2-40　第5正規形

2.4 章末問題

問 2-1 ■H12春-DB 問32

関係モデルの特徴に関する記述のうち，適切なものはどれか。

ア　各行は，ある列の値の順に格納されている。
イ　一つの関係の中である属性集合を選ぶと，その値によって各行を一意に識別できる極小の属性集合を，候補キーと呼ぶ。
ウ　一つの関係の中では，各列は第1列，第2列といった順番で区別がつけられるので，属性名としては重複した（ユニークでない）名称をつけることができる。
エ　一つの列のデータ要素は，様々なデータ形式をもつことができる。例えば，発注日という列の値が年月を表すときに，データ形式としては文字列，数値，日付値が混在していてもよい。

問 2-2 ■H17春-DB 問22

関係データベースにおける定義域に関する記述のうち，適切なものはどれか。

ア　定義域が異なる属性同士の比較は，本質的には意味がない。
イ　定義域は，単一の基本データ型又はユーザ定義型でなければならない。
ウ　定義域は，ユーザ定義のスキーマである。
エ　一つの属性は，複数の定義域上に定義できなければならない。

問 2-3 ■H29春-DB 午前Ⅱ問13

属性が n 個ある関係の異なる射影は幾つあるか。ここで，射影の個数には，元の関係と同じ結果となる射影，及び属性を全く含まない射影を含めるものとする。

　ア　$2n$　　　　イ　2^n　　　　ウ　$\log_2 n$　　　　エ　n

問 2-4　　　　　　　　　　　　　　　　　　　　　　　　　　　　■ H14 春 -DB 問 25

関係代数演算に関する記述のうち，適切なものはどれか。

ア　結合は，ある二つの関係のタプルについて，両方のすべての組合せからなる関係を求める。
イ　差は，ある二つの関係の両方又は片方に現れるタプルからなる関係を求める。
ウ　射影は，ある関係から一部の属性を取り出したタプルからなる関係を求める。
エ　商は，ある二つの関係のうち，一つ目の関係だけに現れるタプルからなる関係を求める。

問 2-5　　　　　　　　　　　　　　　　　　　　　　　　　　　■ H27 春 -DB 午前Ⅱ問 10

"商品"表と"納品"表を商品番号で等結合した結果はどれか。

商品

商品番号	商品名	価格
S01	ボールペン	150
S02	消しゴム	80
S03	クリップ	200

納品

商品番号	顧客番号	納品数
S01	C01	10
S01	C02	30
S02	C02	20
S02	C03	40
S03	C03	60

ア

商品番号	商品名	価格	顧客番号	納品数
S01	ボールペン	150	C01	10
S02	消しゴム	80	C02	20
S03	クリップ	200	C03	60

イ

商品番号	商品名	価格	商品番号	顧客番号	納品数
S01	ボールペン	150	S01	C01	10
S02	消しゴム	80	S02	C02	20
S03	クリップ	200	S03	C03	60

ウ

商品番号	商品名	価格	顧客番号	納品数
S01	ボールペン	150	C01	10
S01	ボールペン	150	C02	30
S02	消しゴム	80	C02	20
S02	消しゴム	80	C03	40
S03	クリップ	200	C03	60

エ

商品番号	商品名	価格	商品番号	顧客番号	納品数
S01	ボールペン	150	S01	C01	10
S01	ボールペン	150	S01	C02	30
S02	消しゴム	80	S02	C02	20
S02	消しゴム	80	S02	C03	40
S03	クリップ	200	S03	C03	60

問 2-6

■H24 春-DB 午前Ⅱ問 10

次の関係 R,S,T,U において,関係代数表現 R×S÷T－U の演算結果はどれか。ここで,×は直積,÷は商,－は差の演算を表す。

関係R	A	B
	1	a
	2	b
	3	a
	3	b
	4	a

関係S	C
	x
	y

関係T	A
	1
	3

関係U	B	C
	a	x
	c	z

ア
B	C
a	y

イ
B	C
b	x

ウ
B	C
a	y－x
b	x
b	y

エ
B	C
a	y－x
－c	－z

問 2-7

■H26 春-DB 午前Ⅱ問 4

関係モデルにおいて,情報無損失分解ができ,かつ,関数従属性保存が成り立つ変換が必ず存在するものはどれか。ここで,情報無損失分解とは自然結合によって元の関係が必ず得られる分解をいう。

　ア　第 2 正規形から第 3 正規形への変換
　イ　第 3 正規形からボイスコッド正規形への変換
　ウ　非正規形から第 1 正規形への変換
　エ　ボイスコッド正規形から第 4 正規形への変換

問 2-8

■ H27 春 -DB 午前Ⅱ問 6

受注入力システムによって作成される次の表に関する記述のうち，適切なものはどれか。受注番号は受注ごとに新たに発行される番号であり，項番は1回の受注で商品コード別に連番で発行される番号である。

なお，単価は商品コードによって一意に定まる。

受注日	受注番号	得意先コード	項番	商品コード	数量	単価
2005-03-05	995867	0256	1	20121	20	20,000
2005-03-05	995867	0256	2	24005	10	15,000
2005-03-05	995867	0256	3	28007	5	5,000

ア　正規化は行われていない。
イ　第1正規形まで正規化されている。
ウ　第2正規形まで正規化されている。
エ　第3正規形まで正規化されている。

問 2-9

■ H20 春 -DB 問 24

属性 x の値によって属性 y の値が一意に定まることを，x → y で表す。図に示される関係を，第3正規形の表として正しく定義しているのはどれか。ここで，x の四角内に複数の属性が入っているものは，それら複数の属性すべての値によって，属性 y の値が一意に定まることを示す。

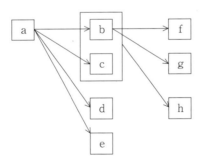

ア　表1 {a}
　　表2 {b, c, d, e}
　　表3 {f, g, h}

イ　表1 {a, b, c, d, e}
　　表2 {a, c}
　　表3 {b, e, f, g, h}

ウ　表1 {a, b, c, d, e}
　　表2 {b, c, f, g, h}
　　表3 {b, c, h}

エ　表1 {a, b, c, d, e}
　　表2 {b, f, g}
　　表3 {b, c, h}

問 2-10

■H25 春-DB 午前Ⅱ問 2

関数従属に関する記述のうち，適切なものはどれか。ここで，A，B，C はある関係の属性の集合とする。

ア　B が A に関数従属し，C が A に関数従属すれば，C は B に関数従属する。
イ　B が A の部分集合であり，C が A に関数従属すれば，C は B に関数従属する。
ウ　B が A の部分集合であれば，A は B に関数従属する。
エ　B と C の和集合が A に関数従属すれば，B と C はそれぞれが A に関数従属する。

問 2-11

■H19 春-DB 問 22

関係 R のリレーションスキーマが R（A，B，C，D，E）であり，関数従属 A → BC，CD → E が成立する。これらの関数従属から決定できる R の候補キーはどれか。ここで，A，B，C，D，E は属性集合であり，XY は X と Y の和集合を表す。

　　ア　AC　　　　イ　ACD　　　　ウ　AD　　　　エ　CD

第2章 関係モデルの理論

〔memo〕

第3章

DBMSの機能

3.1 SQL言語 ………………………………………………………… 86
3.2 整合性管理 ……………………………………………………… 148
3.3 セキュリティ管理 ……………………………………………… 154
3.4 トランザクション管理 ………………………………………… 158
3.5 同時実行制御（排他制御） …………………………………… 168
3.6 障害回復管理 …………………………………………………… 181
3.7 章末問題 ………………………………………………………… 186

3.1 SQL 言語

　関係データベースの標準データベース言語である SQL（Structured Query Language）は，ANSI の提案を受けて 1987 年に ISO の国際標準規格（SQL1 又は SQL-87）となった。1989 年に SQL1 補遺 1（SQL-89）に改訂され，1992 年に SQL-89 の機能を大幅に拡張した SQL-92 が，ISO の国際標準規格となった。さらに，オブジェクト指向への拡張が行われ，1999 年に SQL-99 が国際標準規格となった。さらに，その後 SQL:2003，SQL:2008，SQL:2011 などの規格があるが，RDBMS への実装の対応もあり，事実上の現時点（2018 年）での最新規格は SQL:2003，SQL:2008 と考えてもよいだろう。
　ここでは，主に SQL-92（JIS X3005-1995）の言語仕様について説明し，必要に応じて SQL-89 や SQL-99，SQL:2003 についても触れる。

3.1.1　データベース言語方式

(1) データベース言語の構成

▶データ定義言語
▶DDL
▶データ操作言語
▶DML

　通常のプログラム言語では，データの宣言と実行文が一体となって構成されるが，データベース言語では，宣言と計算が二つの異なった言語，データ定義言語（DDL；Data Definition Language）とデータ操作言語（DML；Data Manipulation Language）に分解される。データ定義言語は，さらにスキーマ定義言語とサブスキーマ定義言語に分かれる。
　スキーマ定義は，データベースの論理構造である概念スキーマを定義する。SQL のスキーマ定義には，CREATE SCHEMA 文や実表定義がある。サブスキーマ定義は，概念スキーマの上位にある外部スキーマ，つまり利用者が概念スキーマ上の必要とする範囲（ユーザビュー）を定義する。外部スキーマは，関係データベースではビュー（CREATE VIEW），CODASYL 仕様データベース又は NDL ではサブスキーマと呼ばれる。

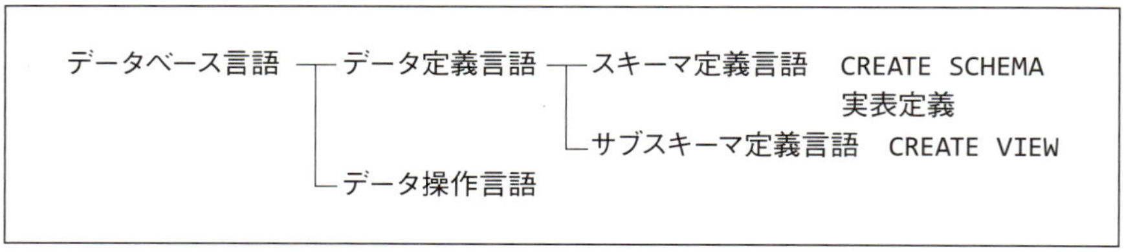

```
データベース言語 ─┬─ データ定義言語 ─┬─ スキーマ定義言語　　CREATE SCHEMA
　　　　　　　　　│　　　　　　　　　│　　　　　　　　　　実表定義
　　　　　　　　　│　　　　　　　　　└─ サブスキーマ定義言語　CREATE VIEW
　　　　　　　　　└─ データ操作言語
```

図 3-1　データベース言語の構成

3.1 SQL言語

(2) データベース言語方式

① ホスト言語方式

▶ホスト言語方式

COBOLやCなどの既存の高水準言語プログラムの中に，データ操作言語を拡張命令として埋め込む方式のものを，ホスト言語方式という。ホスト言語にデータ操作言語を埋め込んだプログラムをコンパイルして実行するコンパイル方式である。ホスト言語方式は，さらに，モジュール言語方式と埋込み方式（埋込みSQL）に分類できる。

▶利用者言語方式

② 利用者言語方式

利用者が直接入力する会話型SQLやパネル型言語（フォームインタフェース）のQBE（Query By Example）などのことである。入力即実行のインタプリタ方式を用いる。

▶自立型言語方式

③ 自立型言語方式

データベースに対するデータ操作機能の他に，言語としての一般的な機能を持った完結した言語による方式である。RDBMSの第4世代言語（例としてTSQLやPL/SQL）などがある。

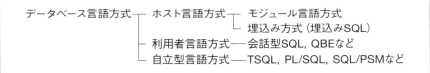

図3-2　データベース言語方式

3.1.2　SQLの特徴・言語レベル

(1) SQLの特徴

▶宣言的

SQLの最大の特徴は，ユーザが何を検索したいのかを，関係代数の構文や意味に基づいて宣言的に問合せを行うことにある。宣言的とは，どのように（HOW）ではなく，何をやりたいか（WHAT）を強調・明言することをいう。このような特徴を非手続型の言語という。従来型のC言語，COBOL言語などで1レコードずつ操作をする言語を手続型の言語という。また，SQLは関係完備な言語でもある。

▶非手続型の言語
▶手続型の言語

SQLは，データベースのデータ構造の定義やデータインテグリティの定義，表に対するデータ操作（集合演算的な問合せ）を行う機能だけでなく，セキュリティやトランザクションに関する機能も持つ。

(2) SQL-92の言語レベル

SQL-92には初級SQL，中級SQL，完全SQLの三つの言語レベルがあるが，商用のRDBMSではSQL-92の初級・中級レベルの言語仕様をサポートしている

ものがほとんどである。SQL-92 の初級 SQL にはスキーマ操作機能，一時テーブル，表明などが含まれず，SQL-89 の言語仕様とあまり変わらない。SQL-89 と SQL-92 とでは若干の非互換性（例えば候補キーの扱いが異なる）はあるものの，ほぼ上位互換性を保っている。

3.1.3 ホスト言語方式

SQL のホスト言語方式にはモジュール言語と埋込み方式(埋込み SQL)がある。

(1) モジュール言語

▶モジュール言語

SQL-92 のモジュール言語は，モジュール定義，カーソル定義，手続定義，パラメタ定義，SQL 文からなる。モジュールの中には複数の手続を定義でき，COBOL などのプログラムから CALL 文で呼び出される。モジュールには通常データ操作を記述するが，SQL-92 ではデータ定義やコネクション管理なども記述できる。ホスト言語には，SQL-89 に対し Ada，C，MUMPS が追加された。

なお，SQL/PSM（Persistent Stored Module：ISO/IEC9075-3，JIS X-3005-4）では，モジュール中にデータ定義とデータ操作（制御文 + SQL 文）を一体化して記述できる。

▶モジュール定義

モジュール定義の構文は次のとおりである。

■ SQL-92 のモジュール定義（ISO/IEC 9075-1992，JIS X3005-1995）
```
::= MODULE [ モジュール名 ] [ NAMES ARE 文字集合指定 ]
    LANGUAGE{ ADA | C | COBOL | FORTRAN | MUMPS | PASCAL | PLI }
    [ SCHEMA スキーマ名 ] [ AUTHORIZATION モジュール認可識別子 ]
    [ 一時表定義リスト ]
    モジュール要素リスト
モジュール要素 ::= カーソル定義 | 動的カーソル定義 | 手続定義
手続定義 ::= PROCEDURE 手続名
            { パラメタ定義リスト | ( パラメタ定義コンマリスト )};
            SQL 文;
パラメタ定義 ::= パラメタデータ型
              | SQLCODE          …大部分は実装側で定義
              | SQLSTATE         …大部分は標準側で定義
```
① SCHEMA 句，AUTHORIZATION 句

▶SCHEMA 句
▶AUTHORIZATION 句

SCHEMA 句と AUTHORIZATION 句のどちらかを必ず指定する。SCHEMA 句には，モジュール中にスキーマ文がないときの省略時スキーマ名を指定する（モジュール中にスキーマ文がある場合は別で，そのスキーマ名が用いられる）。SCHEMA 句を省略したときは AUTHORIZATION 句で指定したユーザ名がスキーマ名となる。AUTHORIZATION 句にはモジュールの所有者（モジュール内の全ての SQL 文の操作権限を持つ者）を指定する。

3.1 SQL言語

▶パラメタ定義

② パラメタ定義

パラメタ定義リストは,パラメタ名とデータ型のペアを空白で区切って指定する。パラメタ定義コンマリストは,パラメタ名（名称の前に：を付ける）とデータ型のペアをコンマで区切って指定する。また,パラメタ定義の並びには,SQL文のステータス情報を返す特殊パラメタ SQLCODE, **SQLSTATE** のどちらか又は両方を含まなければならない。なお,SQL-89 との互換のために残されたパラメタ定義リストと SQLCODE は,SQ-L99 で廃止された。

▶SQLSTATE

③ SQL文

モジュールの手続定義中のSQL文には,データ操作文（OPEN, CLOSE, FETCH, INSERT, UPDATE, DELETE, SELECT）,動的SQLの他に,データ定義（スキーマ定義・削除,定義域定義・定義域変更・定義域削除,表定義・表変更・表削除,ビュー定義・ビュー削除など）,トランザクション管理（SET TRANSACTION, SET CONSTRAINTS, COMMIT, ROLLBACK）,コネクション管理,セッション管理などのSQL文が記述できる。

モジュール定義の例を図3-3に示す。

```
MODULE  TEST
  LANGUAGE   PLI                         …ホスト言語はPL/I
  SCHEMA     販売管理
  AUTHORIZATION NISHI
  DECLARE CR CURSOR FOR                  …カーソル定義
      SELECT 顧客番号, 顧客名, 住所, 電話番号
        FROM   顧客
        WHERE  顧客.生年月日 >=  :PNO
PROCEDURE OPEN_SHORI                     …手続定義
 (SQLSTATE ,                             …パラメタ定義
  :PNO   CHAR(4));
  OPEN   CR;                             …カーソルをオープンし先頭行の前へ位置付ける
PROCEDURE CLOSE_SHORI
 (SQLSTATE);
  CLOSE CR;                              …カーソルを閉じる
  PROCEDURE FETCH_SHORI
 (SQLSTATE,
  :KYK-NO    DEC(10),
  :KYK-MEI   CHAR(40),
  :JYUSYO    CHAR(60),
  :TEL       CHAR(10));
  FETCH   CR   INTO   :KYK-NO,:KYK-MEI, :JYUSYO, :TEL ;
                                         …現カーソルの次の行を取り出す
```

図 3-3 モジュール定義の例

(2) 埋込み方式（埋込みSQL）

▶埋込み方式
▶埋込みSQL

埋込み方式はデータ操作SQLを直接親言語（ホスト言語）に埋め込んで使用する。ホスト言語に埋め込まれるSQL宣言節,カーソル定義,SQL文等を埋込

み SQL(embedded SQL)という。そこで使われる SQL 文を埋込み SQL 文という。埋込み SQL を使えるホスト言語は，Ada，C，COBOL，Fortran，MUMPS，Pascal，PL/I である。このうち，SQL-92 で，Ada，C，MUMPS が追加された。

① 埋込み変数

▶埋込み変数　　埋込み SQL 文で参照されるホスト言語の変数は**埋込み変数**といわれる。埋込み変数は，SQL の列名と区別するために変数の前に「:」を付けなければならない。また，参照される埋込み変数は，`BEGIN DECLARE SECTION` と `END DECLARE SECTION` で囲まれた埋込み SQL 宣言節の中で定義されなければならない。埋込み変数はスカラである。修飾や添字付け，配列や構造体は許されない。

② カーソル定義

▶カーソル定義　　**カーソル定義**は，SQL 文で参照する前に定義しなければならない。

③ 埋込み SQL 文

▶埋込み SQL 文　　**埋込み SQL 文**は，EXEC SQL を前に付ける。終わりは，COBOL の場合，END-EXEC，PL/I や C などでは「;」である。

④ SQL の記述可能な場所

カーソル定義，`WHENEVER`，埋込み SQL 宣言節以外の SQL 文は，ホストの実行文が書ける所であれば，どこにでも書ける。

⑤ `SQLSTATE`，`SQLCODE`

▶SQLSTATE　　埋込み SQL 文を用いたプログラムは，SQL 文のステータス情報を返す `SQLCODE`，**`SQLSTATE`** という埋込み変数のどちらか，又は両方を含まなければならない。埋込み SQL 文の例を図 3-4 に示す。

```
TEST:   ROC OPTIONS(MAIN);
  EXEC SQL BEGIN DECLARE SECTION;        …埋込み変数の定義
  DCL    PNO      CHAR(4);
  DCL    KYK-NO DEC(10);
  DCL    KYK-MEI    CHAR(40);
  DCL    JYUSYO CHAR(60);
  DCL    TEL     CHAR(10);
  DCL    SQLSTATE    CHAR(5);
  EXEC SQL END DECLARE SECTION;
  EXEC SQL   DECLARE CR CURSOR FOR       …カーソル定義
         SELECT 顧客番号，顧客名，住所，電話番号
           FROM   顧客
           WHERE  顧客.生年月日  >=  :PNO;
  GET LIST(PNO);
  EXEC SQL OPEN CR;                …カーソルをオープンし先頭行の前へ位置付ける
  DO WHILE(条件)
    EXEC SQL FETCH CR INTO :KYK-NO,:KYK-MEI, :JYUSYO, :TEL ;
                                   …現カーソルの次の行を取り出す
    終了の判定～
  END;
  EXEC SQL CLOSE CR;               …カーソルを閉じる
END TEST;
```

図 3-4　埋込み SQL 文の例

3.1.4 データ定義

▶データ定義

SQL-92のデータ定義は，スキーマ定義，表定義，ビュー定義，権限定義，整合性制約，定義域（ドメイン）定義，表明定義，スキーマ操作からなる。SQL-89に対し，スキーマ定義，表定義，ビュー定義，権限定義の機能が強化され，定義域（ドメイン）定義，表明定義，スキーマ操作機能が追加された。スキーマ操作には，ALTER（定義域及び表の変更），DROP（スキーマ，定義域，表，ビュー，制約，文字集合，照合順，文字変換の削除），REVOKE（権限の取消）がある。

(1) スキーマ定義

▶CREATE SCHEMA

データベースは，一つ以上のスキーマによって定義される。SQL-92では通常，モジュール中にスキーマを定義する。SQL-89との互換でCREATE SCHEMA文を単独で記述することもできる。スキーマには，定義域定義，表定義，ビュー定義，権限定義，表明定義，文字集合定義などを定義する。

なお，以下のSQL構文において，[ ]内は任意，{ }内は必須，「～リスト」は～を複数個指定，｜はどれかを選択の意味である。

▶スキーマ定義

■スキーマ定義
```
::= CREATE SCHEMA [ スキーマ名 ]
    [ AUTHORIZATION スキーマ認可識別子 ]
    [ スキーマ要素リスト ]
スキーマ要素 ::= [ DEFAULT CHARACTER SET 文字集合指定 ]
          [ 定義域定義｜表定義｜ビュー定義｜権限定義
          ｜表明定義｜文字集合定義｜照合順定義
          ｜文字変換定義 ]
```

▶AUTHORIZATION句

・**AUTHORIZATION句**で指定したユーザ名がスキーマの所有者になる。そのユーザ名は，スキーマ内の実表やビューの所有者，GRANT文の権限付与者になる。AUTHORIZATION句が省略された場合は，モジュールの所有者がスキーマの所有者になる。

(2) スキーマ削除

スキーマを削除する。

▶スキーマ削除
▶DROP SCHEMA

■スキーマ削除
```
::= DROP SCHEMA スキーマ名 { RESTRICT ｜ CASCADE }
```
・スキーマ中に表や定義域などの定義がある場合，RESTRICTが指定されると削除は失敗する。CASCADEが指定されると，スキーマ中の表定義や定義域定義なども一緒に削除する。

(3) 定義域定義

▶定義域定義

定義域定義はドメイン制約を定義する。ドメイン（定義域）名とそのドメインが持つ既定値及び整合性制約を定義する。

▶CREATE DOMAIN

■定義域定義
　::= **CREATE DOMAIN** 定義域名 [AS] データ型
　　　　[デフォルト定義] [定義域制約定義]
デフォルト定義::= DEFAULT { 定数 | ニラディック関数 | NULL }
・定義域名でドメイン名を定義する。表定義時にこの定義域名を参照できる。
・デフォルト定義で，そのドメインが持つ既定値を指定する。

▶ニラディック関数

・ニラディック関数は引数のない関数のことで，USER, CURRENT_USER, SESSION_USER, SYSTEM_USER, CURRENT_DATE, CURRENT_TIME, CURRENT_TIMESTAMP のどれかを指定する。
・定義域制約定義（後述）は定義域の値の範囲を検査する。

(4) 定義域変更
既存の定義域定義を変更する。

▶定義域変更

■定義域変更
　::= ALTER DOMAIN 定義域名 定義域変更操作
定義域変更操作::=定義域デフォルト変更操作 | 定義域制約操作
定義域デフォルト変更操作::= SET デフォルト定義
　　　　　　　　　　　　　| DROP DEFAULT
定義域制約操作::= ADD 定義域制約定義
　　　　　　　　| DROP CONSTRAINT 制約名
・SET 句は，既存のデフォルト定義をデフォルト定義で置換する。
・DROP DEFAULT を指定すると，既存のデフォルト定義を削除し，列定義で指定したデフォルト値又は NULL（空）に置き換える。

(5) 定義域削除
定義域を削除する。

▶定義域削除
▶DROP DOMAIN

■定義域削除
　::= **DROP DOMAIN** 定義域名 { RESTRICT | CASCADE }
・定義域名が列定義などで参照されている場合，RESTRICT を指定すると削除は失敗する。CASCADE を指定すると，列定義などで参照されている定義域名も一緒に削除する。

(6) 表定義
実表（又は一時表）を定義する。

▶表定義
▶CREATE TABLE

■表定義
　::= **CREATE** [{ GLOBAL | LOCAL } TEMPORARY] **TABLE** 表名
　　　　　(表定義要素コンマリスト)
　　　　　　[ON COMMIT { DELETE | PRESERVE } ROWS]
表定義要素::=列定義 | 表制約定義
列定義::=列名 { データ型 | 定義域名 }

[デフォルト定義]
[列制約定義]

① { GLOBAL | LOCAL } TEMPORARY 及び ON COMMIT 句は一時表のときにだけ指定する。一時表は，初級・中級 SQL ではサポートされない。
② 表定義では，表名に続いて列定義，表制約定義を行う。
③ 列定義では，表に含まれる列名とそのデータ型，既定値，及び列制約を定義する。複数の列を定義する場合は，コンマ（,）で区切る。
　表定義の例を図 3-5 に示す。

図 3-5　表定義の例

④ データ型
　SQL-92 では新たなデータ型として可変長文字列，各国語文字列，可変長／固定長ビット列，日付，時刻が追加された。SQL-92 で指定できるデータ

▶データ型

型は次のとおりである。
```
CHARACTER[(n)] 又は CHAR[(n)]
CHARACTER VARYING[(n)] 又は VARCHAR[(n)]
NUMERIC[( 精度 [, 位取り ])]
DECIMAL[( 精度 [, 位取り ])] 又は DEC[( 精度 [, 位取り ])]
INTEGER 又は INT, SMALLINT, FLOAT[( 精度 )]
REAL, DOUBLE PRECISION
NATIONAL CHARACTER[(n)] 又は NCHAR[(n)]：日本語文字列
BIT(n), BIT VARYING(n)
DATE：yyyy-mm-dd の形式の日付
TIME：hh:mm:ss[.[nnnnnn]] の形式の時刻，[  ] 内は秒の小数部分
TIMESTAMP：yyyy-mm-dd hh:mm:ss[.[nnnnnn]] 形式の時刻印
TIME(n), TIMESTAMP(n) の形式も可，n は秒の小数部の桁数
INTERVAL  開始 [TO 終了]：時間の間隔（インターバル）
年月インターバル：YEAR と MONTH で構成
日時インターバル：DAY, HOUR, MINUTE, SECOND で構成
〔例〕 INTERVAL  YEAR TO MONTH：年月のインターバル
      INTERVAL  YEAR            ：年のインターバル
```

⑤ デフォルト定義

▶デフォルト定義

デフォルト定義では，DEFAULT 句でその列が持つ既定値を指定する（定義域定義の項（3）参照）。列が DEFAULT 句を持っている場合はその値が仮定され，列が定義域名（ドメイン名）で定義されているときはドメインの既定値が仮定され，それ以外の場合は NULL が仮定される。

⑥ 列制約定義と表制約定義については後述する。

(7) ビュー定義

ビューを定義する。

▶ビュー定義
▶CREATE VIEW

■**ビュー定義**

```
::= CREATE VIEW ビュー名 [( 列コンマリスト )]
    AS 問合せ式
    [ WITH [ CASCADED | LOCAL ] CHECK OPTION ]
```

① ビューの列名の指定と問合せ式

(a) ビューの列コンマリストには複数の列名をコンマ（,）で区切って指定する。

(b) 問合せ式が問合せ指定（SELECT 文）で，ビューの列が問合せ指定（SELECT 文）の中の FROM 句で指定する表（実表又はビューが指定可能）の列名を引き継ぐならば省略可能である。この場合，問合せ指定の選択リストの並びに表れる列名がそのままビューの列名になる。あるいは，FROM 句で指定した表の列名と異なる名称を定義することもできる。

(c) 問合せ式の結果得られた列名が複数の表の間で同じ場合，例えば $T_1.A$,

T₂.A のような場合，ビューの全ての列に名前を付けなければならない。
（d）問合せ式が問合せ指定で，選択リストの並びの列が，FROM 句で指定した表の列そのものではない場合（例えば SUM などの集合関数）も，ビューの全ての列に名前を付けなければならない（図 3-6 参照）。
（e）カーソル定義の問合せ式には可能であるが，ビュー定義の問合せ式にはパラメタや埋込み変数を含めることはできない。

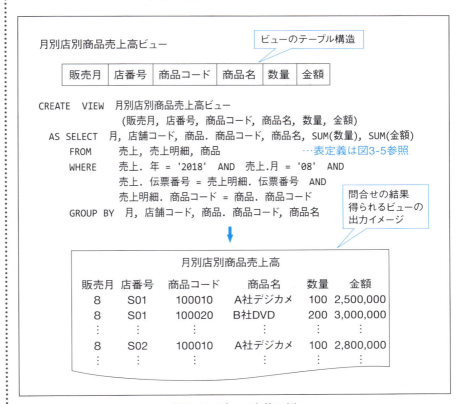

図 3-6　ビュー定義の例

▶WITH CHECK OPTION

② **WITH CHECK OPTION**

WITH CHECK OPTION 付きのビューをビュー VA とし，ビュー VA から定義したビューをビュー V₁ とする。
（a）WITH CHECK OPTION が指定された場合，更新可能なビュー（後述）を更新（UPDATE，INSERT）する行が，ビュー定義中の問合せの WHERE 句に書かれた条件を満たすかどうか，チェックされる。条件に合わなければ更新は拒否される。
（b）WITH CHECK OPTION が指定され CASCADED も LOCAL も指定されなかった場合は，CASCADED が仮定される。
（c）ビュー V1 に対する更新が，このビューの元になった WITH CHECK OPTION 付きのビュー VA の結果中に現れない行を生じるならば，次のよ

95

うになる。
- ビュー VA が WITH CASCADED CHECK OPTION 付きのときは，無条件に WITH CHECK OPTION 違反が起きる。
- ビュー VA が WITH LOCAL CHECK OPTION 付きのとき，このビュー VA の定義の元となった表に現れない行が生じるならば，WITH CHECK OPTION 違反が起きる。

▶更新可能なビュー

③ 更新可能なビューの条件

　ビューの問合せ式が問合せ指定のとき，次の全ての条件を満たす場合に更新可能である。
(a) 問合せ指定（SELECT 文）の選択リストは単純な列からなる（演算式や集合関数を含まない）。
(b) FROM 句は一つの表からなる。
(c) DISTINCT を含まない。
(d) WHERE 句に副問合せを含まない（SQL-89，SQL-92 の初級レベル）。
(e) GROUP BY 句や HAVING 句がない。

　以上の条件を持つ場合，ビューに対し，INSERT，UPDATE，DELETE の更新が可能である（図 3-7，図 3-8 参照）。なお，(d)の「WHERE 句に副問合せを含まない」という条件は，SQL-89 や SQL-92 の初級レベルでは制限事項であるが，SQL-92 の中級レベル以上では条件が緩和されている。SQL-92 の中級レベル以上では「副問合せで指定するテーブル名は，外側の問合せの FROM 句で指定したテーブル名と一致してはならない」となっている。

　また，(b)の「FROM 句は一つの表からなる」は，SQL-89 や SQL-92 の制限事項であるが，SQL-99 では FROM 句に二つ以上の表参照が指定できるようなった。表参照として，更新可能な UNION ALL や結合表などが指定できる。(a), (c), (e)の条件は SQL-99 でも変わらない。要約すると，ビューの定義に UNION と結合を含んでいても，更新対象の実表の行と対応すれば更新可能ということになる。

(8) 表変更

　既存の実表定義を変更（追加・変更・削除）する。

▶表変更
▶ALTER TABLE

■表変更

::= ALTER TABLE 表名 表変更操作
表変更操作::=列変更操作｜表制約変更操作
列変更操作::= ADD [COLUMN] 列定義
　　　　　　｜ ALTER [COLUMN] 列名
　　　　　　　{ SET デフォルト値定義｜ DROP DEFAULT }
　　　　　　｜ DROP [COLUMN] 列名 { RESTRICT ｜ CASCADE }
表制約変更操作::= ADD 表制約定義
　　　　　　　｜ DROP CONSTRAINT 制約名 { RESTRICT ｜ CASCADE }

▶列変更操作

- 列変更操作の DROP で指定した列名がビューや制約定義で参照されている

▶表制約変更操作

場合，RESTRICT を指定すると削除（DROP）は失敗する。CASCADE を指定すると全てを削除する。
- **表制約変更操作**の DROP の場合も制約名が他の表で参照されていると，列変更操作と同様の動作となる。

(9) 表削除

実表を削除する。

▶表削除
▶DROP TABLE

■表削除

::= DROP TABLE 表名 { RESTRICT | CASCADE }

- DROP すべき表がビューや表制約定義などで参照されている場合，RESTRICT が指定されると削除は失敗する。CASCADE が指定されると，ビューや表制約定義なども削除される。

```
CREATE VIEW    顧客ビュー
    AS SELECT   顧客番号，顧客名，住所，電話番号，利用回数
        FROM    顧客
        WHERE   生年月日 >= '19900101'
※選択リストは単純な列からなり，FROM句は一つの表からなり，
  DISTINCTやGROUP BY句も含まないので更新可能。
```

図 3-7　更新可能なビュー定義の例

```
CREATE  VIEW   売上明細ビュー
    AS SELECT   伝票番号，商品．商品コード，商品名，数量，金額
        FROM    売上明細，商品
        WHERE   売上明細．商品コード = 商品.商品コード
※FROM句に二つの表が指定されているので更新可能ではない。
CREATE  VIEW   高額商品ビュー
    AS SELECT   DISTINCT 商品コード
        FROM    売上明細
        WHERE   金額 >= 1000000
※DISTINCTが指定されているので更新可能ではない。
CREATE  VIEW   高額品数量ビュー(商品コード，数量合計)
    AS SELECT   商品コード，SUM(数量)
        FROM    売上明細
        WHERE   金額 >= 1000000
        GROUP BY 商品コード
※集合関数とGROUP BY句が指定されているので更新可能ではない。
```

図 3-8　更新可能ではないビュー定義の例

(10) ビュー削除

ビューを削除する。

第3章　DBMSの機能

▶ビュー削除
▶DROP VIEW

■ビュー削除
　::＝ DROP VIEW ビュー名 { RESTRICT | CASCADE }
・DROP すべきビューが他のビュー定義や整合性制約で参照されている場合，RESTRICT が指定されると削除は失敗する。CASCADE が指定されると，参照しているビュー定義や整合性制約も削除される。

(11) 整合性制約

▶整合性制約

整合性制約には，定義域制約定義，定義域（ドメイン）定義，列制約定義，表明定義がある。SQL-92 では新たに参照動作や制約属性（制約条件の検査時期指定），表明定義が追加された。また，検査制約の探索条件の制限も緩和された（「3.2 整合性管理」参照）。

(12) 定義域制約定義

定義域定義で使用され，ドメイン制約（形式制約）を定義する。

▶定義域制約定義

■定義域制約定義 ::＝ [制約名定義] CHECK (探索条件) [制約属性]

(13) 制約名定義

▶制約名定義

制約名定義は制約に名前を付ける。省略時は実装依存の暗黙的な名前が割り当てられる。主に表明定義に用いられ，制約違反時にこの名前が表示される。

■制約名定義 ::＝ [CONSTRAINT 制約名]

(14) 表制約定義

▶表制約定義

表制約定義は単一の列に対してではなく，表全体に対する制約を定義する。
■表制約定義
　::＝ [制約名定義] 一意性制約定義 [制約属性]
　　　| [制約名定義] 参照制約定義 [制約属性]
　　　| [制約名定義] 検査制約定義 [制約属性]
　一意性制約定義 ::＝ { PRIMARY KEY | UNIQUE }(列コンマリスト)
　参照制約定義 ::＝ FOREIGN KEY (列コンマリスト) 参照指定
　検査制約定義 ::＝ CHECK (探索条件)

▶一意性制約定義

① 一意性制約定義

UNIQUE は候補キーの，PRIMARY KEY は主キーの指定であり，ともに一意であること（一意性制約）を示す。列コンマリストには複数の列名をコンマで区切って指定する。SQL-89 では UNIQUE 又は PRIMARY KEY を指定するときは同時に NOT NULL 制約も指定しなければならないが，SQL-92 ではこの指定は不要である。

▶参照制約定義
▶FOREIGN KEY
▶外部キー

② 参照制約定義

FOREIGN KEY で外部キーを指定し，後述の参照指定（REFERENCES 句）で参照される側の表（被参照表）の主キー又は候補キーを指定する。列コンマリストには複数の列名をコンマで区切って指定する。

98

▶検査制約定義
▶CHECK 句

③ 検査制約定義

　表制約の検査制約は，表に対する更新が正しいかを **CHECK 句**で検査する。探索条件には，比較述語や IN 述語，BETWEEN 述語などを用いる。SQL-89 では不可だが，SQL-92 では CHECK 句の探索条件に他の表の列も指定できる。
　表制約定義の例を図 3-9 に示す。

```
CREATE TABLE 　売上明細 　(伝票番号　DEC(10),
                          商品コード　DEC(10),
                          数量　　　　DEC(5),
                          金額　　　　DEC(10),
                          PRIMARY KEY(伝票番号,商品コード),
                          FOREIGN KEY(伝票番号) REFERENCES 売上
                          ON DELETE CASCADE
                          ON UPDATE CASCADE,
                          FOREIGN KEY(商品コード) REFERENCES 商品)
```
（表制約定義：PRIMARY KEY 〜 FOREIGN KEY の各行）

図 3-9　表制約定義の例

（15）列制約定義

▶列制約定義

　列制約定義は，表の列に対して制約を定義する。
　■列制約定義
　　::= [制約名定義] NOT NULL [制約属性]
　　　| [制約名定義] { PRIMARY KEY | UNIQUE } [制約属性]
　　　| [制約名定義] 参照指定 [制約属性]
　　　| [制約名定義] CHECK (探索条件)[制約属性]

▶NOT NULL 制約

① **NOT NULL 制約**
　　NOT NULL は，列が NULL 値（空値）を持たないという制約である。

② 候補キー，主キー，一意性制約

▶候補キー
▶主キー
▶一意性制約
▶UNIQUE
▶PRIMARY KEY

　UNIQUE は**候補キー**の指定であり，PRIMARY KEY は**主キー**の指定である。ともに**一意性制約**を示す。SQL-89 では **UNIQUE** 又は **PRIMARY KEY** を指定するときは同時に NOT NULL 制約も指定しなければならないが，SQL-92 ではこの指定は不要である。

▶参照制約
▶外部キー

③ **参照制約**
　　参照指定の REFERENCES 句はその列が**外部キー**であることを示す。REFERENCES 被参照表と書くと，外部キーと参照される実表（被参照表）の主キーの間に参照制約の関係が，REFERENCES 被参照表 (列) と書くと，外部キーと被参照表の列 (候補キー) の間に参照制約の関係があることを示す。

▶検査制約

④ 検査制約
　　CHECK(探索条件) は，列に対する**検査制約**の指定である。列定義の列名

をYとすると，列制約定義のCHECK(探索条件)で参照できる列はYだけである（SQL-89も同様）。探索条件には後述する比較述語やIN述語，BETWEEN述語を用い，値の取り得る範囲を指定する。

列制約定義の例を図3-10に示す。

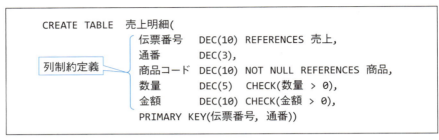

図3-10　列制約定義の例

(16) 参照指定

▶参照指定

参照指定は，表制約の参照制約定義（FOREIGN KEY）とペアで被参照表の主キーや候補キーを指定する。また，列制約における参照制約として被参照表の主キーや候補キーを指定する。

■参照指定

```
:: = REFERENCES 表名 [( 列コンマリスト )]
    [ MATCH(FULL | PARTIAL )]
    [ ON DELETE 参照動作 ]
    [ ON UPDATE 参照動作 ]
```

▶REFERENCES句

① REFERENCES句

REFERENCES 被参照表と書いて，被参照表の主キーを参照する。REFERENCES 被参照表(列名1, 列名2, …)と書いて，被参照表の候補キーを参照する。列コンマリストには，候補キーを構成する複数の列名をコンマで区切って指定する。

② MATCH句

▶MATCH句

MATCH句は外部キーが複数列からなり，NULLを許す場合に指定する。

(17) 参照動作

▶参照動作

参照動作は，被参照表（T_1）の候補キー（通常は主キー）を参照表（T_2）の外部キーが参照しているときに，T_1のある行を削除（更新）するならばT_2がどういう動作（拒否,許容など）をとるかを規定する。なお,参照動作は制約属性（後述）のチェック時期とは無関係に即実行される。

■参照動作

▶NO ACTION
▶CASCADE
▶RESTRICT
▶SET DEFAULT
▶SET NULL

:: = NO ACTION | CASCADE | RESTRICT | SET DEFAULT | SET NULL

・NO ACTIONは何もしない。CASCADEは連鎖的に該当する外部キーの行を削除（更新）する。RESTRICTは削除（更新）を拒絶する。SET DEFAULT

3.1 SQL言語

は 候補キーの値に一致する T_2 の行に, T_1 の候補キーが持つ既定値をセットする。SET NULL は NULL をセットする。

▶表明定義

(18) 表明定義

スキーマ中の任意の表間の任意の列名に対する制約を定義する。

■表明定義

▶CREATE ASSERTION

　　:: = **CREATE ASSERTION** 制約名
　　　　CHECK (探索条件)[制約属性]

(19) 制約属性

▶制約属性
▶制約検査
▶制約モード

制約属性は，定義域，表明，表，列の制約定義時に制約検査の時期を延期するかどうかの制約モード指定を行う。

■制約属性

　　:: = INITIALLY { DEFERRED | IMMEDIATE } [NOT] DEFERRABLE

・制約条件のチェック時期を延期するときは DEFERRED を指定し，即時にチェックするときは IMMEDIATE を指定する。制約属性が省略されたときは，即時かつ NOT DEFERRABLE が仮定される。

・INITIALLY DEFERRED に対しては DEFERRABLE（繰延べ可能）を指定し，INITIALLY IMMEDIATE に対しては，NOT DEFERRABLE（繰延べ不可）を指定する。

・COMMIT 文を実行すると，全ての制約は即時にチェックされる。

制約検査には，その検査の実施タイミングに関して次の二つのモードがある。なお，参照動作に対する遅延はない。

制約モード（制約検査の時期）	説明
即時（immediate）	SQL 実行終了時に，対象となる全ての行の実行結果の制約を検査する。
遅延（deferred）	コミット時に，トランザクション内の全ての SQL を実行した結果の制約を検査する

(注) 遅延の場合，例えば，自己参照を含む表に複数の行を挿入する場合，先に参照される側の主キーを挿入しなくとも，複数の INSERT 文のコミット時に主キーと外部キーの値が一致していればよい。即時の場合でも，一つの INSERT 文で複数の行を挿入する（INSERT 〜 SELECT など）場合は，複数の行の間の主キーと外部キーの順番は問われない。

▶権限定義

(20) 権限定義

権限定義は，実表やビュー，定義域名などの対象に対する権限付与者の持つ操作権限や利用権限を権限受領者に付与する。

▶GRANT

■権限定義
::= GRANT { 権限コンマリスト | ALL [PRIVILEGES]}
　　　ON 対象 TO 権限受領者コンマリスト
　[WITH GRANT OPTION]
権限 ::= SELECT | INSERT [(列コンマリスト)]
　　　| UPDATE [(列コンマリスト)]
　　　| DELETE | REFERENCES [(列コンマリスト)]
　　　| USAGE
対象 ::= [TABLE] 表名
　　　| DOMAIN 定義域名 | CHARACTER SET 文字集合指定
　　　| COLLATION 照合順名 | TRANSLATION 文字変換名
権限受領者 ::= ユーザ | PUBLIC

① 対象
　対象の表名には，操作権限を付与する実表又はビューを指定する。対象に定義域名や文字集合などの表名以外を指定するときには，指定できる権限はUSAGEに限られる。

▶権限受領者
▶PUBLIC

② 権限受領者にはPUBLIC（全ユーザ）か特定ユーザを指定する。

③ 権限の指定
　権限には，権限受領者が行う検索処理や更新処理，表定義，ドメインなどに必要な操作権限や利用権限を指定する。

▶ALL [PRIVILEGES]

（a） ALL [PRIVILEGES]を指定すると，権限付与者がこの表に対して持つ全ての権限を権限受領者に与える。

（b） SQL-89同様，SQL-92でもALL [PRIVILEGES]のPRIVILEGESは省略可能である（SQL-92の非互換性リストに挙がっていない）。

（c） SELECTを指定すると，この表の全ての列に対するアクセス権限を権限受領者に与える。

（d） INSERT(列コンマリスト)を指定すると，この表の指定した列に対する挿入権限を権限受領者に与える。列コンマリストを省略した場合はこの表の全ての列に対する挿入権限を権限受領者に与える。

（e） UPDATE(列コンマリスト)を指定すると，この表の指定した列に対する更新（UPDATE）権限を権限受領者に与える。列コンマリストを省略した場合はこの表の全ての列に対する更新権限を権限受領者に与える。

（f） DELETEを指定するとこの表の行を削除する権限を権限受領者に与える。

▶REFERENCES権限

（g） REFERENCES(列コンマリスト)を指定すると，この表の指定した列に対するREFERENCES（参照）権限を権限受領者に与える。列コンマリストを省略した場合はこの表の全ての列に対するREFERENCES権限を権限受領者に与える。SQL-89ではこの権限は参照制約のための権限であったが，SQL-92では全ての整合性制約で要求される権限（整合性制約のために，ある表の列を参照するための権限）に機能拡張された。

（h） USAGEは表以外のドメイン（定義域名）や文字集合，照合順などを利

3.1 SQL言語

用するための権限である。

④ 権限付与者
(a) 権限の付与者は，実表，ビュー，定義域名などの対象の所有者である。
(b) 例えば，実表があるスキーマ内に定義された場合，そのスキーマの所有者が実表の所有者になる。この実表の所有者には，SELECT，INSERT，UPDATE，DELETE，REFERENCES権限が自動的に付与される。
(c) 同様に，ビューの所有者にはビューに対するSELECT，REFERENCES権限が自動的に付与される。もしビューが更新可能ならば，そのビューに対するINSERT，UPDATE，DELETE権限も与えられる。
(d) 別のスキーマで定義された表をGRANT文に指定する場合，GRANT文の実行者（スキーマの所有者）は，この表に対する操作権限をGRANTオプション付きで他のユーザから付与されていなければならない。

▶権限付与者

⑤ **GRANT オプション**
WITH GRANT OPTION付きで権限を付与されたユーザは，さらに別のユーザに対しWITH GRANT OPTION付き，又はなしで権限を付与できる。

▶GRANT オプション

⑥ 権限定義の注意事項
(a) 問合せ式，ビュー定義などの問合せ指定のFROM句で，複数の表を指定した場合，問合せの実行者又はビュー定義者はそれら全ての表に対する**SELECT権限**が必要になる。ビューを作成するためには，ビューの定義に用いられている全ての表に対するSELECT権限が必要になる（図3-11参照）。

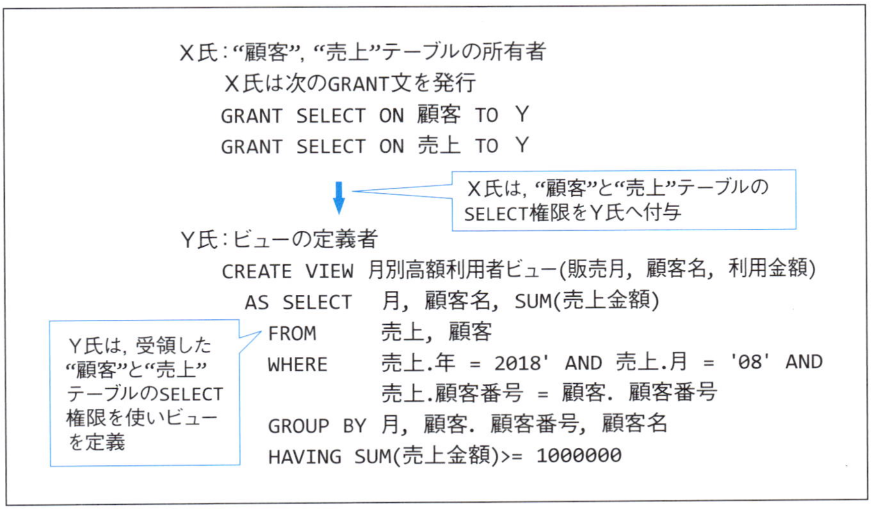

▶SELECT 権限

```
X氏："顧客"，"売上"テーブルの所有者
    X氏は次のGRANT文を発行
    GRANT SELECT ON 顧客 TO Y
    GRANT SELECT ON 売上 TO Y
                ↓                    X氏は，"顧客"と"売上"テーブルの
                                     SELECT権限をY氏へ付与
Y氏：ビューの定義者
    CREATE VIEW 月別高額利用者ビュー(販売月，顧客名，利用金額)
      AS SELECT  月，顧客名，SUM(売上金額)
         FROM    売上，顧客
         WHERE   売上.年 = 2018' AND 売上.月 = '08' AND
                 売上.顧客番号 = 顧客.顧客番号
         GROUP BY 月，顧客.顧客番号，顧客名
         HAVING SUM(売上金額)>= 1000000
```
Y氏は，受領した"顧客"と"売上"テーブルのSELECT権限を使いビューを定義

図3-11 SELECT権限の付与の例

▶UPDATE 権限

(b) UPDATE文の場合，SET句の代入対象となる全ての列に対する**UPDATE権限**が必要になる。
(c) 表T_1とT_2があり，表T_2の主キー（又は候補キー）PKを参照する外

第3章　DBMSの機能

▶REFERENCES 権限

部キーとして表 T_1 の列 FK を定義するためには，表 T_1 の作成者は表 T_2 の PK に対する **REFERENCES 権限**が必要になる（図 3-12 参照）。

```
X氏："商品"と"店舗"テーブルの所有者
    X氏は次のGRANT文を発行
    GRANT REFERENCES(商品コード) ON 商品 TO Y
    GRANT REFERENCES(店舗コード) ON 店舗 TO Y
                                    ↓    X氏は，"店舗"と"商品"テーブルの
                                         REFERENCES権限をY氏へ付与
Y氏："月別店別売上実績"テーブルの定義者
    CREATE TABLE 月別店別売上実績(
                月         CHAR(2) NOT NULL ,
                店舗コード   CHAR(5) NOT NULL ,
                商品コード   DEC(10) NOT NULL ,
                数量        DEC(10),
                金額        DEC(12),
                PRIMARY KEY(月, 店舗コード, 商品コード),
                FOREIGN KEY(店舗コード) REFERENCES 店舗,
                FOREIGN KEY(商品コード) REFERENCES 商品)
```

Y氏は，受領した"店舗"と"商品"テーブルのREFERENCES権限を使い外部キーの"店舗コード"と"商品コード"を定義

図 3-12　REFERENCES 権限の付与の例

標準 SQL の仕様にないデータ定義文

標準 SQL の仕様にないデータ定義文には，データベース作成，インデックス定義・削除などがあります。いずれも現実の RDBMS で使用されており，データベースの物理的側面（内部スキーマ）の定義を行います。

● データベースの作成（CREATE DATABASE）

　データベースの作成は，データベースの名前や，データファイル名とそのサイズ，ログファイル名とその個数，文字セットなどの定義を行い，データベースを作成します。

● インデックス定義・削除（CREATE INDEX, DROP INDEX）

　インデックス定義は，表の列に対してユニーク，ビットマップ，クラスタなどのインデックスの定義をします。併せて，索引領域の指定も行います。

　インデックス削除は，定義したインデックスを削除します。

　CREATE INDEX, DROP INDEX は，X/Open の SQL でサポートされています。

3.1 SQL 言語

(21) 権限取消
指定された対象の権限を権限受領者から削除する。

▶権限取消
▶REVOKE

■権限取消
```
:: = REVOKE [ GRANT OPTION FOR ] 権限コンマリスト
        ON 対象 FROM 権限受領者コンマリスト
     { RESTRICT | CASCADE }
```
・GRANT OPTION FOR を指定すると，対象の権限に関する GRANT オプション権を権限受領者から削除する。
・ユーザ X がユーザ Y に GRANT 文を発行し，ユーザ Y がユーザ Z に GRANT 文を発行している場合，ユーザ X が RESTRICT 付きの REVOKE 文をユーザ Y に対して発行すると失敗する。一方，ユーザ Z が他のユーザに GRANT 文を発行していなければ，ユーザ Y がユーザ Z に対して発行する RESTRICT 付きの REVOKE 文は成功する。
・CASCADE の場合はこのようなことがなく，無条件に権限取消が成功する。

3.1.5 データ操作

データ操作には，カーソルによらないデータ操作，カーソルによるデータ操作，問合せ式などがある。SQL-92 では SQL-89 に対し，INSERT 文，カーソル操作，結合表（外結合を含む）などの機能拡張が行われた。また，SELECT 文の FROM 句に問合せ式が記述できるなど，SQL 構文の直交性（独立性）が向上した。

(1) カーソルによらないデータ操作

▶カーソルによらない
データ操作
▶行 SELECT

カーソルによらないデータ操作文には，行 SELECT，INSERT，探索型 UPDATE，探索型 DELETE がある。行 SELECT を除いていずれも複数行を取り扱う。

① 行 SELECT
問合せの結果，たかだか1行を取り出す SELECT 文である。

▶SELECT
▶INTO

■行 SELECT
```
:: = SELECT [ ALL | DISTINCT ] 選択リスト
        INTO 選択相手リスト
        FROM 表参照コンマリスト
     [ WHERE 探索条件 ]
     [ GROUP BY 列参照コンマリスト ]
     [ HAVING 探索条件 ]
```
（注）選択相手リストは次のパラメタ指定か変数指定をコンマで区切る。

```
パラメタ指定 :: = パラメタ名 [ 標識パラメタ ]
標識パラメタ :: = [ INDICATOR ] パラメタ名
変数指定    :: = 埋込み変数名 [ 標識変数 ]
標識変数    :: = [ INDICATOR ] 埋込み変数名
```

▶DISTINCT

▶ALL

(a) ALL も DISTINCT も指定しないと ALL が仮定される。DISTINCT を指定すると問合せ（行 SELECT）の結果得られる結果表の行の重複を取り除く。ALL を指定すると行の重複を取り除かない。

(b) 選択リストには，スカラ式（値式）のコンマリスト（A, B, …）か，*（全ての列の意味）が書ける。

(c) 値式には，列名，集合関数，定数，括弧でくくった問合せ式などを単独で指定するか，それらを四則演算子で結んだ算術式を指定する。また，文字列式，ビット列文字列式なども指定できる。

(d) INTO 句の選択相手リストには，埋込み変数かモジュールのパラメタを指定する。いずれも変数名の前にコロン（:）が付く。

(e) パラメタや埋込み変数には標識パラメタや標識変数が指定できる。標識パラメタや標識変数は，NULL 値の判定に用いられる。行 SELECT や FETCH 文の INTO 句などで設定されたパラメタや埋込み変数の値が NULL 値ならば，これらには負の値が設定される。

(f) 行 SELECT を実行した結果，得られた表の行数が 2 行以上ならばエラーになる。

行 SELECT の例を図 3-13 に示す。

```
SELECT  顧客番号，顧客名，住所，電話番号
   INTO    :KYK-NO,:KYK-MEI, :JYUSYO, :TEL
   FROM    顧客
   WHERE   顧客番号 = 1234567890
※"顧客"テーブルから顧客番号が1234567890の顧客名等（1行）を取り出す。
```

図 3-13　行 SELECT の例

② INSERT

▶INSERT

INSERT は，表へ新たな行を挿入する。複数行の挿入も可能である。

■ INSERT

::= INSERT INTO 表名 [(列名コンマリスト)]
　　　{ 問合せ式 | DEFAULT VALUES }

問合せ式 ::= 結合表 | 非結合問合せ式

（注）問合せ式には，SQL-89 と同じく，通常の SELECT 文や表値構成子の VALUES（挿入値リスト）が記述できる。

表値構成子 ::= VALUES 行値構成子コンマリスト…非結合問合せ式の一つ

行値構成子 ::= 値式 | (値式コンマリスト) | (問合せ式)

(a) 列名コンマリストの一部を省略して指定した場合は，省略した列には列のデフォルト値が挿入される。列にデフォルト値がないとエラーになる。

(b) DEFAULT VALUES を指定するときは列名コンマリストを省略する。DEFAULT VALUES を指定すると，各列のデフォルト値が一行挿入される。

列にデフォルト値がないときはエラーになる。
（c）VALUES 句を用いた場合は単一行が挿入され，SELECT 文などの問合せを用いた場合は複数行が挿入される。
（d）SQL-92 では，SQL-89 の構文に加え，VALUES 句に任意の値式，（値式コンマリスト），（問合せ式）が指定できる。（問合せ式）は行サブクエリ（行副問合せ）といわれ，たかだか 1 行だけを返す。複数行を返すとエラーとなる。この問合せ式の中には SELECT 文が書ける。

```
INSERT INTO 顧客（顧客番号，顧客名，住所）      …1行追加
        VALUES(1234567888, '板東太郎', '横浜市△△区○×町')
```

図 3-14　単一行の INSERT の例

```
INSERT INTO 月別店別売上実績
    SELECT 月，店舗コード，商品コード，SUM(数量)，SUM(金額)
      FROM  売上，売上明細
      WHERE 売上.伝票番号 = 売上明細.伝票番号  AND
              年 = '2018' AND 月 = '08'
      GROUP BY 月，店舗コード，商品コード
※売上，売上明細から月別，店舗別の商品の数量，金額を集計し，
  月別店別売上実績テーブルへ追加する。
```

複数行を取り出し複数行を追加

図 3-15　複数行の INSERT の例

③ 探索型 UPDATE

▶探索型 UPDATE

探索型 UPDATE は，カーソルを使わず表中の行の指定列を更新する。複数行の更新も可能である。

■探索型 UPDATE

▶UPDATE

::= **UPDATE** 表名
　　SET 代入コンマリスト
　[WHERE 探索条件]

（a）代入文コンマリストは，代入文の列名＝値式をコンマで区切って指定する。
（b）SQL-92 ではこの値式に，（問合せ式）の形式で記述できるが，これはスカラサブクエリ（スカラ副問合せ）といわれる。スカラサブクエリはただ一つの列を 1 行だけ返さなければならない。複数行を返すとエラーとなる。

```
        UPDATE   商品
           SET        仕入先コード ＝ 4900112345,
                    単価 ＝ 単価 * 0.6
           WHERE    商品コード BETWEEN  1234567800  AND  1234567900
        ※指定範囲の商品の仕入先と仕入値（4割減）を変更する。
```

図 3-16　探索型 UPDATE の例

④　探索型 DELETE

▶探索型 DELETE
　　探索型 DELETE は，カーソルを使わずに表中の行を削除する。複数行の削除も可能である。
■探索型 DELETE

▶DELETE
:: ＝ DELETE
　　FROM 表名
　[WHERE 探索条件]
・WHERE 句を省略すると表の全ての行を削除する。

```
        DELETE
           FROM     商品
           WHERE    商品名 LIKE 'A社製%'
        ※商品名に"A社製～"と記載されている商品を削除する。
```

図 3-17　探索型 DELETE の例

▶カーソルによるデータ操作

(2)　カーソルによるデータ操作
　　COBOL などのホスト言語は，一度に複数行を取り出す問合せを直接実行できないため，行を 1 行ずつ取り出すカーソル操作が必要になる。カーソルによるデータ操作文には，DECLARE CURSOR，OPEN，FETCH，位置付け UPDATE，位置付け DELETE，CLOSE がある。

▶カーソル定義
①　カーソル定義（DECLARE CURSOR）
　:: ＝ DECLARE カーソル名 [SENSITIVE ｜ INSENSITIVE ｜ ASENSITIVE]
　　[SCROLL ｜ NOSCROLL] CURSOR [WITH HOLD ｜ WITHOUT HOLD]
　　[WITH RETURN ｜ WITHOUT RETURN] FOR ＜ カーソル指定 ＞
　　＜ カーソル指定 ＞:: ＝ ＜ 問合せ式 ＞
　　[FOR { READ ONLY ｜ UPDATE [OF 列コンマリスト]}]
　　＜ 問合せ式 ＞:: ＝ [＜ WITH 句 ＞]＜ 問合せ式本体 ＞
　　[ORDER BY ソート指定コンマリスト] [＜ FETCH FIRST 句 ＞]
　　ソート指定:: ＝ 値式 [ASC ｜ DESC]
（注）＜ 問合せ式本体 ＞ は，従来の非結合問合せ式（結合表を含まず）に相当する。

(a) [SENSITIVE | INSENSITIVE | ASENSITIVE]…オプショナルな機能
　・SENSITIVE を指定すると，元の表の更新結果を見ることができる。
　・INSENSITIVE を指定すると，元の表の更新結果を見ることができない。
　・ASENSITIVE を指定すると，元の表の更新結果を見ることができるかどうかは実装に依存する。省略値は，ASENSITIVE である。

(b) [SCROLL | NOSCROLL]…オプショナルな機能
　・SCROLL を指定すると，全てのタイプの FETCH が使用可能になる。
　・省略値は NOSCROLL で，FETCH NEXT だけが可となる。

(c) [WITH HOLD | WITHOUT HOLD]… WITH HOLD は必須機能
　・WITH HOLD を指定すると，トランザクションがコミットを発行してもカーソルを閉じず，その位置を保持し続ける。ただし，ロールバックが発行されたときはカーソルを閉じる。
　・省略値は，WITHOUT HOLD である。

(d) [WITH RETURN | WITHOUT RETURN]…オプショナルな機能
　・WITH RETURN 付きのカーソル宣言は，結果集合カーソルと呼ばれ，プロシージャ（SQL-invoked procedure）の中で WITH RETURN 付きでカーソルが宣言されると呼出し側に結果集合（一つのテーブル）を返すまで，カーソルは閉じられない。
　・省略値は，WITHOUT RETURN である。

(e) カーソルを介した更新
　・▶カーソルを介した更新が可能になるのは，問合せ式が更新可能なビューの条件を満たし，INSENSITIVE も FOR READ ONLY も指定されず，かつ ORDER BY 句を含まないときである。これらの条件を満たすとき，位置付け UPDATE と位置付け DELETE による更新が可能である。
　・FOR READ ONLY があると位置付け UPDATE と DELETE は使用禁止である。
　・FOR UPDATE 句はカーソルを介した更新が可能なときに指定する。列コンマリストには更新対象となる列を指定する（省略時は全ての列が対象）。
　・FOR READ ONLY も FOR UPDATE も指定されなかった場合
　　　カーソルを介した更新が不可，ORDER BY 句が含まれる，あるいは INSENSITIVE や SCROLL の指定がある場合は FOR READ ONLY が仮定される。それ以外の場合は FOR UPDATE が仮定される。

(f) ソート指定…必須機能
　・▶ソート指定の ASC は昇順，DESC は降順の意味である。どちらも省略した場合は ASC が仮定される。
　・ソート指定の整数は，例えば SELECT SUM(A), AVG(B) などのように，集合関数が問合せ指定の選択リストに表れた場合に用いる。
　・SQL-92 では，選択リストで指定した集合関数に対して AS 句で列名を指定できる。その列名を使えばソート指定の整数を使う必要はない。
　・SQL-92 までは，ソート指定::= { 列 | 整数 } [ASC | DESC] となっ

ていたが，SQL-99 では，整数が廃止され，列の部分に値式が指定できるようになった。

前記の ORDER BY 句の説明は，SQL-92 までの仕様であるが，SQL-99 では次のように拡張された。

表 3-1　SQL-99 での ORDER BY 句の変更

SQL-92 まで	SQL-99 から	RDBMS の準拠状況
ソート指定の列は選択リストにある必要がある。	ソート指定の列は選択リストにある必要がない。	オープン系を含めて主要な RDBMS がサポート。
	ソート指定の列に値式が指定できる。	オープン系を含めて主要な RDBMS がサポート。
ソート指定の定数	左記の機能は廃止された。	

```
① 従来の構文を用いた場合…SUM（合計金額）にAS句を指定
DECLARE CR CURSOR
  FOR SELECT 月，顧客.顧客番号，顧客名，SUM（売上金額）AS 利用合計
  FROM 売上，顧客
  WHERE 売上.年='2018' AND 売上.顧客番号＝顧客.顧客番号
  GROUP BY 月，顧客.顧客番号，顧客名
  HAVING SUM（売上金額）>= 1000000 ORDER BY 月 ASC，利用合計 DESC
（注）月ごと顧客ごとに売上金額を集計し，月の昇順，利用合計(AS句)の
     降順に取り出す。
② SQL-99の構文を用いた場合…ソート指定の値式
DECLARE CR CURSOR
  FOR SELECT 月，顧客.顧客番号，顧客名，SUM（合計金額）
  FROM 売上，顧客
  WHERE 売上.年='2017' AND 売上.顧客番号＝顧客.顧客番号
  GROUP BY 月，顧客.顧客番号，顧客名
  HAVING SUM（合計金額）>=1000000 ORDER BY 月 ASC，
  SUM（合計金額）DESC
（注）AS句を指定しないで，直接，ソート指定に値式のSUM（合計金額）を
     指定し，降順に並び替えた場合
```

図 3-18　ORDER BY 句の値式を使った例

▶OPEN

② **OPEN**

　カーソル定義の問合せ式によって，順序付きの行の集まりを生成し，カーソルを先頭行の前へ位置付ける。

■OPEN::＝OPEN　カーソル名

③　FETCH

▶FETCH

　FETCH は，現在のカーソルの次の行を取り出す，あるいは，次，前，最初，最後，任意（絶対指定，相対指定）の行を取り出す。

3.1 SQL 言語

■ FETCH
　　::= FETCH [[取出し方向] FROM] カーソル名
　　　　　INTO 取出し相手リスト
　　取出し方向 ::= NEXT | PRIOR | FIRST | LAST
　　　　　　　　　 | ABSOLUTE 数値 | RELATIVE 数値

(a) カーソル定義で SCROLL が指定されたときは，全ての取出し方向が指定できる。SCROLL が省略されると，FETCH NEXT だけが可となる。
(b) 取出し方向が省略された場合は，FETCH NEXT が仮定される。
(c) INTO 句の取出し相手リストには，埋込み変数かモジュールのパラメタを指定する。いずれも変数名の前にコロン（:）が付く。

▶位置付け UPDATE

④ **位置付け UPDATE**
　カーソルで示された行の指定された列を更新する。
■位置付け UPDATE
　　::= UPDATE 表名
　　　　　SET 代入コンマリスト
　　　　WHERE CURRENT OF カーソル名

▶位置付け DELETE

⑤ **位置付け DELETE**
　カーソルで示された行を削除する。
■位置付け DELETE
　　::= **DELETE**
　　　　　FROM 表名
　　　　WHERE CURRENT OF カーソル名

▶CLOSE

⑥ **CLOSE**
　カーソルを閉じる。
■ CLOSE ::= CLOSE　カーソル名

(3) 問合せ式

▶問合せ式

SQL-92 の**問合せ式**では，従来からの問合せ指定（SELECT 文）や UNION（和演算）以外に，INTERSECT（積），EXCEPT（差），JOIN（自然結合及び外結合），直積が明示的に表現できるようになった。また，問合せ指定の FROM 句に問合せ式が記述できるようになり，SQL 構文の直交性（独立性）が向上した。

問合せ式全体の構文を次に示す。
■問合せ式
　　::=結合表 | 非結合問合せ式
■結合表
　　::= 表参照 [NATURAL] [結合型] JOIN 表参照
　　　　　　　 [ON 探索条件 | USING (列コンマリスト)]
　　　　| 表参照 CROSS JOIN 表参照 …直積
　　　　| (結合表)

表参照
　::＝　表名 [[AS] 相関名 [(列コンマリスト)]]
　　　｜(問合せ式) [AS] 相関名 [(列コンマリスト)]
　　　｜結合表

結合型
　::＝　INNER　　　　　　　　　…通常の自然結合
　　　｜LEFT [OUTER]｜RIGHT [OUTER]｜FULL [OUTER]…外結合
　　　｜UNION　　　　　　　　　…UNION JOIN

■非結合問合せ式
　::＝　非結合問合せ項
　　　｜問合せ式 { UNION ｜ EXCEPT } [ALL]
　　　[CORRESPONDING [BY(列コンマリスト)]]
　　　　問合せ項

非結合問合せ項
　::＝　非結合問合せ一次子
　　　｜問合せ項 INTERSECT [ALL]
　　　[CORRESPONDING [BY(列コンマリスト)]]
　　　　　問合せ一次子

問合せ項
　::＝　非結合問合せ項｜結合表

問合せ一次子
　::＝　非結合問合せ一次子
　　　｜結合表

非結合問合せ一次子
　::＝　TABLE　表名
　　　｜表値構成子
　　　｜問合せ指定
　　　｜(非結合問合せ式)

表値構成子
　::＝　VALUES　行値構成子コンマリスト

行値構成子
　::＝　値式｜(値式コンマリスト)｜(問合せ式)

問合せ指定
　::＝　SELECT [ALL ｜ DISTINCT] 選択リスト 表式

表式
　::＝　FROM 表参照コンマリスト
　　　[WHERE 探索条件]
　　　[GROUP BY 列参照コンマリスト]
　　　[HAVING 探索条件]

値式
:: = 算術式｜文字列式｜ビット列文字列式｜日時式｜インターバル式

(4) 結合表

▶結合表

SQL-92の結合表では，自然結合，OUTER JOIN（外結合），CROSS JOIN（直積），UNION JOINを表現できる。OUTER JOIN（外結合）は，NULL値を含んだデータ操作部分の拡張である。

■結合表
:: = 表参照 [NATURAL] [結合型] JOIN 表参照
　　　　[ON 探索条件｜USING (列コンマリスト)]
　　　｜表参照 CROSS JOIN 表参照　　　　…直積
　　　｜(結合表)

表参照
:: = 表名 [[AS] 相関名 [(列コンマリスト)]]
　　｜(問合せ式) [AS] 相関名 [(列コンマリスト)]
　　｜結合表

結合型
:: = INNER　　　　　　　　　　　　　　…通常の自然結合
　　｜LEFT[OUTER]｜RIGHT[OUTER]｜FULL[OUTER]　…外結合
　　｜UNION　　　　　　　　　　　　　…UNION JOIN

① 結合表の構文規則
　(a) NATURALを指定すると自然結合を行う。結果の表から重複する列は取り除かれる。
　(b) NATURAL（自然結合）とUNIONは同時に指定できない。
　(c) INNERは従来どおりの結合演算を行い，不一致の部分は結果の表に反映されない。結合型を省略するとINNERが仮定される。
　(d) NATURAL又はUNIONを指定する場合はON句とUSING句を指定できない。NATURALのときには，表T_1，T_2の共通の列（例えばT_1の主キーとT_2の外部キー）が用いられる。
　(e) NATURALとUNIONを指定しない場合は，ON句とUSING句を指定しなければならない。
　(f) ON 探索条件は，表T_1，T_2の結合する列を，例えばON T1.A = T2.Bのように指定する。
　(g) USING（列コンマリスト）は，表T_1，T_2に共通な列A，Bを，例えばUSING(A,B)のように指定する。A，Bは結果の表に一つずつしか含まれない。

▶OUTER JOIN
▶外結合

② **OUTER JOIN**（外結合）
　外結合は通常の結合演算と異なり，不一致の部分が結果の表に反映される。

▶LEFT OUTER JOIN
▶左外結合

　(a) **LEFT OUTER JOIN**（左外結合）
　　　T_1 LEFT OUTER JOIN T_2は，左側の表T_1の不一致部分を結果に反映

する。対応する右側の表 T_2 の各列は NULL で埋められる（図 3-19, 図 3-20 参照）。

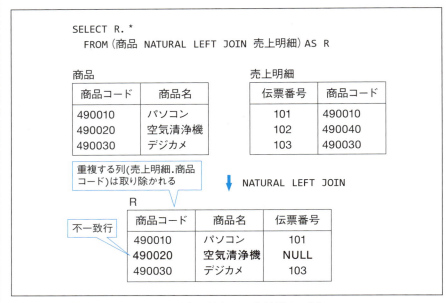

図 3-19　自然結合かつ左外結合の例

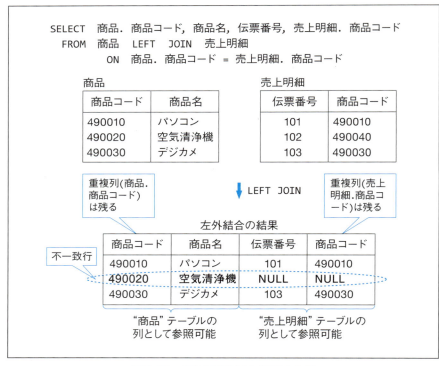

図 3-20　ON 句使用の左外結合の例

3.1 SQL 言語

(b) RIGHT OUTER JOIN

▶RIGHT OUTER JOIN

T_1 **RIGHT OUTER JOIN** T_2 は，右側の表 T_2 の不一致部分を結果に反映する。対応する左側の表 T_1 の各列は NULL で埋められる。

(c) FULL OUTER JOIN

▶FULL OUTER JOIN

T_1 **FULL OUTER JOIN** T_2 は，左側の表 T_1 と右側の表 T_2 の両方の表の不一致部分を結果に反映する。対応する右側，又は左側の表の各列は NULL で埋められる。

ON 句と USING 句を用いた外結合は等結合

図 3-20 の例にもあるが，ON 句を用いた外結合は，等結合になります。等結合は，結果表に重複する列の存在を許します。一方，図 3-19 の NATURAL LEFT JOIN は自然結合になります。自然結合では，結果表から重複列が取り除かれます。

③ UNION JOIN

▶UNION JOIN

T_1 **UNION JOIN** T_2 は，表 T_1 に表 T_2 の列を，表 T_2 に表 T_1 の列を追加し，追加した列を NULL で埋める。UNION JOIN の結果はこの追加された列を持つ表の間の和演算（UNION ALL）となる（図 3-21 参照）。

SELECT R.* FROM (商品 UNION JOIN 売上明細) AS R

商品

商品コード	商品名
490010	パソコン
490020	空気清浄機

売上明細

伝票番号	商品コード
101	490010
102	490040

↓ UNION JOIN

R

商品コード	商品名	伝票番号	商品コード
490010	パソコン	NULL	NULL
490020	空気清浄機	NULL	NULL
NULL	NULL	101	490010
NULL	NULL	102	490040

図 3-21　UNION JOIN の例

④ CROSS JOIN（直積）

▶CROSS JOIN
▶直積

T_1 **CROSS JOIN** T_2 は，表 T_1 と表 T_2 の直積を求める。直積は次のように

書くこともできる（図3-22参照）。
SELECT T₁.*,T₂.* FROM T₁,T₂

```
SELECT R.* FROM(商品 CROSS JOIN 売上明細) AS R
```

商品

商品コード	商品名
490010	パソコン
490020	空気清浄機

売上明細

伝票番号	商品コード
101	490010
102	490040

↓ CROSS JOIN（直積）

R

商品コード	商品名	伝票番号	商品コード
490010	パソコン	101	490010
490010	パソコン	102	490040
490020	空気清浄機	101	490010
490020	空気清浄機	102	490040

図3-22　CROSS JOINの例

(5) 非結合問合せ式

▶非結合問合せ式

非結合問合せ式では，UNION（和），INTERSECT（積），EXCEPT（差），問合せ指定（SELECT文）が表現できる。ここでは，UNION（和），INTERSECT（積），EXCEPT（差）等について説明する。

■非結合問合せ式
　::＝ 非結合問合せ項
　　　｜問合せ式 { UNION ｜ EXCEPT }[ALL]
　　　[CORRESPONDING [BY(列コンマリスト)]]
　　　　　　問合せ項
非結合問合せ項
　::＝ 非結合問合せ一次子
　　　｜問合せ項 INTERSECT [ALL]
　　　[CORRESPONDING [BY (列コンマリスト)]]
　　　　　　問合せ一次子
問合せ項
　::＝ 非結合問合せ項｜結合表
問合せ一次子
　::＝ 非結合問合せ一次子
　　　｜結合表
非結合問合せ一次子
　::＝ TABLE 表名

```
|表値構成子
|問合せ指定
|(非結合問合せ式)
```
■表値構成子
```
∷= VALUES 行値構成子コンマリスト
```
■行値構成子
```
∷=値式|(値式コンマリスト)|(問合せ式)
```

① 非結合問合せ式の構文規則
 (a) UNION(和),INTERSECT(積),EXCEPT(差)はそれぞれ関係代数の和,積,差に対応するので,これらの演算の対象になる二つの表の列数は同じでなければならない。
 (b) ALL を指定しない限り結果表における行の重複は取り除かれる。ALL を指定すると集合演算(和,積,差)の結果の表に余分な重複行が残る。
 (c) CORRESPONDING BY(列コンマリスト)は,二つの表に共通な列名を列コンマリストへ指定する。この指定された列で演算を行う。
 (d) CORRESPONDING だけが示されたときは,二つの表に共通な列を取り出して演算する。
 (e) CORRESPONDING 句が指定されない場合は,列数が同じ二つの表の間で集合演算(和,積,差)を行う。
 (f) 非結合問合せ一次子に示した「TABLE 表名」の表名には実表だけでなくビューも記述できる。
 (g) 表値構成子の VALUES(行値構成子コンマリスト)は,INSERT 文に用いられる。
 (h) 行値構成子の(問合せ式)が INSERT 文の VALUES 句に用いられた場合は,行サブクエリといわれる。算術式や文字列式,UPDATE 文の代入式における値式などに(問合せ式)が用いられた場合は,スカラサブクエリといわれる。ともに1行だけを返す問合せでなければならない。なおかつ,スカラサブクエリは,ただ一つの列,つまりスカラ値を返す(図 3-23 参照)。

▶スカラサブクエリ

```
UPDATE  売上                    1行で,かつただ一つの列(スカラ値)を返す
   SET  売上金額 = (SELECT SUM(金額) FROM 売上明細
                      WHERE 伝票番号 = :PNO)
 WHERE  伝票番号 = :PNO
```

図 3-23 スカラサブクエリの例

▶UNION
▶和

② **UNION**（和）の例

図 3-24 に，栄町店と心斎橋店の和集合を取り出す例を示す。和演算の結果の表から両テーブルに共通な余分な重複行は取り除かれる。

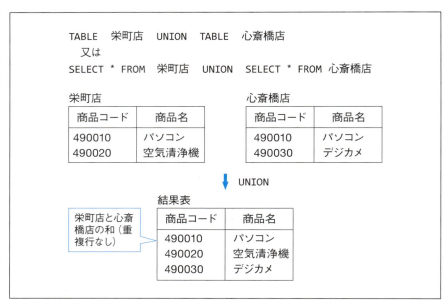

図 3-24　UNION（和）の例

▶INTERSECT
▶積

③ **INTERSECT**（積）の例

図 3-25 に栄町店と心斎橋店で共通する行，すなわち積を抽出する例を示す。

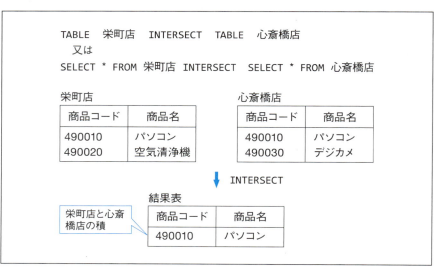

図 3-25　INTERSECT（積）の例

▶EXCEPT
▶差演算

④ **EXCEPT**（差演算）の例

図3-26に栄町店から心斎橋店に属する行を除いた行（共通部分以外の行），つまり両者の差分を取り出す例を示す。

```
SELECT * FROM    栄町店
  EXCEPT
SELECT * FROM    心斎橋店
この差演算は次のようにEXISTS述語を用いても表現できる。
SELECT    商品コード，商品名    FROM    栄町店
  WHERE NOT EXISTS
        (SELECT * FROM    心斎橋店
          WHERE    栄町店．商品コード ＝ 心斎橋店．商品コード)
```

栄町店

商品コード	商品名
490010	パソコン
490020	空気清浄機

心斎橋店

商品コード	商品名
490010	パソコン
490030	デジカメ

↓ EXCEPT

結果表

栄町店と心斎橋店の差分

商品コード	商品名
490020	空気清浄機

図 3–26　EXCEPT（差演算）の例

（6）問合せ指定

▶問合せ指定

問合せ指定（SELECT 文）は，問合せ式における非結合問合せ式として，ビュー定義やカーソル定義，INSERT 文など問合せ式が用いられるところではどこでも利用できる。問合せ指定のWHERE 句に副問合せが記述できる点はSQL-89と変わらないが，SQL-92では，FROM 句に問合せ式が記述できるようになった。

■問合せ指定

```
:: = SELECT[ ALL | DISTINCT ] 選択リスト 表式
表式 :: = FROM 表参照コンマリスト       …FROM 句
        [ WHERE 探索条件 ]              …WHERE 句
        [ GROUP BY 列参照コンマリスト ] …GROUP BY 句
        [ HAVING 探索条件 ]             …HAVING 句
選択リスト :: = [ 相関名 .]*
            | 導出列 [{，導出列 }… ]
導出列 :: ＝値式 [ [AS]列名 ]
```

① ALL，DISTINCT

▶ALL

（a）ALL も DISTINCT も指定しないと ALL が仮定される。

（b）ALL を指定すると，選択リストを適用した結果の表に，重複行を含む。

第3章 DBMSの機能

▶DISTINCT

　　行の重複を取り除かない。
（c）DISTINCTを指定すると，選択リストを適用した結果の表から，行の重複を取り除く。

```
SELECT   DISTINCT  売上．顧客番号，顧客名
　FROM     売上，顧客
　WHERE    年 = '2018' AND 月 = '08' AND
          売上．顧客番号 = 顧客．顧客番号
※2018年8月に買い物をした顧客を重複なしに抽出。
```

図3-27　DISTINCTの使用例

② 選択リスト

▶選択リスト

（a）選択リストには，表の列名，集合関数，定数，算術式などを指定する。
（b）選択リストには，導出列をコンマで区切って指定するか，*を指定する。値式 [AS] 列名の形式の導出列は，SQL-92からの仕様である。

▶AS句

（c）AS句で指定した列名は，WHERE句には使用できないが，GROUP BY句，HAVING句，ORDER BY句には使用できる（「(2) ①カーソル定義 (f) ソート指定」参照）。また，副問合せでAS句を指定した場合は，その外側の問合せ式で参照することができる。
（d）*を指定すると表の全ての列を取り出す。[相関名．]* では，FROM句の表参照に付けられた相関名を指定する。

③ 値式

▶値式

　SQL-92では，値式に，組込みの演算子として，条件判定用のCASE，データ型変換用のCAST，ビット列や文字列の連結演算用の"||"が追加された。また，直交性の向上を図るため，算術式，文字列式などのオペランドに問合せ式が記述できるようになった。

■値式
　　::=算術式 | 文字列式 | ビット列文字列式 | 日時式 | インターバル式
　算術式　　　　：算術値を示す一次子単独か，
　　　　　　　　　一次子を四則演算子で結んだもの。
　文字列式　　　：文字列を示す一次子単独か，
　　　　　　　　　その一次子を連結演算子||で結んだもの。
　ビット列文字式：ビット列文字を示す一次子の単独か，
　　　　　　　　　その一次子を連結演算子||で結んだもの。
　日時式，インターバル式：日時，インターバルを表す一次子の単独か，
　　　　　　　　　　　　　その一次子を+ -で結んだもの。
　一次子::=列参照
　　　　　|定数，パラメタ，又は埋込み変数
　　　　　|スカラ関数参照

|集合関数参照
|（問合せ式）
|（値式）

④ 列参照

表（又は相関名）の列名を参照する。

■列参照 ::＝ [表名 .] 列名
　　　　　　[相関名 .] 列名

(a) 選択リストや探索条件などで参照する列が全てユニークなときは列名だけを指定すればよい。

(b) 複数の表から取り出す列名が重複するときは表名で修飾する。

(c) 同じ表をあたかも二つの別の表であるかのように扱うときは相関名で修飾する。

⑤ 集合関数参照

集合関数（set function）は，問合せの結果得られた表から集約値を求める。

■集合関数参照
　::＝ COUNT(*)
　　　| { AVG | MAX | MIN | SUM | COUNT }([ALL | DISTINCT] 値式)

（注）SQL-92 の中級レベル以下の場合には，SQL-89 同様，DISTINCT を指定した集合関数の引数には列名しか指定できない。構文は次のようになる。
　　{ AVG | MAX | MIN | SUM | COUNT }(DISTINCT 列参照)

(a) 各集合関数の意味は次のようになる。

　　AVG：列の平均値
　　MAX：列の最大値
　　MIN：列の最小値
　　SUM：列の合計値
　　COUNT：列の個数

(b) 集合関数は，問合せ指定の選択リストの並びの列か，HAVING 句の探索条件の中で用いられる。

(c) COUNT(*) を除いて，集合関数の引数には，表の列名か列名を含む算術式を指定する。なお，SQL-92 の中級レベル以下の場合には，SQL-89 同様，DISTINCT 指定の集合関数の引数に算術式は書けない（前述⑤集合関数参照(注)参考）。

(d) 集合関数の引数には集合関数を指定できない。つまり，集合関数の参照は入れ子にできない。

(e) COUNT(*) は，重複行を除かずに表中の全ての行数をカウントする。

(f) COUNT(*) を除いて，NULL 値は関数の集約の対象にならない。

(g) DISTINCT を指定すると，重複行を除いて関数値を求める。何も指定しないか，ALL を指定すると，重複行も含めて関数値を求める。

(h) 選択リストに集合関数が現れ，問合せ指定に GROUP BY 句を含まない場合には，選択リストの並びは集合関数参照だけが許される。

```
              SELECT   COUNT(DISTINCT 顧客番号)
                FROM   売上
              ※売上から，重複なしに顧客の数を取り出す。
              SELECT   COUNT(*)
                FROM   売上
                又は
              SELECT   COUNT(伝票番号)
                FROM   売上
              ※売上から，売上件数を取り出す。
              SELECT   MAX(売上金額)
                FROM   売上
              ※売上金額の最大値を求める。
```

図3-28　集合関数の例

```
       SELECT    顧客番号，SUM(売上金額)
         FROM    売上
       ※GROUP BY句がないので選択リストには集合関数しか許さない。
         顧客番号は指定できない。
```

図3-29　選択リストに集合関数を指定した例（エラーケース）

⑥　CASE 演算子

▶CASE 演算子

　CASE 演算子は，SQL-92 で追加された組込みの演算子であり，条件判定を行う。CASE 演算子の構文は次のとおりである。
　図 3-30 に CASE 演算子の例を示す。

■CASE 演算子
　:: = CASE
　　　< WHEN 句リスト >
　　　ELSE 値式
　　　END
< WHEN 句リスト >:: = WHEN 条件式 THEN 値式

```
SELECT 会員番号,
       SUM(CASE WHEN 入館時刻 < '1200' THEN 1 ELSE 0 END) AS B1,
       SUM(CASE WHEN 退館時刻 BETWEEN '1200' AND '1700' THEN 1
             ELSE 0 END) AS B2,
       SUM(CASE WHEN 退館時刻 > '1700' THEN 1 ELSE 0 END) AS B3
FROM 利用履歴
WHERE 利用年月日 BETWEEN '2018-03-01' AND '2018-03-31'
GROUP BY 会員番号
※利用履歴テーブルの入館時刻，退館時刻を判定し，会員ごとに，12時未満，
  12時～17時まで，17時超の3種類の利用件数を集計する。
```

図3-30　CASE 演算子の例

3.1 SQL 言語

⑦ COALESCE 関数，NULLIF 関数

▶COALESCE 関数
▶NULLIF 関数

COALESCE（コアレスと読む）**関数**，**NULLIF 関数**は，SQL-92 で追加された組込みのスカラ関数であり，オペランドの NULL に関する判定を行う。

(a) COALESCE(x, y) は次のように定義される。

CASE WHEN x IS NOT NULL THEN x ELSE y END

最初のオペランド x が NULL でなければ x を返し，NULL ならば y を返す。

(b) NULLIF（x,y）は次のように定義される。

CASE WHEN x = y THEN NULL ELSE x END

オペランド x と y が一致すれば NULL を返し，そうでなければ x を返す。

```
SELECT 年代, 性別, COUNT(会員番号)AS A1, COALESCE(SUM(B1), 0) AS A2,
       COALESCE(SUM(B2), 0) AS A3, COALESCE(SUM(B3), 0) AS A4
  FROM 会員 LEFT OUTER JOIN
  (SELECT 会員番号,
      SUM(CASE WHEN 入館時刻 < '1200' THEN 1 ELSE 0 END) AS B1,
      SUM(CASE WHEN 退館時刻 BETWEEN '1200' AND '1700' THEN 1
           ELSE 0 END) AS B2,
      SUM(CASE WHEN 退館時刻 > '1700' THEN 1 ELSE 0 END) AS B3
      FROM 利用履歴
      WHERE 利用年月日 BETWEEN '2018-03-01' AND '2018-03-31'
      GROUP BY 会員番号) AS B
   ON 会員.会員番号 = B.会員番号
GROUP BY 年代, 性別
```

※最初のCOALESCE(SUM(B1), 0)は，年代，性別ごとに集約したB1（会員ごとの12時未満の利用件数）の合計がNULLでなければB1の合計を返し，NULLのときは0を返す。2，3番目のCOALESCE関数も同様に判定する。

図 3-31　COALESCE 関数の例

(7) 表式

▶表式

問合せ指定の**表式**は FROM 句，WHERE 句，GROUP BY 句，HAVING 句からなる。

■表式 ::= FROM 表参照コンマリスト　　　…FROM 句
　　　　　[WHERE 探索条件]　　　　　　…WHERE 句
　　　　　[GROUP BY 列参照コンマリス]　…GROUP BY 句
　　　　　[HAVING 探索条件]　　　　　　…HAVING 句

① FROM 句

▶FROM 句

FROM 句には，表，ビュー，問合せ式などの表参照を指定する。

■FROM 句 ::= FROM 表参照コンマリスト
　表参照 ::= 表名 [[AS] 相関名 [(列コンマリスト)]]
　　　　　| (問合せ式)[AS] 相関名 [(列コンマリスト)]
　　　　　| 結合表

(a) 表名には実表かビューを指定する。
(b) FROM 句に複数の表 X, Y, Z を指定すると，FROM 句を評価した結果の表は X, Y, Z の直積になる。
(c) 表名の後の相関名は範囲変数とも呼ばれ，いわば表の別名である。同一表をあたかも異なる二つの表のように検索する場合に用いる。また，相関名は後述する副問合せにおいて，副問合せの外にある表と同じ表を，副問合せの中で参照する場合に用いる。こうすることで表の使用範囲を明確にすることができる。

▶ 相関名

なお，相関名を使った自己結合（再帰結合）の例を図 3-32 に示す。自己結合は自分自身のテーブルとの結合演算を行う。

▶ 自己結合
▶ 再帰結合

```
SELECT    X.社員名
  FROM    社員 X, 社員 Y
 WHERE    X.部長 = Y.社員番号 AND X.年齢 < Y.年齢
```

社員（X）

社員番号	社員名	年齢	部長
0001	井畑	28	0002
0002	辰浪	40	0002
0003	福留	30	0002

社員（Y）

社員番号	社員名	年齢	部長
0001	井畑	28	0002
0002	辰浪	40	0002
0003	福留	30	0002

・部長よりも年齢の若い社員の氏名を求める。
・あたかも，"社員"テーブルが二つ（XとY）あると考え，XとYの間の結合演算を行う。
・その結果，Xから"井畑"と"福留"の行が抽出される。

図 3–32　相関名を使った自己結合の例

(d) SQL-92 では FROM 句に，(問合せ式)[AS] 相関名の形式あるいは結合表を指定できるようになった（図 3-33 参照）。
(e) (問合せ式) の後の相関名は，問合せの結果得られる表の使用範囲を示す。この相関名は，この FROM 句を含む問合せ指定全体で使用可能になる。

```
SELECT  部署.部署コード, 部署.部署名, COUNT(従業員.従業員番号),
  COUNT(履修集計.従業員番号),
  SUM(年間履修ポイント数 + 繰越ポイント数), SUM(使用ポイント数)
FROM   部署, 従業員 LEFT JOIN
  (SELECT    従業員番号, SUM(コース.履修ポイント)AS 使用ポイント数
    FROM    履修, コース
    WHERE   履修開始年月日 BETWEEN '20180401' AND '20180930'
    AND     履修.コースコード = コース.コースコード
    GROUP BY 従業員番号)履修集計
  ON 従業員.従業員番号 = 履修集計.従業員番号
WHERE  部署.部署コード = 従業員.部署コード
GROUP BY 部署.部署コード, 部署.部署名
ORDER BY 部署.部署コード
```

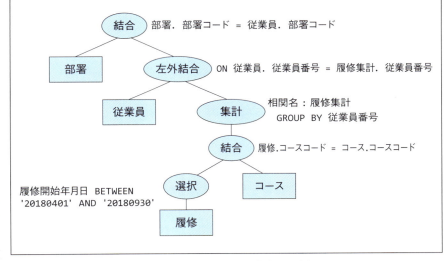

図 3-33　FROM 句の表参照の例

② WHERE 句

▶WHERE 句

WHERE 句には問合せの探索条件を指定する。探索条件の詳細については，後述する。

③ GROUP BY 句

▶GROUP BY 句

GROUP BY 句は指定した列の同じ値を持つ行を集約化し，グループ表を作成する。GROUP BY 句がある場合，問合せ指定の選択リストの列は，グループごとに集約された値を持たなければならない。選択リストの列は次のいずれかでなければならない。

(a) GROUP BY 句で指定された列か，その列を含む算術式である。
(b) 定数である。
(c) 集合関数（COUNT(*)，SUM，AVG，MAX，MIN，COUNT）である。

なお，GROUP BY 句で指定された列は，SELECT 文の選択リストに記述

しても記述しなくても構わない。

```
SELECT    店舗コード，月，MAX(売上金額)
  FROM    売上
  WHERE   売上．年 = '2018'
  GROUP BY 店舗コード
※店舗コードごと月ごとの最大の購入金額を求めようとしているが，
  GROUP BY 句に月が指定されていないので誤り。
```

図 3-34　GROUP BY 句指定の正しくない例

相関名や表名のスコープルール

① 相関名を用いた場合は，必ず相関名で参照してください。元の表名を用いた場合は，参照エラーとなります。
② WHERE 句や GROUP BY 句などで参照される修飾なしの列名においては，「最も近い」ところで指定された表名又は相関名が暗黙的な修飾子とみなされます。

(d) SQL:2003 から，SELECT 句に指定できる選択リストは，GROUP BY 句で指定した列か集合関数に限られるという制限が緩和され，SELECT 句で指定する列のうち，関数従属する列は，GROUP BY 句で指定する必要がなくなった。例えば，店舗コードで集約する場合，SELECT 句に店舗コードと店舗名を指定したい場合，GROUP BY 句に店舗名まで指定する必要があったが，店舗コードだけで済むようになった。

```
SELECT    店舗コード，店舗名，月，MIN (売上金額)
  FROM    売上
  WHERE   売上．年 = '2018'
  GROUP BY 店舗コード，月
```

図 3-35　SQL:2003 からの GROUP BY 句

④　HAVING 句

▶HAVING 句

通常，**HAVING 句**を指定するときは，GROUP BY 句も指定する。HAVING 句は，GROUP BY 句でできたグループ表に対する探索条件の指定を行う。つまり，グループ表に対する WHERE 句に相当する。HAVING 句の探索条件では，グループごとに集約された値（GROUP BY 句で指定された列）か，集合関数を指定する。図 3-36 に GROUP BY，HAVING 句の使用例を示す。

3.1 SQL言語

```
売上
伝票番号 | 年 | 月 | 日 | 顧客番号 | 売上金額 | …
01001  | 2018 | 07 | 01 | 12001 | 2100
01002  | 2018 | 07 | 02 | 12002 | 4000
01003  | 2018 | 07 | 03 | 12001 | 2000
01004  | 2018 | 07 | 04 | 12003 | 1000
01005  | 2018 | 07 | 05 | 12002 | 4100
01006  | 2018 | 08 | 01 | 12001 | 2000
01007  | 2018 | 08 | 02 | 12002 | 4000
01008  | 2018 | 08 | 04 | 12003 | 10000
```

GROUP BY →

```
グループ表
月 | 顧客番号 | 売上金額
07 | 12001 | 2100
07 | 12002 | 4000
07 | 12002 | 4100
08 | 12002 | 4000
08 | 12003 | 10000
```

```sql
SELECT 月, 顧客番号, COUNT(*), SUM(売上金額)
  FROM 売上
  WHERE 売上.年 = '2018' AND
        売上金額 > 2000
GROUP BY 月, 顧客番号
HAVING COUNT(*) > 1
```

グループ表にHAVING句を適用した結果

結果

```
月  顧客番号   COUNT(*)   SUM(売上金額)
07   12002        2          8100
```

図 3-36　GROUP BY, HAVING 句の使用例

 SQL の結合演算は関係代数の定義そのもの

```sql
SELECT 伝票番号, 顧客名, 金額  FROM 売上, 顧客
  WHERE 売上.顧客番号 = 顧客.顧客番号
```

　SELECT 文の FROM 句は関係代数でいう直積に相当し，WHERE 句は選択演算に相当します。上記例では，売上×顧客の直積から探索条件に合う行を抽出（選択演算）します。関係代数の定義によれば，結合は直積と選択の組合せとして表現されますが，SQL の結合演算は，まさに関係代数の定義そのものになっています。問合せ指定の選択リストは射影に相当し，問合せ結果を射影によって取り出して新たな表（導出表）を作ります。結合演算の結果がどうなるのかよく分からないという人は，FROM 句が直積であるということを忘れないでください。FROM A，B，C，D と指定されている場合には，A×B×C×Dの直積を考え，そこから探索条件に一致する行だけを抽出します。

(8) 探索条件

▶探索条件

探索条件は，行 SELECT，探索型 UPDATE，探索型 DELETE，問合せ指定の WHERE 句，FROM 句，HAVING 句などで用いられる。探索条件には比較述語や IN 述語，EXISTS 述語などの述語を記述することができる。

■探索条件
::＝ブール項｜探索条件 OR ブール項
ブール項 ::＝ブール因子｜ブール項 AND ブール因子
ブール因子 ::＝[NOT]ブール検査
ブール検査 ::＝ブール一次子 [IS[NOT]{ TRUE ｜ FALSE ｜ UNKNOWN }]
ブール一次子 ::＝述語｜(探索条件)
述語 ::＝ 比較述語｜BETWEEN 述語
　　　　｜LIKE 述語｜NULL 述語
　　　　｜IN 述語｜限定述語｜EXISTS 述語
　　　　｜UNIQUE 述語｜MATCH 述語
　　　　｜OVERLAPS 述語

(9) 比較述語

▶比較述語

比較述語は値式同士，又は値式と副問合せとの比較演算を行う。SQL-92 では，SQL-89 と異なり，副問合せ（行サブクエリ）が比較述語の左辺にも右辺にも指定できるようになった。

■比較述語 ::＝行値構成子　比較演算子　行値構成子
行値構成子 ::＝値式｜(値式コンマリスト)｜(問合せ式)
比較演算子 ::＝ ＝　　　…等しい
　　　　　　｜＜＞　　 …等しくない
　　　　　　｜＜　　　 …より小さい
　　　　　　｜＞　　　 …より大きい
　　　　　　｜＜＝　　 …より小さいか等しい
　　　　　　｜＞＝　　 …より大きいか等しい

① 比較述語が WHERE 句で用いられるとき，比較術語の中の値式には，集合関数への参照を含んではならない。

▶副問合せ
▶行サブクエリ

② 副問合せ（行サブクエリ）

行値構成子の (問合せ式) の形式が副問合せである。比較述語にこの副問合せ用いる場合は 1 行以下を返さなければならない。つまり，行サブクエリになる。複数行を返すと例外エラーとなる（図 3-37，図 3-38 参照）。

```
SELECT DISTINCT 顧客.顧客番号, 顧客名, 住所
  FROM    売上, 顧客
  WHERE   売上金額 =(SELECT MAX(売上金額)
                      FROM    売上
                      WHERE   売上.年 = '2018'
                      AND     月 = '08')
  AND    売上.顧客番号 = 顧客.顧客番号
※8月の最高購入金額と同じ金額の買い物をした顧客を重複なしに取り出す。
  副問合せは,ただ一つの最大値を返す（行サブクエリ）。
```

図 3-37　行サブクエリで 1 行を返す場合

```
SELECT DISTINCT 顧客.顧客番号, 顧客名, 住所
  FROM    売上, 顧客
  WHERE   売上金額 >(SELECT AVG(売上金額)
                      FROM    売上
                      WHERE   売上.年 = '2018'
                      AND     月 = '08'
                      GROUP BY 顧客番号 )
  AND 売上.顧客番号 = 顧客.顧客番号
※8月の顧客ごとの平均購入金額は,顧客ごとに異なる。
  副問合せは,複数行の平均購入金額を返すので例外エラーとなる。
```

図 3-38　行サブクエリでエラーとなる（複数行を返す）場合

③　値式コンマリスト

▶値式コンマリスト

行値構成子が（値式コンマリスト）のとき,つまり複数の列からなるときの比較演算は次のように行われる。ただし,左辺の列数と右辺の列数は同じでなければならない。

■　$(L_1, L_2, \cdots, L_n)$ 比較演算子 $(R_1, R_2, \cdots, R_n)$

(a)　左辺 = 右辺
　　$i = 1 \sim n$ の全ての列において $L_i = R_i$ であるとき真。

(b)　左辺 <> 右辺
　　$L_i <> R_i$ となるような i があれば真（$1 \leq i \leq n$）。

(c)　左辺 < 右辺
　　$(L_1, L_2, \cdots, L_{i} - 1) = (R_1, R_2, \cdots, R_{i} - 1)$ が成り立ち,
　　$L_i < R_i$ が成り立つときに真。

(d)　左辺 > 右辺
　　$(L_1, L_2, \cdots, L_{i} - 1) = (R_1, R_2, \cdots, R_{i} - 1)$ が成り立ち,
　　$L_i > R_i$ が成り立つときに真。

(e)　左辺 <= 右辺
　　左辺 < 右辺が成り立つか,あるいは左辺 = 右辺が成り立つとき真。

(f) 左辺 >= 右辺
　　左辺＞右辺が成り立つか，あるいは左辺＝右辺が成り立つとき真。

図 3-39　複数列からなる比較演算の例

④　比較演算子の左辺又は右辺が NULL の場合，あるいは両辺とも NULL の場合，比較述語の評価の結果は不定となる。

▶真理値表

不定は次に示す三つの真理値間の真理値表に基づいて定義される（図 3-40 参照）。ただし，T は真，F は偽，? は不定とする。

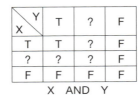

図 3-40　三つの真理値間の真理値表

（10）BETWEEN 述語

▶BETWEEN 述語

BETWEEN 述語は，値式の範囲の検査を行う。

■ BETWEEN 述語

::= 行値構成子 [NOT] BETWEEN 行値構成子 AND 行値構成子

行値構成子 ::= 値式 ｜（式コンマリスト）｜（問合せ式）

・X BETWEEN b AND c と書いて，b ≦ X ≦ c のとき，真となる。

```
SELECT MAX(売上金額)
  FROM 売上
 WHERE 売上.年 = '2018' AND
       月 BETWEEN '04' AND '06'
※2018年の4月から6月までの間の売上金額の最大値を求める。
```

図 3-41　BETWEEN 述語の例

3.1 SQL言語

複雑な結合演算はテーブル構造から把握

複雑な結合演算をSQL文で記述する場合は，次のように考えるとよいでしょう。

①問題文の説明や図，あるいはSELECT文の選択リストから，どのテーブルのどの列が必要になるかを把握します。

②次に，テーブル間の関連（主キー／外部キーの参照関係）がどうなっているかを把握します（簡単なE-R図を書いてみる）。

③このテーブル間の関連（主キー／外部キー）に沿って結合演算を記述していきます。正規化でも説明したように，分解された関係は自然結合によって元の関係を再現できますが，SQLの結合演算も元の関係を再現することができます（ただし自然結合ではなく等結合）。こうして得られた元の表（結果表）が，求める帳票に対応しているかを確認します。

(11) LIKE述語

▶LIKE述語

LIKE述語は，文字列式が指定のパターンに一致するかどうか検査する。

■LIKE述語∷=文字列式 [NOT] LIKE パターン
　　　　　　　　[ESCAPE エスケープ文字]

① パターンは任意の文字列で構成される。
② パターン文字列の下線（_）は，任意の1文字に一致することを意味する。
③ パーセント（%）は，任意のn文字と一致すること意味し，前方一致や任意一致，後方一致のマッチングに用いられる。
④ エスケープ文字は，後続する '_' 又は '%' を無効にする。

```
年 LIKE '20__'         ：列"年"に'20'で始まる4文字の文字列があれば真。
                         '2099'  '20XX' など

顧客名 LIKE '山%'       ：列"顧客名"に'山'で始まる任意の文字列があれば真。
                         前方一致。
                         '山と川'  '山に熊が出た' など

商品説明 LIKE '%熱%'   ：列"商品説明"に'熱'という任意の文字列があれば真。
                         任意一致。
                         '過労とストレスからくる高熱症状に～' など
```

図3-42　パターンの例

▶NULL 述語

(12) NULL 述語

指定した列が NULL であるかどうかを検査する。

■ NULL 述語 ::= 行値構成子 IS [NOT] NULL

行値構成子 ::= 値式｜(値式コンマリスト)｜(問合せ式)

(13) IN 述語

▶IN 述語

IN 述語は，行値構成子が副問合せの結果のどれかと等しいか，あるいは値式が値式コンマリストの値のどれと等しいかを検査する。

■ IN 述語 ::= 行値構成子 [NOT] IN 副問合せ
　　　　　　｜値式 [NOT] IN (値式コンマリスト)

副問合せ ::= (問合せ式)

① (値式コンマリスト) は，例えば，X IN(10, 20, 30) と書いて，列 X が 10, 20, 30 のどれかに等しいとき，真となる。図 3-43 参照。

```
SELECT 年, 月, 日, 店舗コード, 商品コード, SUM(数量), SUM(金額)
  FROM   売上, 売上明細
  WHERE  売上.伝票番号 = 売上明細.伝票番号 AND
         年 = '2018' AND 月 = '09' AND
         日  IN(5,15,25)
  GROUP BY 年, 月, 日, 店舗コード, 商品コード
  ※9月の5, 15, 25日の店舗別, 商品別の数量, 金額を集計する。
```

図 3-43　値式コンマリストを用いた IN 述語の例

▶テーブルサブクエリ
▶表副問合せ

② 比較述語と異なり，副問合せの結果は複数の行が返ってもよい。このような複数行を返す副問合せをテーブルサブクエリ（表副問合せ）という。図 3-44 参照。

③ 「X IN 副問合せ」は，「X = ANY 副問合せ」と同じ意味になる。

④ 「X NOT IN 副問合せ」は「X <> ALL 副問合せ」と同じ意味になるが，これは，量記号に関するド・モルガンの法則（後述）から導かれる。

```
売上
┌──────┬────┬──┬──┬───┬───────┐
│伝票番号│ 年 │月│日│…│店舗コード│
├──────┼────┼──┼──┼───┼───────┤
│01001 │2018│07│01│…│ S01   │
│01002 │2018│07│01│…│ S02   │
│01003 │2018│07│01│…│ S03   │
│01004 │2018│07│01│…│ S04   │
│01005 │2018│07│02│…│ S01   │
│01006 │2018│07│02│…│ S02   │
│01007 │2018│07│02│…│ S03   │
│01008 │2018│07│02│…│ S04   │
└──────┴────┴──┴──┴───┴───────┘

店舗
┌───────┬───┬───────┐
│店舗コード│ … │地域コード│
├───────┼───┼───────┤
│ S01   │ … │ TKY01 │
│ S02   │ … │ TKY01 │
│ S03   │ … │ TKY02 │
│ S04   │ … │ YKH01 │
└───────┴───┴───────┘

SELECT 年, 月, 日, 売上金額, 店舗コード
   FROM    売上
   WHERE   年 = '2018' AND 月 = '07' AND
           店舗コード IN(SELECT 店舗コード FROM 店舗
                         WHERE 地域コード = 'TKY01')

・地域コードがTKY01の店舗の7月の売上金額を抽出する。
・副問合せで，"店舗"の地域コードがTKY01の店舗コード(S01, S02)を抽出。
・"売上"から，年と月がそれぞれ2018年と7月で，店舗コードがS01又はS02に一致する行を取り出す。
・テーブルサブクエリは，行サブクエリと異なり，副問合せの結果の行が複数あってもエラーとはならない。
```

図 3-44　副問合せを用いた IN 述語の例

（14）限定述語

▶限定述語

限定述語は，ANY（少なくとも一つの行について〜の条件が成立），又は ALL（全ての行について〜の条件が成立）による検査を行う。

■限定述語

::= 行値構成子　比較演算子 { ALL ｜ ANY(又は SOME)} 副問合せ

副問合せ ::= (問合せ式)

▶ANY 限定述語
▶SOME 限定述語

① **ANY（又は SOME）限定述語**

（a）ANY（又は SOME）限定述語は存在作用素∃に対応する。
（b）副問合せはテーブルサブクエリになる（複数行を取り出す）。
（c）副問合せを評価して得られた行のいずれか一つでも行値構成子との比較の結果が真であれば，ANY 限定述語の結果は真となる。
（d）副問合せを評価した結果が空であれば，ANY 限定述語の結果は偽となる。
（e）あるいは，副問合せを評価して得られた全ての行との比較の結果が偽であれば，ANY 限定述語の結果は偽となる。
（f）副問合せの結果に NULL を含んだ行，つまり比較の結果に不定の行があり他の行は比較の結果が偽であると，ANY 限定述語の結果は不定となる。

これらをまとめると，ANY 限定述語の結果は次のようになる。

表 3-2 ANY 限定述語の結果

副問合せの結果	比較の結果	ANYの結果	備　考
不定なし	真の行あり 全ての行が偽	T F	
不定あり	真の行あり 他の行は偽	T ?	? OR T ? OR F
空	—	F	

　図 3-44 の副問合せを用いた IN 述語の例を，= ANY を用いて変換した場合の例を図 3-45 に示す。

```
SELECT    年，月，日，売上金額，店舗コード
  FROM    売上
 WHERE    年 = '2018' AND 月 = '07' AND
          店舗コード = ANY(SELECT 店舗コード FROM 店舗
                          WHERE 地域コード = 'TKY01')
・地域コードがTKY01の店舗の7月の売上金額を抽出。
```

図 3-45　IN 述語を限定述語 ANY へ変換した例

② ALL 限定述語

▶ALL 限定述語

(a) **ALL 限定述語**は全称作用素∀に対応する。ただし，= ALL は関係代数の商演算には必ずしも対応しない。左辺の行値構成子は値式（スカラ値）なので，副問合せが複数の行を返した場合，左辺と右辺は一致しない。副問合せがただ一つの行を返すときだけしか = ALL は一致しない。通常，商演算を表現するのには，NOT EXISTS を用いる。

(b) 副問合せ（テーブルサブクエリ）を評価して得られた全ての行の行値構成子との比較の結果が真であれば，ALL 限定述語の結果は真となる。

(c) あるいは，副問合せを評価した結果が空であれば，ALL 限定述語の結果は真となる。

(d) 副問合せを評価して得られた行の一つでも比較の結果が偽であれば，ALL 限定述語の結果は偽となる。

(e) 副問合せの結果得られた行に NULL を含んだ行，つまり比較の結果に不定の行があり，他の行は比較の結果が真であると，ALL 限定述語の結果は不定となる。

表 3-3　ALL 限定述語の結果

副問合せの結果	比較の結果	ALLの結果	備　考
不定なし	全ての行に対し真 偽の行あり	T F	
不定あり	偽の行あり 他の行は真	F ?	? AND F ? AND T
空	—	T	

図 3-46 に ALL 限定述語を用いた問合せの例を示す。

```
売上
伝票番号 年    月  日  顧客番号 合計金額 …
01001    2017 08 01  12001   2000   …
01002    2017 08 01  12002   3000   …
01003    2017 08 01  12003   4000   …
01004    2017 08 02  12001   3000   …
01005    2017 08 02  12002   4000   …
01006    2017 08 02  12003   5000   …

副問合せの結果
合計金額
2000
3000
4000

最終結果
顧客番号 顧客名   …
12003   高額太郎 …

SELECT DISTINCT 顧客.顧客番号, 顧客名, 住所
  FROM 売上, 顧客
 WHERE 売上.顧客番号 = 顧客.顧客番号 AND
       合計金額 > ALL(SELECT 合計金額
                      FROM 売上
                     WHERE 年 = '2017' AND
                           月 = '08' AND 日 = '01')
```
※8月1日の全ての行の合計金額（2,000円，3,000円，4,000円）と比較して，どの行よりも大きい合計金額を持つ顧客（8月2日の顧客番号12003の5,000円）を抽出。

図 3-46　ALL 限定述語の例

（15）EXISTS 述語

▶EXISTS 述語
▶存在検査

EXISTS 述語は**存在検査**ともいわれ，副問合せを評価して得られた行が一つでもあれば真となる。関係計算における存在作用素∃に対応する。

■ EXISTS 述語 ::= EXISTS 副問合せ

　副問合せ ::= (問合せ式)

① EXISTS 述語の評価

　　副問合せを評価して得られた行が一つでもあれば，EXISTS 述語の評価は真となり，副問合せを抜ける。副問合せを評価して全ての行が偽，つまり，副問合せの結果が空であれば，EXISTS 述語の評価は偽となり，副問合せを抜ける。副問合せの結果に不定がある場合，本来不定を返すべきであるが，EXISTS 述語の評価は偽となる。この点が ANY 限定述語とは異なる。

表3-4 EXISTS述語の結果

副問合せ中に	副問合せの結果	EXISTS述語
不定なし／あり	真の行あり	T
	全ての行が偽（空）	F

② 選択リストの指定

EXISTS 述語の副問合せでは，問合せ指定の選択リストの列を単一列に制限しないので，通常は SELECT * を使う。ただし，選択リストに列名や定数を指定しても別に問題はない。

③ ANY 限定述語の EXISTS 述語への変換

ANY 限定述語を用いた次の SQL 文があるものとする。

　　SELECT X FROM TBL1
　　　　WHERE 列1 比較演算子 ANY (SELECT 列2 FROM TBL2
　　　　　　　　　　　　　　　　WHERE 探索条件)

この SQL 文は，次の EXISTS 述語へ変換できる。

　　SELECT X FROM TBL1
　　　　WHERE EXISTS (SELECT * FROM TBL2
　　　　　　　　　　　WHERE 列1 比較演算子 列2 AND 探索条件)

④ IN 述語の EXISTS 述語及び結合演算への変換

IN 述語は，ANY 限定述語（= ANY），EXISTS 述語へ変換できる。さらに，普通の結合演算にも変換できる。つまり，結合演算は，IN 述語（又は = ANY），EXISTS 述語，普通の結合演算の三つの形式で表現できる。IN 述語を用いた次の SQL 文があるものとする。

　　SELECT X FROM TBL1
　　　　WHERE 列1 IN (SELECT 列2 FROM TBL2 WHERE 探索条件)

この SQL 文は，次の EXISTS 述語へ変換できる。

　　SELECT X FROM TBL1
　　　　WHERE EXISTS (SELECT * FROM TBL2
　　　　　　　　　　　WHERE 列1 = 列2
　　　　　　　　　　　　AND 探索条件)

さらに，次のような普通の結合演算にも変換できる。

　　SELECT X FROM TBL1, TBL2
　　　　WHERE 列1 = 列2 AND 探索条件

⑤ ALL 限定述語の NOT EXISTS への変換

ALL 限定述語は NOT EXISTS へ変換できる。

ALL 限定述語を用いた次の SQL 文があるものとする。

　　SELECT X FROM X TBL1
　　　　WHERE 列1 比較演算子 ALL (SELECT 列2 FROM TBL2
　　　　　　　　　　　　　　　　WHERE 探索条件)

この SQL 文は，次の NOT EXISTS へ変換できる。

```
SELECT X FROM TBL1
  WHERE NOT EXISTS (SELECT * FROM TBL2
                    WHERE NOT ( 列1 比較演算子 列2)
                    AND 探索条件 )
```

▶量記号に関するド・モルガンの法則

これは，ALL 限定述語が量記号に関するド・モルガンの法則によって変換できるためである。量記号に関するド・モルガンの法則は，次のようになる。

$$\exists xA(x) \equiv \neg \forall xA(x),\ \forall xA(x) \equiv \neg \exists x\neg A(x)$$

▶ド・モルガンの法則

なお，参考のために通常のド・モルガンの法則を示すと次のようになる。

$$\neg(x \lor y) \equiv (\neg x \land \neg y), \neg(x \land y) \equiv (\neg x \lor \neg y)$$

⑥ 図 3-44 の副問合せ用いた IN 述語の例を，EXISTS 述語を用いて変換した場合の例を図 3-47 に示す。

```
SELECT 年, 月, 日, 売上金額, 店舗コード
  FROM   売上
  WHERE  年 = '2018' AND 月 = '07' AND
         EXISTS(SELECT * FROM 店舗
                  WHERE 売上.店舗コード = 店舗.店舗コード
                  AND 地域コード = 'TKY01')
```
・地域コードがTKY01の店舗の7月の売上金額を抽出。
・売上から2018年7月の行を順次取り出し，副問合せの中で評価する。
・副問合せの中では，売上の行と店舗コードが一致し，地域コードがTKY01の店舗が一つでもあれば，真で副問合せを抜ける。

図 3-47 IN 述語を EXISTS 述語へ変換した例

```
SELECT 年, 月, 日, 売上金額, 店舗コード
  FROM   売上, 店舗
  WHERE  年 = '2018' AND 月 = '07'
  AND    売上.店舗コード = 店舗.店舗コード
  AND    地域コード = 'TKY01'
```
・地域コードがTKY01の店舗の7月の売上金額を抽出。

図 3-48 IN 述語を結合演算へ変換した例

 SQL での結合演算の三つの表現形式

SQL-92 で追加された結合表を除くと，SQL では結合演算を，比較述語を用いた A = B の形式，IN 述語を用いた IN 副問合せの形式，EXISTS 述語を用いた EXISTS 副問合せの形式，の三つの形式で表現できます。

⑦ 図 3-46 の ALL 限定述語の例を，NOT EXISTS を用いて変換した場合の例を図 3-49 に示す。

売上

伝票番号	年	月	日	顧客番号	合計金額	…
01001	2017	08	01	12001	2000	…
01002	2017	08	01	12002	3000	…
01003	2017	08	01	12003	4000	…
01004	2017	08	02	12001	3000	…
01005	2017	08	02	12002	4000	…
01006	2017	08	02	12003	5000	…

副問合せの評価：真, 真, 真, 真, 真, 偽

NOT EXISTSの評価：偽, 偽, 偽, 偽, 偽, 真

```
SELECT DISTINCT 顧客.顧客番号, 顧客名, 住所
  FROM 売上 X, 顧客
 WHERE 売上.顧客番号 = 顧客.顧客番号 AND
       NOT EXISTS(SELECT *
                    FROM 売上 Y
                   WHERE Y.年 = '2017' AND
                         Y.月 = '08' AND Y.日 = '01' AND
                         X.合計金額 <= Y.合計金額)
```

※X.合計金額 <= Y.合計金額は, NOT(X.合計金額 > Y.合計金額)の意味
・売上（X）から1行を取り出し，副問合せの中で評価（以下これを最後の行まで繰り返す）。
・副問合せの中で，売上（Y）の中に，年月日が2017年8月1日で，かつ売上（X）の合計金額と同じか大きな行があるかを探す。一つでも条件に合致する行があれば真，一つもなければ偽で副問合せを抜ける。例えば，売上（X）の6行目は，売上（Y）の2017年8月1日の行の合計金額（2,000円, 3,000円, 4,000円）のどれよりも大きいので，副問合せの評価結果は偽となる。
・副問合せの評価結果はNOT EXISTSで判定するので，副問合せで真のものは偽，偽のものは真になる。最終結果は，図3-47と同じになる。

図 3-49　ALL 限定述語を NOT EXISTS へ変換した例

(16) 相関副問合せ

副問合せは比較述語，IN 述語，限定述語，EXISTS 述語などで用いられる。副問合せには，通常の副問合せと**相関副問合せ**（correlated sub-query）とがあり，それぞれ評価の順序が異なる。

▶相関副問合せ

① 通常の副問合せ

探索条件に通常の副問合せ，例えば，WHERE X IN 副問合せがあるものとする。この場合は副問合せが先に評価され，その結果とXが比較される。

② 相関副問合せ

副問合せの中の WHERE 句の探索条件において，副問合せの外で指定された表の列名を参照することを相関副問合せという。この場合は副問合せの外側の表が先に評価され，次いで副問合せの中の WHERE 句の探索条件が評価

3.1 SQL言語

される。なお，副問合せの外にある表と同じ表を副問合せの中で参照する場合は，表の別名である相関名を用いて，表の使用範囲を明確にする。

③ 商演算の例

▶商演算

EXISTS述語を用いた相関副問合せの使用例として，ここでは商演算の例を図3-50に示す。この例では，"納品"テーブルから全ての商品を納品している商社名を取り出す。

納品

商品番号	商社名	納品数量
100	A社	1t
102	B社	2t
100	C社	1t
102	C社	2t

商品

商品番号	商品名
100	食材△△
102	食材○×

商演算の結果

商社名
C社

```
SELECT DISTINCT 商社名 FROM 納品 X        … 外側の問合せ
  WHERE NOT EXISTS
  (SELECT * FROM 商品 WHERE NOT EXISTS    … 副問合せ1
    (SELECT * FROM 納品 Y                … 副問合せ2
      WHERE X.商社名 = Y.商社名
        AND 商品.商品番号 = Y.商品番号))
```

副問合せ2，副問合せ1及び外側の問合せの評価結果

納品（X）	商品	副問合せ2	副問合せ1	外側の問合せ
1行目（商社名：A社）	100	真	偽	
	102	偽	真	偽
2行目（商社名：B社）	100	偽	真	偽
	102			
3行目（商社名：C社）	100	真	偽	
	102	真	偽	真
4行目（商社名：C社）	100	真	偽	
	102	真	偽	真

①外側の問合せで，納品（X）から順次1行を取り出す。この処理を納品（X）の最後の行まで繰り返す。

②副問合せ1で，商品の1行を取り出す。

③副問合せ2で，納品（Y）から，納品（X）.商社名と一致し，かつ，商品の商品番号と一致する行を探す。その探索条件に合う行が一つでもあれば，真で副問合せ2を抜ける。その探索条件に合う行が一つもなければ，偽で副問合せ2を抜ける。

④副問合せ1はNOT EXISTSで判定する。副問合せ2で真のものは偽，偽のものは真となる。副問合せ1では，一つでも真の商品の行があると，真で副問合せ1を抜ける。商品の行が偽であると商品の次の行を取り出し，③の処理を行う。商品の全ての行が偽のときは，偽で副問合せ1を抜ける。

⑤外側の問合せは，NOT EXISTSで判定する。副問合せ1が真のものは偽，偽のものは真となる。外側の問合せで真になった行が納品（X）から抽出される。

図3-50　商演算の例

第3章 DBMSの機能

▶UNIQUE 述語

(17) UNIQUE 述語
UNIQUE 述語は，問合せ式の結果表の行が一意であるかを検査する。
■UNIQUE 述語 :: = UNIQUE(問合せ式)

▶MATCH 述語

(18) MATCH 述語
MATCH 述語は，行値構成子が問合せ式で得られた結果と一致するかどうかを判定する。
■MATCH 述語 :: = 行値構成子 MATCH [UNIQUE] (問合せ式)
・UNIQUE が指定されると，問合せ式が一行を返し，かつ左辺と右辺が一致するときに真となる。
・UNIQUE が指定されないと行値構成子 IN (問合せ式) と同じ判定を行う。

▶OVERLAPS 述語

(19) OVERLAPS 述語
OVERLAPS 述語は，二つの期間の重なりを検査する。
■OVERLAPS 述語 :: = 行値構成子 OVERLAPS 行値構成子

相関副問合せは，副問合せでどういう指定をした場合でしょうか。

副問合せ中の WHERE 句の探索条件に副問合せの外で指定された表の列名を参照する指定をした場合です。この場合，副問合せの外の表が先に評価され，次に副問合せの中の WHERE 句の探索条件が評価されます。

3.1.6 クライアントサーバ機能と情報スキーマ

▶クライアントサーバ機能
▶コネクション管理

(1) クライアントサーバ機能
SQL-92 では，分散処理を実現するため，コネクション管理，セッション管理，トランザクション管理のクライアントサーバ機能が追加された。
① コネクション管理
（a） CONNECT 文はクライアントと特定のサーバの接続を行い，セッションの初期化を行う。
（b） DISCONNECT 文は接続の解除を行う。
（c） SET CONNECTION 文は，休止状態の接続を活動状態にする。
② セッション管理

▶セッション管理

セッション管理はクライアントとサーバのセッション中に必要な環境のデフォルト値の設定を行う。
（a） SET SESSION AUTHORIZATION 文は，SQL セッション中のデフォルトの認可識　別子を設定する。

140

(b) `SET CATALOG` 文は SQL セッション中のカタログ名を設定する。
(c) `SET SCHEMA` 文は SQL セッション中のスキーマ名を設定する。
(d) `SET NAME` 文は SQL セッション中の文字集合名を設定する。
(e) `SET TIME ZONE` 文は地方時間帯の設定を行う。

③ トランザクション管理

▶トランザクション管理

トランザクション管理には，従来からある COMMIT/ROLLBACK 文の他に SET TRANSACTION 文，SET CONSTRAINTS 文が追加された。

(a) SQL トランザクション

▶SQL トランザクション

SQL トランザクションはコネクション管理，セッション管理，COMMIT/ROLLBACK，カーソル宣言などを除いた SQL 文で開始され，COMMIT/ROLLBACK で終了する。

▶COMMIT 文

(b) COMMIT 文

トランザクションが行ったデータベースの更新を確定する。

```
COMMIT 文 :: = COMMIT WORK
```

▶ROLLBACK 文

(c) ROLLBACK 文

トランザクションが行ったデータベースの更新を破棄する。

```
ROLLBACK 文 :: = ROLLBACK WORK
```

(d) SET TRANSACTION 文

▶SET TRANSACTION 文

SET TRANSACTION 文は，実行される SQL 文のアクセスモード（READ，WRITE など）や，一貫性水準（ISOLATION LEVEL）の指定を行う（「3.5 同時実行制御」参照）。

■ SET TRANSACTION 文
```
 :: = SET TRANSACTION
      [ READ ONLY | READ WRITE ]           …アクセスモード
      [ DIAGNOSTICS SIZE n ]
      [ ISOLATION LEVEL { READ UNCOMMITTED    …一貫性水準
                        | READ COMMITTED
                        | REPEATABLE READ
                        | SERIALIZABLE }]
```

(e) SET CONSTRAINTS 文

▶SET CONSTRAINTS 文
▶制約モード

SET CONSTRAINTS 文は，現在の SQL トランザクション（実行中のものがなければ次の SQL トランザクション）の整合性制約の制約モード（DEFERRED/IMMEDIATE）の設定を行う。

■ SET CONSTRAINTS 文
```
 :: = SET CONSTRAINTS( 制約名コンマリスト | ALL )
                    ( DEFERRED | IMMEDIATE )
```

(2) 情報スキーマ

▶情報スキーマ

情報スキーマ（information schema）は，SQL を用いて定義されたデータベースのメタデータベースであり，SQL のスキーマで定義された表名，ビュー名，

制約名，定義域名，列名などを格納する。

規格は情報スキーマに含めるべき表に，`INFORMATION_SCHEMA_CATALOG_NAME`, `SCHEMATA`, `DOMAINS`, `TABLES`, `VIEWS`, `COLUMNS`, `TABLE_PRIVILEGES`, `DOMAIN_CONSTRAINTS`, `TABLE_CONSTRAINTS`, `REFERENTIAL_CONSTRAINTS`, `CHECK_CONSTRAINTS`, `KEY_COLUMN_USAGE`, `ASSERTIONS` 等々を挙げている。

情報スキーマは `CREATE SCHEMA` 文で作成され，情報スキーマに格納されているユーザが定義した表の一覧などは通常の `SELECT` 文で検索できる。

〔例〕 ユーザ表一覧の検索例
```
SELECT TABLE_NAME
   FROM INFORMATION_SCHEMA.TABLES
 WHERE INFORMATION_SCHEMA.TABLES.TABLE_SCHEMA ='販売管理'
```

3.1.7 静的 SQL と動的 SQL

SQL には通常の静的 SQL と，実行時に動的に SQL を生成できる動的 SQL がある。動的 SQL は，SQL-92 で追加された機能である。静的 SQL と動的 SQL は，ともに埋込み SQL やモジュール定義の中で使用できる。両者の違いは次のようになる。

(1) 静的 SQL

▶静的 SQL

静的 SQL では挿入値，更新値，探索条件の値を，埋込み変数やパラメタによって実行時に与えることができる。埋込み変数は埋込み SQL の場合に，パラメタはモジュールの場合に用いる。

(2) 動的 SQL

▶動的 SQL

動的 SQL では表名，列名，条件式，SQL 文自体を実行時に与えることができる。必要な SQL 文を実行時に動的にジェネレートし，実行する。

① EXECUTE IMMEDIATE 文

EXECUTE IMMEDIATE 文は，動的 SQL 文を即時に実行する。

▶EXECUTE IMMEDIATE 文

■ EXECUTE IMMEDIATE 文
　::= EXECUTE IMMEDIATE　SQL 文変数

② PREPARE 文と EXECUTE 文の組合せ

必要な SQL 文をあらかじめ用意しておき（PREPARE 文），時間をおいて実行する（EXECUTE 文）。

▶PREPARE 文
▶EXECUTE 文

■ PREPARE 文
　::= PREPARE SQL 文名 FROM SQL 文変数

■ EXECUTE 文
　::= EXECUTE SQL 文名
　　　[INTO 引数コンマリスト]　　…結果

[USING 引数コンマリスト]　…パラメタ
・USING 引数コンマリストは，実行 SQL 文の文字列に埋込み文字があるときに指定する。

③　動的なカーソル操作機能

動的なカーソル操作機能には，**ALLOCATE CURSOR 文**を用いる。SQL-92 では，従来からある DECLARE CURSOR，OPEN，CLOSE，FETCH，UPDATE CURRENT，DELETE CURRENT 文で動的カーソルが扱えるようになった。これらのうち主なものの構文は次のとおりである。

▶ALLOCATE CURSOR 文

▶DECLARE CURSOR 文

■ DECLARE CURSOR 文

　:: = DECLARE　カーソル名
　　　[INSENSITIVE] [SCROLL] CURSOR FOR 拡張文名

■ ALLOCATE CURSOR 文

　:: = ALLOCATE　拡張カーソル名
　　　[INSENSITIVE] [SCROLL] CURSOR FOR　拡張文名

▶OPEN 文

■ OPEN 文

　:: = OPEN 拡張カーソル名
　　　[USING 引数コンマリスト]　…カーソル定義に埋込み文字があるとき指定する

```
EXEC SQL BEGIN DECLARE SECTION;
 DCL  WK1       CHAR VARYING(1000);
 DCL  WKX       FIXED DECIMAL(5);
 DCL  KYK-NO    DEC(10);
 DCL  KYK-MEI   CHAR(40);
 DCL  JYUSYO    CHAR(60);
 DCL  TEL       CHAR(10);
EXEC SQL END DECLARE SECTION;
WK1 = 'SELECT 顧客番号，顧客名，住所，電話番号
         INTO  :KYK-NO, :KYK-MEI, :JYUSYO, :TEL
         FROM  顧客
         WHERE 顧客番号 = ? ' ;  /* ? は埋込み文字 */
 EXEC SQL PREPARE  SEL_STMNT  FROM :WK1;
 /* SEL_STMNT は PREPARE 文で指定した SQL 文を直接識別する */
GET LIST(WKX)
/* WK1 中の？を GET LIST で取り込んだ値で置き換える */
EXEC SQL EXECUTE SEL_STMNT USING :WKX;
```

図 3-51　PREPARE と EXECUTE との組合せの例

```
        EXEC SQL BEGIN DECLARE SECTION;
 DCL WK1      CHAR VARYING(1000);
 DCL WK2      CHAR VARYING(128);
 DCL WNAME    CHAR VARYING(128);
 DCL PNO      CHAR(5);
EXEC SQL END DECLARE SECTION;
WK1 = 'SELECT 顧客番号，顧客名，住所，電話番号 FROM 顧客
         WHERE 顧客名 = ? ';
WK2 = 'STMNT_1'
/* WK2 は PREPARE 文で指定する SQL 文を間接的に識別する */
EXEC SQL PREPARE :WK2 FROM :WK1;
WNAME = 'CURSOR_1';
EXEC SQL ALLOCATE :WNAME CURSOR FOR :WK2; /* 動的カーソル機能 */
GET LIST(PNO);
EXEC SQL OPEN :WNAME USING :PNO;
```

図 3-52　動的カーソル操作機能の例

3.1.8　ストアドプロシージャとトリガ

　ストアドプロシージャは，クライアントサーバ環境における通信量の削減や機密性の向上などに効果のある機能である。トリガはイベント対応の更新処理を記述する機能で，データベースの更新制約条件の記述能力を大幅に高める。多くの DBMS 製品が「手続型 SQL」言語や 4GL によってこれらの機能を提供している。ストアドプロシージャは SQL/PSM で国際標準化されている。トリガも SQL-99 の機能の一つとして国際標準化されている（第 10 章参照）。

(1) ストアドプロシージャ

▶ストアドプロシージャ

　ストアドプロシージャ（stored procedure）とは，表やビューに対するまとまった処理をあらかじめコンパイルし，実行可能な状態としてサーバ側のデータベースに蓄積したモジュールのことである。クライアント側からは，ストアドプロシージャの名前を呼ぶだけで，サーバに処理を依頼できる（リモートプロシージャコール；RPC）。ストアドプロシージャには，IN, OUT, INOUT の 3 種類のパラメタが記述できる。また，SQL 文と手続型言語で用いられる宣言文や制御文（BEGIN END, IF, WHILE 等）が記述できる。

```
仕入見込数量の変更に伴い,販売見込原価を更新する。
PROCEDURE  販売原価更新処理(IN :P年月 CHAR(10), IN :P商品コード DEC(10),
           IN :P仕入見込数量 DEC(10), OUT :PSTATUS INT)
BEGIN
 DECLARE   W_発注数 INT, W_仕入見込金額 INT,
           W_在庫見込金額 INT, W_在庫見込数量 INT;
 DECLARE EXIT HANDLER FOR NOTFOUND SET :PSTATUS = 1;
 SET :PSTATUS = 0;
 SELECT 発注数量 INTO W_発注数 FROM 発注明細
        WHERE 発注明細.年月=:P年月 AND 発注明細.商品コード=:P商品コード;
 IF :P仕入見込数量 < W_発注数
    SET :PSTATUS = 2;  /* 仕入見込数量が不正な値 */
 SELECT 仕入見込金額 INTO W_仕入見込金額 FROM 仕入見込
   WHERE 仕入見込.年月 = :P年月 AND 仕入見込.商品コード=:P商品コード;
 SELECT 在庫見込金額, 在庫見込数量  INTO W_在庫見込金額, W_在庫見込数量
     FROM    在庫見込
     WHERE   在庫見込.年月 = (:P年月-1) AND
             在庫見込.商品コード = :P商品コード;
UPDATE 販売原価
  SET 販売原価.販売見込原価 = (:P仕入見込数量*W_仕入見込金額+
     W_在庫見込数量*W_在庫見込金額)/(:P仕入見込数量+W_在庫見込数量)
  WHERE   販売原価.年月 = :P年月 AND 販売原価.商品コード = :P商品コード;
END;
```

図 3-53　ストアドプロシージャの例

ストアドプロシージャを利用すると,次のような効果が得られる。
① 複数のSQL文からなる手続を1回の呼出しで実行できるので,クライアントとサーバ間の通信量(又は通信回数)を減らすことができる。
② 複数のプログラムが共通のプロシージャを共有することによって,資源を節約できる。
③ システム全体に共通な処理をプロシージャとして格納しておくことによって,処理の標準化を行うことができる。
④ 機密性の高いデータに対する処理を特定プロシージャ呼出しに限定することによって,セキュリティを向上させることができる。

ただし,データベースへのアクセスを細かい単位でプロシージャ化しても,性能(スループット)は出ない。

(2) トリガ

▶トリガ

トリガ (trigger) とは,あらかじめデータベースに登録された任意の表に対する更新処理の手続(SQL文)のことである。イベントの発生として特定の表に対する更新処理が行われると,それをトリガ(契機)として任意の表に対する

更新処理を実行する。トリガでは，イベントの種類（INSERT，DELETE，UPDATE）やデータ操作の時期（更新前，更新後），操作対象の行の列の新旧の値（相関値）などを用いて更新処理を記述する。データ操作にはSQL文を用いる。トリガは，アプリケーションがデータベースアクセスするときに共通に用いる業務規則やセキュリティの検査など，つまり更新制約に対して適用される。

① トリガ定義の構文

SQL-99におけるトリガ定義の構文は次のようになる。

■トリガ定義

```
:: = CREATE TRIGGER トリガ名
     <トリガアクション時期><トリガイベント>
     ON 表名
     [REFERENCING <新旧値エリアスリスト>]
     <トリガアクション>
<トリガアクション時期>:: = { BEFORE | AFTER }
<トリガイベント>:: = { INSERT | DELETE | UPDATE [ OF 列名 ]}
<トリガアクション>:: =
     [ FOR EACH{ROW | STATEMENT }]
     [ WHEN ( 探索条件 )]
     <トリガSQL文>
<新旧値エリアスリスト>:: = <新旧値エリアス> …
<新旧値エリアス>:: = {OLD [ ROW ] [ AS ] 旧値相関名
                   | NEW [ ROW ] [ AS ] 新値相関名
                   | OLD TABLE [ AS ] 旧値テーブル識別子
                   | NEW TABLE [ AS ] 新値テーブル識別子 }
```

・トリガアクション時期には，変更前（BEFORE）の処理なのか，あるいは変更後（AFTER）の処理なのかを指定する。

・トリガイベントには，トリガを引き起こすイベントの種類（INSERT，DELETE，UPDATE [OF 列名]）のどれかを指定する。

・ON句には，イベントの発生する表を指定する。

・FOR句には，イベントが行単位に発生するのか（行トリガ），あるいは文単位に発生するのか（文トリガ）を指定する。省略値は行トリガである。

・WHEN句の探索条件には，トリガ条件を指定する。指定したトリガ条件が真のとき，トリガSQL文を実行する。

・トリガSQL文には，SQL変数（DECLARE文で変数名とデータ型を定義），BEGIN ～ END文，IF文・WHILE文などの制御文，SQL文，ストアドプロシージャの呼出し，関数の呼出し等を記述する。SQL文には，通常，SQLのトランザクション文，コネクション文，データ定義文，セッション文は含まない（実装依存）。

・トリガはスキーマで定義するので，パラメタは指定できない。

② 更新中のトリガ

トリガを引き起こした更新中の表に対して，再帰的に更新を掛けるトリガは，「更新中のトリガ」といわれ，データの一貫性を保証するために禁止される。更新中の行に対する更新や参照はもちろんのこと，その表の他の行に対する更新・参照も禁止される。すなわち，トリガを引き起こした更新中の表に対する参照，更新は禁止される。

③ トリガの連鎖

あるトリガによる更新は，別のトリガによる更新を引き起こすことがあるが，これをトリガの連鎖という。予期せぬところでトリガの連鎖が起きると，更新に非常に時間がかかる，あるいは思わぬデータベースのエラーが発生することがある。これはトリガの欠点として知られている。

仕入見込テーブルの仕入見込数量が変更されたら，販売原価テーブルの販売見込原価を更新するようにトリガを定義。

```
CREATE TRIGGER 仕入見込数量更新後トリガ
  AFTER UPDATE OF 仕入見込数量 ON 仕入見込
  REFERENCING NEW AS X OLD AS Y
  FOR EACH ROW
  WHEN (仕入見込.仕入見込数量 > 0)
BEGIN
  DECLARE W_発注数 INT, W_仕入見込金額 INT,
          W_在庫見込金額 INT, W_在庫見込数量 INT;
  SELECT 発注数量 INTO W_発注数 FROM 発注明細
    WHERE 発注明細.年月 = X.年月 AND 発注明細.商品コード = X.商品コード;
  IF X.仕入見込数量 < W_発注数
  RAISERROR('Err001', '仕入見込数量が不正な値である');
  SELECT 仕入見込金額 INTO W_仕入見込金額 FROM 仕入見込
    WHERE 仕入見込.年月 = X.年月 AND 仕入見込.商品コード = X.商品コード;
  SELECT 在庫見込金額, 在庫見込数量 INTO W_在庫見込金額, W_在庫見込数量
         FROM    在庫見込
         WHERE   在庫見込.年月 =(X.年月 － 1)  AND
                 在庫見込.商品コード = X.商品コード;
  UPDATE 販売原価
     SET 販売原価.販売見込原価 =(X.仕入見込数量*W_仕入見込金額 +
         W_在庫見込数量*W_在庫見込金額 )/(X.仕入見込数量+W_在庫見込数量)
    WHERE 販売原価.年月 = X.年月 AND 販売原価.商品コード = X.商品コード;
END;
```

図3-54 トリガの例

3.2 整合性管理

▶整合性制約

データベース内のデータが正当である状態を整合性があるという。整合性を維持するための制約には，並行制御のための一貫性制約と，データそのものが備えるべき**整合性制約**（integrity constraint）がある。ここでは，整合性制約を扱う。

従来，アプリケーションプログラムで行わざるを得なかったデータの完全性を検証する処理は，整合性制約としてデータベースのデータ定義時に指定できるようになった。DBMS が行う整合性を維持・管理する機能を整合性管理という。整合性管理の機能は SQL-92 で大幅に機能強化されている。プログラムから整合性制約の処理を排除することを整合性独立あるいは制約独立性というが，DBMSの整合性管理の機能を用いることでプログラムは必要な処理だけに集中すればよくなり，プログラムの制約独立性が向上する。結果として，①プログラムのコーディング量が減少し，②整合性制約の重複がなくなり，③プログラムの保守性が向上する。

(1) 一意性制約（UNIQUE）

▶一意性制約

一意性制約（unique constraint）は，表中の指定した列，又は列の組合せが一意であること（候補キー）の制約条件である。SQL-89 と SQL-92 では，候補キーの NULL の扱いが異なる。

① SQL-89 の一意性制約

SQL-89 の場合，主キー制約（`PRIMARY KEY`）又は一意性制約（`UNIQUE`）を指定する場合には `NOT NULL` も同時に指定しなければならない。主キー制約は一意性制約の特別なケース（その表に一つだけ定義できる）である。

② SQL-92 の一意性制約

SQL-92 の一意性制約の構文は次のようになる。

■表制約定義時の一意性制約

::＝［ `CONSTRAINT` 制約名 ］
　　｛ `PRIMARY KEY` ｜ `UNIQUE` ｝（列コンマリスト）［ 制約属性 ］

■列制約定義時の一意性制約

::＝［ `CONSTRAINT` 制約名 ］
　　｛ `PRIMARY KEY` ｜ `UNIQUE` ｝［ 制約属性 ］

制約属性 ::＝ `INITIALLY DEFERRED` ｜ `IMMEDIATE` [`NOT`] `DEFERRABLE`

SQL-89 では `PRIMARY KEY` 又は `UNIQUE` を指定するとき `NOT NULL` も同時に指定しなければならないが，SQL-92 では NOT NULL 指定が不要である。SQL-92 では `PRIMARY KEY` を指定すると暗黙に NOT NULL が仮定され，`UNIQUE` を指定すると候補キーに NULL の存在を許す。SQL-92 の候補キー

の一意性の判定では，候補キー（複数列の場合も含む）がNULLを含まない場合，同じ値の行がなければ真，同じ値の行があると偽である。NULLを含む場合は，複数の行にNULLがあっても不定とはせず，真となる。例えば，単一列の候補キーの値が1，2，3，NULL，NULLの場合，一意性の判定結果は真となる。つまり，一意とみなす。

(2) 参照制約

▶参照制約

参照制約 (referential constraint) はデータベースの表間の外部キー，主キー（候補キー）による参照関係に関する制約である。全ての外部キーの値が，実際に対応する表の主キーの値に一致することを保証する。参照制約を定義すると，親である主キーにない値を子である外部キーに追加できない，あるいは子側の外部キーの参照がある親側の主キーの削除・更新は制限を受ける。表中の外部キーの値はNULLか，又は参照する表の主キーの値を持つ。ただし，子のない主キーは自由にキーを追加，更新，削除ができる。

参照制約は，表定義の列制約又は表制約定義としてREFERENCES 表名 [(列コンマリスト)]で指定する。SQL-92ではREFERENCES句の後に参照動作が指定できるようになった。SQL-92の参照制約及び参照動作の構文は次のようになる。

■表制約定義時の参照制約
  ::= [CONSTRAINT 制約名]
       FOREIGN KEY(列コンマリスト) 参照指定 [制約属性]

■列制約定義時の参照制約
  ::= [CONSTRAINT 制約名]
       参照指定 [制約属性]

参照指定
  ::= REFERENCES 表名 [(列コンマリスト)]
      [MATCH(FULL | PARTIAL)]
      [ON DELETE 参照動作]
      [ON UPDATE 参照動作]

参照動作
  ::= NO ACTION | CASCADE | RESTRICT | SET DEFAULT | SET NULL

① MATCH 句

▶MATCH 句

MATCH 句は外部キーが複数の列からなり，NULLを許す場合に指定する。

(a) FULL も PARTIAL も指定されなかった場合

この場合は，外部キーの構成列のどれかの値がNULLであるか，又は外部キーが参照するただ一つの候補キー（通常は主キー，以下同）と一致するならば参照制約が成立する。

(b) FULL が指定された場合

FULL は，外部キーに含まれる全ての列が全てNULLであるか，又は外部キーの全ての列がNOT NULLでかつ被参照表の候補キーと完全一致するならば参照制約が成立する。

(c) PARTIAL が指定された場合

PARTIAL は，複数列からなる外部キーの値が全て NULL であるか，又は外部キーの NOT NULL の列の値が被参照表の候補キーの対応する部分と部分一致するならば参照制約が成立する。

② 参照動作

▶参照動作

参照動作は，被参照表（T_1）の候補キー（通常は主キー，以下同）を参照表（T_2）の外部キーが参照しており，T_1のある行を削除（更新）する場合，次の動作をとる。なお，省略値は NO ACTION である。

▶NO ACTION

(a) NO ACTION は，文字どおり，参照表に対して何もしない。

▶CASCADE

(b) CASCADE は，候補キーの値に一致する T_2 の行全てを削除（更新）する。さらに，T_2 が他の表（T_3）の外部キーで参照されていれば，T_3 の該当行も削除されるというように連鎖する。

▶RESTRICT

(c) RESTRICT (注) は，候補キーの値に一致する T_2 の行があれば削除（更新）を拒絶する。SQL:2003 で SQL-89 の RESTRICT が復活した。

▶SET DEFAULT

(d) SET DEFAULT は，候補キーの値に一致する T_2 の行に，T_1 の候補キーが持つ既定値をセットする。T_1 の候補キーが持つ既定値は，表定義時に DEFAULT 句で指定され，SET NULL は，NULL をセットする。

▶SET NULL
▶制約属性
▶制約モード
▶Deferred
▶Immediate

③ 制約属性は，制約モード，すなわち制約検査の時期を遅延（deferred）か，即時（immediate）に行うかを指定する。省略時は即時である。

(注) 制約検査が遅延でなくとも，RESTRICT は一致行が存在するならば，行の削除（更新）を禁止する。NO ACTION は削除（更新）されるべき行の集合が完全に処理されるまで，制約検査は実行しない。すなわち，主キーの削除（更新）が最終的に参照制約を満たすならば参照制約エラーにならない。

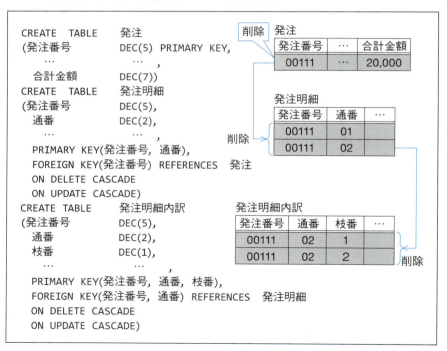

図 3-55　参照動作（CASCADE）の例

3.2 整合性管理

▶NOT NULL 制約

(3) **NOT NULL 制約**

表のどの列にも指定可能で，NOT NULL 句を指定した項目は，NULL を持てないという制約である。

(4) **存在制約**

例えば，ネットワークデータベースの親子集合では，子レコードは常に親子集合に属する。親子集合に子レコードを格納するためには，常に親レコードが存在しなければならない。これを存在制約という。あるデータの存在のためには他のデータが必要になる制約条件である。

▶存在制約

▶更新制約

(5) **更新制約**

データベース中のデータ項目の値を更新するときの制約条件である。

① 値の妥当性制約

あるデータ項目値の上下限や，取り得る値の範囲（value range）を指定する。

② 値の従属制約

他の項目との論理的な関係の定義を行うものである。例えば，導出データに関する導出ルールなどが該当する。

③ その他

あるデータ項目の更新の際に，行うべきアクションを指定するものも更新制約に含まれる。例えば，商品の在庫量を更新した際，基準値を割り込んだら補充発注処理を呼び出すなどである。

(6) **形式制約（ドメイン制約）**

▶形式制約
▶ドメイン制約

形式制約（ドメイン制約）は，データベースの項目や定義域のデータ型に関する制約である。例えば，データ項目の桁数，型（数値型，文字型，日付）などのデータの外観に関する制約である。SQL-92 の定義域（ドメイン）制約定義によって実現できる。

定義域定義 :: = CREATE DOMAIN 定義域名 [AS] データ型
　　　　　　　　[デフォルト定義] [定義域制約定義]

定義域制約定義 :: = [制約名定義] CHECK (探索条件) [制約属性]

```
CREATE DOMAIN 残業時間 DEC(3)          …定義域名"残業時間"の
 CHECK (VALUE BETWEEN 0 AND 30)        値の範囲は 0～30 時間
CREATE TABLE   月別勤務時間
( 従業員番号        DEC(5),
  年月              DEC(6),
  勤務時間          DEC(3),
  時間外勤務時間    残業時間 ,
  有給休暇日数      DEC(2),
  欠勤日数          DEC(2))

制約の意味："月別勤務時間"の時間外勤務時間は，定義域"残業時間"を持つ。
            時間外勤務時間の値の範囲は 0～30 時間の間に制限される。
```

図 3-56　形式制約の例

(7) 検査制約

▶検査制約

検査制約は，表定義時に列制約又は表制約として，CHECK(探索条件) によって定義される。実表の全ての列に対して値の範囲などの検査条件を指定できる。この検査条件に基づく制約を検査制約という。SQL-92 では，表制約定義の場合，CHECK 句の探索条件に他の表の列も参照できるようになった。列制約定義の場合，列定義の列名を C とすると，探索条件で参照できる列は C だけである。

```
CREATE TABLE 受注明細
 ( 受注番号   DECIMAL(5),
   商品コード CHAR(13),
   数量       DECIMAL(4),
   CHECK( 受注 . 数量 > 9 AND
          (SELECT 商品 . 単価 FROM 商品
           WHERE 受注明細 . 商品コード = 商品 . 商品コード ) >= 10000))

制約の意味：受注数量は 10 以上で，受注商品の単価は1万円以上である。
```

図 3-57　検査制約の例（表制約）

(8) 表明

▶表明

表明は，一般制約ともいわれ，SQL-92 で追加された機能である。CREATE ASSERTION 文によって定義する。スキーマ中の任意の表の間の任意の列名に対し制約を定義できる。

■表明定義
　::＝ CREATE ASSERTION 制約名
　　　CHECK (探索条件) [制約属性]

① 表明で定義した制約条件は，即時に，あるいは遅延して適用できるが，コ

ミット時にはチェックされる。
② 表明はSQL-92の中級レベル以下ではサポートされない。
③ 表明は,「全てについて,何々でなければならない」というチェックを行うので,通常,NOT EXISTS（否定の否定）を用いる（図3-58参照）。あるいは,集合関数のMIN,MAXなどを使えば,「全てについて何々である」というチェックをしたのと同じことになる。この場合はNOT EXISTSを使わない（図3-59参照）。
④ 一方,表制約定義の検査制約の場合は,データが表に挿入される,あるいは,更新されるときにチェックするだけでよいので,通常,NOT EXISTSは用いず,肯定形の判定を使用する。

```
CREATE ASSERTION 最低発注量チェック CHECK
(NOT EXISTS
     (SELECT * FROM  発注明細, 商品
         WHERE  発注明細. 商品コード = 商品. 商品コード
         AND  発注明細. 注文数量 < 商品. 最低発注量))

制約の意味：発注時の注文数量は, その商品の最低発注量以上であること。
```

図3-58　NOT EXISTSを用いた表明の例

```
CREATE ASSERTION 一般制約01 CHECK
  ((SELECT MIN(受注金額) FROM 受注) >= 100000)

制約の意味：受注金額は最低でも10万円以上でなければならない。
          10万円未満の受注があると制約違反となる。
```

図3-59　集合関数を用いた表明の例

3.3 セキュリティ管理

▶セキュリティ

▶アクセス権限

データベース管理システムが行うデータベースの機密保護のための機能が**セキュリティ**機能である。RDBMS のセキュリティ機能は、ビューや、データに対する**アクセス権限**（処理権限）の制御、ロールによって実現される。

(1) アクセス権限の制御

SQL-92 では、通常、スキーマ定義と SQL 文（データ定義文、データ操作文など）はモジュールの中に記述する。

■SQL-92 のモジュール定義

　::= MODULE [モジュール名] [NAMES ARE 文字集合指定]
　　　LANGUAGE { ADA | C | COBOL | FORTRAN | MUMPS | PASCAL | PLI }
　　[SCHEMA スキーマ名] [AUTHORIZATION モジュール認可識別子]
　　[一時表定義リスト]
　モジュール要素リスト
　モジュール要素 ::= カーソル定義 | 動的カーソル定義 | 手続定義

① モジュール認可識別子

▶モジュール認可識別子

モジュール定義の AUTHORIZATION 句でユーザ名を指定すると、それが**モジュール認可識別子**となる。モジュール定義でモジュール認可識別子を指定していない場合は、セッションの認可識別子（CONNECT 文又は SET SESSION AUTHORIZATION 文で定義）がモジュール認可識別子になる。

② スキーマ認可識別子

▶スキーマ認可識別子

モジュールにスキーマを定義しなかった場合は、モジュール認可識別子が SQL 文（主にデータ操作文）の所有者になる。モジュールにスキーマを定義しそのスキーマで認可識別子を指定すれば、この**スキーマ認可識別子**がスキーマに含まれる SQL 文（表・ビュー定義など）の所有者となる。そのスキーマ定義で認可識別子を指定しなかった場合は、モジュール認可識別子がスキーマ認可識別子となる。

以上から、モジュール内のスキーマ中に定義された表やビューの所有者は、モジュール認可識別子かスキーマ認可識別子になる。

③ 権限付与の例

あるモジュールのモジュール認可識別子を A 氏とする。このとき A 氏が所有する表やビューへアクセスすることができるのは、A 氏か又は A 氏から GRANT 文を通して権限を付与してもらった利用者だけである。SQL では、こうした権限付与の仕組みによってセキュリティ機能を実現する。

図 3-60 において、

- モジュール定義のAUTHORIZATION句が指定されているので，モジュールABC，HIJのモジュール認可識別子はそれぞれA，Bとなる。
- モジュールABCは，スキーマ認可識別子が指定されていないので，モジュール認可識別子Aが"売上"，"売上明細"の所有者となる。
- GRANT文で"売上"，"売上明細"のSELECT権限をBへ付与する。
- モジュールHIJのモジュール認可識別子Bは，AからSELECT権限を与えられたので，"売上"，"売上明細"に対するSELECT文を実行できる。

◆モジュールＡＢＣ：所有者はA氏とする

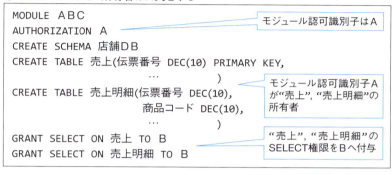

◆モジュールＨＩＪ：所有者はB氏とする

図3-60 権限付与の例

(2) ビュー

▶ビュー

ビュー（view）を定義すると，利用者に対し実表のデータ定義やデータベース全体の論理構造を隠すことができる。このビューを用いることによって，利用

者のアクセス範囲（公開部分と非公開部分）を制限でき，データの保護や保全に役立つ．

(3) ロール（役割）

▶ロール

ロール（role）は，SQL-99 で追加された機能で，権限の集合を定義する．商用の RDBMS でも使用されている．テーブルやビューなどに対するアクセス権限をまとめてロールに定義する．通常，利用者の所属部門（経営企画部，経理部など）ごとにアクセスするテーブルやビューが決まっているので，これらに対するアクセス権限を一まとめにしてロールへ定義する．また，定義されたロール（権限の集合）は，所属部門の利用者に与えることができる．こうして，ロールに定義する権限を決めれば，利用者へ権限付与が行える．

一方，GRANT 文／REVOKE 文によってアクセス権限の付与／削除を行う場合は，テーブルやビューごと，ユーザごとに，どの権限（SELECT，UPDATE など）を与えるか／削除するかを指定しなければならず，運用上の負荷が大きい．ロールを用いることで，アクセス権限の管理を効率的に行うことができる．

SQL-99 におけるロールの定義，ロールへの権限付与，GRANT ROLE 文の構文は次のようになる．

① ロールの定義

CREATE ROLE 文はロールを定義する．

■ロールの定義

　:: = CREATE ROLE ロール名
　　　　　[WITH ADMIN { CURRENT_USER | CURRENT_ROLE }]

　WITH ADMIN が省略された場合，このロール定義を行う者（認可識別子）は CURRENT_USER が仮定される．

② ロールへの権限付与

GRANT 文の権限受領者にロール名を指定することで，操作権限をロールに付与できる．

■ロールへの権限付与

　:: = GRANT 権限 ON オブジェクト名 TO 権限受領者
　　　　　[WITH HIERARCHY OPTION]
　　　　　[WITH GRANT OPTION]
　　　　　[GRANTED BY { CURRENT_USER | CURRENT_ROLE }]

オブジェクト名には，表，ドメイン名，利用者定義型，ルーチン名などが指定できる．

③ GRANT ROLE 文

GRANT ROLE 文は，ロールをユーザに付与する．

■GRANT ROLE 文

　GRANT ロール名 [{ , ロール名 }…] TO 権限受領者
　　　　　[WITH ADMIN OPTION]
　　　　　[GRANTED BY { CURRENT_USER | CURRENT_ROLE }]

WITH ADMIN OPTIONは，ロールの受領者が，そのロールを他のユーザに付与してもよいことを示す。

〔例〕　CREATE ROLE 経理部ロール　　…経理部のロールを作成
　　経理部のロールに，施策テーブルと年度予算テーブルに対するSELECT権限を定義
　　　GRANT SELECT ON 施策テーブル TO 経理部ロール
　　　GRANT SELECT ON 年度予算テーブル TO 経理部ロール
　　この経理部ロールを所属部門の各ユーザへ付与する
　　　GRANT 経理部ロール TO ユーザ1，ユーザ2，…

3.4 トランザクション管理

　トランザクションが ACID 特性を保持しつつ同時実行できるようにする機能が，トランザクション管理機能である。トランザクション管理機能には，同時実行制御（排他制御）機能，障害回復機能，コミット制御機能（5 章の分散データベース参照）がある。

(1) トランザクションの ACID（アシッド）特性

▶トランザクション

　トランザクション（transaction）とは，データベースの更新などを含む一つの作業単位で，コミット又はロールバックをもって完結する。集中型データベースや分散データベースシステムにおいて，トランザクションは原子性，一貫性，隔離性，耐久性といった ACID 特性を持たなければならない。ACID 特性を持つことでデータベースの一貫性が保たれる（表 3-4 参照）。

▶ACID 特性

表 3-5　ACID 特性

特性	内容
原子性（Atomicity）	トランザクションが終了したとき，全ての処理が完了しているか，全く行われていないかどちらかの状態であること。
対応機能	障害回復機能，2 相／3 相コミット制御
一貫性（Consistency）	トランザクション処理の終了状態に関わらず，データベースは一貫性を保っていること。
対応機能	同時実行制御，排他制御
隔離性（Isolation）	複数のトランザクションを同時に実行したときに，直列可能であること。すなわち直列に実行したのと同じ結果であること。更新途中のトランザクションの処理結果が他のトランザクションに見えないこと。
対応機能	同時実行制御，排他制御
耐久性（Durability）	トランザクションが完了すると，その後の障害などによってデータベースの内容が変化しないこと。
対応機能	障害回復機能，2 相／3 相コミット制御

▶原子性

▶一貫性

▶隔離性

▶耐久性

(2) 並列実行時の問題点

　並列実行される複数のトランザクション T_1，T_2 が同時実行制御を行わない環境下で同時にデータベースの更新を行うと，次のような問題が生じる。
　① ロストアップデート（lost update；更新の喪失）
　　同時実行制御を行わずに T_1，T_2 を実行すると，T_1 か T_2 のどちらかの更

3.4 トランザクション管理

▶ロストアップデート
▶更新の喪失

新結果が上書きされ，正しい結果が得られなくなる。更新結果が失われるのでこれを**ロストアップデート（更新の喪失）**という（図3-61参照）。

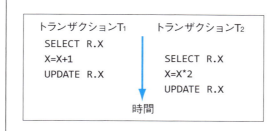

図3-61 ロストアップデートの例

② 整合性制約の侵害

▶整合性制約の侵害

同時実行制御を行わずに T_1, T_2 を並列実行すると，整合性（インテグリティ）制約が侵害される場合がある。これを**整合性制約の侵害**という（図3-62参照）。

```
医者
氏名    担当手術名
城島    靱帯損傷
高橋    靱帯損傷
高橋    ヘルニア

手術予定
氏名    手術        年月日
高橋    靱帯損傷    2019.10.10
                ↓ 整合性制約の侵害
   城島, ヘルニア, 2019.10.10
```

```
トランザクションT1
SELECT  手術予定.手術             …①
FROM    手術予定, 医者
WHERE   年月日 = '2019.10.10'
  AND   医者.氏名 = 手術予定.氏名
  AND   医者.担当手術名 = 'ヘルニア'
UPDATE  手術予定                  …②
   SET  手術 = 'ヘルニア'
WHERE   年月日 = '2019.10.10'
COMMIT

※2019.10.10の手術予定の手術をヘルニ
  アに変更する。
```

```
トランザクションT2
SELECT  医者.氏名                 …③
FROM    手術予定, 医者
WHERE   年月日 = '2019.10.10'
  AND   医者.担当手術名 = 手術予定.手術
UPDATE  手術予定                  …④
   SET  氏名 = '城島'
WHERE   年月日 = '2019.10.10'
COMMIT

※2019.10.10の靱帯損傷の手術予定の
  医師（氏名）を城島に変更する。
```

・この二つのトランザクションが $T_1T_2T_1T_2$（①②③④）の順に実行されると，手術予定は{城島, ヘルニア, 2019.10.10}となってしまう。
・だが，城島はヘルニアの手術をできない（整合性制約の侵害）。

図3-62 整合性制約の侵害の例

③ コミットされていない依存性の問題

並列実行する一方のトランザクションが，もう一方のトランザクションが

▶コミットされていない依存性の問題

更新した部分的な結果を読み込む場合がある。これは，コミットされていない依存性の問題といわれ，後述するダーティリードやノンリピータブルリードのときに発生する。

④　不整合分析の問題（inconsistent analysis）

▶不整合分析の問題

並列実行するスケジュールにおいて，直列化可能ではないが，ダーティリードやノンリピータブルリード，ファントムが起きる条件でもないのにも関わらず，データベースに不整合な状態が起きることがある。これを不整合分析の問題という（図3-63参照）。

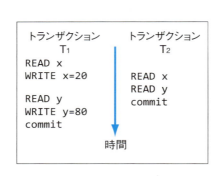

図3-63　不整合分析の問題の例

(3) 同時実行制御

複数の並列に実行されるトランザクションが同時にデータベースへアクセスするとき，互いに干渉しないで，あたかも直列的に実行されたかのように制御することを同時実行制御（concurrency control）という（並行性制御，一貫性制御とも呼ばれる）。同時実行制御の目的は，データベースの一貫性を保ちながら複数のトランザクションを並行的に処理することによって，データベースシステムのスループットを最大にすることである。

▶同時実行制御

①　直列化可能性（serializability）

▶直列化可能性

トランザクションは，通常，性能を上げるために並列実行される。並列実行される複数のトランザクションがデータベースを更新・参照するとき，お互いに干渉することがあると，前記(2)で述べた更新の喪失等の問題が生じる。

▶直列化可能
▶直列化可能スケジュール

並列実行されるトランザクションが，それらのトランザクションをある順序で直列につないで実行した場合と同じ結果を持つとき，並列トランザクションのスケジュールは直列化可能（serializable）であるという。このようなスケジュールを直列化可能スケジュール（serializable schedule）という。例えば，二つのトランザクション，T_1，T_2 を並列に実行する。実行結果が，$T_1 \rightarrow T_2$ の順序で実行されたものと等しいか，$T_2 \rightarrow T_1$ の順序で実行され

たものと等しいとき，このスケジュールは直列化可能であるという。直列化可能なスケジュールは前記(2)で述べた更新の喪失等の問題は生じない。直列化可能性は，ACID 特性の隔離性を保証する。

▶一貫性制御

② 一貫性制御

　トランザクション処理の終了状態や複数トランザクションのデータベースに対する同時アクセスに関わらず，データベースの内容に矛盾が生じないことをデータベースに一貫性があるという。複数のトランザクションが同時にデータベースを更新した結果，「一方は更新されたが，もう一方は更新されなかった」という状態があってはならない。5 章で後述する分散データベース環境で 1 相コミットを行った場合や更新の喪失等の問題が発生した場合は，このデータベースの一貫性が失われる。これを解決するのが同時実行制御である。同時実行制御を行うことによって，データベースの内容の一貫性を保つことができる。同時実行制御はデータベースの一貫性を保証するので，一貫性制御（consistency control）ともいわれる。

▶コミット

③ コミット

　トランザクションが行ったデータベースに対する更新を確定することをコミット（commit）という。コミットによって更新結果がデータベースに反映され，更新内容は他のトランザクションから見ることができるようになる。

▶ロールバック

④ ロールバック

　トランザクションが行ったデータベースに対する更新を破棄し，変更前の状態へ戻すことをロールバック（rollback）という。

(4) スケジュールの図式表示方式と直列化可能性判定グラフ

　後述するロック法を用いた並列トランザクションのスケジュールが直列化可能かどうかを判定することができる。これには，スケジュールの図式表示方式と直列化可能性判定グラフがある。

① スケジュールの図式表示方式

▶スケジュールの図式表示方式

　スケジュールの図式表示方式は，二つのトランザクション T_1，T_2 の並列実行スケジュールが直列化可能かどうかを判定する。T_1，T_2 のスケジュールを次のとおりとする。

T_1：$L_1(x)U_1(x)L_1(y)U_1(y)$

T_2：$L_2(x)U_2(x)L_2(y)U_2(y)$

ただし，$L_i(x)$ はデータ x に対する専有ロックを，$U_i(x)$ はデータ x に対するアンロックを表す。

　T_1，T_2 の並列実行スケジュールが直列化可能かどうかを，次の手順で判定する（図 3-64 参照）。

(a) T_1 を横軸，T_2 を縦軸とする座標平面を作る。

(b) T_1 が x に専有ロックを掛けているとき，T_2 は x にロックを掛けられない（ロック待ちになる）。座標平面上のこの部分を禁止領域という（斜線等でマークしておく）。データ y についても同様に禁止領域をマークする。

(c) 禁止領域，目盛りの交点を除いて，原点 O から終点 P に向かって線を引く。

(d) $L_1(x)$，$U_1(x)$，$L_1(y)$，$U_1(y)$ などの軸を横切る順序がトランザクションのスケジュールとなる。

(e) 禁止領域の間を通るスケジュールは，T_1 のスケジュールの間に T_2 が割り込んでくるので，$T_1 T_2 T_1$ の順序となる。このスケジュールは，T_1，T_2 がともに読込みだけか，ロック，アンロックの順序入替え規則を適用して直列化可能性が保証されない限り，直列化可能とはならない。

(f) ロック，アンロックの順序入替え規則は，トランザクションが異なり，かつ変数が重複していないロック，アンロックの順序は入替え可能であることをいう。実行結果に影響はない。

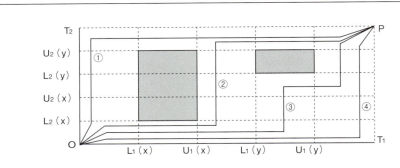

・図中の①，④はそれぞれ，$T_2 T_1$，$T_1 T_2$ に対応しており，直列化可能である。
・③は，$L_1(x)\ U_1(x)\ L_1(y)\ \underline{L_2(x)\ U_2(x)\ U_1(y)}\ L_2(y)\ U_2(y)$ となる。ロック，アンロックの順序入替え規則によって，③の $U_1(y)$ を $L_2(x)\ U_2(x)$ の前に移動させると，③は $T_1 T_2$ のスケジュールに変換できる。したがって，③は直列化可能である。
・②は，$L_1(x)\ U_1(x)\ L_2(x)\ U_2(x)\ L_2(y)\ U_2(y)\ L_1(y)\ U_1(y)$ となる。$T_1 T_2 T_1$ である。②は順序入替えの規則を適用しても，移動できるものがない。したがって，②は直列化可能ではない。

図 3-64　スケジュールの図式表示方式

② 直列化可能性判定グラフ

▶直列化可能性判定グラフ

ロック（lock）を用いた並列トランザクションの直列化可能性は，<u>直列化可能性判定グラフ</u>を用いて判定することができる。次の手順でグラフを描く。

(a) トランザクション T_i に対応するグラフの節点を v_i とする。

(b) スケジュール中，$U_i(x)$ の後最初に x をロックする操作が $L_j(x)$ であるなら，v_i から v_j へ向かうラベル x の付いた有向枝を付ける。これを繰り返し，可能な全ての有向枝を生成する。

(c) 前記の結果，グラフが閉路を持たなければスケジュールは直列化可能であり，閉路を持てばスケジュールは直列化可能ではない（図 3-65 参照）。

トランザクションのスケジュールが，$T_1 : L_1(x)U_1(x)L_1(y)U_1(y)$，$T_2 : L_2(x)U_2(x)L_2(y)U_2(y)$ の順とする。ただし，$L_i(x)$ は x の専有ロックを，$U_i(x)$ は x のアンロックを示す。

図 3-64 の②のスケジュール $L_1(x)U_1(x)L_2(x)U_2(x)L_2(y)U_2(y)L_1(y)U_1(y)$ が直列化可能かどうかを判定する。

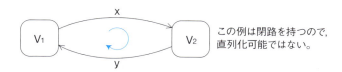

図 3-65　直列化可能性判定グラフ

(5) 同時実行制御の方式

同時実行制御の方式には，ロック法，時刻印方式，楽観的方式，トランザクションスケジューリング，多バージョン同時実行制御などがある。いずれも直列化可能性を保証する。

(6) ロック制御

▶ロック制御

ロック制御（locking control）は，排他制御によって同時実行制御を行う場合に用いられる方法である。トランザクションがアクセスする資源に対して専有ロック，共有ロックなどのロックを掛け，個々のトランザクションがロックに関する一定の規約を順守することによって直列化可能性を保証する。この規約には，2 相ロック規約（2 相ロック方式）と木規約がある。なお，ロック制御については「3.5 同時実行制御（排他制御）」を参照のこと。

(7) 時刻印制御

▶時刻印制御

時刻印制御（timestamp concurrency control）は，トランザクションの発生した時刻印（タイムスタンプ）と読み書き対象となるデータの最新の時刻印を比較して，読み書きの判定を行う方法である。ロックを掛けないので，ロックによる待ちやデッドロックは発生しない。

トランザクション T が，あるデータに対して読み書きを行うことができるのは，そのデータに対する更新が自分よりも古いトランザクションによって行われたときだけである。もし，自分より若いトランザクションによってそのデータが更新されているならば，トランザクション T はロールバックされ，かつリスタートされる。

このため，長時間にわたって実行されるジョブ（古いトランザクション）ほどリスタートの可能性が高く，終了しない可能性がある。また，リスタートがあるために，2 相ロック方式に比べ，データ資源へのアクセス回数が増えるという欠点がある。

時刻印制御はロックを掛けないので，トランザクションの部分更新した結果が

他のトランザクションから見えてしまう。これを避けるために，時刻印制御ではいったんデータベースバッファへ書き込み（プレライト），コミット時にバッファ上の更新結果からデータベースの実更新を行う（遅延更新）。

▶時刻印アルゴリズム

時刻印制御のアルゴリズム（時刻印アルゴリズム）は次のようになる。
トランザクションの開始時の時刻印を T_i（トランザクション T_i という），データ X の読込み時刻印を $T_r(X)$，書込み時刻印を $T_w(X)$ とする。

① プレライト
　　トランザクション T_i が X に対する更新結果をバッファへ書き込む（プレライトする）ときは，次のチェックを行う。
　(a) $T_i < T_r(X)$ 又は $T_i < T_w(X)$ の場合
　　　T_i よりも若いトランザクションによってデータが読み書きされているので，トランザクション T_i をロールバックし，リスタートする（図 3-66 参照）。
　(b) $T_i \geq T_r(X)$ かつ $T_i \geq T_w(X)$ の場合
　　　T_i よりも古いトランザクションによってデータが読み書きされているので，データをバッファへ書き込む（プレライトする）。

② データベースへの書出し（実更新）
　　トランザクション T_i が，X に対するバッファ上の更新結果をデータベースへ書き出す（実更新する）ときは，次のチェックを行う。
　(a) T_i よりも古いトランザクション T_j が，X に対する更新結果をプレライトしている場合は，T_i は T_j がコミットするかリスタートするまで待つ。
　(b) そうではない場合は，T_i はコミットを実行し更新結果をデータベースへ書き出す。$T_w(X)$ に T_i を設定する。$T_w(X) = T_i$。

③ 読込み
　　トランザクション T_i が X を読み込む場合は，自分よりも若いトランザクションによって X が実更新されていないかどうかだけでなく，自分よりも古いトランザクションによって X がプレライトされていないかもチェックする。
　(a) $T_i < T_w(X)$ の場合
　　　自分よりも若いトランザクションによって X が実更新されているので，トランザクション T_i をロールバックし，リスタートする。
　(b) T_i よりも古いトランザクション T_j（$T_j < T_i$）が，X に対してプレライトしている場合は，T_i は T_j がコミットするかリスタートするまで待つ。
　(c) 前記の二つの条件に該当しない場合は，データを読み込む。$T_r(X)$ に T_i と $T_r(X)$ のうちどちらか大きい時刻印，MAX$\{T_i, T_r(X)\}$ を設定する。$T_r(X)=$MAX$\{T_i, T_r(X)\}$。

3.4 トランザクション管理

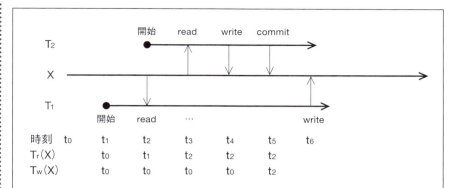

図 3-66　時刻印制御

(8) 楽観的制御

▶楽観的制御

楽観的制御（optimistic concurrency control）は読取りだけのトランザクションが多く，書込みがある場合はトランザクション間に共通データが少ないときに有効な方式である。ロックを掛けないのでロックによる待ちやデッドロックは発生しない。

楽観的制御では，トランザクションがデータを読み込んで処理し，書き込むまでは何もしない。書き込む段階になって初めて，読み込んだデータが他のトランザクションによって更新されたかどうかをチェックする。自分が該当データを読み込んで処理をしている間に更新があれば，自トランザクションをロールバックしリスタートする。更新がなければ書き込む。

トランザクションの原子性を保証するため，更新は全てトランザクションのローカルコピーに対して行われ，コミットしたときに初めてデータベースへ書き込まれる。

楽観的制御では，トランザクションは次の三つのフェーズで処理される。

① 読込みフェーズ

　データを読み込むだけで更新は行われない。

② 検証フェーズ

　他のトランザクションによる更新があったかどうかチェックされる。楽観的方式では，次の条件のどれかが成立すれば自トランザクションは書込みが可能となる。このチェックには時刻印を用いる。なお，他のトランザクション T_i は，自トランザクション T_j よりも古いものとする（$T_i < T_j$）。図3-67参照。

(a) T_i の書込みフェーズが完了した後に T_j が読込みフェーズを開始。
(b) T_i の書き込むデータと T_j の読み込むデータに重なりがなく，かつ，T_i の書込みフェーズが完了した後に T_j の書込みフェーズが始まるとき。
(c) T_i の書き込むデータと T_j の読み込むデータ又は T_i の書き込むデータと T_j の書き込むデータとの間に重なりがなく，かつ，T_i が読込みフェーズを完了したときにまだ T_j の読込みフェーズが完了していない場合。

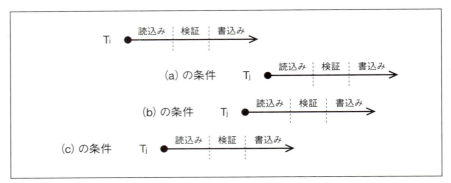

図 3-67　楽観的制御の検証フェーズ

③　書込みフェーズ
　検証フェーズの判定が OK であれば，更新結果はローカルコピーからデータベースへ書き込まれる。検証フェーズの判定が NG（更新があることが判明）のときは，自トランザクションをロールバックしリスタートする。

(9) トランザクションスケジューリング

▶トランザクションスケジューリング

　複数の並列トランザクションがデータベースを更新・参照するときは，互いに干渉することがないようにスケジュールする必要がある。トランザクションスケジューリング（transaction scheduling）とは，スケジューラを用いて，これらのトランザクションの実行順序を直列化可能なスケジュールに変更する方式をいう。各トランザクション内（T_i）における読み書きの前後関係は変えないで，並列実行されるトランザクション（T_i，T_j）間で読み書きの順序を入れ替える。こうして得られた並列トランザクションのスケジュールは直列化可能性を保証する。この方式ではロックによるオーバヘッドやデッドロックの問題は生じない。
　トランザクションのスケジュールが，次に示す順序入替えの規則によって，直列化可能なスケジュールに変換できる場合，そのスケジュールはD-直列化可能であるという。D-直列化可能なスケジュールは，直列化可能である。

■順序入替えの規則
　トランザクション T_i の x の READ を $R_i(x)$，x の WRITE を $W_i(x)$，トランザクション T_j の y の READ を $R_j(y)$，x の WRITE を $W_j(y)$ とする。
①　$R_i(x)R_j(y) \equiv R_j(y)R_i(x)$
②　$R_i(x)W_j(y) \equiv W_j(y)R_i(x)$，$W_i(x)R_j(y) \equiv R_j(y)W_i(x)$

ただし，$i \neq j$，$x \cap y = \phi$ である。
③ $W_i(x)W_j(y) \equiv W_j(y)W_i(x)$ ただし，$x \cap y = \phi$ である。
D－直列化可能の判定の例を図3-68に示す。

$T_1 : R_1(r)W_1(r)$，$T_2 : R_2(r)W_2(s)$ とする。
T_1，T_2の並列スケジュールが $R_1(r)R_2(r)W_1(r)W_2(s)$ のとき，
このスケジュールがD－直列化可能であるか判定する。

$\underline{R_1(r)R_2(r)} \quad \underline{W_1(r)W_2(s)}$　　　①，③の規則を適用

$R_2(r)\underline{R_1(r)W_2(s)}W_1(r)$　　　②の規則を適用

$R_2(r)W_2(s)R_1(r)W_1(r)$　　　T_2T_1の順序になり，D－直列化可能である

図 3-68　D－直列化可能の判定の例

(10) 多バージョン同時実行制御

トランザクションがデータベースを更新するとき，DBMSはロールバックに備えて更新前データを採取する。この更新前データを用いることによって，トランザクションの並行性を向上させることができる。

並列トランザクション T_1 と T_2 のスケジュールを，次のとおりとする。

$T_1 : R_1(a)R_1(b)$

$T_2 : W_2(a)W_2(b)$

$R_i(x)$ は T_i における x の読込み（READ），$W_i(x)$ は T_i における x への書込み（WRITE）とする。

T_1，T_2が並列に実行されたときのスケジュールは，次のとおりとする。

$R_1(a)W_2(a)W_2(b)R_1(b)$

このスケジュールは $T_1T_2T_1$ の順序なので直列化可能ではない。T_1 の $R_1(b)$ は，T_2 の $W_2(b)$ によって更新されたデータを読み込んでしまう。

もしこのスケジュールにおいて，T_1 における b の読込み $R_1(b)$ が，T_2 における b への書込み前のデータであれば，このスケジュールは $R_1(a)R1(b)W_2(a)W_2(b)$ の順で実行したのと同じことになる。$R_1(a)R_1(b)W_2(a)W_2(b)$ のスケジュールは T_1T_2 の順序であり，直列化可能である。並列実行された元のスケジュールは，直列化可能なスケジュールと等価になるので，直列化可能である。

できるだけ最新のデータを更新前データとして使用し，読み書きの混在しているトランザクションの並行性を向上させる目的を持った同時実行制御の方式を多バージョン同時実行制御（MVCC：Multi-Version Concurrency Control）という。多バージョン同時実行制御を備えたデータベースを多バージョンデータベースという。多バージョン同時実行制御を実装しているRDBMSもある。なお，SQL-92では，カーソル定義で `INSENSITIVE` が指定されると，元の表のコピーに対してアクセスすることになるが，これはまさに多バージョン法の指定である。

▶多バージョン同時実行制御
▶MVCC

3.5 同時実行制御（排他制御）

(1) 排他制御

▶排他制御

ロックを掛ける対象を排他資源（データベース，表，ページ，レコード，行）という。個々のトランザクションがアクセスするこれらの資源に対し，専有ロック，共有ロックなどのロックを掛けて，並列実行されるトランザクションのスケジュールを直列化可能なものにコントロールすることを排他制御（exclusive control）という。通常，データベースをアクセスするトランザクションの同時実行制御には，排他制御が用いられる。

排他制御によって直列化可能性を保証するためには，個々のトランザクションが一定の規約を順守する必要がある。この規約には二つあり，一つは，直列化可能性だけを保証する2相ロック規約（2相ロック方式）であり，もう一つはデッドロックが起こらないことも同時に保証する木規約である。

(2) ロック対象の大きさ（ロックの粒度）

▶ロックの粒度

ロックを行う単位の大きさをロックの粒度（lock granularity）という。データベース，表，ページ，行などがそれに当たる。

① ロックの粒度を細かくした場合

例えば，ロックの対象を行にするというように，ロックの粒度を細かくすると，トランザクション間でロック対象が重なる割合が少なくなり，さらに更新処理を伴うトランザクションの待ち時間も少なくなり，処理効率は良い。結果として各トランザクションの処理時間は短くなり，単位時間当たりに同時に実行できるトランザクションの数が増える（多重度が上がる）。ただし，ロックを管理するためのDBMS側のオーバヘッドは増大する。

② ロックの粒度を大きくした場合

逆にロックの粒度を大きくすると，読込みだけの場合はオーバヘッドが少なく効率が良いが，更新を伴うトランザクションがあると，ロック対象が重なる割合が高くなり，待ちが発生する。並列に実行している各トランザクションの待ち時間が長くなり，処理効率が落ちる。この場合は，各トランザクションの処理時間が長くなり，単位時間当たりに同時に実行できるトランザクションの数が減少する（多重度が下がる）。

3.5 同時実行制御（排他制御）

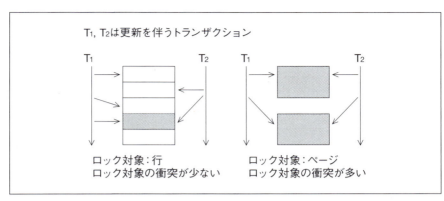

図 3-69　ロックの粒度

(3) ロックの種類

① 専有ロック

▶専有ロック

専有ロック（exclusive lock）は，トランザクションがデータ資源を専有して使用する。専有ロックを掛けられたデータに対し，他のトランザクションは専有ロックも共有ロックも掛けられない。

② 共有ロック

▶共有ロック

共有ロック（shared lock）は，データ資源の参照を複数のトランザクションが共有する。共有ロックを掛けられたデータは，他のトランザクションが共有ロックを掛けることを許すが，専有ロックを掛けることは許さない。

③ 両立性

▶両立性

二つのトランザクション T_1，T_2 がロックを掛けるとき，同一資源に対して専有ロック，共有ロックの二つのロックを同時に掛けられるかどうか（両立性）を表に示すと，次のようになる。なお，ロックなしの場合は，専有・共有ロックのどちらに対しても両立可能である。

表 3-6　ロックの両立性

T_1 ＼ T_2	ロックなし	共有ロック	専有ロック
ロックなし	○	○	○
共有ロック	○	○	×
専有ロック	○	×	×

○：両立可能　×：両立不可

(4) 述語ロック

▶物理ロック

これまでに述べたページ，表などに対するロックを物理ロックという。物理ロックでは，現時点までに専有ロックの掛けられた行やページなどはロックが解除されない限り更新されることはないが，ロックが掛けられていないものは別である。物理ロックは，現時点でまだロックが掛けられていない行やページなどのデ

▶述語ロック

ータに対し不当な更新を許してしまう，という欠点がある。

この問題を避けるためのロックの方法が述語ロック（predicate lock）である。述語ロックでは，例えば，B = 'XYZ' などといった条件を満足する全ての行に対してロックを掛ける。述語ロックの競合問題は決定不能との理由から，述語ロックでは述語の形式を簡単なもの（列名＝定数の形式）に限定する。

```
発注
┌──────┬──────────┬──────────┬──────────┐
│発注番号│ 年月日   │仕入先コード│ 発注金額 │
├──────┼──────────┼──────────┼──────────┤
│ 101  │ 20190101 │ 10001    │ 3000000  │ ← 述語ロックの対象
│ 102  │ 20190102 │ 30001    │ 5000000  │
│ 103  │ 20190103 │ 40001    │ 1000000  │ ← 述語ロックの対象
│ 104  │ 20190104 │ 10001    │ 2000000  │
└──────┴──────────┴──────────┴──────────┘

  DECLARE  カーソルA  CURSOR
      FOR SELECT  発注番号，発注金額
          FROM    発注
          WHERE   仕入先コード = '10001'
  FOR UPDATE OF  発注金額
```

図3-70　述語ロックの例

(5) ロック制御

▶ロック制御

ロック制御は，個々のトランザクションがロックに関する一定の規約を順守することによって直列化可能性を保証する。ロック制御には，最もよく用いられている2相ロック方式と，デッドロックが起こらないことを特徴とする木規約がある。

① 2相ロック方式

▶2相ロック方式

あるトランザクションで，データに対する操作を行う前に，排他資源に対し一斉にロックを掛け（第1相目），操作の後にロックを一斉に解き（第2相目），その後二度とロックを掛けないロックの方式を2相ロック方式（two phase locking control）という。各トランザクションは，必要なロック獲得命令を全て実行した後にだけ，ロック解除命令を実行できる。第1相はロックが増加していくので成長フェーズといわれ，第2相はロックが減少していくので縮退フェーズといわれる。

なお，更新データに対する専有ロックの解放はトランザクションがコミットを発行するときに行われなければならない。もし，コミット発行前にロックを解放すると，他のトランザクションがコミットしていない更新データを参照することになってしまう（図3-71参照）。

2相ロック方式では，デッドロックの起こる可能性はあるが，直列化可能性は保証される。

3.5 同時実行制御（排他制御）

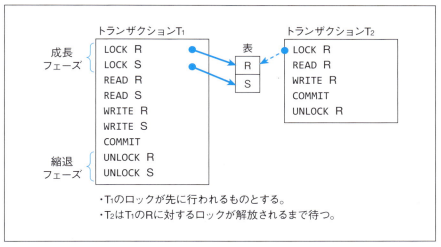

図 3-71　2相ロック方式

② 木規約

　データに順序を付けて，その順番どおりにロックを掛けていくロック法を**木規約**という。木規約の手順は次のようになる。

▶木規約

(a) データに順序を付けて親から子に向かう有向木を作る。
(b) 木の任意の節点に対して最初に専有ロックを掛ける。
(c) 次に専有ロックを掛けられるのは，(b)の節点の子に対してだけである。
(d) ロックの解除は，任意の時点で行える。

　こうした手順でロックを掛けることによって，トランザクションの直列化可能性が保証される。また，デッドロックが発生しないことも保証されている。

　ただし，トランザクションの並列実行性（多重度）が低くなるので，特殊な場合にしか用いられない。

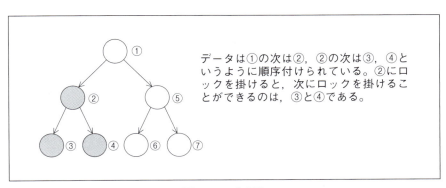

図 3-72　木規約

171

(6) デッドロック

2相ロック方式では**デッドロック**（dead lock）が発生する可能性がある。デッドロックに対処する方法には，デッドロックが起こらないように資源割当を固定化する静的防止（予防法），資源割当の状態に応じてデッドロックが発生しないように割当を制御する動的防止（回避法），デッドロックが発生した際に初めてそれを除去する検知除去法がある。

① 静的防止

静的防止には，前述した木規約を用いる。

② 動的防止

動的防止では，時刻印を用いた待ち－死に（wait-die）あるいは傷付け－待ち（wound-wait）という方式を用いてデッドロックが発生しないように制御する。トランザクション T_1，T_2 は時刻印を持ち，T_1 が T_2 のロックしているデータにロック要求を出したとものする。

(a) 待ち－死に方式

T_1 が T_2 よりも古いトランザクションならば，T_1 は T_2 がコミットするかロールバックするまで待つ（wait）。そうでなければ（T_1 が若ければ），T_1 はロールバックされる（die）。

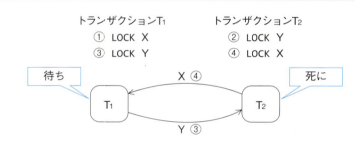

- 待ち－死に方式では，T_1 が，T_2 のロックしているデータにロック要求したとき，T_1 が古いと待ち，若いと死ぬ。
- ③において，T_2 がロックしているYに対し T_1 はロックを掛けようとするが，T_1 は T_2 よりも古いので，待つ。
- 一方，④において，T_1 がロックしているXに対し T_2 ロックを掛けようとするが，T_2 は T_1 より若いので，死ぬ。つまり，ロールバックする。
- このように若い T_2 がロールバックすることで，デッドロックが避けられる。
- 若い T_2 がロールバックされるので，ロック待ちはなくなり，古い T_1 が実行される。

図 3-73　待ち－死に方式

(b) **傷付け－待ち方式**

T_1 が T_2 よりも古いトランザクションならば，T_1 はロールバックされる（wound）。そうでなければ（T_1 が若ければ），T_1 は T_2 がコミットするかロールバックするまで待つ（wait）。

3.5 同時実行制御（排他制御）

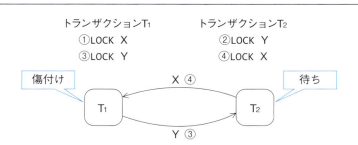

- 傷付け-待ち方式では，T_1が，T_2のロックしているデータにロック要求したとき，T_1が古いと傷付き死に，若いと待つ。
- ③において，T_1がロックしているXに対しT_2がロックを掛けようとするが，T_2はT_1より若いので，待つ。
- ④において，T_2がロックしているYに対しT_1はロックを掛けようとするが，T_1はT_2よりも古いので，傷付き死ぬ。ロールバックされる。
- このように古いT_1がロールバックすることで，デッドロックが避けられる。
- 古いT_1がロールバックされるので，ロック待ちはなくなり，若いT_2が実行される。

図 3-74　傷付き-死に方式

③　検知除去法

▶検知除去法

最も一般的な手法である検知除去法では，次に示す時間監視や待ちグラフを用いてデッドロックを検出し，デッドロックを起こしているトランザクションのうち幾つかを強制的に中断することによって，デッドロックを解除する。前述した静的防止や動的防止に比べ，検知除去法は並列実行性（多重度）が高くなる。

▶時間監視

（a）時間監視による方法

この方法では，トランザクションが資源を継続してロックしている時間を監視し，一定時間以内に解放しないと，デッドロックが発生したとみなす。実現しやすいが，デッドロック判定までに時間がかかるのが難点である。

（b）待ちグラフ

▶待ちグラフ
▶WFG

待ちグラフ（WFG；Wait For Graph）を用いて，デッドロックを検出する方法である。検出処理は複雑になるが，デッドロックを直ちに検出できる。

待ちグラフの作成手順及びデッドロックの判定方法は次のようになる（図 3-75 参照）。

（ⅰ）T_1がロックしているデータ X に対し T_2 がロック要求を出すと，T_2 から T_1 へ有向枝を付ける。なお，ロックは専有ロック，共有ロックのどちらでも構わない。

（ⅱ）T_2がロックしているデータ Y に対し T_1 がロック要求を出すと，T_1

から T_2 へ有向枝を付ける。
(ⅲ) 前記(ⅰ)(ⅱ)の結果，グラフが閉路を持てばデッドロックと判定する。
(c) デッドロックの解除の方法
　デッドロックの解除の方法には次のようなものがある。
(ⅰ) 後からデッドロックを発生させたトランザクションを強制的に異常終了（アボートかつロールバック）させて，デッドロックを解除する。
(ⅱ) 排他待ちの優先度の低いプログラムにデッドロックを知らせ（エラーリターン），プログラムがロールバックを発行することによってデッドロックを解除する。

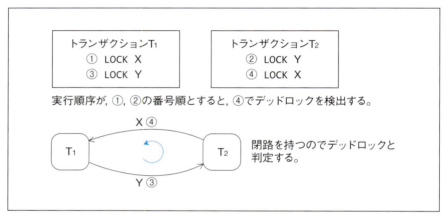

図 3-75　待ちグラフ及びデッドロックの判定方法

(7) 一貫性水準

▶一貫性水準

　トランザクションの隔離性（直列化可能性）を保証することと，トランザクションの並列実行性（多重度）を上げることはトレードオフの関係にある。厳密に 2 相ロック方式の規約を守ってトランザクションを並列に実行すると，必ずロックによる待ちが生じる。一貫性水準（consistency level）はこの規約を守る度合いを示す。一貫性水準にはレベル 0 からレベル 3 まであり，レベル 0 は規約の遵守の度合いが最も低く，レベル 3 は 2 相ロックを厳密に守った場合に等しい。逆に，レベル 0 は並列実行性が最も高く，レベル 3 は最も低い。

① レベル 0
　トランザクションは，自分が更新したデータを直ちに解放する。更新データに対しては短期の専有ロックを掛けるが，参照データに対してはロックを掛けない。

② レベル 1
　トランザクションが終了した時点で更新データを解放する。更新データに対しては長期の専有ロックを掛けるが，参照データにはロックを掛けない。

③ レベル 2

3.5 同時実行制御（排他制御）

レベル1の水準を守るとともに，他のトランザクションが解放しないデータを読まない。更新データに対しては長期の専有ロックを掛け，参照データに対しては短期の共有ロックしか掛けない。

④ レベル3

自トランザクションで使用するデータを他のトランザクションが更新することはできない。更新データに対しては長期の専有ロックを掛け，参照データに対しても長期の共有ロックを掛ける。

レベル0から2は，より低い水準であり，ダーティリード（他のトランザクションがコミットしないで一時的に汚染したデータの読込み）やファントムリード（前回の読込みで存在しなかった追加行の読込み）を許す。レベル3はダーティリードやファントムリードを許さず，2相ロック方式を厳密に守った場合に等しい。

(8) 隔離性水準

▶隔離性水準

SQL-92はトランザクション処理の機能拡張を行い，SET TRANSACTION文で隔離性水準（ISOLATION LEVEL）を追加した。隔離性水準は，表3-7に示すように三つの現象（後述）が発生するかどうかで規定される。SET TRANSACTION文の構文は次のようになる。

```
SET TRANSACTION
    [ READ ONLY | READ WRITE ]          …アクセスモード
    [ DIAGNOSTICS SIZE n ]
    [ ISOLATION LEVEL { READ UNCOMMITTED   …隔離性水準
                      | READ COMMITTED
                      | REPEATABLE READ
                      | SERIALIZABLE }]
```

SQL-92の隔離性水準は，前述した一貫性水準とほぼ同様の考えであるが，必ずしも一貫性水準と一致しているわけではない。隔離性水準における2相ロック規約の遵守度は表3-8のようになるが，SET TRANSACTION文で隔離性水準を指定しなかった場合の省略値はSERIALIZABLEである。これは共有ロックと専有ロックに対して2相ロック規約を厳密に守った場合に等しくなる。

表3-7 SQL-92の隔離性水準

三つの現象 隔離性水準	ダーティリード	ノンリピータブルリード	ファントムズ
READ UNCOMMITTED	発生する	発生する	発生する
READ COMMITTED	発生しない	発生する	発生する
REPEATABLE READ	発生しない	発生しない	発生する
SERIALIZABLE	発生しない	発生しない	発生しない

175

(9) 一貫性水準と隔離性水準の関係

「A Critique of ANSI SQL Isolation Levels」(Hal Berenson 他 著,ACM SIGMOD'95) によれば,一貫性水準 (consistency level) と SQL-92 で示された隔離性水準 (isolation level) の関係は表 3-8 のようになる。

表 3-8　一貫性水準と隔離性水準の関係

一貫性水準(上段) 隔離性水準(下段)	共有ロック	専有ロック	備考
レベル0 対応せず	ロックを掛けない	短期のロック	ダーティライトを許す
レベル1 READ UNCOMMITTED	ロックを掛けない	長期のロック	ダーティリードを許す
レベル2 READ COMMITTED	短期のデータロック 短期の述語ロック	長期のロック	ノンリピータブルリードを許す
対応せず REPEATABLE READ	長期のデータロック 短期の述語ロック	長期のロック	ファントムズを許す
レベル3 SERIALIZABLE	長期のデータロック 長期の述語ロック	長期のロック	

短期は,ロックを SQL 文の実行時だけ掛ける。

長期は,ロックを SQL 文でいったんロックを掛けるとコミットするまで保持する。

表 3-7,表 3-8 におけるダーティライト,ダーティリードなどの意味は次のようになる。なお,次の説明において,T_1,T_2 は二つの並列実行トランザクションを表す。

① ダーティライト

▶ダーティライト

ダーティライト (Dirty write) は,他のトランザクションがコミットあるいはロールバックを行う前にデータの書込みを行う(汚染する)。ダーティライトは,一貫性水準のレベル 0 で発生するが,障害回復ができない,あるいは整合性制約を破るといった問題がある。

(a) 障害回復で問題がある場合

T_1,T_2 が次のスケジュールで実行されるものとする。

x の初期値 = 0

$W_1[x=1]\cdots W_2[x=2]\cdots((C_1 \text{ or } A_1) \text{ and } (C_2 \text{ or } A_2) \text{ in any order})$

ただし,W:write,R:read,A:アボート(ロールバック),C:コミットの意味。

数字はトランザクションの番号を示す。

T_1 が書込みを行いコミット又はロールバックを行う前に,T_2 がそのデータを更新する。この後に T_1 又は T_2 がロールバックした場合,どちらを正しいデータとして障害回復してよいのか分からなくなる(図 3-76 参照)。

・T_1 がロールバックし,T_2 がコミットしたとき,x を T_1 の書込み前の値(初

期値の0)に戻すのか，あるいはT_2の書込みを有効として x を 2 にするのか。
- T_2がロールバックし，T_1がコミットしたとき，x を T_2の書込み前の値（初期値の0）に戻すのか，あるいはT_1の書込みを有効として x を 1 にするのか。

こうした事態を避けるには，更新データに対し長期の専有ロックを掛けなければならない。一貫性水準のレベル1以上は必須である。

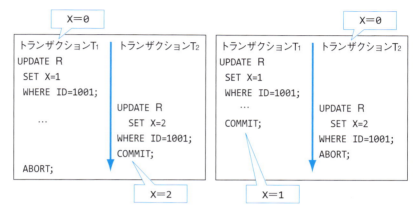

図3-76 障害回復で問題がある場合

(b) 整合性制約で問題がある場合

x = y という制約を守らなければならないものとする。
次のスケジュールは，この制約を破る（図3-77 参照）。
$W_1[x=1]$，$W_2[x=2]$，$W_2[y=2]$，C_2，$W_1[y=1]$，C_1
結果は，x = 2，y = 1 となり，x = y という制約は破られた。

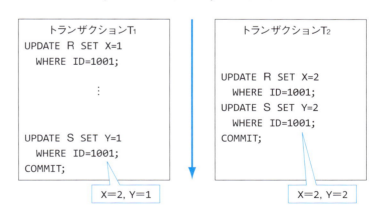

図3-77 整合性制約で問題がある場合

② ダーティリード

▶ダーティリード

ダーティリード（Dirty read）は，T_1がコミットしないで一時的に汚染し

たデータを T_2 が読み込む。ダーティリードは次のスケジュールで発生する（図 3-78 参照）。

$W_1(x)$，$R_2(x)$，A_1，C_2

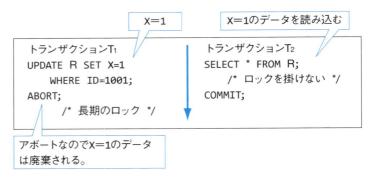

図 3-78　ダーティリード

③　ノンリピータブルリード

▶ノンリピータブルリード

ノンリピータブルリード（Non-repeatable read）は，T_1 が再読込みすると，T_2 によって更新又は削除された行を読み込む。ノンリピータブルリードは次のスケジュールで発生する（図 3-79 参照）。

$R_1(x)$，$W_2(x)$，$C_2, R_1(x)$，C_1

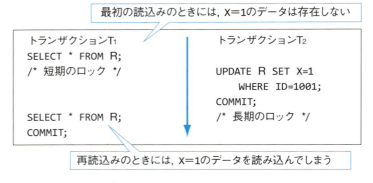

図 3-79　ノンリピータブルリード

④　ファントム

▶ファントム

ファントム（Phantom）は，T_1 がある探索条件に従って再読込みすると，T_2 によって追加された行を読み込む。ファントムは次のスケジュールで発生する（図 3-80 参照）。

$R_1(p)$，$W_2(y\ in\ p)$，C_2，$R_1(p)$，C_1

ただし，p は述語ロックの探索条件を満たすデータ（述語ロックの対象となるデータ）。

3.5 同時実行制御（排他制御）

```
トランザクションT₁              トランザクションT₂
SELECT * FROM R
   WHERE X= 'xx';
  /* 短期の述語ロック */
                              INSERT INTO R
                                 VALUES (1010, 'xx');
SELECT * FROM R               COMMIT
   WHERE X= 'xx';              /* 長期のロック */
COMMIT;
```

最初の読込みのときには，追加行は存在しない

再読込みのときには，T₂で追加された行を読み込んでしまう

T₂で，新たにID=1010，X='xx'の行を追加

図 3-80　ファントム

ライブロック（livelock）と多バージョンデータベース

　ロック法（排他制御）を用いた実行環境において，多数の更新トランザクションが実行されていると，集計プログラムなどの長時間トランザクションは，ロックを獲得できずにタイムオーバでロールバックされるか，長時間待たされます。この状態をライブロックといいます。この状態のとき他の更新トランザクションは生きたままであり，長時間トランザクションはデッドロックのためにロックが獲得できないわけではありません。これが，デッドロックに対して，生きたロック（ライブロック）といわれる理由です。

　このライブロックに対して，多バージョンデータベース（RDBMSでは，Oracle，PostgreSQL，Firebirdなどが採用）が有効です。長時間トランザクションが実行を開始した時点の更新前データによって集計が行え，他の更新トランザクションによって掛けられる排他ロックによって待たされることもありません。また，他のトランザクションによる更新によって集計結果が影響を受けることもありません。

隔離性水準（アイソレーションレベル）を規定する三つの現象は何でしょう。さらにどの隔離性水準においても発生してはいけない現象は何でしょう。

・三つの現象…①ダーティリード（Dirty read），②ノンリピータブルリード（Non-repeatable read），③ファントム（Phantom）
・発生してはいけない現象…ロストアップデート（更新の喪失）

 ２相ロック方式となっている隔離性水準はどれでしょう。

READ UNCOMMITTED…共有ロックを掛けない，長期の専有ロック。
READ COMMITTED…短期の共有ロック，長期の専有ロック。
REPEATABLE READ…長期の共有ロック，長期の専有ロック。
SERIALIZABLE…長期の共有ロック（検索範囲にロック），長期の専有ロック。

であるから，READ UNCOMMITTED と READ COMMITTED はコミットまで共有ロックを保持していないので，共有ロックに関して２相ロック方式となりません。したがって，２相ロック方式となっているのは REPEATABLE READ と SERIALIZABLE です。多くの DBMS が性能上の観点から隔離性水準の既定値が，READ COMMITTED となっているので注意が必要です。

 隔離性水準（アイソレーションレベル）は，他のトランザクションの隔離性水準の影響を受けますか。

　隔離性水準の既定値は，標準 SQL では SERIALIZABLE であり，現実の RDBMS では並列実行性能を考慮して READ COMMITTED が多いのですが，個々のトランザクションの隔離性水準は，SET TRANZACTION 文で設定できます。隔離性水準は，トランザクション間の相互の影響度合いを表すので，確かに他のトランザクションの更新操作の影響を受けますが，トランザクションごとに決まり，他のトランザクションの隔離性水準の影響を受けません。例えば，READ UNCOMMITTED にすると，ダーティリードが発生する可能性がありますが，これは他のトランザクションが同一データを更新中にアボートしたために発生するのであって，他のトランザクションの隔離性水準と無関係です。

3.6 障害回復管理

データベースの一貫性を守るために，DBMSが行うシステム障害などの障害からデータベースを回復する機能を障害回復管理という。障害回復機能によって，トランザクションの原子性，一貫性，耐久性も保証される。

(1) 障害事前処理

▶バックアップコピー
▶データベースダンプ

障害の発生に備えて定期的にデータベースのバックアップコピー（データベースダンプ）を採取しておく。トランザクションの実行中は，データベースの更新前ログや更新後ログを取得しておく。障害が発生すると，事前に取得しておいたバックアップコピーやログから障害回復を行う。

(2) 障害の種類

障害の種類には次のようなものがあり，人的障害が最も多いといわれている。

▶トランザクション障害

① トランザクション障害（transaction failure）
デッドロックやシステムエラーの検出などでトランザクション自体がアボートすることである。

▶システム障害

② システム障害（system failure）
OSのバグ，電源故障などでシステムダウンすることである。システム障害で失われるのはメモリの内容である。

▶媒体障害

③ 媒体（ハードウェア）障害（media failure）
ディスクの損傷，駆動装置障害やチャネル障害などのことである。

▶人的障害

④ 人的障害（human failure）
オペレーションミスによるデータ破壊，故意によるデータの改変などのことである。

(3) 障害回復処理の概要

① ログの先書き

各種障害に備えて，更新データはデータベースへ書き込まれる前にログファイル（log file）（ジャーナル（journal file）ともいう）へ書き込まれる。ログファイルにはトランザクションの開始や終了の情報，コミット情報，チェックポイント情報，更新前ログ，更新後ログが保存される。また，ログファイルは複数個（最低二つ）用意し，ログファイルが満杯になると切り替えられ，サイクリックに使用される。

更新前ログは，トランザクションが直前のコミット時点のデータに対し，新たに更新を行う場合，その更新前のイメージを保存したもので，ログバッ

ファが満杯になったタイミングでログファイルへ書き出される。

更新後ログは，トランザクションが直前のコミット時点のデータに対し，新たに更新を行う場合，その更新後のイメージを保存したものである。トランザクションがコミットしたときに，更新後ログがログファイルへ書き出される（更新データをデータベースへ直接書き出す DBMS もある）。また，ログバッファが満杯，あるいはデータベースバッファをフラッシュ（バッファの内容をディスクへ書き出し，再利用可能な状態にすること）する必要が生じたタイミングで，ログファイルへ書き出される。

② データベースの更新

データベースへの更新データの書出しは，通常，システムパラメタで決められた一定時間間隔ごと（数秒），データベースバッファのフラッシュ，あるいはログファイルが満杯になり，切り替わるタイミングで行われる。障害後のデータベースの再開はこの書出しを行った時点を目印に行われる。これを **チェックポイント**（check point）という。チェックポイントでは，次の処理が行われる。

▶チェックポイント

(a) 更新後データをデータベースへ書き出す。
(b) ログファイルの情報のうち，既にデータベースへ反映されたものに印を付ける。
(c) ログファイルに，チェックポイントが発生した時点を書き込む。

こうした処理を行うことで，チェックポイント時に実行中のトランザクションの状態（完了，更新中）が分かる。

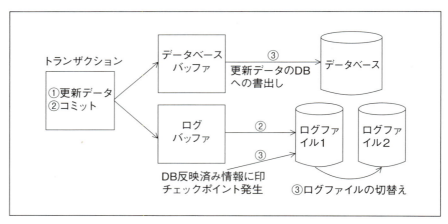

図 3-81　データベースの更新

③ 障害回復処理

各種障害に応じて，ロールバック（後退復帰），ロールフォワード（前進復帰）などの障害回復方法によって，データベースが復旧される。

（4）障害ごとの回復処理

① トランザクション障害

トランザクション障害に対しては，プログラムでロールバックを発行することで自動的に直前のコミット発行時点まで回復する。データベースへの更新が既に一部で行われている場合は，更新前ログを用いてロールバック（rollback）する。データベースへの更新データがまだバッファ上に存在し，データベースへ書き込まれていない状態（チェックポイントが発生する前の状態）であれば，単にバッファ上の更新データを破棄し，データベースをトランザクション開始前へ戻すだけである。

② システム障害

（a）データベース全体の一貫性を保つ場合

システム障害に対しては，実行中のトランザクション全体の終了を待ってデータベースのバックアップコピーを採取しておく。このデータベース全体の一貫性が保たれている特定の時点もチェックポイントという。障害が発生すると，バックアップコピーによって，この時点まで戻す（ロールバック）。チェックポイント以降の更新結果は破棄される。

（b）最新のチェックポイントまで戻る場合

障害が発生した場合，システムの再立上げ時にチェックポイントまで戻って障害の回復処理を行う。はじめに，ログファイルを障害発生時点から逆方向にチェックポイントまで戻る。コミットしていないトランザクション，つまり，チェックポイント時に更新中で障害時にも更新が完了していないトランザクションを検出すると，更新前ログによって更新前に戻す（ロールバック）。次に，チェックポイント以降，障害発生時点まで正方向にログファイルを調べ，障害発生以前にコミットが完了したトランザクションについては，更新後ログを用いてデータベースを回復する（ロールフォワード（rollforward））。チェックポイント時点でコミットが完了しているトランザクションは特に処理する必要はない（図3-82 参照）。

なお，ロールバックとロールフォワードによるデータベースの回復と，トランザクションの再処理を組み合わせて行うシステムの再立上げを，ウォームスタートという。ウォームスタートが失敗したなどの理由によって，ログファイルを用いないでシステムの再立上げを行う方法をコールドスタートという。

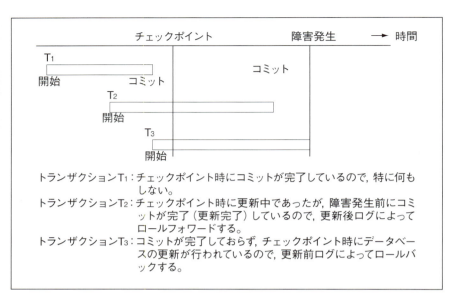

図 3-82　障害回復

③　ハードウェア障害

ハードウェア障害に対しては，一定間隔でセーブしておいたデータベースのバックアップコピーとアーカイブログ，及び更新後ログによって障害前の状態に戻す。これをロールフォワードという。アーカイブログ（archives log）は，更新後ログを磁気テープなどの別媒体に記録・保存したものである。

▶ハードウェア障害

▶ロールフォワード
▶アーカイブログ

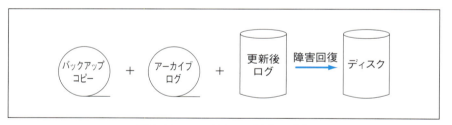

図 3-83　ハードウェア障害の回復

④　人的障害

オペレーションミスなどの人的障害が発生した場合は，定期的（毎日等）に取得しておいたバックアップコピーによってデータをバックアップ取得時点（前日）の状態に復旧し，その後に再操作・再処理を行う。

▶人的障害

(5) 障害部分の隔離，閉塞

障害が発生した場合，障害部分を閉塞し，正常な部分はそのまま運転を続ける。例えば，データベース破壊などの障害が発生した場合，障害に関連する表の格納領域を部分的に閉塞（オフライン化）する。バックアップコピーとログから障害

▶閉塞

箇所の回復を行い，閉塞を解除する。こうした方法で回復しない場合は，障害を起こしたハードウェアを使用しないでシステムの運転を続ける（縮退運転）。

(6) 障害事後処理

障害が回復したならば，データベースを再開始し，トランザクションのリスタートを行う。データベースの再開始の方法には，ウォームスタート，コールドスタート，ホットスタンバイ再開始などがある。

障害回復管理の方式

● Undo/redo 方式

障害回復管理で後退復帰／前進復帰の両方の処理を行うものを Undo/redo 方式といいます。Undo/redo 方式を採用する DBMS は，コミットを発行したときにログファイルへの書出しを行うだけで，データベースへの書出しを行いません（ログの先書き）。このため，障害回復時のオーバヘッドは大きいものの，正常時の I / O 処理の効率は最も良いとされています。

● Undo/no-redo 方式

Undo/no-redo 方式を採用する DBMS は，コミット時にデータベースへの書出しを行います（データベースバッファをフラッシュ）。そのため，redo 処理（前進復帰）は必要ありません。

● No-undo/redo 方式

No-undo/redo 方式を採用する DBMS は，データベースに更新前（削除）レコードを保持します。ロールバックするときはこの削除レコードを復活させるだけです。undo 処理（後退復帰）を必要としません（更新前ログがない）。

3.7 章末問題

問 3-1 ■H16春-DB 問34

埋込みSQLに関する記述として，適切なものはどれか。

ア　INSERTを実行する前に，カーソルをOPENしておかなければならない。
イ　PREPAREは与えられたSQL文を実行し，その結果を自分のプログラム中に記録する。
ウ　SQLでは一度に0行以上の集合を扱うのに対し，親言語では通常一度に1行のレコードしか扱えないので，その間をカーソルによって橋渡しする。
エ　データベースとアプリケーションプログラムが異なるコンピュータ上にあるときは，カーソルによる1行ごとの伝送が効率的である。

問 3-2 ■H22春-DB 午前Ⅱ問11

ビューのSELECT権限に関する記述のうち，適切なものはどれか。

ア　ビューに対して問合せをするには，ビューに対するSELECT権限だけではなく，元の表に対するSELECT権限も必要である。
イ　ビューに対して問合せをするには，ビューに対するSELECT権限又は元の表に対するSELECT権限のいずれかがあればよい。
ウ　ビューに対するSELECT権限にかかわらず，元の表に対するSELECT権限があれば，そのビューに対して問合せをすることができる。
エ　元の表に対するSELECT権限にかかわらず，ビューに対するSELECT権限があれば，そのビューに対して問合せをすることができる。

問 3-3　　　　　　　　　　　　　　　　　　　　　■ H28 春 -DB 午前Ⅱ問 10

更新可能なビューの定義はどれか。ここで，ビュー定義の中で参照する基底表は全て更新可能とする。

ア　CREATE VIEW ビュー 1(取引先番号 , 製品番号)
　　　　AS SELECT DISTINCT 納入 . 取引先番号 , 納入 . 製品番号
　　　　　FROM 納入
イ　CREATE VIEW ビュー 2(取引先番号 , 製品番号)
　　　　AS SELECT 納入 . 取引先番号 , 納入 . 製品番号
　　　　　FROM 納入
　　　　　GROUP BY 納入 . 取引先番号 , 納入 . 製品番号
ウ　CREATE VIEW ビュー 3(取引先番号 , ランク , 住所)
　　　　AS SELECT 取引先 . 取引先番号 , 取引先 . ランク , 取引先 . 住所
　　　　　FROM 取引先
　　　　　WHERE 取引先 . ランク ＞ 15
エ　CREATE VIEW ビュー 4(取引先住所 , ランク , 製品倉庫)
　　　　AS SELECT 取引先 . 住所 , 取引先 . ランク , 製品 . 倉庫
　　　　　FROM 取引先 , 製品
　　　　　HAVING 取引先 . ランク ＞ 15

問 3-4　　　　　　　　　　　　　　　　　　　　　■ H26 春 -DB 午前Ⅱ問 7

次の SQL 文は，A 表に対するカーソル B のデータ操作である。a に入れるべき適切な字句はどれか。

```
UPDATE A
    SET A2 = 1, A3 = 2
    WHERE [    a    ]
```

ここで，A 表の構造は次のとおりであり，下線は主キーを表す。
　A (A1, A2, A3)

ア　CURRENT OF A1　　　イ　CURRENT OF B
ウ　CURSOR B OF A　　　エ　CURSOR B OF A1

問 3-5

"部品"表に対し次のSELECT文を実行したときの結果として，正しいものはどれか。

```
SELECT 部品区分, COUNT(*) AS 部品数, MAX(単価) AS 単価
  FROM 部品 GROUP BY 部品区分 HAVING SUM(在庫量) > 200
```

部品

部品番号	部品区分	単価	在庫量
001	P1	1,500	90
002	P2	900	30
003	P2	950	90
004	P3	2,000	50
005	P1	2,000	100
006	P3	2,500	60
007	P1	1,500	50
008	P2	900	80
009	P3	1,000	40
010	P4	900	80
011	P3	1,500	70
012	P4	950	100

ア

部品区分	部品数	単価
P1	3	2,000
P2	3	1,000

イ

部品区分	部品数	単価
P1	3	2,000
P3	4	2,500

ウ

部品区分	部品数	単価
P2	3	1,000
P4	2	950

エ

部品区分	部品数	単価
P1	3	2,000
P2	3	1,000
P3	4	2,500

問 3-6　　　　　　　　　　　　　　　　　　　　　■H22 春-DB 午前Ⅱ 問 14

"製品"表と"在庫"表に対し，次の SQL 文を実行した結果として得られる表の行数は幾つか。

```
SELECT DISTINCT 製品番号 FROM 製品
    WHERE NOT EXISTS(SELECT 製品番号 FROM 在庫
        WHERE在庫数 > 30 AND 製品.製品番号 = 在庫.製品番号)
```

製品

製品番号	製品名	単価
AB1805	CD-ROMドライブ	15,000
CC5001	ディジタルカメラ	65,000
MZ1000	プリンタA	54,000
XZ3000	プリンタB	78,000
ZZ9900	イメージスキャナ	98,000

在庫

倉庫コード	製品番号	在庫数
WH100	AB1805	20
WH100	CC5001	200
WH100	ZZ9900	130
WH101	AB1805	150
WH101	XZ3000	30
WH102	XZ3000	20
WH102	ZZ9900	10
WH103	CC5001	40

　　ア　1　　　　　イ　2　　　　　ウ　3　　　　　エ　4

問 3-7　　　　　　　　　　　　　　　　　　　　　　　　　　　　　■H12春-DB 問51

講座，受講生，受講という三つの関係が次のように定義されている。このとき，2講座以上受講している受講生名を求めるためのSQL文として，適切なものはどれか。

講座（講座番号，講座名，講師番号）
受講生（受講生番号，受講生名，住所，郵便番号，電話番号）
受講（受講生番号，講座番号）

ア　SELECT 受講生名 FROM 受講生，受講
　　　　WHERE 受講生.受講生番号 = 受講.受講生番号
　　　　GROUP BY 受講生.受講生番号，受講生名
　　　　HAVING COUNT(DISTINCT 講座番号) >= 2

イ　SELECT 受講生名 FROM 受講生，受講
　　　　WHERE 受講生.受講生番号 = 受講.受講生番号
　　　　GROUP BY 講座番号，受講生名
　　　　HAVING COUNT(DISTINCT 受講生.受講生番号) >= 2

ウ　SELECT 受講生名　FROM 受講生 WHERE 受講生番号 IN
　　　　(SELECT 受講生番号 FROM 講座，受講
　　　　WHERE 講座.講座番号 = 受講.講座番号
　　　　GROUP BY 受講.講座番号，受講生番号
　　　　HAVING COUNT(DISTINCT 受講生番号) >= 2)

エ　SELECT 受講生名 FROM 受講生 WHERE 受講生番号 NOT IN
　　　　(SELECT 受講生番号 FROM 講座，受講
　　　　WHERE 講座.講座番号 = 受講.講座番号
　　　　GROUP BY 受講生番号 HAVING COUNT(DISTINCT 受講.講座番号) =< 2)

問 3-8　　　　　　　　　　　　　　　　　　　　■ H19秋-SW 問66

"会員"表に対し次のSQL文を実行した結果，導出される表はどれか。

```
SELECT  X.会員名
   FROM  会員 X, 会員 Y
  WHERE  X.リーダ会員番号 = Y.会員番号
    AND  X.生年月日 < Y.生年月日
```

会員

会員番号	会員名	生年月日	リーダ会員番号
001	田中	1960-03-25	002
002	鈴木	1970-02-15	002
003	佐藤	1975-05-27	002
004	福田	1960-10-25	004
005	渡辺	1945-09-01	004

ア

会員名

（該当者なし）

イ

会員名
佐藤

ウ

会員名
鈴木
福田

エ

会員名
田中
渡辺

問 3-9

"商品"表と"売上明細"表に対して，次の SQL 文を実行した結果の表として，正しいものはどれか。ここで，結果の表中の"－"は，値がナルであることを示す。

```
SELECT X.商品番号, 商品名, 数量
FROM 商品 X LEFT OUTER JOIN 売上明細 Y
ON X.商品番号 = Y.商品番号
```

商品

商品番号	商品名
S101	A
S102	B
S103	C
S104	D

売上明細

売上番号	売上日	商品番号	数量	売上金額
U001	2006-02-10	S101	5	7,500
U002	2006-02-26	S104	2	4,000
U002	2006-02-26	S101	10	15,000
U003	2006-03-05	S103	5	5,000
U003	2006-03-05	S104	8	16,000

ア

商品番号	商品名	数量
S101	A	5
S101	A	10
S102	B	－
S103	C	5
S104	D	2
S104	D	8

イ

商品番号	商品名	数量
S101	A	5
S101	A	10
S103	C	5
S104	D	2
S104	D	8

ウ

商品番号	商品名	数量
S101	A	15
S102	B	－
S103	C	5
S104	D	10

エ

商品番号	商品名	数量
S101	A	15
S103	C	5
S104	D	10

問 3-10　　　　　　　　　　　　　　　　　　　　　　　　　■H17 春-DB 問 37

二つの表 "納品"，"顧客" に対する次の SQL 文と同じ結果が得られる SQL 文はどれか。

```
SELECT 顧客番号, 顧客名 FROM 顧客
    WHERE 顧客番号 IN
    (SELECT 顧客番号 FROM 納品
        WHERE 商品番号 = 'G1')
```

納品

| 商品番号 | 顧客番号 | 納品数量 |

顧客

| 顧客番号 | 顧客名 |

ア　SELECT 顧客番号, 顧客名 FROM 顧客
　　　WHERE 'G1' IN (SELECT 商品番号 FROM 納品)
イ　SELECT 顧客番号, 顧客名 FROM 顧客
　　　WHERE 商品番号 IN
　　　(SELECT 商品番号 FROM 納品
　　　WHERE 商品番号 = 'G1')
ウ　SELECT 顧客番号, 顧客名 FROM 納品, 顧客
　　　WHERE 商品番号 = 'G1'
エ　SELECT 顧客番号, 顧客名 FROM 納品, 顧客
　　　WHERE 納品.顧客番号 = 顧客.顧客番号 AND 商品番号 = 'G1'

問 3-11　　　　　　　　　　　　　　　　　　　　　　　　　　　■H14春-DB 問45

次の2組の表の主キーと外部キーについて，DBMS の参照制約の削除規則を定義する場合，正しい削除規則の組合せはどれか。ここで，実線は主キーを，破線は外部キーを表す。

〔表の構造〕

(1) ｛ 商品　（商品コード，商品名称，商品単価）
　　　受注　（受注番号，商品コード，受注数量）

(2) ｛ 出荷　　（出荷番号，出荷年月日，出荷先コード）
　　　出荷明細（出荷番号，商品コード，出荷数量）

〔削除規則の種類〕
(a) 主キー側の行を削除したら，それを参照する外部キー側の行も削除する。
(b) 主キー側の行を削除する際に，それを参照する外部キー側の行が存在していれば，主キー側の削除を許さない。
(c) 主キー側の行を削除する際に，それを参照する外部キー側の行の値にナル値をセットする。

	(1)	(2)
ア	(a)	(b)
イ	(b)	(a)
ウ	(b)	(c)
エ	(c)	(b)

問 3-12　　　　　　　　　　　　　　　　　　　　　　　　　　　■H18春-DB 問44

事業本部制をとっている A 社で，社員の所属を管理するデータベースを作成することになった。データベースは表 a，b，c で構成されている。新しいデータを追加するときに，ほかの表でキーになっている列の値が，その表に存在しないとエラーとなる。このデータベースに，各表ごとにデータを入れる場合の順序として，適切なものはどれか。ここで，下線は各表のキーを示す。

表 a ｜社員番号｜氏名｜事業本部コード｜部門コード｜

表 b ｜事業本部コード｜事業本部名｜

表 c ｜事業本部コード｜部門コード｜部門名｜

ア　表 a → 表 b → 表 c 　　　イ　表 a → 表 c → 表 b
ウ　表 b → 表 a → 表 c 　　　エ　表 b → 表 c → 表 a

問 3-13

■ H22 春 -DB 午前Ⅱ問 18

DBMS のトランザクション管理に関する記述のうち，適切なものはどれか。

ア　2相ロック方式は，分散型データベースのための制御方式であり，集中型データベースでは使用されない。
イ　資源をロックする時間の長さのことをロックの粒度といい，この粒度が細かいほど，トランザクションのスループットは向上する。
ウ　ダーティリードを許すなど，隔離性水準を下げると，トランザクションのスループットは低下する。
エ　同時実行制御の目的は，データベースの一貫性を保ちながら複数のトランザクションを並行に処理することである。

問 3-14

■ H29 春 -DB 午前Ⅱ問 16

トランザクションの ACID 特性の説明として，適切なものはどれか。

ア　トランザクションでは，実行すべき処理が全て行われるか，何も処理が行われないかという状態の他に，処理の一部だけが行われるという状態も発生する。
イ　トランザクションの実行完了後でも障害の発生によって実行結果が失われることがある。
ウ　トランザクションの実行の結果が矛盾した状態になることはない。
エ　トランザクションは相互に関連しており，同時に実行される他のトランザクションの影響を受ける。

問 3-15

二つのトランザクション T1，T2 が，データ a，b を並行してアクセスする。T1，T2 の組合せのうち，直列可能性が保証できるものはどれか。ここで，トランザクションの各操作の意味は次のとおりとする。

- LOCK x ：データ x をロックする
- READ x ：データ x を読み込む
- WRITE x ：データ x を書き出す
- UNLOCK x ：データ x をアンロックする

ア

T1	T2
READ a	READ a
LOCK a	LOCK a
LOCK b	LOCK b
a = a + 3	a = a + 3
WRITE a	WRITE a
READ b	READ b
b = b + 5	b = b + 5
WRITE b	WRITE b
UNLOCK a	UNLOCK a
UNLOCK b	UNLOCK b

イ

T1	T2
LOCK a	LOCK a
READ a	READ a
a = a + 3	a = a + 3
WRITE a	WRITE a
UNLOCK a	UNLOCK a
LOCK b	LOCK b
READ b	READ b
b = b + 5	b = b + 5
WRITE b	WRITE b
UNLOCK b	UNLOCK b

ウ

T1	T2
LOCK a	LOCK a
READ a	READ a
a = a + 3	LOCK b
	READ b
WRITE a	UNLOCK a
UNLOCK a	UNLOCK b
LOCK b	
READ b	
b = b + 5	
WRITE b	
UNLOCK b	

エ

T1	T2
LOCK a	LOCK a
READ a	READ a
a = a + 3	LOCK b
	READ b
WRITE a	UNLOCK b
LOCK b	UNLOCK a
READ b	
b = b + 5	
WRITE b	
UNLOCK b	
UNLOCK a	

問 3-16

ページ単位で排他制御を行う DBMS において，T 表に対する処理①と②をトランザクションモード READ COMMITTED で並行処理した場合の事象に関して，**誤っているもの**はどれか。

ここで，T 表には三つの列（A，B，C）があり，列 A が主キーである。
また，①②ともに SQL 文の直後に COMMIT 文が付属しているものとする。

①の SQL 文　　SELECT SUM(B) , SUM(C) INTO :HSB , :HSC FROM T
②の SQL 文　　UPDATE T SET B=B+:HB , C=C+:HC WHERE A=:HA

ア　①と②の間でデッドロックが発生する場合がある。
イ　①の実行中に②を実行すると，②が先に終了する場合がある。
ウ　②の COMMIT 実行前の結果が①に反映されることはない。
エ　②を連続して実行しているときに①を実行すると，①より前に終了した②の結果が①に反映される場合がある。

問 3-17

チェックポイントを取得する DBMS において，図のような時間経過でシステム障害が発生し，前進復帰によって障害回復を行った。前進復帰後の a，b の値は幾つか。ここで，Tn □ は長方形の左右両端がそれぞれトランザクションの開始と終了を表し，終了時に COMMIT を行う。また，長方形内の記述は処理内容を表す。T1 開始前の a，b の初期値は 0 とする。

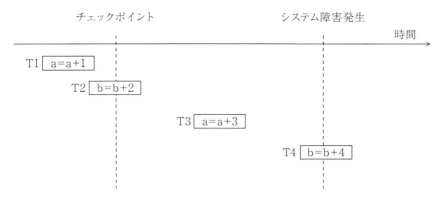

	a	b
ア	1	0
イ	1	2
ウ	4	2
エ	4	6

問 3-18

システム障害発生時には，データベースの整合性を保ち，かつ，最新のデータベース状態に復旧する必要がある。このために，DBMSがトランザクションのコミット処理完了とみなすタイミングとして，適切なものはどれか。

ア　アプリケーションの更新命令完了時点
イ　チェックポイント処理完了時点
ウ　ログバッファへのコミット情報書込み完了時点
エ　ログファイルへのコミット情報書込み完了時点

問 3-19

更新前情報と更新後情報をログとして利用するDBMSにおいて，ログを先に書き出すWAL（Write Ahead Log）プロトコルに従うとして，処理①～⑥を正しい順番に並べたものはどれか。

① begin transaction レコードの書出し
② データベースの実更新
③ ログに更新前レコードの書出し
④ ログに更新後レコードの書出し
⑤ commit レコードの書出し
⑥ end transaction レコードの書出し

ア　①→②→③→④→⑤→⑥
イ　①→③→②→④→⑥→⑤
ウ　①→③→②→⑤→④→⑥
エ　①→③→④→②→⑤→⑥

第4章
DBMSの実装技術

4.1　ファイル編成 …………………………………………… 200
4.2　インデックス法 ………………………………………… 204
4.3　バッファリング技法 …………………………………… 214
4.4　問合せ処理の最適化 …………………………………… 216
4.5　章末問題 ………………………………………………… 222

4.1 ファイル編成

　DBMS，特にRDBMSで用いられるファイル編成は，ヒープファイル，順次編成ファイル，ハッシュファイルの大きく三つに分かれる。ファイル編成の説明の前にコンピュータの記憶階層の基本的な内容を次のように簡単にまとめる。

(1) 記憶階層と磁気ディスク

　コンピュータの記憶装置は，1次記憶と2次記憶に分類される。

▶1次記憶

・ 1次記憶（primary storage）は，CPUから直接アクセスされる記憶装置である。通常，主記憶（main storage）といい，2次記憶と比較するとアクセス速度が速く，記憶容量は小さいのが特徴である。1次記憶のもう一つの特徴は，電源を切ると記憶内容がなくなる揮発性記憶（volatile storage）ということである。

▶揮発性記憶

▶2次記憶

・ 2次記憶（secondary storage）は，磁気ディスク，SSD，光ディスク（CD，DVD），磁気テープなどである。1次記憶と比較するとアクセス速度が遅く，記憶容量は大きいのが特徴である。1次記憶と逆で，2次記憶のもう一つの特徴は，電源を切っても記憶内容がなくならない不揮発性記憶（non-volatile storage）ということである。

▶不揮発性記憶

　DBMSとの関係では，データは2次記憶に格納するが，2次記憶だけではアクセス性能が悪いので，1次記憶と組み合わせて用いる。具体的には，1次記憶上にデータベースを読み込むためのバッファを用意し，通常，512バイトから4kバイト程度のブロック(注)（又はページ）という単位で磁気ディスクとの間で読み書きを行う。ただし，実際のDBMSでは，OSのファイルシステムに依存する場合もあり，次図のバッファ（あるいは作業領域）の階層が二重になる場合もある。

▶ブロック
▶ページ
▶バッファ

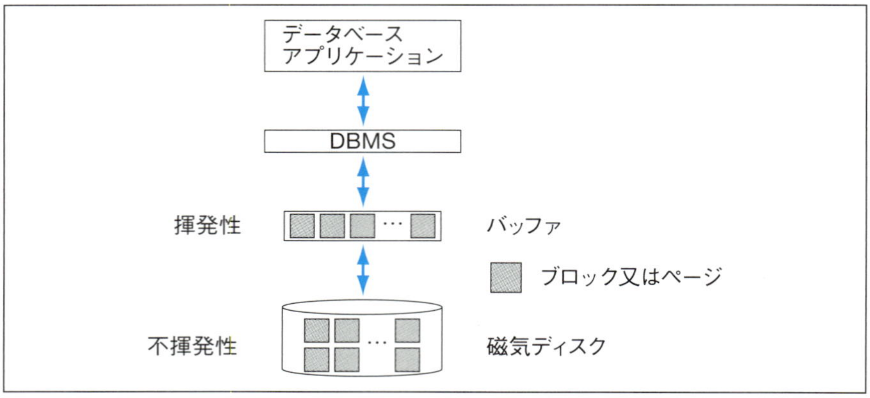

図4-1　DBMSの記憶階層

4.1 ファイル編成

▶ブロック
▶ページ

（注）正確には**ブロック**（block）と**ページ**（page）は別の概念である。ブロックはDBMSあるいはアクセス法から見た入出力の単位で連続したレコードのかたまりである。一方，ページは仮想記憶方式のコンピュータにおけるメモリの分割単位である。OSは，一般にこのページ単位でディスクに入出力を行う。一つのブロックにいくつの（固定長）レコードが格納できるかを表すものを**ブロック化因子**（blocking factor）という。DBMSではブロック化因子は一般に可変である。一般にはブロックサイズ＞ページサイズで，一つのブロックはOSによって複数回の入出力で読み書きされるが，ひとまとめにして，ブロック＝ページとして扱うことも多い。DB試験でも以前はブロックという表現が使われたが，現在ではページという表現になっている。

▶ブロック化因子

（2）ファイル編成

▶ファイル編成

RDBMSの場合，その**ファイル編成**（file organization）は製品ごとに決まっている。利用者が選択できる範囲はインデックスの種類とインデックスを付けるかどうかくらいであるが，ここでは，基本的なファイル構造をまとめておく。

▶ファイル
▶レコード
▶フィールド
▶アクセス法

ファイルは**レコード**の集合であり，レコードは一つの**フィールド**から成り立つ。ファイル編成は，アプリケーションプログラムから見たファイルの論理的な見方を規定するもので，レコードがどのように格納されるか，レコードがどのようにブロック化するかを含む。一方，**アクセス法**（access method）は，ファイルのレコードをどう位置決めし，読み書きするかを示すもので，ファイル編成とは区別する必要がある。これは，一つのファイル編成に複数のアクセス法を適用できる場合があるからである。なお，RDBMSが一般化する前のメインフレーム時代の名残りで，ファイル編成には，順次ファイル，索引順次ファイル，直接編成ファイルと分類する場合もあるが，現在ではヒープファイル，順次ファイル，ハッシュファイルなどと分類する方が，現実のRDBMSに合致する。ハッシュファイルは，キーの値によって，レコードの格納位置に直接アクセスするので，**直接編成ファイル**の一種である。

▶直接編成ファイル

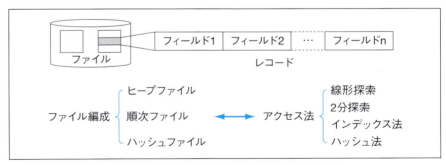

図4-2　ファイル編成とアクセス法

（a）ヒープファイル

▶ヒープファイル

ヒープファイル（heap file）のヒープは，日本語で「積み重ねる」という意味で，一つ一つのレコードを連続して積み重ねたファイルを意味し，最も原始的なファイルである。ヒープファイルのことを**非順序ファイル**

▶非順序ファイル

（unordered file）と呼ぶこともあり，レコードを挿入された順にファイルの中に格納するファイルのことである。なお，紛らわしいが，ヒープファイルは，先頭から順番に読み込んでアクセスするので，順次ファイルと呼ばれることもある。ヒープファイルは，非順序ファイルという名前のとおり，レコードはキーの順番とは無関係に格納される。

　ヒープファイルは，複数レコードを格納するページから成り立ち，最後のページに空きがあれば，そのページの最後にレコードが追加される。ページに空きがなければ，新たなページが確保される。実際にレコードを挿入するには，最後のページをメモリバッファに読み込み，新たなレコードを後に付け加えて，バッファ内容を書き戻すだけである。逆に，レコードを削除するには，必要なページをメモリバッファに読み込み，バッファ上でレコードを削除してページを書き戻す。レコードの削除を繰り返すとページ内に有効使用されない空き領域が増える。

▶線形探索

　ヒープファイルのアクセスには，線形探索（linear search）の手法がとられる。線形探索とは，ヒープファイルのページを順番にたどって目的のレコードを見つけることで，一つのレコードを見つけるには，平均して（総ページ数／2）回ページを読み込み必要がある。この線形探索だけでは効率が悪いので，ヒープファイルは，2次インデックス（後述）という別のアクセス構造を付加するのが一般的である。なお，一般にRDBMSでは，このヒープファイルと2次インデックスを付加したファイル構造が多く用いられる。

(b) 順次ファイル

▶順次ファイル
▶順序ファイル

　順次ファイル（sequential file）は，ヒープファイルと対比させて順序ファイル（ordered file）といわれる場合もある。順次ファイルは，レコードのあるフィールドすなわちキーの順番（昇順又は降順）にレコードを格納するファイルである。順次ファイルは，キー順アクセスではソーティングの必要がないので効率が良いのは当然であるが，2分探索（binary search）の手法も使える。なお，順次ファイルに対してのレコード挿入は，そのレコードのキー値から挿入する場所を計算し，その場所に空き領域を確保する必要がある。原理的には，空き領域を確保するために，平均して総レコードの半分を移動させる必要がある。実際には，ページ単位で空き領域を確保しておき，その空き領域を利用してページ内だけの移動で済むようにしている。あるいは，一時的にオーバフロー専用のファイルを作成し，そこに追加挿入するレコードを入れておく。オーバフローファイルに格納されたレコードは，定期的に本来のファイルにマージする。レコード挿入の効率は良いが，探索はオーバフローファイルを別に線形探索する必要があり，効率は悪くなる。

▶2分探索

　順次ファイルは，物理的にレコードが連続して並ぶが，単独で用いられるより，通常，1次インデックス（後述）を付ける。順次アクセスとキーによる直接アクセスを可能にしたのがIS（Indexed Sequential）ファイル（索引順次ファイル）である。

▶ISファイル
▶索引順次ファイル

（c）ハッシュファイル

　ハッシュファイル（hash file）は，レコードのあるフィールド値にハッシュ関数を適用することによって，レコードの格納位置を決めるファイルである。ハッシュ関数を適用するフィールドをハッシュフィールドといい，通常，主キーをハッシュフィールドにする。ハッシュ関数によって計算するレコードの格納アドレスは，レコードが格納されるブロック（これをハッシュバケット（hash bucket）という）単位のアドレスであり，レコードにアクセスするにはブロックを主記憶に読み込んだ後，線形探索などを行う。ハッシュファイルは，キーに偏りがない場合は，均等にディスク内に分布するが，偏りがあると格納アドレスの衝突（collision）が多発して効率が悪くなる。

▶ハッシュファイル

▶ハッシュ関数
▶ハッシュフィールド
▶ハッシュバケット

4.2 インデックス法

▶インデックス法
▶インデックス

　ファイルのレコードを，キー値とそのレコードの格納番地の対応表を用いて高速に検索するための方法を**インデックス法**（indexing），その対応表を**インデックス**（index；索引）という。現在のDBMSが採用している主なインデックスには，B^+木（B^+-tree），ビットマップインデックス，ハッシュインデックスなどがある。

(1) インデックスの役割

　データベースにおけるインデックス（index；索引）は，書籍の後ろに付いているインデックスと同じような役割を演じる。データベースのレコードの検索性能を向上させるためにインデックスを用いる。インデックスレコードは，データファイルとは別のインデックスファイルに格納される。検索頻度の多い表の主キー，外部キー，グループ化や分類を行う列などに用いると効果的である。一般的には，インデックスを使用すると，検索性能は向上する。インデックスに指定した列の更新性能は，インデックスの更新処理分だけ低下する。ただし，関係データベースの更新（探索型 UPDATE 文，探索型 DELETE 文）では，必ずどの行を更新するか削除するかの指定があり，更新の前に検索が必要なので単純な操作ではない。

　インデックスとキーを混同する場合があるが，インデックスとキーは別の概念である。キーは，関係データベースにおける行の一意識別を可能とする論理的な概念である。一方，インデックスは行の検索性能を向上させるための物理的な手段である。こういう意味から，キーのことを論理キー，インデックスのことを物理キーと表現する場合もある。ただし，キーの一意性を保証する仕組み（一意性制約）として，インデックスはなくてはならないものであり，現実のRDBMSでも主キーにはインデックスが付けられる。もし，主キーにインデックスが付いていなければ，レコードを挿入するたびに挿入する主キーに一致する値がないかどうか，全レコードを探索しなければならない。関係データベースでは，データの内容（値の大小，コードの順番など）とレコードのディスク上の格納位置とは無関係である。一般に，データはそのレコードがデータベースに挿入される順番に物理的に格納される。これは，既に説明したヒープファイルである。

(2) インデックスの分類

▶単一レベル
　インデックス

　インデックスの分類の仕方には様々な方法があるが，まず構造上の分類として，単一レベルのインデックスと多レベルのインデックスに分かれる。**単一レベルインデックス**（simple-level index）には，1次インデックス，クラスタリングイン

4.2 インデックス法

デックス，2次インデックスがある。多レベルインデックスの具体的なものが，B^+木インデックス，古くはISAMファイルがある。

① **1次インデックス**[注1]（primary index）

データファイルがキー（RDBMSでは候補キー）に対して順序付けられていて，すなわちキー順ファイルになっていて，そのキーに対して付けたインデックスである。

▶1次インデックス

② **クラスタリングインデックス**[注2]（clustering index）

キー以外（重複データあり）の順序付けられたフィールドに対して付けたインデックスである。キー以外の順序付けられたフィールドを**クラスタリングフィールド**（clustering field），このデータファイルを**クラスタードファイル**（clustered file）という。

▶クラスタリングインデックス
▶クラスタリングフィールド
▶クラスタードファイル

③ **2次インデックス**（secondary index）

順序付けられていないフィールドに対して付けたインデックスである。キーに対して付ける場合，すなわち重複した値を持たない場合とキー以外の重複した値を持つ場合に分かれる。

▶2次インデックス

ファイルは，順序付けられたフィールドは物理的に一つに限られるので，1次インデックスか，クラスタリングインデックスのどちらかを持つことができる。更に，順序付けられたフィールドに対して全てのキーを持つインデックスを**密集**（dense）インデックスといい，代表的なキー値だけしか持たないインデックスを**点在**（sparse）インデックスという。点在インデックスではインデックスファイルは小さくなるが，探索コストは少し余計に掛かる。

▶密集
▶点在

(注1) RDBMSでは，1次インデックスのことを**主インデックス**，2次インデックスのことを**副（次）インデックス**と訳す場合もあるが，本書では従来の一般的なインデックスに関する用語に従う。

▶主インデックス
▶副（次）インデックス

(注2) 特定のRDBMSでは，B^+木インデックス（後述）に関して，データレコードが順序付けられているものを**クラスタード（クラスタ化）インデックス**（clustered index），順序付けられていないものを**非クラスタード（非クラスタ化）インデックス**（non-clustered index）という。DB試験でも，データレコードが順序付けられているものを**クラスタインデックス**，そうでないものを**非クラスタインデックス**と区別する。この場合の"クラスタ（cluster）"は，"クラスタード（clustered）"を簡略化して訳したものに相当する。

▶クラスタード（クラスタ化）インデックス
▶非クラスタード（非クラスタ化）インデックス
▶クラスタインデックス
▶非クラスタインデックス

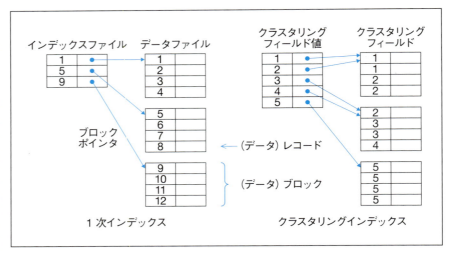

図 4-3　1次インデックスとクラスタリングインデックス

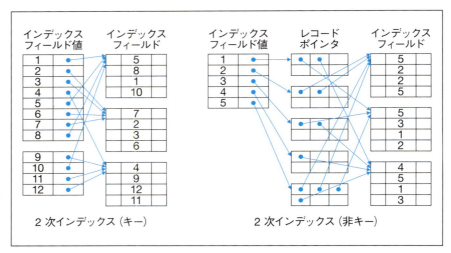

図 4-4　1次インデックスとクラスタリングインデックス

表 4-1　インデックスの分類

値の並び＼重複あり・なし	キー（データの重複なし）	キーでない（データの重複あり）
順序付けされている	1次インデックス	クラスタリングインデックス
順序付けされていない	2次インデックス	2次インデックス

4.2 インデックス法

表4-2 インデックスの特徴

重複	種類	インデックスエントリ数（注）	密集/点在
キー	1次	データファイルのブロック数	点在
非キー	クラスタリング	フィールド値の種類数	点在
キー	2次	データファイルのレコード数	密集
非キー	2次	レコード数又はフィールド値の種類数	密集又は点在

（注）インデックスエントリ数とは，インデックスフィールドの数のこと。

▶多レベルインデックス

④ 多レベルインデックス（multi-level index）

　インデックスを階層化したものである。DBMSで，データに物理的にアクセスするには，インデックスを使用する方法とインデックスを使用しない方法を用いる。ヒープファイルに対しては，特定のレコードを見つけるにはブロック（ページ）を順番に読み込んでいく。目的のレコードが見つかれば，そのデータの読出し，更新，削除などを行う。この線形探索は，もともとレコード件数が少ない表や表の全レコードを検索する必要のある処理に向いている。これに対して，大きい表から，特定の値を持つレコードを選択する場合は，概して膨大な時間が掛かる。このような場合は，インデックスを使用したアクセスを用いるのが一般的である。また，単一レベルインデックスでは，インデックス自体のアクセスに時間が掛かるので，インデックスを階層化した多レベルインデックスが用いられる。DBMSのインデックスの実現方式として，最も一般的なものが，多レベルインデックスであるB^+木インデックスといわれるものである。B^+木インデックスは，木構造でアドレス情報を管理し，平均的に安定した性能が得られる。DBMSで使われるB^+木インデックス以外の別のインデックスの実現方式としては，ハッシュインデックスとビットマップインデックスなどがある。

▶マルチフィールドインデックス
▶単一フィールドインデックス
▶マルチキーインデックス
▶順序付けインデックス

⑤ マルチフィールドインデックス（multi-field index）

　一つのフィールドで構成されるインデックスを単一フィールドインデックス（single-field index）といい，複数のフィールドで構成されるインデックスをマルチフィールドインデックス，マルチキーインデックス（multi-key index），順序付けインデックス（ordered index（on multiple attributes））などという。左側に指定されたフィールド値からインデックスが作成され，この順番に検索するのに有効である。基本的には一つのフィールドを分割したと考えれば，単一フィールドインデックスと同じだと解釈できる。なお，SQLのAND条件の検索において，複数のインデックスを使用して交差した条件を見つける方法を多次元のハッシュインデックスとして一般化したものをグリッドファイル（grid file）という。

▶グリッドファイル

(3) ISAMファイル

▶ISAMファイル

　古典的な索引ファイルの編成法であるISAMファイル（Indexed Sequential

Access Method file）は，図 4-5 のような構造をしている。レコードがキー値の昇順（降順）に並んでおり，ブロックの最大のキー値をインデックスとして持っている。特徴は次のようになる。

① アクセスもランダムアクセスも可能である。
② 静的なインデックス付けが特徴である。データの追加・削除を繰り返すと，あふれ領域を使用するようになり，効率低下を招く。いずれ再編成が必要になる。
③ インデックス部とデータ部が分かれており，インデックス部にはキーが格納される。

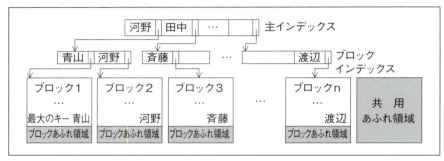

図 4-5　索引順編成

(4) B木ファイル

こんにちの DBMS に採用されている B^+ インデックスのベースになったのが，R. ベイヤーと E. マクライトによって 1970 年に発表された **B木ファイル**（B-tree）である。

▶B木ファイル

① B木の編成法

▶B木

B木ファイルは，図 4-7 のような構造をしており，動的なインデックス保守を行うことを最大の特徴としている。B木ファイルの編成は次のようになる。

(a) 1ブロック（ページ）に収まるレコードの数を 2k とすると，どの節（ノード）の子の個数も最小 k + 1 以上，最大 2k + 1 以下である。1 ブロックには最大 2k 個，最小でも k 個のレコードが存在し，ページ使用率は常に 50％ 以上となる。

(b) 根（ルート）は最小でも 2 個以上，最大 2k + 1 個の子を持つ。ルートブロックは最小 1 個，最大 2k 個のレコードを持つ。

▶動的な索引保守

(c) 動的な索引保守

　根や節のブロックが満杯のときに追加を行うと，該当ブロックを分割する。節の場合はブロック使用率が 50％ 以上になるように分割する。図 4-8 を参照のこと。削除に伴い節のブロックの使用率が 50％ を割り込むと，ブロックの併合を行う。

(d) 根から葉（リーフ）に至る経路の長さは，どの葉も同じである。

(e) インデックスとデータ部はISAMファイルのように分かれていない。個々のインデックスエントリにはレコード（キーとそれ以外のデータ）が格納され，データ全体がB木になるように編成する。

(f) インデックスとデータ部を分けないため，ISAMファイルのように本来データ部として使われるべき葉は，実際には使用されない。

(g) ブロックの先頭に格納されるべきキー値をインデックスとして持つ（図4-6のE，Kなど）。

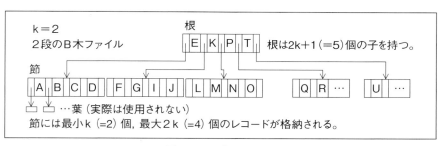

図4-6　B木ファイル

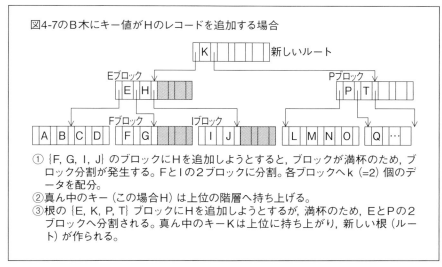

図4-7　B木の追加の例

② B木の最大・最小格納レコード数

1ブロックに格納できる最小レコード数をk個，最大レコード数を2k個とすると，最大格納レコード数，最小格納レコード数は次のようになる。

(a) 最大格納レコード数

根から最下位ノードまでの各段の最大格納レコード数は次のようになる。

B木の段数　段数ごとの格納レコード数　総格納レコード数
1段目（根）　2k個　　　　　　　　　2k
2段目　　　(2k+1)2k　　　　　　　2k+(2k+1)2k
3段目　　　(2k+1)(2k+1) 2k　　　 …
n段目　　　(2k+1)$^{n-1}$ 2k　　　2k+(2k+1)2k+…+(2k+1)$^{n-1}$ 2k

S=2k+…+(2k+1)$^{n-1}$ 2kとする。

$$\begin{array}{rl} S/2k & =1+(2k+1)+\cdots+(2k+1)^{n-1} \\ -)\,(S/2k)\times(2k+1) & =(2k+1)+\cdots+(2k+1)^{n} \\ \hline (S/2k)-(S/2k)\times(2k+1) & =1-(2k+1)^{n} \end{array}$$

したがって，最大格納レコード数 $S=(2k+1)^{n}-1$ となる。

(b) 最小格納レコード数

根から最下位ノードまでの各段の最小格納レコード数は次のようになる。

B木の段数　段数ごとの格納レコード数　総格納レコード数
1段目（根）　1個　　　　　　　　　1
2段目　　　2k　　　　　　　　　　1+2k
3段目　　　2(k+1)k　　　　　　　1+2k+(k+1)2k
n段目　　　2(k+1)$^{n-2}$ k　　　 1+2k+(k+1)2k+…+(2k+1)$^{n-2}$ 2k

S=1+2k+(k+1)2k+…+(k+1)$^{n-2}$ 2kとする。

$$\begin{array}{rl} (S-1)/2k & =1+(k+1)+\cdots+(k+1)^{n-2} \\ -)\,((S-1)/2k))\times(k+1) & =(k+1)+\cdots+(k+1)^{n-1} \\ \hline (S-1)/2k-((S-1)/2k))\times(k+1) & =1-(k+1)^{n-1} \end{array}$$

これを解くと，最小格納レコード数 $S=2(k+1)^{n-1}-1$ となる。

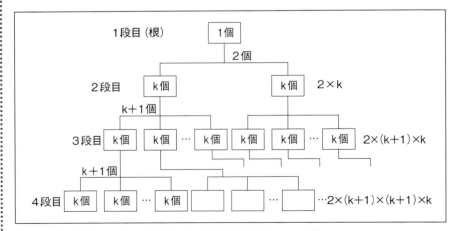

図 4-8　B木の最小格納レコード数

③ 特徴

　B木の特徴は次のようになる。
- (a) ISAMファイルのように，あふれ領域を使用する必要がない。動的なインデックス保守を行う。
- (b) ブロック使用率は50％以上あり，格納効率が良い。索引順編成のように偏在することがない。
- (c) 直接アクセスには向いているが，順次アクセスには向かない。

(5) B*木

▶B*木

　B*木（B*-tree 拡張B木）は，B木を改良したもので，1973年にクヌースによって提案された。B*木は，B木に対し次の点が改良されている。
① ブロックが満杯になったとき，すぐにブロック分割を行わないで，兄弟ブロックが空いているか調べ，空いていればそれを利用する。
② 二つの兄弟ブロックがともに満杯であれば，2k＋2k＋親1個＋追加1個のレコードを三つのブロック（4k個）と二つの親（2個）に分裂させる（図4-10参照）。
③ ブロックの4k個のレコードを3分割するので，1ブロック当たり4k／3個格納される。1ブロックの最大格納レコード数は2k個なので，1ブロック当たりの記憶効率は4k／3÷2k＝2／3になる。
④ B木は葉を使用していないが，B*木は葉をデータ部として使用する。索引順編成と同様に，インデックスにはキーを，葉の部分はデータを格納する。葉の部分も分裂するが，その場合2k個＋追加1個のレコードをk＋1個とk個の二つのブロックに分割する。分割した葉は，順にたどれるようにポインタでつなぐ。なお，葉はデータを格納するので，葉のkの値は節や根のkの値と同じではない。小さくなる。

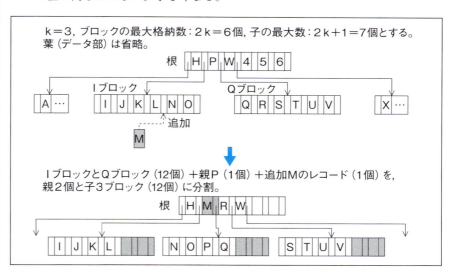

図4-9　B*木の追加の例

(6) B+木

B*木と同様に索引部にはキーを，葉にはデータを格納し，キー値の連続した葉同士をポインタで結んだ編成法を **B+木**（B+-tree）という。順次アクセスの向上を狙ったもので，IBM の汎用機 OS の VSAM（Virtual Storage Access Method）に用いられている。

▶B+木

(7) ビットマップインデックス

データウェアハウスでは年月日，地域，年齢層などといった次元データ（「10.2 データウェアハウス」参照）を基準にして対象の絞込みを行う。次元データは量が多いにも関わらず，データの種類が少ないという特性がある。このため，次元データに対し，以前からあるインデックス技法の B 木ファイルを適用しても思ったほどの効果が得られない。**ビットマップインデックス**（bitmapped index）は次元データのような特性を持つデータに有効なインデックス技法である。

▶ビットマップインデックス

ビットマップインデックスは，図 4-11 のような構造をしており，インデックス化の対象となる列に対して，列内の同じキー値ごとにビットマップを作成する。

データ検索で高速に検索対象を絞込みたい場合は，表中の探索条件に当たる複数の列に対してビットマップインデックスを定義する。問合せの中でこれらの列を指定すると，DBMS はビットマップインデックス間で該当行の絞込みを行う。検索は高速になる。

エリア別売上テーブルのエリア，年月にビットマップインデックスを定義

エリアのビットマップインデックス

神奈川	10001001…
千葉	00010100…
東京	01100000…
埼玉	00000010…

年月のビットマップインデックス

12.7	11110000…
12.8	00001110…
12.9	00000001…

エリア別売上

年月	エリア	商品	金額
12.7	神奈川	A	1000
12.7	東京	A	2000
12.7	東京	B	1000
12.7	千葉	C	1000
12.8	神奈川	D	1000	← 検索結果
12.8	千葉	D	2000
12.8	埼玉	D	3000
12.9	神奈川	E	1000

エリア，年月のビットマップインデックスを用いて次の問合せを行う。
```
SELECT 商品,金額 FROM エリア別売上
 WHERE 年月 = '12.8' AND
       エリア = '神奈川'
```

この場合，ビットマップインデックスだけで絞込みができるので，高速な検索となる。

図 4-10 ビットマップインデックスの例

ビットマップインデックスの特徴は次のようになる。
① データ量に比べてデータの種類が少ない列に対して有効である。この場合，B木インデックスよりも必要な領域が少なくて済む。
② 逆に，主キーやデータの種類が多い列の場合は，必要な領域がB^+木インデックスより増えるので，適さない。

(8) ハッシュインデックス（ハッシュクラスタ）

▶ハッシュインデックス

ハッシュファイルをインデックス法とみなすとき，その部分をハッシュインデックスという。ハッシュインデックス（hash index）は，インデックスフィールド（キー値）にハッシュ関数を適用し，キー値に一致する行をダイレクトに検索できるようにしたものである。ハッシュインデックスは図4-12のような構造をしており，ハッシュ値順にデータが格納され，ハッシュ値が同じ行（シノニム）は同一データブロックに集められる。これは，データブロックに対するI/O（入出力）が1回で済むようにするためである。

例えば，A = 'ZZ' といった完全一致検索の場合，B^+木ファイルを用いたインデックスではルートからリーフページまでの検索が必要である。一方，ハッシュインデックスでは，'ZZ'のハッシュ値によって，1回のI/Oで該当のデータブロックを読み出すことができる。ハッシュインデックスの特徴は次のようになる。

① ハッシュインデックスは比較述語を用いた問合せのうち，A = 'ZZ'の形の等号比較には有効である。また，参照中心のテーブル（静的データ）に向いている。
② ハッシュインデックスは，大小比較の問合せには向かない。大小比較だと，表に対する一定範囲の部分検索や全件検索が発生するためである。また，データ量が増えていくテーブルやハッシュ列の値が頻繁に更新されるテーブル，つまり更新系のテーブルには適さない。

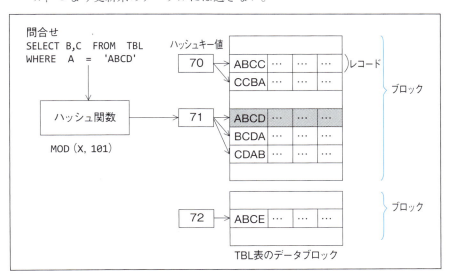

図4-11　ハッシュインデックスの例

4.3 バッファリング技法

バッファリング技法は,データベースへアクセスする場合のディスクI/O回数に大きく影響を与える。特に,データベースバッファ(入出力バッファ)やデータ常駐指定は,ディスクI/O回数の減少に効果が大きい。

(1) アクセス単位

▶アクセス単位

バッファの**アクセス単位**(accessing unit)は,ディスクへの物理的な入出力単位であるブロック(ページ)が用いられる。アクセス単位の大きさは,通常,表などが格納されているデータファイルの最大ブロックサイズ(2kバイト,4kバイト,8kバイトなど)である。連続するブロックを一括先読み(プリフェッチ)する場合は,ブロックサイズの整数倍の単位でバッファへ読み込む。

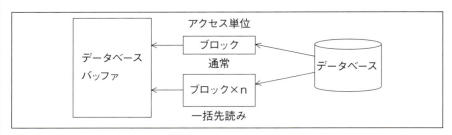

図4-12　アクセス単位

(2) 多重バッファ方式(二重バッファ方式)

▶バッファリング
▶多重バッファリング
▶二重バッファリング

主記憶上のバッファ領域を用いて,CPU処理と入出力動作を並行処理することを**バッファリング**(buffering)という。**多重バッファリング**(multi-buffering)は,複数面のバッファ領域を用意して,CPU処理と入出力動作とを多重化するためのバッファリングの手法である。**二重バッファリング**(double buffering)では,バッファ領域を2面用意する。1面でCPU処理(バッファへの書込み,又は読込み処理)を行いながら,並行して2面で入出力動作(ディスクI/O)を行う。

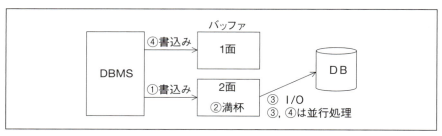

図4-13　二重バッファリング

4.3 バッファリング技法

▶LRU 管理方式

(3) LRU 管理方式

LRU（Least Recently Used）管理方式は，メモリ領域を効率良く管理するための手法で，直近に使用されたデータはメモリ領域に残し，最も古いデータ（最も長い間使用されていないデータ）があるメモリ領域から順に再使用する。DBMS が使用するバッファも LRU 管理される。

LRU 管理の例として，全件検索を行う X 表とランダムな検索を行う Y 表（マスタテーブルなど）が同じバッファを使用すると仮定する。ただし，バッファはあまり大きくないものとする。先に Y 表を処理し，後から X 表の全件検索処理を行うと，LRU 管理されているので，先に読み込んだ Y 表の一部のデータがバッファから追い出されてしまう。再度，Y 表のデータを参照しようとしてデータベースバッファにデータがない場合，データベースからデータを読み込まなければならない（ディスク I/O の発生）。

こうした場合には，順次検索に使用できるバッファ上限値（ブロック数）を定める，あるいはインデックスとデータで別のバッファを利用するといった対策を立てる。

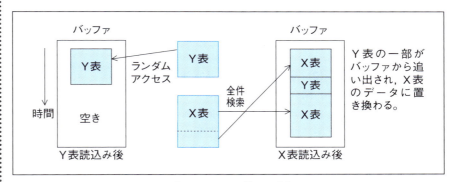

図 4-14　LRU 管理の例

4.4 問合せ処理の最適化

▶最適化

関係データベースの問合せ処理のアクセスコストを最小化することを**最適化**（optimization）という。問合せ処理の最適化のために，関係式の最適化のアルゴリズム，一般的な戦略，データベースの物理編成，最適化処理などの手法が用いられる。

(1) 関係式の最適化のアルゴリズム

関係式の最適化のアルゴリズムは，与えられた解析木を関係式の等価性の法則を用いて変換する。このアルゴリズムは，関係式中の選択と射影を，与えられた解析木の下の方へ移動させる。こうして得られた解析木は，選択や射影を先に実行すべきとする一般的な戦略（後述）に沿ったものになり，問合せの実行時間を減少させる。なお，解析木は関係式を左から右に解析した結果の，演算子（射影，選択，直積など）と関係からなる木である（図4-16参照）。

(2) 一般的な戦略（基本演算の実行順序）

問合せの最適化に関する一般的な戦略には，基本演算の実行順序に関するものと，データベースの物理編成に基づくものがあるが，ここでは基本演算の実行順序について述べる。関係式の最適化のアルゴリズムに用いられる基本演算の実行順序に関する一般的な戦略は，次のようになる。なお，次の説明で，⋈ は式Fによる結合を意味する。

① できるだけ早く選択を実行する。
② 幾つかの選択とそれ以前の直積は結合（`JOIN`）にする。

$\sigma_F(E_1 \times E_2)$ は，$E_1 \underset{F}{\bowtie} E_2$ にする。これは，インデックスや入れ子ループ法などを用いることで，結合演算（特に等結合）の方が，直積よりもI/O回数が少なくて済むことによる。なお，式Fは E_1 と E_2 の属性間の比較を含んでいる。Fが E_1 と E_2 のどちらかの属性しか含まないときは，次に示す関係式の等価性の法則の「直積を伴う選択の変換」を用いる。ただし，π は射影，σ は選択，× は直積を意味する。

直積を伴う選択の変換
- $\sigma_F(E_1 \times E_2) \equiv \sigma_F(E_1) \times E_2$：選択の式Fが全て E_1 の属性からなるとき
- $\sigma_F(E_1 \times E_2) \equiv \sigma_{F1}(E_1) \times \sigma_{F2}(E_2)$：ただし，Fが F_1，F_2 からなり，F_1 が E_1 の，F_2 が E_2 の属性からなるとき
- $\sigma_F(E_1 \times E_2) \equiv \sigma_{F2}(\sigma_{F1}(E_1) \times E_2)$：ただし，$F_1$ が E_1 の属性だけ，F_2 が E_1 と E_2 の属性をともに含むとき

関係を，R [A, B, C], S [D, C], T [E, C] とする。
問合せを，$\pi_A(\sigma_{B<1}(\sigma_{S.C=R.C \land T.C=R.C}(R \times S \times T)))$ とする。
ただし，πは射影，σは選択，×は直積を意味する。
この問合せをSQLで書くと次のようになる。

```
SELECT  R.A
  FROM  R, S, T
 WHERE  R.B<1 AND S.C=R.C AND T.C=R.C
```

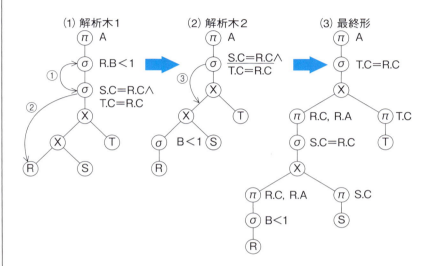

(1) 解析木1
　与えられた解析木を，一般的な戦略に合うように，関係式の等価性の法則を用いて変換していく。
　①は「選択の縦続：$\sigma F_1(\sigma F_2(E)) \equiv \sigma F_1 \land F_2(E) \equiv \sigma F_2(\sigma F_1(E))$」を用いて，B＜1とS.C＝R.C∧T.C＝R.Cの選択を交換。
　②は「直積を伴う選択の変換：$\sigma F(E_1 \times E_2) \equiv \sigma F(E_1) \times E_2$，ただし，選択の式Fが全て$E_1$の属性からなるとき」を用いて，選択B＜1を，Rの前へもっていく。

(2) 解析木2
　③は直積を伴う選択の変換を用いて，選択S.C＝R.Cを，選択B＜1とSの直積の前へもっていく。

(3) 最終形
　解析木を一般的な戦略に従って変換していくと，最終的には，(3)で示す形になる。この解析木を用いて，問合せ処理を下から上に順に行っていくと，極めて効率の良い問合せが行える。

図4-15　解析木の簡単な例

③ 選択，射影は個々の関係（E_1，E_2 など）と結び付けて使用する。
次に示す関係式の等価性の法則を利用する。
・和演算を伴う選択の変換：$\sigma_F(E_1 \cup E_2) \equiv \sigma_F(E_1) \cup \sigma_F(E_2)$
・差演算を伴う選択の変換：$\sigma_F(E_1 - E_2) \equiv \sigma_F(E_1) - \sigma_F(E_2)$
・直積を伴った射影の変換：
$\pi_{A_1,\cdots,A_n}(E_1 \times E_2) \equiv \pi_{B_1,\cdots,B_n}(E_1) \times \pi_{C_1,\cdots,C_n}(E_2)$，ただし，$A_1$，$\cdots$，$A_n$ の中で，B_1，$\cdots$，B_n は E_1 の，C_1，$\cdots$，C_n は E_2 の属性とする。
・和演算を伴う変換：
$\pi_{A_1,\cdots,A_n}(E_1 \cup E_2) \equiv \pi_{A_1,\cdots,A_n}(E_1) \cup \pi_{A_1,\cdots,A_n}(E_2)$

④ 一つの式の中で共通の部分式は，読出しに時間がかからなければ，先に1回だけ計算しておく。

(3) データベースの物理編成

データベースの物理編成に基づいて問合せを最適化するためには，次の方法を用いる。

① ファイルを適切に前処理すること

前処理には二つあり，一つはファイルをソートすること，もう一つはインデックスを設定することである。挿入コストが大きいときには，問合せに際し，一時的にソートしたり，索引を作成したりする。

(a) ソート

▶ソート

挿入コストは大きいが，キーの並びとデータの並びが同じクラスタインデックスを利用すれば，部分検索などの検索効率が良くなる。データ挿入の際にソート（sort）がオーバヘッドになる場合は，データベースのレコードを順編成ファイルへファイルダンプし，一時的にソートして使用する場合もある。

▶インデックス
▶索引

(b) インデックス（索引）

キーの挿入がオーバヘッドになる場合は，データの挿入時にインデックスを落としておき（`DROP INDEX`），問合せのときだけ一時的にインデックスを作成することもある。

② 計算の前に実装方式に選択の余地がないか評価

(a) 結合や選択の処理を行うとき，インデックスが設定してあれば，それを使用する。

インデックスがない場合は，次のような実装方式から選択する。

▶入れ子ループ法

(b) 入れ子ループ法（nested loop method）

表R（AB）と表S（CD）において，AB × CD なる直積やR.B = S.C の結合演算があると，外側のループでABを調べ，内側のループでCDを調べる。この場合，外側のループで扱う表の大きさが処理の実行効率に大きく影響する。

4.4 問合せ処理の最適化

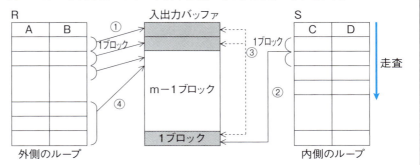

図4-16 入れ子ループ法

(c) ソートマージ結合法

二つの表のソートを行い，その後マージ処理の中で，結合処理，直積処理などの結果をつくり出す。ソートマージ結合法 (sort-merge join method) は，結合する表のどちらも大きくて，入出力バッファに収まらない場合に用いられる（図4-18参照）。

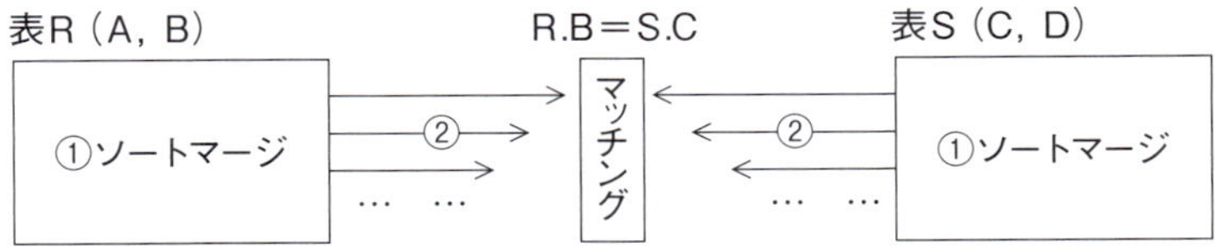

▶ソートマージ結合法

```
表R (A, B)         R.B=S.C         表S (C, D)
  ①ソートマージ  ②  マッチング  ②  ①ソートマージ
           …  …              …  …
```

①表R，及び表Sを，それぞれメモリ上でソートする。
②表R，及び表Sを全ブロック読み込み，マージ処理（マッチング）を行う。つまり，結合処理を行う。

図4-17 ソートマージ結合法

(4) データ統計分布

▶データ統計分布

データ統計分布とは，運用時に格納されるであろうデータの分布と量のことである。データ統計分布を用いれば，問合せを効率良く実行することができる。例えば，ルールベースのオプティマイザ（後述）を用いる場合に，表のデータ件数やキーの重複度などといったデータ統計分布の予測値に基づいてSQL文を記述する。データ件数の多い表との結合演算では，マスタテーブルなどのデータ件数の少ないものが優先されるようにFROM句を指定する，あるいは，キーの重複が多いものはインデックスを使用しないといったSQL文を書けば，表やインデックスの特性に応じた最適な問合せとなる。

(5) アクセスパス

▶アクセスパス

問合せを行う場合に，インデックスの指定のない列やインデックス付きの列を用いた探索条件が指定される。これらのどの列を用いて検索するかによって，アクセス効率が変わってくる。インデックスが指定されていない列の場合は，直接データ部へアクセスする。インデックス付きの列の場合は，Bツリーファイルの索引部を経由してデータ部へアクセスする，あるいは，インデックスだけで比較演算が可能な場合は，データ部へアクセスしない場合もある。これらのデータベース上のアクセス経路のことをアクセスパス（access path）という。

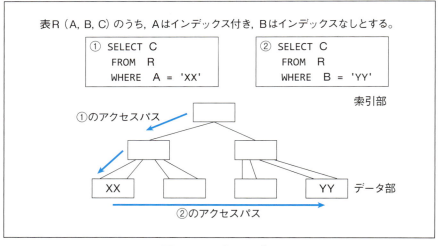

図4-18　アクセスパス

(6) 最適化処理

▶最適化処理

関係データベースの最適化処理（optimization）とは，インデックスの利用などによってアクセス効率が最適になるようにアクセスパスを最適化することである。最適化処理にはルールベースオプティマイザとコストベースオプティマイザがある。

① ルールベースオプティマイザ

▶ルールベースオプティマイザ

ルールベースオプティマイザ（rule-based optimizer）は，あらかじめ決められた優先順位のルールに基づいてアクセスパスを決定する。利用者の書いたSQL文はこの優先順位のルールに従って実行される（「8.5.3 アプリケーション性能調整」参照）。

② コストベースオプティマイザ

▶コストベースオプティマイザ

コストベースオプティマイザ（cost-based optimizer）は，表の大きさやインデックスのキー値の分布などデータ辞書に格納された動的な統計情報を基に最適なアクセスパスを決定する。ルールベースオプティマイザのように，優先順位のルールを意識してSQL文を書く必要がなく，オプティマイザが自動的にSQL文の問合せを最適化する（「8.5.3 アプリケーション性能調整」参照）。

 現在のDBMSが採用している代表的なインデックス技法は何でしょう。三つ挙げてください。

① B+木インデックス…インデックス部にキーを，葉にデータを格納し，キー値の連続した葉同士をポインタで結んだ編成法です。
② ビットマップインデックス…データ量に比べてデータの種類の少ない列（例えば，男か女か）に対して有効な手法です。
③ ハッシュインデックス…インデックスの列に対してハッシュ関数を適用して，キー値に一致する行を直接検索できるようにした手法です。

4.5 章末問題

問 4-1
■H15 春-DB 問 43

ハッシュアクセス手法の説明として，適切なものはどれか。

ア　データ項目の値が特定の値をもつか否かを，レコード番号に対応したレコードビット位置の ON ／ OFF で表現する。重複する値の多いデータの場合に効果がある。
イ　レコード格納位置の計算にレコードの特定のデータ項目を引数とした関数を使用する。一意検索に優れているが，連続したデータの検索には向かない。
ウ　レコードのデータ項目ごとに，データ項目の値とそのレコード格納位置を組にしたインデックスをもつ。データ項目のレコードを検索するのに向いている。
エ　レコードの特定のデータ項目の値から，階層的なインデックスを格納するブロックを作る。この階層のリーフブロックにレコード格納位置が記憶される。大量のレコード件数に対してルートブロックからリーフブロックへの階層数が少なくて済む。

問 4-2
■H18 春-DB 問 43

DBMS の記憶管理に関する記述のうち，最も適切なものはどれか。

ア　関係データベースの参照制約を実現する処理の高速化に連結リストを用いることが多い。
イ　関係データベースの一つの表は，ページと呼ばれるデータベースの格納単位内に収まるよう管理される。
ウ　クラスタリングとは，磁気ディスク装置へのアクセス効率向上を目的としたデータ格納手法である。
エ　バッファ管理では，通常 FIFO（First In First Out）と呼ばれる手法によって，主記憶上のデータ領域を管理する。

問 4-3　　　　　　　　　　　　　　　　　　　　　　　　　　■ H28春-DB 午前Ⅱ問2

次のB木構造において，ルートノードはi個（$1 \leq i \leq 2k$）のレコードをもち，ルート以外のノードはj個（$k \leq j \leq 2k$）のレコードをもつものとする。ルートノードを1段目とした場合，B木は1段目からn段目までに最大何レコードを格納することができるか。ここで，k，nは自然数とし，$n \geq 2$とする。

ア　$(2k+1)^{n-1}-1$　　　　　イ　$(2k+1)^n-1$
ウ　$2(k+1)^{n-1}-1$　　　　　エ　$2(k+1)^n-1$

問 4-4　　　　　　　　　　　　　　　　　　　　　　　　　　■ H16春-DB 問42

ハッシュインデックスの特徴に関する記述として，適切なものはどれか。

ア　B木インデックスと比較して，不等号の条件検索が困難である。
イ　B木インデックスと比較して，ワイルドカード式の検索が容易である。
ウ　インデックスノードが木構造になっており，複数のノードを経由してレコードへアクセスする。
エ　レコードの追加や削除が多くなっても，インデックスの再構成の必要がない。

問 4-5　　　　　　　　　　　　　　　　　　　　　　　　　　■ H18春-DB 問40

次のグラフのうち，B⁺木インデックスを使用した検索を行った場合の，格納レコード件数と平均アクセス時間の関係を表すものはどれか。

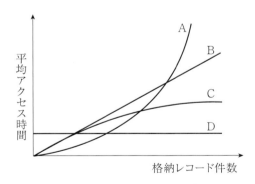

ア　A　　　　　イ　B　　　　　ウ　C　　　　　エ　D

〔memo〕

第5章

分散データベース

5.1　分散データベースの概要 …………………………………………… 226
5.2　分散問合せ処理 ………………………………………………………… 239
5.3　分散トランザクション処理 ………………………………………… 244
5.4　分散データベースリカバリ ………………………………………… 249
5.5　レプリケーション ……………………………………………………… 258
5.6　章末問題 ………………………………………………………………… 263

第5章 分散データベース

5.1 分散データベースの概要

5.1.1 分散データベースの概念

▶分散データベース

分散データベース（distributed database）とは，各データベースは地理的に分散配置されているが，あたかも論理的に一つのものにアクセスしているかのように見えるデータベースのことである。分散データベースが，利用者から見て分散していることを意識しないで扱えることを分散データベースの透過性（transparency）という。なお，データベースが地理的に離れて存在する場合，データベースサイト（database site）あるいは単にサイトという。一方，各サイトが一つのコンピュータに集中され，一元管理されているものを集中データベース（centralized database）という。

▶データベースサイト
▶サイト
▶集中データベース

(1) 分散データベースの意義

① 背景

地域ごと，部門ごとの改善を目指した情報化投資の結果，企業は，異なるOSやデータベースからなる様々な分散化されたシステムを持つようになった。一方，経営環境の変化は，企業経営にスピード，顧客満足向上，低コストなどを求めるが，このためには，企業内の全てのデータやシステムの有効活用が必要である。全システムからの統合された最新のビューの獲得，市場動向や購買パターンの把握（データマイニング），顧客情報の取得などが挙げられる。分散データベースシステムは，タイムリな情報の適切な場所への配置，統合ビューの獲得，異機種に分散されたデータやシステムの統合などの機能によって，こうした要求に応える。

② 制約

分散データベースは，多種多様な構成要素からなっており，分散していることを利用者に意識させないようにするために必要な，グローバルな処理は苦手とされている。関係モデル，オブジェクトモデルなど，モデルの多様性やデータベース言語の多様性への対処（スキーマ統合），及びデータの表現や名前の付け方の違いへの対処（データの意味統合）を実現しようとすると，効率が非常に落ちる（スキーマ統合によるマッピングのオーバヘッド）。また，サイトの自律性を保ちながらグローバルな同時実行制御やグローバルデッドロックを検出するのが難しい。分散していることによって，分散クエリ処理や分散トランザクションの並行処理は集中型システムに比べて複雑化する。

③ 機能的な目的

異機種に分散されたデータやシステムを統合して一つのデータベースシス

テムのように扱えるようにするのが，分散データベースシステムの機能的な目的である。そのためには次のような機能が必要となる。ロケーション透過やフラグメンテーション（分割）透過などの各種透過性の実現，各種自律性の実現（設計自律性，参加自律性，通信自律性，実行自律性など），スキーマの統合，高信頼性の実現（同時実行制御，2相コミット，ACID特性の実現），耐障害性の実現などである。

(2) 分散DBMSの定義

分散データベースシステムの構成要素である各データベースシステムを協調的に制御するソフトウェアを**分散DBMS**（distributed DBMS）という。なお，対比して集中データベースを制御するソフトウェアを**集中DBMS**という。

▶分散DBMS
▶集中DBMS

(3) 分散データベースの分類

分散データベースは次のように分類される。

① 分散データベースシステム

集中型データベースシステムに対し，分散データベースシステムは，一つの分散DBMSと複数のデータベースで構成される。データベースはハードウェアやソフトウェアなどの異なる複数のサイトに存在する。

② 同種分散DBMSと異種分散DBMS

同種（homogeneous）**分散DBMS**は，同じ種類の分散DBMSと複数のデータベースで構成される。**異種**（heterogeneous）**分散DBMS**は，複数のデータベースシステムが異なったDBMSで管理される。

同種分散DBMSは，図5-1のような構成となるが，ローカルなDBMSにアクセスするローカルユーザは存在せず，全てグローバルユーザとなる。グローバルユーザはグローバルスキーマを通して分散データベースへアクセスする。

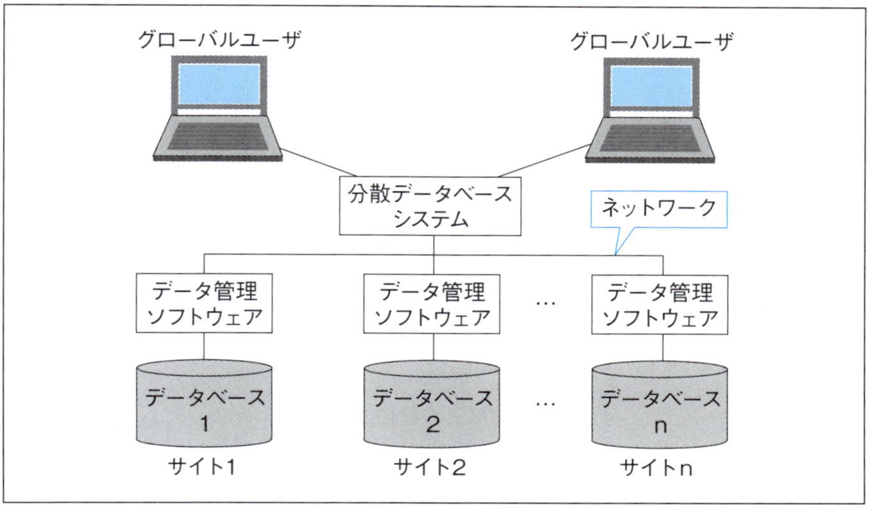

▶同種分散DBMS
▶異種分散DBMS

図5-1 同種分散DBMSの構成

③ マルチデータベースシステム

▶マルチデータベースシステム

マルチデータベースシステム（MDBS）は，複数のデータベースシステムで構成される。各サイトのデータベースシステムが全て同じDBMSから成るとき，これを同種MDBSという。通常は，異なったDBMSで構成され，これを異種MDBSという。マルチデータベースシステム（異種）は，図5-2のような構成となるが，同種分散DBMSと異なり，ローカルユーザとグローバルユーザが存在する。ローカルユーザは，マルチデータベースの存在に影響されることなく，ローカルデータベースへアクセスできる。なお，マルチデータベースシステムは，1980年代の初めから研究されてきたが，その過程で明らかにされた問題の多くは解決が困難であることが分かっている。

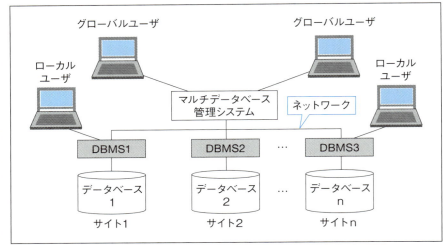

図5-2　マルチデータベースシステムの構成

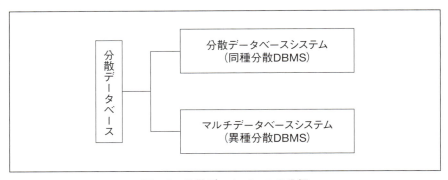

図5-3　分散データベースの分類

(4) 分散DBMSの特徴

分散DBMSの特徴はデータの分散，異種性，自律性を実現することにある。
① データの分散

データの分散は，ロケーション透過などの各種透過性の実現，グローバルデータ辞書の設置，分散問合せ（クエリ）処理，コンカレンシ制御，分散トランザクション処理のサポートなどによって実現される。

② 異種性

異種性は，異なる DBMS（異なるデータモデル，異なる言語）へのアクセス，異なるハードウェアのサポートなどによって実現される。

③ 自律性の実現

各サイトのデータベースシステムに対し，次の自律性を許すことである。

- **設計自律性**：データベース内のスキーマやデータの設計を，各サイトが自由に行える。
- **参加自律性**：共有すべきデータやそれに対する制限を，各サイトで決めることができる。
- **通信自律性**：どのようなデータをいつ通信するかを，各サイトが決めることができる。
- **実行自律性**：サイトの処理の実行順序は，各サイトで自由に決めることができる。

▶設計自律性

▶参加自律性

▶通信自律性

▶実行自律性

(5) 分散 DBMS の長所と短所

① 分散 DBMS の長所

集中型 DBMS と比較した**分散 DBMS の長所**は表 5-1 のようになる。

▶分散 DBMS の長所

表 5-1 集中型 DBMS と比較した分散 DBMS の長所

比較の観点	集中型DBMSの短所	分散DBMSの長所
経済性	既存のデータベースシステムを一つに統合するのでコストが高い。	既存のデータベースシステムを取り込めるのでコストが低くなる。
既存のDBとの相互接続	ベンダ固有であり，既存のDBとの相互接続性は低い。	異種分散データベースが可能であり，既存のDBとの相互接続性は高い。
システム拡張の容易性	簡単にデータベースシステムの増設が行えない。	データベースの容量や能力の拡張が柔軟に行える。新たにシステムを増設することで，容量や能力を拡張できる。
通信費用	センタに集中するので通信費用が高い。	各サイトに必要なデータ（分割・複製など）を持つことによって，無駄な通信費用が減少できる。
パフォーマンスの向上	データ量が増えるとパフォーマンスが落ちる。	データ量の増大に合わせてシステムを増設すればよく，パフォーマンスは落ちない。性能向上も可能である。
耐障害性	1か所に集中しており，障害には弱く，その影響が大きい。	データを重複して持つことでリスクが分散し，自サイトの障害による他サイトへの影響は全くないか軽微である。

第 5 章　分散データベース

▶分散 DBMS の短所

② **分散 DBMS の短所**
・データの意味の統合が難しい。
・スキーマ統合によるマッピングのオーバヘッドがある。
・グローバルなコンカレンシ制御やグローバルデッドロック検出が難しい。
・分散クエリ処理や分散トランザクションの並行処理は集中型システムに比べて複雑化する。
・集中型システムに比べ分散データベースの運用管理（データ辞書，複製の管理など）が難しい。
・分散データのアクセスに対するセキュリティの確保が難しい。

(6) C.J.Date's 12 ルール

ユーザにとって分散データベースは集中型データベースと同様に扱えなければならないとの観点から，C.J. Date は「C.J. Date の分散データベース 12 のルール」を示した（表 5-2 参照）。

▶分散データベース 12 のルール

表 5-2　C.J. Date の分散データベース 12 のルール

ルール	内　容
①サイトの自律性（自治性）	ローカルなデータに対する操作は自サイトだけで行い，他サイトの影響を受けない。
②中央サイトからの独立	ある機能（データ辞書・リカバリなど）が中央のサイトだけで実現されるようなことは許されない。
③無停止運転	データベースは停止することがなく，動き続けること。
④位置からの独立	データの位置や移動場所を知らなくても利用できること。
⑤分割からの独立	一つの表を行や列で分割し，別々のサイトに格納されていても，一つの表として扱えること。
⑥複製からの独立	データの重複があっても，利用者はそれを意識しないで扱えること。
⑦分散問合せ処理	一つの問合せで複数サイトのデータへアクセスができ，問合せ処理を依頼したサイトによって，パフォーマンスが変わることがないこと。
⑧分散トランザクション処理	1 トランザクションで複数サイトのデータを矛盾なく更新できること。分散トランザクションの原子性，一貫性など（ACID特性）が守られること。
⑨ハードウェアからの独立	異なったハードウェアの存在を許すこと。
⑩ソフトウェアからの独立	異なったソフトウェア（通信ネットワーク）の存在を許すこと。
⑪オペレーティングシステムからの独立	異なるオペレーティングシステム（OS）の存在を許すこと。
⑫DBMSからの独立	階層DB，ネットワークDB，関係DB，オブジェクト指向DBなどのDBMSが協調可能であること（マルチデータベース）。

5.1.2 データ分散戦略

▶データ分散戦略

データを分散する場合，アクセス負荷の分散（性能），ネットワークのトラフィック，耐障害性などを考慮して，データ分散戦略を立てる。

(1) 複製

▶複製
▶レプリカ

複数サイトにデータの複製（replica；レプリカ）を持つことによって，ネットワークのトラフィック及び各サイトのアクセス負荷が軽減し，パフォーマンス(性能)が改善される。分散 DBMS の提供する複製の方法には，パブリッシャ／サブスクライバレプリケーションなどがある。

(2) フラグメンテーション（分割）

▶フラグメンテーション
▶分割

フラグメンテーション（fragmentation）には，水平分割と垂直分割がある。各サイトが必要とする単位でテーブルを分割し，そのサイトにデータを分散配置することによって，そのサイトで更新や問合せを行う場合の利用効率が高まる。また，データが分散していることで耐障害性も高まる。ただし，グローバルな問合せに対しては，フラグメンテーション透過を実現しなければならず，ネットワークや問合せの負荷が大きくなる。

(3) データのアロケーション（割当て）

▶データの
　アロケーション

更新の負荷やアクセス頻度を考慮してデータの配置を決める。

① 更新データ

更新処理はネットワークトラフィックを増大させる。また，サーバの障害やネットワーク障害に対応するためには，データのバックアップや障害回復処理が必要になる。こうした理由から，更新データは，データを更新するノード（サーバ）に配置するのがよいとされている。

② アクセス頻度の高いデータ

ただし，あるノードで更新されるデータでも，他のノードからそのデータに対するアクセス頻度が高い場合は別である。ネットワークトラフィックを減少させるため，そのデータをアクセス頻度が高いノードに配置することによって，レスポンスが向上する。

(4) データ辞書の分散

分散データベースでは，各サイトに分散配置された表を共通資源として管理する必要がある。分散配置された表の名前は，分散データベースシステム全体で一意に管理しなければならない。また，表の格納場所や表の構造などを持つデータ辞書をどこで管理するかで，通信コストや更新の負荷などに差がでる。

① 表の命名方式

▶集中型命名方式

　(a) 集中型命名方式
　　データベース管理者が，分散データベースシステム全体で取り扱う表の名前を，重複がないように集中的に管理する方式である。小規模なシステムやトップダウンで構築するシステムに向いている。

▶分散型命名方式

　(b) 分散型命名方式
　　分散データベースシステム全体で取り扱う表の名前をサイト名＋表名の形で一意にする方式である。各サイトにおける表の名前は重複がないようにする。大規模なシステムやボトムアップで構築するシステムに向いている。

▶データ辞書の管理方式
▶一点集中管理方式

② データ辞書の管理方式
　(a) 一点集中管理方式
　　データ辞書を特定のサイトに集中して持たせる方式である。他のサイトを調べて回る必要はないが，特定サイトに負荷が集中し，障害に弱い。

▶完全重複管理方式

　(b) 完全重複管理方式
　　各サイトに全てのサイトのデータ辞書を重複して持たせる方式である。自サイトの辞書で，全ての表の格納位置を知ることができるが，表の移動や構造の変更に伴って，全ての辞書を更新する必要がある。障害には強い（図5-4 参照）。

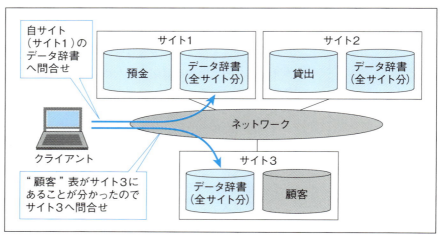

図 5-4　完全重複管理方式

▶重複なし管理方式

　(c) 重複なし管理方式
　　各サイトに自サイトのデータ辞書だけを持つ方式である。自サイトの障害は他サイトに及ばず，表の移動や構造の変更は該当サイトの辞書を変更するだけでよい。自サイトにない表は，他サイトのデータ辞書を調べて回る必要がある（図5-5 参照）。

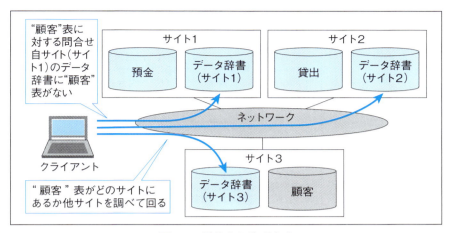

図 5-5　重複なし管理方式

▶ 部分重複管理方式

（d）部分重複管理方式

　各サイトに，幾つかのサイト（例えば A，B）のデータ辞書を重複して持たせる方式である。A サイトでは A，B サイト以外の表も調べて回る必要がある。完全重複方式と比べ更新の負荷は軽くなる。障害にも強い。

（e）分散型命名方式による改善方式

▶ 分散型命名方式による改善方式

　重複なし管理方式や部分重複管理方式の場合，自サイトにない表については，他サイトのデータ辞書を調べて回るという欠点があった。分散型命名方式による改善方式は，この欠点を分散型命名方式によって改善したものである。この方式では，表の名前をサイト名＋表名の形で扱い，自サイトにない表に対する問合せがあった場合には，表の名前に付けられたサイト名によってダイレクトに該当サイトのデータ辞書を見つけ出す。分散型命名方式による改善方式には，誕生サイト方式と格納サイト方式がある。

・誕生サイト方式

▶ 誕生サイト方式

　誕生サイト方式は，表の移動，分割，重複が発生しても，サイト名を変えない方式である。表の名前は，誕生時の名前をそのまま引き継ぐ。表の名前を管理するデータ辞書も誕生したサイトのものを利用する。表の移動などの変更があると，誕生サイトのデータ辞書を変更する。移動した表に対する問合せは，誕生サイトのデータ辞書が全てを管理しているので，まず誕生サイトに問合せを行う。誕生サイトのデータ辞書から移動先の情報を取得し，その上で，その表が実際に格納されているサイトへアクセスする。誕生サイト方式は更新時の負荷は少ないが，検索時に余分な問合せが生じる（図 5-6 参照）。

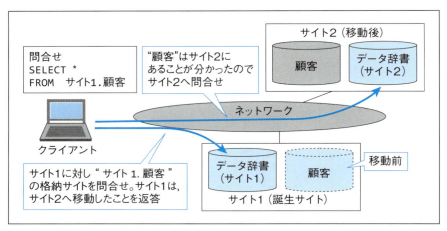

図5-6　誕生サイト方式

・格納サイト方式

▶格納サイト方式

　格納サイト方式は，表の移動，分割，重複が発生すると，その表が格納されるサイトに応じてサイト名を変える方式である。表の移動などの変更があると，この表を管理している全てのサイトのデータ辞書を変更する必要があり，更新時の負荷は大きい。移動した表に対する問合せを行うときに，もし自サイトに変更したデータ辞書があれば，誕生サイト方式のような余分な問合せは発生しない。実際の運用に当たっては，利用者にサイト名を意識させなくてもよいように，グローバル外部スキーマに定義されたビューを用いる。問合せでは，FROM句にこのビューを指定する。ビューと格納サイトとの関連付けは，分散データベース管理システムが行う（図5-7参照）。

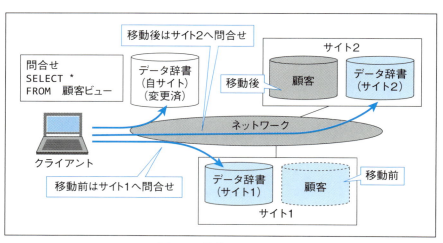

図5-7　格納サイト方式

5.1.3　分散データベースの透過性

▶透過性
▶トランスペアレンシ

データがどのサイトにあり，どのサイトに移動したなどということを利用者が意識しないで扱えることを透過性（transparency；トランスペアレンシ）の実現という。透過性を実現するためには，分散データベースの位置や移動先などをグローバルデータ辞書によって管理する必要がある。

(1) グローバルデータ辞書

▶グローバルデータ辞書

分散データベースの管理には，各サイトのデータベースを管理するローカルなデータ辞書に加えて，分散データベース全体をカバーするグローバルなデータ辞書が必要になる。グローバルデータ辞書には，分散環境特有の情報として次のものが加えられる。

表 5-3　グローバルデータ辞書の分散環境特有の情報

グローバルデータ辞書に格納される分散環境特有の情報
・グローバル概念スキーマ，参加スキーマ，フラグメンテーション（分割）スキーマ，アロケーション（配置）スキーマ，グローバルビュー定義 ・ローカルスキーマとグローバルスキーマ間のマッピング規則（補助スキーマ） ・ネットワークトポロジやサイトのアドレスなどのネットワーク情報 ・グローバルなセキュリティや整合性制約 ・分散問合せに用いられる統計情報

(2) 位置や移動に対する透過性

▶位置に対する透過性

利用者が表やビューなどの位置をいちいち意識しないで扱えることを位置に対する透過性（location transparency）という。表，ビューなどの位置（どのサイトにあるのか）は，グローバルデータ辞書のアロケーションスキーマによって管理される。位置に対する透過性が達成されていれば，表やビューなどが移動した場合は，アロケーションスキーマを更新するだけで，移動を利用者に意識されないで済む。このことを，移動に対する透過性（migration transparency）を達成しているという。

▶移動に対する透過性

(3) 分割に対する透過性（フラグメンテーション透過）

▶フラグメンテーション透過
▶分割に対する透過性
▶水平分割
▶垂直分割

一つの表を行や列で分割し，別々のサイトに保持していても，利用者がこれを意識しないで一つの表として扱えることをフラグメンテーション透過あるいは分割に対する透過性という。分散データベースに対する最も高度な透過性である。表の分割には水平分割と垂直分割がある。水平分割は，表をランダムな条件や特定の問合せ条件によって行で分割し，垂直分割は，表を特定の問合せ条件に合う属性ごとに列で分割する。グローバルデータ辞書のフラグメンテーションスキーマが，表の水平分割と垂直分割を管理する。

図 5-8 に表 R を水平分割と垂直分割した例を示す。表 R1 と R2 は水平分割した後に垂直分割した例で，表 R3 は水平分割だけした例である。これらの分割された表はそれぞれ別々のサイトに格納されるが，表 R を再構築するためには図 5-8 に示す SQL 文を分散問合せとして実行する。

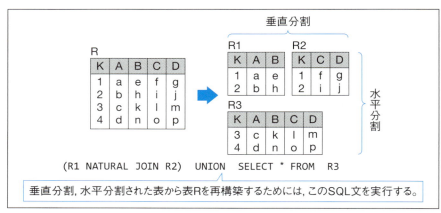

図 5-8　水平分割と垂直分割の例

（4）複製に対する透過性（レプリケーション透過）

▶複製に対する透過性

通信費用の低減や信頼性の向上（障害対策）のために，各サイトにデータの複製を持つ場合がある。データが重複していることを利用者が意識しないで，データの検索や更新が正しく行えることを**複製に対する透過性**（replication transparency）という。位置に対する透過性に含まれるが，複製に対する透過性があっても，位置に対する透過性があるとは限らない。複製に対する更新を伴うと，別の複製も自動的に即時あるいは一定時間経過後，漏れなく更新する仕組みが必要となる。これを**更新伝播**（update propagation）という。現実のRDBMSでは，レプリケーション（replication）あるいはデータプロパゲータ（data propagator）などという名称で具体的な仕組みを提供している。

▶更新伝播

自サイトに複製を持つことで，検索時にわざわざ遠隔サイトまでデータを取りにいかなくてよくなり，通信費用を減らすことができる。また，障害時に別サイトのデータを利用することで，信頼性が高まる。一方，更新時には，各サイトで複製に対する更新の同期をとる必要があり，通信量は増える。検索効率や信頼性の向上と更新のための通信コストとはトレードオフの関係にあり，データ更新の頻度などを考慮して複製の方法を決定する。複製の方法には，完全複製，部分複製，集中複製がある。

▶完全複製

① **完全複製**

全てのデータベースサイトが互いのデータを複製して持つ方法である。あるサイトが障害を起こしても，負荷が若干増えるだけで，サービスは低下しない。

▶部分複製

② **部分複製**

③ 集中複製

特定のデータベースサイトが集中的に複製を持つ方法である。障害を起こしたサイトが特定のサイトでなければ，サービスはほとんど低下しない。特定のデータベースサイトが障害を起こせば，そこで管理しているデータに対するサービスは低下する。

(5) トランザクション透過

トランザクション透過（transaction transparency）とは，複数のサイトのデータを更新するグローバルな分散トランザクション（distributed transaction）を実行するとき，そのトランザクションがローカルなトランザクションと全く同様に動作することをいう。そのトランザクション処理は成功するか失敗するかのどちらかであり，影響を受ける複数のデータベースが中途半端な状態に置かれることはない（グローバルな原子性と耐久性の保証）。トランザクション透過は2相コミット制御及び障害回復機能によって実現できる。

(6) 障害に対する透過性（障害透過）

各サイトで発生した障害を利用者が意識しないで，データベースを利用できることを障害に対する透過性（failure transparency）あるいは障害透過という。障害に対する透過性には二つのレベルがあり，一つは，障害を起こしたサイトのサービスは停止するが他は続行する。これは部分重複，集中重複の場合に対応する。もう一つは，障害を起こしたサイトのサービスを他のサイトが代替するもので，分散データベース全体としての機能はほとんど低下しない。これは完全重複の場合に対応する。

(7) コンカレンシ透過

コンカレンシ透過（concurrency transparency）とは，複数のグローバルな分散トランザクションが並行実行されても，各トランザクションが直列化可能であることを意味する（グローバルな隔離性の保証）。一つのDBMSと複数のDBからなる同種分散DBMSのコンカレンシ透過は2相ロック方式を用いることで実現できるが，マルチデータベースシステムなどの異種分散DBMSの場合は2相ロック方式だけでは難しいので，準直列化可能スケールなどが提案されている。なお，グローバルデッドロックの検出は難しいため，実際のシステムでは時間監視の方法が用いられることが多い。

(8) 性能透過

性能透過（performance transparency）とは，分散クエリ（問合せ）処理を依頼したサイトによって，処理効率（性能）が変わることがないことをいう。オプティマイザは，データ量やネットワーク負荷などを考慮して分散クエリ処理を最

適化する。

(9) DBMS 透過

DBMS 透過（DBMS transparency）は，問合せ言語やデータモデル（データ構造）の違いを利用者が意識しないで済むことであり，DBMS からの独立を実現する。データモデルに対する透過性（違いの吸収）は，参加スキーマ（グローバルスキーマへ参加するローカルスキーマの部分を定義）や，ローカルスキーマとグローバル概念スキーマ間のマッピング規則を定義しておくことで実現できる。

以上の八つの透過性をまとめると表5-4のようになる。

表5-4　分散データベースにおける八つの透過性

透過性	概　　略
位置及び移動透過	利用者が表やビューなどの位置や移動先を意識しないで扱えること
フラグメンテーション透過	一つの表を行や列で分割し各サイトに保持していても，利用者がこれを意識しないで一つの表として扱えること
レプリケーション透過	データが重複していることを利用者が意識しないで扱える（検索，更新）こと
トランザクション透過	グローバルな分散トランザクションが，ローカルなトランザクションと全く同様に動作すること
障害透過	各サイトで発生した障害を利用者が意識しないで，データベースを利用できること
コンカレンシ透過	グローバルな分散トランザクションが並行実行されても直列可能であること
性能透過	分散クエリ（問合せ）処理を依頼したサイトによって，処理効率（性能）が変わらないこと
DBMS透過	問合せ言語やデータモデル（データ構造）の違いを利用者が意識しないで済むこと

5.2 分散問合せ処理

分散データベースの問合せ処理では，処理コスト（処理効率）と通信コスト（メッセージ転送効率）が最小になるように，問合せを分割し，最適化処理を行う。

▶問合せの分割
▶クエリの分割

(1) 問合せ（クエリ）の分割

問合せの分割では，グローバルな問合せをローカルな問合せに分割し，ローカルサイトのDBMSの構文上や意味的な機能不足を補う。問合せの分割では，次のような処理を行う。

① グローバルな問合せ（グローバルなSQL文）に示された全てのテーブルが同一のローカルサイトに属し，かつ，そのSQL文をローカルサイトのDBMSが構文的にも意味的にも処理できるなら，この問合せはローカルサイトのサーバへ送られる。ローカルサイトのサーバで得られた処理結果は，問合せ発行元に戻される。

② テーブルの一部が他のローカルサイトにある場合は，分割されたSQL文（SELECT文）が生成され，他のローカルサイトに送られる。ローカルサイトのDBMSが構文上や意味的にサポートしていない場合は，グローバルサイト（分散DBMS側）で機能不足を補う。全ての結果をグローバルサイトでマージし，問合せの発行元に戻す（図5-9参照）。

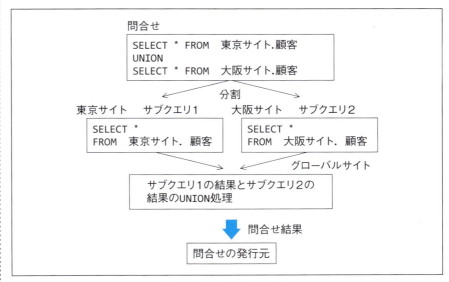

図5-9　問合せの分割の例

(2) 問合せ（クエリ）の最適化

問合せの最適化（query optimisation）では，グローバルな問合せ（グローバルなSQL文）を解析し，最適な結合演算の方式と結合演算の順序を決定する。最適化に当たっては，グローバルスキーマに定義されたテーブルに対する統計情報（データの分布状況，行数）及びネットワークアクセスコスト（通信コスト）を参考にする。

例えば，結合演算に入れ子ループ法が選ばれたとする。この場合，はじめにどのサイトからデータを転送するかを決めることが重要になる。外側のループに行数の小さいテーブルを置けば，通信コストが最小で済み，この判定には統計情報が利用される。

結合演算の方式には，入れ子ループ法，ソートマージ法，準結合（セミジョイン）法，ハッシュセミジョイン法があるが，データ量や通信コストを参考に最適なものを選択する。

① 結合演算の方式

▶入れ子ループ法

(a) 入れ子ループ法

基本的には，「4.4 問合せ処理の最適化」で述べたものと同じ処理である。サイト1に関係R（AB）があり，サイト2に関係S（CD）があると，外側のループのRから1行取り出し，サイト2に送り，サイト2でSとの結合処理を行う。次にRの行を1行進めて，Sとの結合処理を行う。以下それを繰り返す。結果は問合せを行ったサイト（例えば，サイト3）に返送する。

"社員"表と"部署"表の結合処理の例を図5-10に示すが，この例では外側のループの表を，行数の小さい"部署"としている。

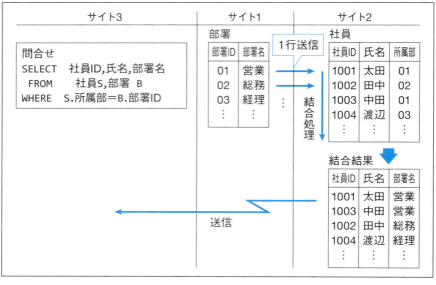

図5-10　入れ子ループ法

5.2 分散問合せ処理

▶ ソートマージ法
▶ マージジョイン法

(b) ソートマージ（マージジョイン）法

基本的には，「4.4 問合せ処理の最適化」で述べたものと同じ処理である。表R，表Sの結合対象となる列（R.B，S.C）で，各々の表をソートする。どちらかの表のソート結果をもう一方のサイトに送って，マージ処理の中で結合を行う。

▶ 準結合法
▶ セミジョイン法

(c) 準結合（セミジョイン）法

準結合は，分散データベースの結合演算における通信量を減らすために用いられる方法で，木質問の処理に非常に適した方式とされている。

関係R，Sがあるとき，RのSによる準結合 R⋉S は次のように定義される。

$$R \ltimes S = R * S[R \cap S]$$

ここで，S[R ∩ S]は，Sの属性集合R ∩ Sへの射影である。＊は自然結合を意味する。また，自然結合R＊Sは，準結合を用いて次のように表すことができる。

$$R * S = (R \ltimes S) * S$$

別々のサイトにある表R（A，B）と表S（B，C）との間でR.B = S.Bの結合演算を行うものとする。次のような手順で準結合処理を行う。

（ⅰ）最初に，RとSの結合の対象となる共通列Bをどちらか一方の相手方に送る。共通列Bは，表Rからも表Sからも抽出することができるが，射影によって重複行は取り除かれる。どの表から共通列を抽出するかは，この重複行を取り除いた結果の行数で判断する。射影された共通列の行数が小さければ小さいほど通信コストは減少する。

（ⅱ）相手方で準結合処理を行う。

（ⅲ）相手方はマッチした行（準結合の結果）を結合対象列以外の必要な列とともに返送する。

（ⅳ）返送を受けた側で最終的に結合処理を完成する。

表R又は表Sのどちらかを相手のサイトに送って結合演算を行う場合よりも，この準結合を用いた場合の通信コストの方が低いと判断できれば，問合せの方式として準結合を選択する。

図5-11に"売上明細"表と"商品"表の準結合法の例を示す。この例では"売上明細"に属する共通列（商品コード）の行数の方が"商品"よりも小さいものとする。したがって，"売上明細"のサイトから"商品"のサイトへ共通列を送り出す。

(d) ハッシュセミジョイン法

▶ ハッシュ
　セミジョイン法

セミジョイン法では相手側に列Bを送るが，ハッシュセミジョイン法では，列Bを送る代わりにBの値をハッシュ関数で変換したハッシュ値を送る。相手方も結合対象列の値をハッシュ化し，ハッシュ値同士でマッチングをとる。

241

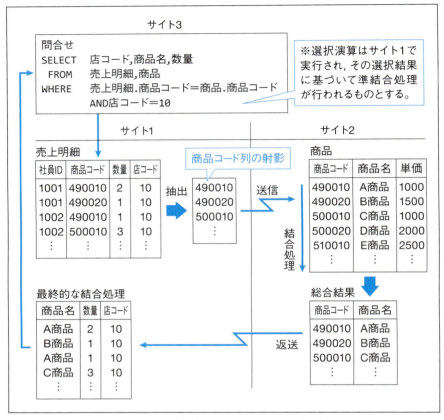

図 5-11 準結合（セミジョイン）法の例

▶ロケーション最適化

② ロケーション最適化

　グローバルな問合せを解析した結果，同じローカルサイトに属するテーブル同士の結合演算が見つかれば，それを先に実行することで，通信コストを減少させることができる。列 A を共有するテーブル R，S，T を自然結合するときの質問グラフは，図 5-12 のようになるが，この場合，(a)，(b)，(c) の三つは等価であるとされている。なお，(a)から導かれる(b)や(c)及びその他の等価なもの全てのことを推移的閉包（transitive closure）という。

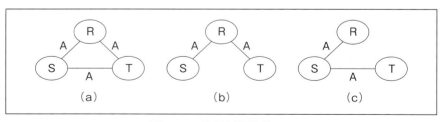

図 5-12 等価な質問グラフ

この関係を利用して，ロケーション最適化を実現できる。例えば，次のような場合である。

　　SELECT * FROM R, S, T
　　　　　WHERE R.A = S.A AND R.A = T.A

テーブルSとTが同じサイト（サイト1）で，Rが異なるサイト（サイト2）にあるものとする。

この問合せは，図5-12の(b)に相当するが，これを(a)のよう変換にしても等価である。

　　SELECT * FROM R, S, T
　　　　　WHERE R.A = S.A AND R.A = T.A
　　　　　AND S.A = T.A

この問合せのS.A = T.Aの部分を分解して，SとTが属するサイト1へ送る。そこで結合演算を実行する。その後で，この結合演算の結果を用いてサイト2のRとの結合演算，つまり図5-12の(c)を実行する。こうすることで，R.A = S.AとR.A = T.Aの結合演算（例えば，入れ子ループ法）を個々に行う場合に比べ，通信コストは大幅に減少する（図5-13参照）。

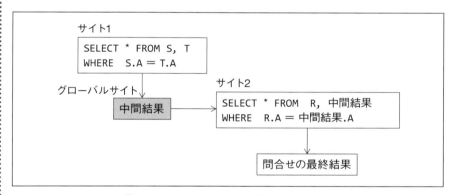

図 5-13　ロケーション最適化後の問合せ

5.3 分散トランザクション処理

　分散データベースシステムでは，一つのトランザクションを複数のサイトにまたがって実行する。これを分散トランザクション処理（distributed transaction processing）という。分散トランザクション処理のトランザクションは原子性，一貫性，隔離性（独立性），耐久性といったACID特性を持つ必要がある。2相コミット制御や同時実行制御機能がそれらを保証する。

▶分散トランザクション処理

(1) 分散トランザクション処理

　集中DBMSではトランザクションは一つのトランザクションマネージャによって管理されるが，分散DBMSではトランザクションマネージャは各サイトに分散される。各サイトのトランザクションマネージャはグローバルトランザクションマネージャ（GTM）と呼ばれ，トランザクションに対する調停者（coordinator）の役割を果たす。

　グローバルトランザクションは，次のように処理される。
- 主サイトのGTMの下でグローバルトランザクションを開始。
- GTMは，データの格納サイトの情報に基づき，グローバルトランザクションを複数のサブトランザクションへ分割（裏で問合せの分割と最適化が動作）。
- 主サイトのグローバルコミュニケーションマネージャ（GCM）は，分割されたサブトランザクションを当該サイトへ送信。
- サブトランザクションは各サイトのローカルトランザクションマネージャ（LTM）の下で実行される。各サイトのサブトランザクションはコミットするか，あるいはアボート（ロールバック）するかのどちらかである（原子性の保証）。
- サブトランザクションが完了すると，その実行結果をGCM経由で主サイトへ返信。
- 主サイトのGTMは全てのサブトランザクションの実行結果を判断し，グローバルトランザクションをコミットするかアボート（ロールバック）するかに決定。その決定を各サイトへ通知。

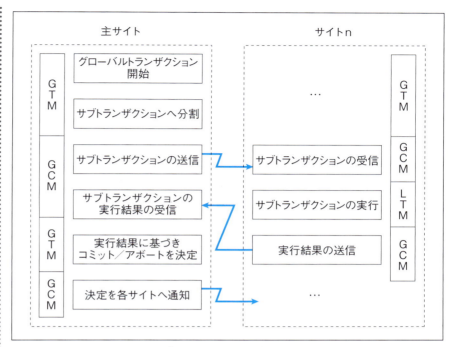

図 5-14　グローバルトランザクションの処理

(2) 分散トランザクション処理における同時実行制御

① 分散データベースでの２相ロック方式

２相ロック方式は，主に同種分散 DBMS 向けに，分散トランザクションの同時実行制御方式として実用化されている。第１相で一斉にロックを掛け，第２相でロックの解除を行うことによって，トランザクションの直列化可能性を保証する。ただし，マルチデータベースシステムなどの異種分散 DBMS の場合は，各サイトにおいてグローバルトランザクションと同時にサイト独自のローカルなトランザクションが実行される。この条件下で，２相ロック方式によってグローバルな直列化可能性を保証するのは難しいとされており，準直列化可能スケジュールなどが提案されている。

② マルチデータベースにおける同時実行制御

マルチデータベースシステムや連合データベースシステムでは，異なる同時実行制御方式を持つ DBMS の存在を許す。また，各サイトにおいてグローバルトランザクションと同時にサイト独自のローカルなトランザクションが実行される。この条件において，ローカルトランザクションの情報なしに実行順序が直列化可能であることを知るのは非常に難しいとされている。この問題に対して，例えば，準直列化可能スケジュールの利用などの直列化可能性の条件を弱めるための提案がされている。準直列化可能スケジュールでは，ローカルトランザクションは直列化可能なスケジュールで実行され，グローバルトランザクションは逐次的に実行される。

▶準直列化可能スケジュール

③ 待ちグラフ

待ちグラフは，トランザクションのロック要求を有向グラフで表現し閉路を持つとデッドロックと判定する。分散 DBMS 環境では，各サイトにおけるサブトランザクションを含めた待ちグラフを組み立てる必要がある。

T_1 をサイト A で，T_2 をサイト B で開始されるトランザクションとする。T_1 のサブトランザクションは，サイト A で実行される T_{1A} とサイト B で実行される T_{1B} に分かれる。同様に，T_2 のサブトランザクションは，サイト B で実行される T_{2B} とサイト A で実行される T_{2A} に分かれる。この場合，T_2 のサブトランザクションがロックしているデータに T_1 のサブトランザクションがロック要求を出し，T_1 のサブトランザクションがロックしているデータに T_2 のサブトランザクションがロック要求を出すと，デッドロックとなる（図 5-15 参照）。

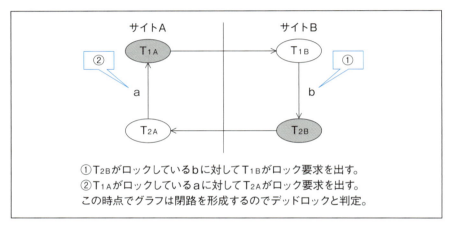

図 5-15　分散 DBMS 環境での待ちグラフ

グローバルなデッドロックを検出する方法には次のようなものがある。

(a) 集中型デッドロック検出

あるサイトにシステム全体のロック機能を集中させる。仕組みは簡単になるが，特定サイトに負荷が集中し，障害に弱い。

(b) 階層型デッドロック検出

各サイトのローカル待ちグラフを階層的に集約し，ルートとなるサイトに全ての待ちグラフを集める。通信負荷は比較的低くなるが，実装が難しく，障害に弱い。

(c) 分散型デッドロック検出

互いに関連するサイト間で待ちグラフをマージしてデッドロックを検出する。あるサイト A から別のサイト B に対するサブトランザクションが生成されると，両方のサイトの待ちグラフに外部（EXT）というノードを追加する。サイト A の待ちグラフが閉路を形成すると，この待ちグラフがサイト B へ送られる。そこで待ちグラフはマージされ，デッドロッ

クかどうか判定される（図5-16参照）。この方式は，仕組みは簡単だが，サイト間の通信が多くなり，デッドロックを誤認する場合がある。

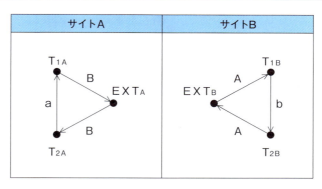

① サイトAからT₁Bが生成されたのでEXT Bを追加。T₁BはT₂Bがロックしているデータbに対しロックを要求。サイトBからサイトAへT₂Aを生成。閉路形成。
② サイトAからサイトBへT₁Bを生成したのでEXT Aを追加。サイトBからT₂Aが生成され，T₂AはT₁Aがロックしているデータaに対しロックを要求。閉路形成。
③ サイトAで閉路が形成されたので，この待ちグラフをサイトBへ送付し，デッドロックかどうかを判定する。

図5-16　分散型デッドロック検出

④　時間監視

グローバルデッドロックの検出は難しいため，実際のシステムでは時間監視の方法が用いられる。時間監視では，ロックしている時間を監視し，一定時間以内に解放しないとデッドロックとみなす。ただし，通信量が多いと，通信負荷で時間がかかっているのか，あるいはデッドロックのために時間がかかっているのかの区別がつかない。この方法も，集中DBMSの場合ほど有効ではない，といわれている。

⑤　時刻印方式，楽観的方式

分散DBMS環境の時刻印方式（timestamp control），楽観的方式（optimistic concurrency control）では，システム全体で時刻印の同期をとる必要があり，一般的には，グローバルカウンタが用いられる。グローバルカウンタは事象が発生するたびにカウントアップされ，時刻印はこのグローバルカウンタの値を指す。

(3) 複製がある場合の制御

複製を更新するときの制御方式には，多数決ロック方式やプライマリコピー方式などがある。これらの方式の主眼は，ネットワーク障害から回復したときに，あるサイトは更新されたが他のサイトは更新されなかったというようなデータの不整合を防ぐ（一貫性を守る）ことにある。

① 多数決ロック方式

▶多数決ロック方式

多数決ロック方式では，過半数のサイトがコミットに投票した場合，グローバルトランザクションはコミットを決定する。障害回復後，アボートを投票したサイトにはこのことが伝えられ，適切な措置がとられる。

② プライマリコピー方式

▶プライマリコピー方式

プライマリコピー方式では，あるサイトのコピーデータをプライマリコピーに指定し，それ以外の他サイトのコピーはスレーブコピーとする。このプライマリコピーに対し2相ロック方式でロックを掛け，更新を行う。プライマリコピーは常に最新で，データの整合性（データベースの一貫性）が保証される。スレーブコピー側は，障害回復後であっても，このプライマリコピーを読み込んでスレーブコピーを更新すればよい。ただし，データの整合性には遅れが生じる。図5-17 参照。

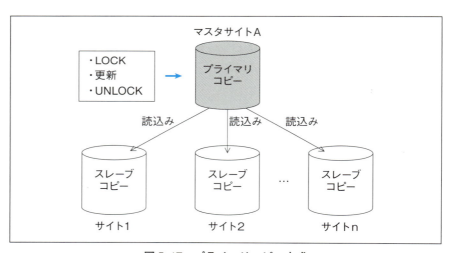

図5-17　プライマリコピー方式

5.4 分散データベースリカバリ

　分散トランザクション処理で障害が発生したとき，あるサイトは更新されたが別サイトは更新されなかった，という状態は避けなければならない。この状態はデータベースの一貫性を崩すので，ローカルDBMSの障害回復機能や分散DBMSの2相コミットプロトコルを用いて，データベースを一貫性のある状態に回復する（ACID特性の原子性と耐久性の保証）。

(1) 分散環境における障害
　分散環境における障害には，トランザクション障害，システム障害，媒体（ハードウェア）障害の他に，分散環境特有のネットワーク障害（通信障害）がある。

(2) 障害のリカバリへの影響
　分散データベース環境では，グローバルトランザクションは複数のサブトランザクションに分割されて実行される。この環境における障害回復では，サブトランザクションだけでなくグローバルトランザクションの原子性も保証しなければならない。つまり，障害回復はサブトランザクションだけでなくグローバルトランザクションにまで影響する。

　各サイトにおけるサブトランザクションの原子性はローカルDBMSの提供する障害回復機能によって保証される。グローバルトランザクションの原子性は，2相コミットプロトコルあるいは3相コミットプロトコルによって保証される。

　なお，グローバルトランザクションが開始されるサイトを調停者といい，サブトランザクションが実行されるサイトを参加者という。

(3) 1相コミットプロトコル
　集中データベースのコミット制御である**1相コミットプロトコル**（one phase commit protocol）を分散データベース環境に用いると，グローバルトランザクションの原子性が失われる（図5-18参照）。1相コミットプロトコルでは1回のコミット処理でコミット／ロールバックを確定するが，グローバルトランザクションについての考慮がないため更新に成功するサイトと失敗するサイトが発生する。その結果，グローバルトランザクションの原子性が失われ，サイト間のデータの一貫性が崩れる。これが1相コミットプロトコルの問題点である。

▶1相コミットプロトコル

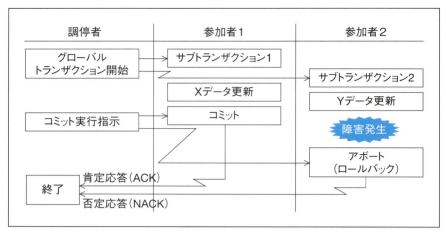

図 5-18　1 相コミットプロトコル

(4) 2 相コミットプロトコル

　分散データベース環境における 1 相のコミット指示だけではグローバルトランザクションの原子性が失われ，サイト間のデータの一貫性が崩れる。これを解決するのが 2 相コミットプロトコル（two phase commit protocol）である。2 相コミットプロトコルでは各サイトのサブトランザクションを直ちにコミットさせるのではなく，いったんコミットもロールバックも可能な中間状態（セキュア状態）に置く。セキュアが全てのサイトで成功すればコミットを実行する。セキュアがどこかのサイトで失敗した場合には，アボート（ロールバック）指示によって全サイトの更新を取り消す（図 5-19 参照）。

▶2 相コミット
　プロトコル
▶セキュア状態

(5) 2 相コミットプロトコルの仕組み

　2 相コミットプロトコルは文字どおり，二つのフェーズから構成されており，第 1 相は投票フェーズといわれ，第 2 相は決定フェーズといわれる。

▶投票フェーズ
▶決定フェーズ

① 第 1 相の処理

　　サブトランザクションの終了後の投票フェーズでは調停者（coordinator）が参加者（participant）に対し投票指示ないしはコミット準備（セキュア）指示を出す。参加者は投票指示を受けて，障害がなければコミットの，障害があればアボート（ロールバック）の投票を行う。投票結果は調停者へ送信される。投票後，参加者は投票内容を変更することはできない。

　　参加者のサイトに障害が発生しアボートを投票する場合，参加者は投票を行う前であればいつでもトランザクションをアボートさせることができる。つまり，トランザクション障害を検出したその時点でアボート処理を行ってもよいし，投票直前でも構わない。このようなアボートを一方的アボート（unilateral abort）という。なお，X/OPEN の分散トランザクション処理（DTP モデル）におけるアボート前提の 2 相コミットプロトコルの場合も同様に，障害検出時点でアボート処理を行う。

▶X/OPEN
▶DTP モデル
▶アボート前提

コミットを投票した参加者は，次の第2相において調停者がグローバルコミット又はグローバルロールバックの実行指示を送ってくるまで待つ。コミット準備を完了したこの段階で，参加者側は，調停者の指示に従いコミットもロールバックも可能な状態となるが，これがセキュア状態である。セキュア状態ではデータベースの更新は確定しておらず，メモリ上でだけ更新を行い，ディスク上は未更新の状態である。

② 第2相の処理

決定フェーズでは，全ての参加者がコミットに投票した場合，調停者は全てのサブトランザクションをコミットすることに決定する（グローバルコミット）。もし参加者から一つでもアボート投票がある場合又は参加者からの応答がタイムアウトになった場合，調停者は全てのサブトランザクションをアボートすることに決定する（グローバルアボート）。調停者は，この決定に基づき参加者に対しグローバルコミット又はグローバルアボートの実行指示を行う。

なお，アボートの否定応答を返した参加者に対しては実行指示を送らない。既にその参加者はアボート処理を終了しているからである。参加者側は，調停者のグローバル指示に基づいてコミット又はアボート（ロールバック）を実行する。

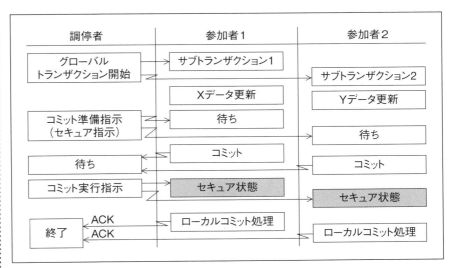

図5-19　2相コミットプロトコル

(6) 3相コミットプロトコル

2相コミットプロトコルでは，参加者がセキュア状態のときに通信障害によるタイムアウトを検出し協調的終了プロトコル（後述）によって閉塞状態を解消しようとしても，他の参加者も同様な状態であれば閉塞状態のままの参加者が残ってしまう。この場合，参加者側はコミットしてよいのかロールバックしてよいのかが分からなくなる。これが2相コミットプロトコルの問題点である。

第 5 章　分散データベース

▶3相コミット
プロトコル

▶プリコミット

　2相コミットプロトコルにおけるこの問題を解決しようというのが**3相コミットプロトコル**（three phase commit protocol）である（図5-20参照）。3相コミットプロトコルでは，投票フェーズ（第1相）の後にプリコミット（コミット可能な状態）というフェーズを追加する。**プリコミット**が成功すると調停者はグローバルコミット実行指示を出す。3相コミットプロトコルでは，個別のサイトに障害が発生しても，2相コミットプロトコルのような参加者側がどうしてよいのかが分からなくなる状態に置かれることはないとされている。

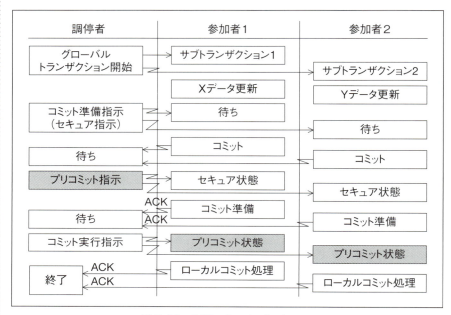

図 5-20　3相コミットプロトコル

(7) 2相コミットプロトコルでの障害回復処理

　2相コミットプロトコルでは，障害に備えて調停者，参加者ごとにローカルなログを持つ。調停者側のログには，第1相の開始，第2相での実行指示（グローバルコミット／アボート），終了が記録される。参加者のログには，第1相でのコミット／アボートの応答，第2相の実行指示の内容（グローバルコミット／アボート）が記録される。なお，調停者は全ての参加者の識別子を，各参加者は調停者の識別子を知っているものとする。さらに，参加者リストを調停者が投票指示するときに添付しておく。これらの情報に基づいて障害回復処理を行う。2相コミットプロトコルの各段階で発生する障害に対して，次のような障害回復処理を行う。

　① 参加者が投票指示を待っているとき

　　参加者が調停者からの投票指示（コミット準備指示）を待っているときに調停者に障害が発生したものとする。参加者は投票指示を待っているときにタイムアウトを検出することになり，アボート処理を行う。通信が再開され，

投票指示がきたときにアボートを返す（図5-21参照）。

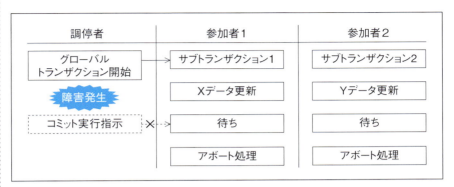

図 5-21　参加者が投票指示を待っているとき

② 調停者が全ての参加者からの投票を待っているとき

　調停者が参加者からの投票（コミット／アボート）を待っているときに，ある参加者に障害が発生し，タイムアウトを検出したものとする。調停者は，投票に失敗したサイトに対してはデフォルト値のアボートを仮定し，グローバルアボートに決定する。全ての参加者に対しグローバルアボートの実行指示を送る。ただしアボートを投票した参加者は除く。調停者のログにグローバルアボートを書き込む。

③ 参加者がセキュア状態のとき

　参加者が調停者からのグローバルコミット／アボートの実行指示を待っているときに，タイムアウトを検出したものとする。調停者側に何らかの障害が発生したと考えられるが，この段階でタイムアウトを検出しても，参加者は何の指示もないのでコミットもアボートも行えない。

　この状態に対する最も簡単な解決方法は通信が再開されるまで待つことである。通信が再開され，調停者からの実行指示が届いたときに，参加者はその指示に従う。ただし，この方法は参加者を閉塞状態に置いたままにする。

　この閉塞状態を避けるために，参加者は協調的終了プロトコルといわれる処理手順を実行する（X/OPENのDTPモデルではヒューリスティックな決定といわれる）。

　協調的終了プロトコルの処理手順は次のとおりである。閉塞状態に置かれた参加者を P_0，他の参加者を P_i とする。

・参加者リストを用い，P_i に，届いた実行指示の内容を問い合わせる。
・P_i が，実行指示の内容（コミット／アボート）を知っているか，又は P_i が一方的アボートを実行したのであれば，参加者 P_0 はその内容に従いコミット又はアボートを実行する。
・そうではなくて，もし P_i がまだ投票していないならば，まず P_i が一方的アボートを実行する。参加者 P_0 はその決定に従う（アボート）。
・障害が回復するまでの間，実行指示の内容を知っている他の参加者が見つ

かるまでこの処理を続ける。
- この協調的終了プロトコルを実行した結果，障害を起こしているのは調停者だけであるということを全ての参加者が知ったならば，調停者を再選出し，閉塞状況を解除する（図 5-22 参照）。

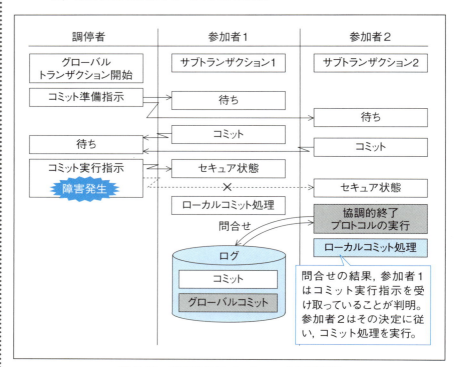

図 5-22　協調的終了プロトコルの処理手順

④　リスタートプロトコル

　2 相コミットプロトコルの各段階において障害が発生した場合，障害が発生したサイトではリスタート処理を行う。リスタート処理では，参加者のログの内容を調べ，参加者がどの段階まで処理を進めていたかを判定する。リスタート処理で行う回復処理（コミット／アボート処理）は，他の全ての参加者と同じ内容になるようにする。参加者がリスタート処理で行う処理手順を**リスタートプロトコル**という。

▶リスタートプロトコル

（a）アボート投票時又は投票前のリカバリ

　もし障害の発生前にアボートを投票していたか，あるいは全く投票を行わなかった場合，参加者は独立に一方的アボートを実行する（図 5-23 参照）。

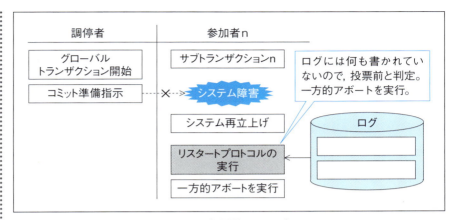

図 5-23　投票前のリカバリ

(b) 実行指示を受取り済みのときのリカバリ

障害発生前にグローバルコミット／アボートの実行指示を受け取っていた場合は，参加者はその指示に従い独立にコミット／アボートを実行する（図 5-24 参照）。

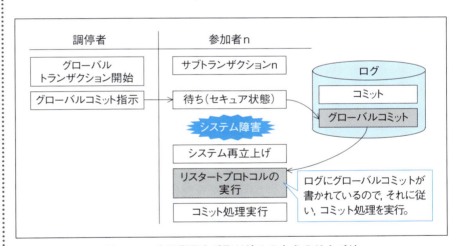

図 5-24　実行指示を受取り済みのときのリカバリ

(c) コミット投票時のリカバリ

前記 (a)(b) 以外，つまり，障害発生前にコミットを投票したがグローバルコミット／アボートの実行指示を受け取っていない場合は，独立に回復処理を行えない。この場合は調停者のログにグローバルコミット／アボートの実行指示の記録が残っているので，調停者に対し実行指示の内容を問い合わせる。あるいは，他の参加者に問い合わせる（協調的終了プロトコル）。図 5-25 参照。

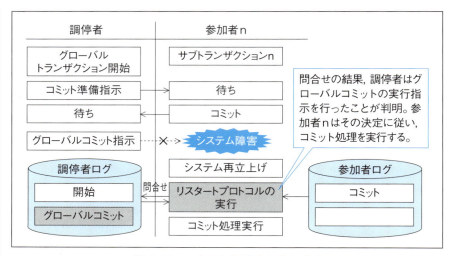

図 5-25　コミット投票時のリカバリ

▶コミュニケーショントポロジ

(8) コミュニケーショントポロジ（通信形態）

2相コミットプロトコルの通信形態には，幾つかの方式が提案されている。

① 集中型 2PC（2 Phase Commit）

　集中型 2PC は，中央の調停者と参加者の間でメッセージ（コミット準備（投票）指示／応答，グローバル実行指示）の伝達を行う。第1相，第2相の並行処理が可能であるが，中央の調停者にメッセージが集中する。

② 線形 2PC

　線形 2PC は，参加者へ順番にメッセージ（コミット準備（投票）指示／応答，グローバル実行指示）を伝達していく。集中型 2PC に比べメッセージ量は減るが，並行処理はできない。

③ 分散型 2PC

　分散型 2PC は，調停者と参加者が全ての参加者のコミット準備指示に対する応答結果を受け取る。グローバルな決定の無矛盾性は保証されるが，独立しては行えない。

5.4 分散データベースリカバリ

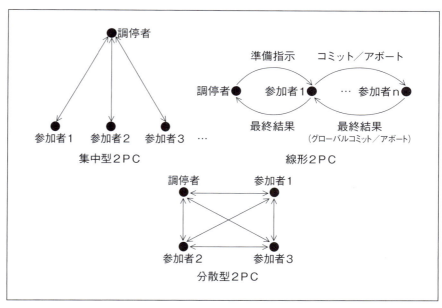

図5-26 2相コミットプロトコルの通信形態

 X/OPENのDTPモデルにおける2相コミットプロトコル

X/OPENのDTP（Distributed Transaction Processing；分散トランザクション処理）モデルでは，アボート前提の2相コミットプロトコルを採用しており，本章の分散データベースリカバリで述べたものとほぼ同じ内容になります。X/OPENのDTPモデルでは，セキュア状態のときに調停者からの指示がない場合，参加者は基本的には決定を保留しなければならないとされています。一方，本書の「2相コミットプロトコルの障害回復処理」では，協調的終了プロトコルを用いて各サイトが閉塞状態に置かれるのを避けようとします。この点が若干異なります。ただし，DTPモデルでは，オプションで，参加者が独自の判断でコミット／アボートの決定を下してもよいとしています（heuristicな決定）。このオプションの処理に協調的終了プロトコルを用いれば，両者の差はなくなります。

5.5 レプリケーション

　分散DBMSの提供するレプリケーション機能を用いて，重複データを各サイトへ配置することができる。重複データを各サイトに持つことでネットワークトラフィックが大幅に減少し，対障害性も向上する。

(1) レプリケーション機能と利点
　レプリケーション（replication）は，主サイトのマスタデータベースの複製（レプリカ）を複数の遠隔サイトに作成し，同期あるいは非同期に全ての複製の整合性を維持する機能である。レプリケーション機能を用いて複数のサイトに複製を持つことによって，主サイトへのアクセス負荷が分散する。分散DBMSの分散クエリ機能を用いる場合，ネットワークトラフィックが常に問題になるが，複製を各サイトに持てば，レプリケーション時の負荷は残るものの，検索時のネットワークトラフィックは大幅に減少する。また，主サイトに障害が発生した場合でも複製で代替することができる（耐障害性の向上）。さらに，データウェアハウスにおけるデータマートの作成などにも，レプリケーション機能が用いられる。

(2) レプリケーションの手法
　レプリケーションの手法にはパブリッシャ／サブスクライバ（出版者／定期購読者）レプリケーションと双方向レプリケーションがある。
　① パブリッシャ／サブスクライバレプリケーション
　　パブリッシャ／サブスクライバレプリケーションは，マスタ／スレーブレプリケーションともいわれる。主サイトのマスタデータベースは，プライマリコピー（主複写）を持つ。これは，レプリケーションの対象となるテーブルである。主サイト側をパブリッシャ（マスタ），複写が作られる遠隔サイト側をサブスクライバ（スレーブ）という。パブリッシャ／サブスクライバレプリケーションでは，主サイトのプライマリコピーに加えられた変更が，定期的に遠隔サイトの複製に反映される。
　　プライマリコピーに加えられた変更とは，コミット済みの更新データのことで更新後ログ（トランザクションログ）に記録される。実際には，この更新後ログのコミット済みの更新データが，遠隔サイトへレプリケーションされる。また，レプリケーションする際には，どのデータ行を抽出するか（行分割），どの列を抽出するか（列分割），あるいは他のテーブルとの結合演算などのフィルタリング指定が行える（図5-27参照）。

▶レプリケーション

▶パブリッシャ／サブスクライバレプリケーション
▶マスタ／スレーブレプリケーション

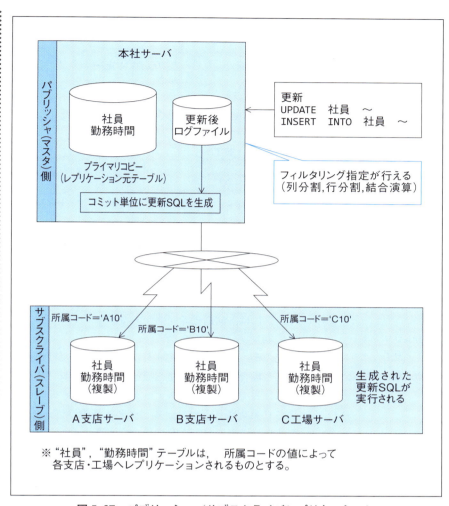

図 5-27　パブリッシャ／サブスクライバレプリケーション

② 双方向レプリケーション

　双方向レプリケーションは，ピアツーピアあるいは対称型レプリケーションと呼ばれる。双方向レプリケーションでは，複製に対する更新が可能である。遠隔サイトの複製（n_1）に対する更新が主サイトのプライマリコピーへ反映される。プライマリコピーが変更を受け入れると，次回レプリケーション時に，この変更が他の遠隔サイトの複製へ，つまり n_1 以外の n_2, n_3…へ反映される（図 5-28 参照）。

▶双方向
　レプリケーション

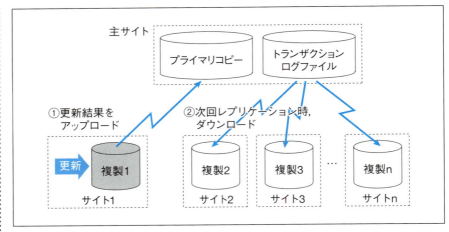

図 5-28　双方向レプリケーション

(3) レプリケーションのタイミング

マスタデータベースと複製との間でデータの整合性を保つ必要があるが，そのタイミングには，同期と非同期がある。

▶同期レプリケーション

▶更新伝播

① 同期レプリケーション

元のデータ（ソースデータ）の更新部分だけが目的のデータベースへ伝播される場合，これを更新伝播という。同期レプリケーションは，この更新伝播に従っており，ソースデータの更新部分が即時に目的のデータベースへ伝播され更新される。ソースデータと目的のデータベースは同期がとられる。例えば，現実の RDBMS の場合，遠隔サイトに置かれた変更可能な複製（スナップショットとも呼ぶ）に対して変更が行われると，即時に主サイトのデータベースへ伝播され更新が行われる。データベースの変更にはストアドトリガが用いられる場合がある。

② 非同期レプリケーション

▶非同期レプリケーション

非同期レプリケーションは，パブリッシャ／サブスクライバレプリケーションの手法を用いる。主サイトのプライマリコピーに対する変更（コミット済みの更新データ）は，あらかじめ決められた時間間隔で，遠隔サイトの複数のデータベースサーバへ複写される。つまり，非同期に複写される。複製の更新方法には，フルリフレッシュ（全面更新）と差分リフレッシュ（差分更新）がある。フルリフレッシュは，プライマリコピーの全てのデータを使って複製を全面的に更新する。差分リフレッシュは，最新の変更のあった部分だけを更新する。非同期レプリケーションで用いられる複製は読込み専用のものが多いが，更新可能なものもある。例えば，パブリッシャ／サブスクライバレプリケーションと双方向レプリケーションを組み合わせた RDBMS もある。主サイトのプライマリコピーは更新可能である。

▶フルリフレッシュ
▶差分リフレッシュ

（4）レプリケーション定義の簡単な例

　この例で使用する商用の分散 RDBMS は，レプリケーションに際してフィルタリング指定が行える。列分割（必要となる列の選択），行分割（必要となる行の選択），両者の組合せによって，レプリケーション先のテーブルに必要とされるデータだけを転送することができる。フィルタリング条件の定義には，他のテーブルとの結合演算を含む問合せ（SQL 文）が指定できる。

・レプリケーション元のテーブルは，次のとおりである。

```
社員（社員番号, 氏名, 住所, 入社日, 所属部署コード）
営業活動記録（社員番号, 訪問日, 顧客番号, 訪問内容, 所属部署コード）
顧客（顧客番号, 顧客名, 住所, 電話番号）
```

・"社員" テーブルは，全ての行を複製する。
・"営業活動記録" テーブルは，（訪問時の社員の）所属部署コードの値によって行分割する。
・"顧客" は，"顧客" と "営業活動記録" を結合した結果得られる所属部署コードで行分割する。"顧客" テーブルのフィルタリング条件には，結合演算のための SQL 文を指定する。
・"営業活動記録"，"顧客" テーブルは次のように行分割され，本社サーバから各部門のサーバへ複製される。
　　所属部署コード ＝ '1010' のときは本店営業部サーバへ
　　所属部署コード ＝ '2010' のときは大阪支店サーバへ
　　所属部署コード ＝ '3010' のときは名古屋支店サーバへ

　このレプリケーションを行うために必要なレプリケーション元と複製側の定義は図 5-29 のようになる。

```
レプリケーション元の定義
CREATE PUBLICATION 複製1(
 TABLE   社員
 TABLE   営業活動記録
  SUBSCRIBE BY 所属部署コード
 TABLE   顧客
   SUBSCRIBE BY(
   SELECT   所属部署コード
     FROM   営業活動記録
     WHERE  営業活動記録.顧客番号=顧客.顧客番号));
```

```
複製側の定義
CREATE SUBSCRIPTION
 TO 複製1('1010') FOR 本店営業部;
CREATE SUBSCRIPTION
 TO 複製1('2010') FOR 大阪支店;
CREATE SUBSCRIPTION
 TO 複製1('3010') FOR 名古屋支店;
```

図 5-29　レプリケーション定義の例

分散データベースの透過性を八つ挙げてください。

①位置及び移動透過，②フラグメンテーション透過，③レプリケーション透過，④トランザクション透過，⑤障害透過，⑥コンカレンシ透過，⑦性能透過，⑧ DBMS 透過

5.6 章末問題

問 5-1 ■H25秋-SC 午前Ⅱ問21

分散データベースシステムにおける"分割に対する透過性"を説明したものはどれか。

- ア　データの格納サイトが変更されても，利用者のアプリケーションや操作法に影響がないこと
- イ　同一のデータが複数のサイトに格納されていても，利用者はそれを意識せずに利用できること
- ウ　一つの表が複数のサイトに分割されて格納されていても，利用者はそれを意識せずに利用できること
- エ　利用者がデータベースの位置を意識せずに利用できること

問 5-2 ■H12春-DB 問61

分散型データベースシステムにおいて，データベースが置かれているサイト名を表の命名規則に使った場合の特徴として，適切なものはどれか。

- ア　各サイトにすべてのデータディクショナリ／ディレクトリが必要である。
- イ　自サイトのデータディクショナリ／ディレクトリしかもたない場合に，他サイトの問合せが効率的となる。
- ウ　データディクショナリ／ディレクトリを一点集中管理する場合に効率的となる。
- エ　表の移動，フラグメント及び重複が発生する頻度が高い場合に適している。

問 5-3 ■H25春-DB 午前Ⅱ問20

分散型DBMSにおいて，二つのデータベースサイトの表で結合を行う場合，どちらか一方の表を他のデータベースサイトに送る必要がある。その際，表の結合に必要な属性だけを送り，結合に成功したものだけを元のデータベースサイトに転送して，最終的な結合を行う方式はどれか。

- ア　入れ子ループ法
- イ　セミジョイン法
- ウ　ハッシュセミジョイン法
- エ　マージジョイン法

問 5-4

分散データベースのトランザクションは複数のサブトランザクションに分割され，複数のサイトで実行される。このとき，トランザクションのコミット制御に関する記述のうち，適切なものはどれか。

ア　2相コミットでは，サブトランザクションが実行される全てのサイトからコミット了承応答が主サイトに届いても，主サイトはサブトランザクションごとにコミット又はロールバックの異なる指示をする場合がある。
イ　2相コミットを用いても，サブトランザクションが実行されるサイトに主サイトの指示が届かず，サブトランザクションをコミットすべきかロールバックすべきか分からない場合がある。
ウ　2相コミットを用いると，サブトランザクションがロールバックされてもトランザクションがコミットされる場合がある。
エ　集中型データベースのコミット制御である1相コミットで，個々のサイトが独自に分散データベースのコミットを行っても，サイト間のデータベースの一貫性は保証できる。

問 5-5

分散データベースにおいて図のようなコマンドシーケンスがあった。調停者がシーケンスaで発行したコマンドはどれか。ここで，コマンドシーケンスの記述に UML のシーケンス図の記法を用いる。

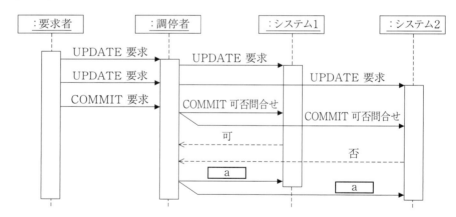

ア　COMMIT の実行要求
イ　ROLLBACK の実行要求
ウ　判定レコードの書出し要求
エ　ログ書出しの実行要求

第6章

情報資源管理とデータベース設計

6.1 システムカタログ …………………………………………………… 266
6.2 情報資源辞書システム ………………………………………………… 267
6.3 情報資源管理 …………………………………………………………… 271
6.4 リポジトリ ……………………………………………………………… 274
6.5 CASEツールとリポジトリ ………………………………………… 278
6.6 章末問題 ………………………………………………………………… 282

第6章 情報資源管理とデータベース設計

6.1 システムカタログ

(1) システムカタログの意義

▶システムカタログ

システムカタログ（system catalog）はRDBMSの中核をなす機能であり，1970年代のデータベースの発展とともに出現したもので，データディクショナリ／ディレクトリシステム（DD/DS）ともいわれる。システムカタログは，単にデータディクショナリ（data dictionary）と呼ばれる場合もある。

▶データディクショナリ

システムカタログには，データベースに関する全てのメタデータあるいはデータベースが自分自身を管理するための情報が格納されている。システムカタログはRDBMSにおいて次のような役割を果たす。

- システムカタログを通して3層スキーマアーキテクチャが実現される。システムカタログはスキーマとスキーマ間のマッピング情報を保持しているが，そのことによって3層スキーマアーキテクチャが実現される。
- RDBMSのクエリプロセッサは，システムカタログに登録された情報によってデータ操作SQL文の意味を解釈し実行する。
- 表が格納される領域などの拡張が起きると，RDBMSは，システムカタログを更新する。こうすることで，その後のデータベースの管理を正しく行うことができる。
- RDBMSのオプティマイザは，システムカタログに格納された表の行数やキーの分布などの統計情報を参照することによって，最適なアクセスパスを選択することができるようになる。

(2) システムカタログの内容

システムカタログには，各データの定義情報（メタデータ）が格納される。これには，表名，列名，データ型，桁数，参照制約などがある。

また，索引，クラスタ，ビュー，権限付与，データベースファイル，表領域とそれらのデフォルト記憶パラメタ，有効なユーザなどの静的管理情報と，オプティマイザが使用する表のサイズ，行数，キーの分布などの統計情報（動的管理情報）も格納される。

表6-1 システムカタログの内容

情報の種類	内容物
定義情報	表名，列名，データ型，桁数，参照制約など
静的管理情報	索引，クラスタ，ビュー，権限付与，データベースファイル，表領域とそれらのデフォルト記憶パラメタ，有効なユーザなど
統計情報	表のサイズ，行数，キーの分布など

6.2 情報資源辞書システム

(1) 情報資源辞書システム（IRDS）標準化の狙い

① 情報資源管理のためのIRDSの必要性と標準化の意義

（a）情報資源管理のためのIRDSの必要性

　企業の情報資源の有効利用と完全性確保のためには，情報資源の管理が必要とされているが，この情報資源を管理するためのソフトウェアシステムが**情報資源辞書システム**（**IRDS**；Information Resource Dictionary System）である。IRDSは，情報資源管理のために**情報資源辞書**（**IRD**；Information Resource Dictionary）を用いる。ISOの情報資源辞書システム標準によれば，IRDは「企業の情報資源が記録されるリポジトリの一部で，情報資源辞書システムによって管理される」とされている。

（b）IRDS標準化の意義

　国際標準規格であるIRDSサービスインタフェースは，後述する情報資源辞書定義（IRDD）レベルの記述情報の形式と，各種ツールとの汎用的なサービスインタフェースを提供する。IRDSは，こうした標準の提供によって，商用リポジトリツールのユーザインタフェースの統一を狙う。各種ツールが標準に準拠することで，各種ツール間で異なる辞書情報を共通に使用することができ，情報資源の共有化が可能になる。

② データディクショナリ／ディレクトリとIRDSの違い

　データディクショナリ／ディレクトリシステム（**DD/DS**）は，1970年代のデータベースの発展とともに出現したDBMSを支援するツールである。データディクショナリはデータの定義情報（メタデータ）を集めたものであり，データディレクトリはデータの所在場所の記録である。その後現れた**リポジトリ**（貯蔵庫）は，データに関する情報だけでなく，システムライフサイクル全般に関する様々な情報を管理するデータ辞書であり，CASEツールで使用される。IRDSは，情報システム全般を対象にした企業の情報資源のメタデータを管理する。情報資源辞書（IRD）は，データディクショナリやリポジトリを包含した概念である。

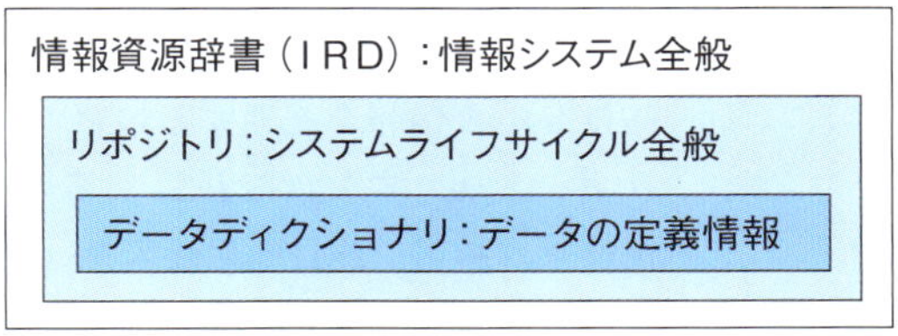

```
情報資源辞書（IRD）：情報システム全般
  リポジトリ：システムライフサイクル全般
    データディクショナリ：データの定義情報
```

図6-1　データディクショナリ，リポジトリ，IRDの関係

(2) IRDS の構成と規格内容

① **IRDS フレームワーク**（IS10027）

IRDS のフレームワークでは，IRDS のメタ情報，IRDS 機能，IRDS インタフェースなどを規定している。

(a) IRDS のメタ情報

IRDS のメタ情報では，メタ情報を型とそのインスタンスという概念によって四つの階層に分けている。これを**メタ階層**といい，それぞれの階層にまたがる対情報を三つの**レベル対**（**レベルペア**）として示している。なお，メタは「超越」，「一段と高い段階」といった意味である。

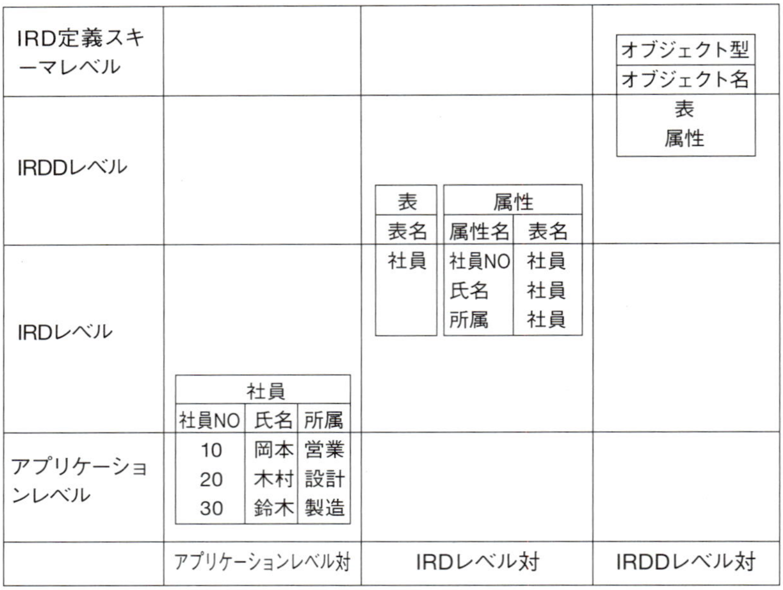

IRD定義スキーマレベル			オブジェクト型 オブジェクト名 表 属性
IRDDレベル		表 / 表名 / 社員	属性 / 属性名 表名 / 社員NO 社員 / 氏名 社員 / 所属 社員
IRDレベル			
アプリケーションレベル	社員 / 社員NO 氏名 所属 / 10 岡本 営業 / 20 木村 設計 / 30 鈴木 製造		
	アプリケーションレベル対	IRDレベル対	IRDDレベル対

図 6-2　メタ情報の階層とレベル対

・アプリケーションレベル（レベル 1）

アプリケーションデータ（インスタンス）が格納される。

・**情報資源辞書（IRD）レベル**（レベル 2）

アプリケーションレベルのデータ（インスタンス）を記述する情報（スキーマ）が置かれる。通常，よくいわれるメタデータは，このレベルに相当する。

・**情報資源辞書定義（IRDD）レベル**（レベル 3）

IRD レベル情報を記述する情報（スキーマ）が置かれる。

リポジトリ，すなわち IRD に格納すべきオブジェクトの属性を定義する。

・**情報資源辞書（IRD）定義スキーマレベル**（レベル 4）

IRDD レベル情報を定義する。

レベルごとの概念と記述形式をこのように規定することで，メタ情報の

役割と標準化の目的が明確になる。情報要素の交換・再利用のためには IRD レベルの標準化が必要となる。サービスインタフェースのためには IRDD レベルの標準化が必要となる。リポジトリの概念規定のためにはレベル 4 の記述内容の標準化が必要となる。

(b) IRDS 機能

▶IRDS 機能

IRDS 機能には，共通データ管理機能と情報資源管理固有機能がある。共通データ管理機能には，制約指定，アクセス制御，データベース整合性，問合せ報告機能，遠隔データベースアクセスなどがある。情報資源管理固有機能には，命名（naming），情報資源辞書状態管理（「未管理」，「管理」，「保管状態」の三つの状態の管理を行う），システムライフサイクル管理，バージョン管理，感度分析などがある。

(c) IRDS インタフェース

▶IRDS インタフェース

IRDS インタフェースには，IRDS サービスインタフェース，ユーザインタフェース（IRDS コマンド／パネルインタフェース），情報資源辞書の搬出・搬入（IRDS export/import）がある。IRDS サービスインタフェースは，IRDD 及び IRD レベルのデータにアクセスするためのインタフェースで，IRDS にアクセスする全てのプロセッサに提供される。

② IRDS サービスインタフェース（IS10728）

▶IRDS サービスインタフェース

IRDS サービスインタフェースでは，IRDS の機能，抽象データ構造，サービスプロトコルなどを規定している。

(a) IRDS の機能

IRDS の機能には，データモデル機能，バージョン管理機能，命名機能などがある。IRDS の定義情報の表現には関係モデルを使用する。実体型は表，関連は外部キーによる参照制約によって表現する。IRDS の全てのオブジェクトは，

▶バージョン管理

バージョン管理（版管理）される。バージョンは，オブジェクトのバージョンをまとめて名前を付けたワーキングセットというテーブルで管理される。

▶ネーミング

ネーミング機能では，名称の管理，検索，一覧表示などを行う。

(b) 抽象データ構造

▶抽象データ構造

抽象データ構造では，IRDD レベルのテーブルと IRD レベルのテーブルの概要を規定する。IRDS ではそれらのテーブル構成を抽象データ構造と呼ぶ。IRDD レベルの抽象データ構造は次のようになる。

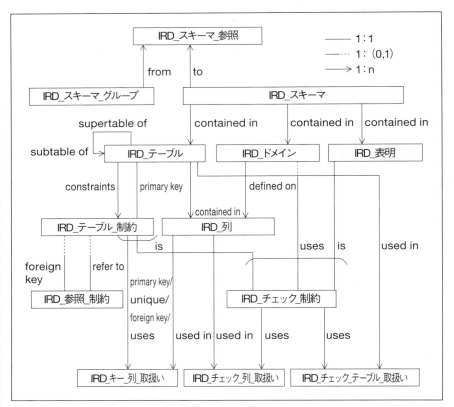

図6-3　IRDDレベルの抽象データ構造

(c) サービスプロトコル

　サービスプロトコルには，オペレーションサービス，レベル独立サービス，IRD定義（IRDD）レベル固有サービスがある。オペレーションサービスには，クライアント（コマンド言語プロセッサ，アプリケーションプログラム，専用のパネルプロセッサなど）のセッションやトランザクションの開始／終了の定義などがある。レベル独立サービスには，IRDレベル又はIRDDレベルのデータの操作のためのサービス（オープン／クローズ，検索，更新，削除など）がある。IRD定義レベル（IRDD）固有サービスには，指定されたIRDスキーマグループに従ったIRDの生成（CREATE）や，IRDの消滅（DROP）などがある。

6.3 情報資源管理

従来型のシステム開発がもたらす問題点の解決策が情報資源管理である。

▶情報資源管理

(1) 情報資源管理の重要性

① 個別開発によるデータ重複の問題点

従来の機能中心の開発手法によって個別にシステム開発を行うと，次のような問題が生じる。

(a) 管理する限界を超える量のソフトウェアが作られる。
(b) データの重複が発生する。
(c) データ資源操作がプログラム間で重複し，プログラム相互の依存関係を強くする。

▶ステージ理論
▶構造的劣化現象

この結果として，R.L.ノーランがステージ理論（情報システムの発展段階説）のⅠ期，Ⅱ期特有の現象として指摘した構造的劣化現象が発生する。構造的劣化現象には，システム費用の増大，整合性の欠如，安全性の欠如（プログラム中に制約条件を記述すること），膨大なバックログ，副作用の増大などがある。

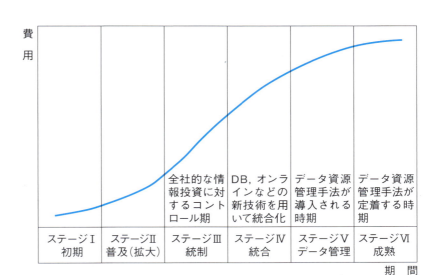

図6-4　ノーランのステージ理論（6段階説　1979年）

② 情報資源管理の必要性

ノーランのステージ理論によれば，情報システムは統制期から統合期にかけて，量的拡大から質の時代へ，事務合理化から情報戦略の時代へ，さらにソフトウェア開発生産性向上から情報の生産の時代へと変化する。こうした変化は情報システムに全体的な整合性と柔軟性を要求する。ノーランは，①のような問題を解決するためにも，Ⅴ期，Ⅵ期にかけて情報システム全体の整合性のコントロールが必要になることを述べ，そのための方法論としてのデータ（情報）資源管理及び資源管理体制の必要性を指摘した。

情報システム全体の信頼性，整合性，安全性，柔軟性を向上させるためには，システム全体の情報資源を抽出し，共有資源として一元管理する情報資源管理が必要となる。

(2) 情報資源管理におけるエンタープライズモデルの役割

情報は人，物，金に次ぐ第4の経営資源であり，経営が人，物，金について長期計画を作成するのと同じように，情報システムの戦略的計画（全体計画）も必要である。戦略的計画を立てるためには，何を知りたい・見たいという情報要求の目的を明確にし，企業全体の業務や情報資源を全般的に把握する必要がある。その上で情報基盤たる情報資源の整備を含めた情報の戦略的計画を決める。

▶エンタープライズモデル

この企業全体の業務や情報資源をモデル化したものをエンタープライズモデルと呼ぶ。エンタープライズモデルは，業務モデル，データベースモデル，情報サブシステムから構成される。エンタープライズモデルの役割は「企業全体としての展望や計画を行うことで一貫性を確保し，重複を排除する」ことにあり，情報資源管理を行うための指針，フレームワーク（枠組み）となる。

(3) 情報資源管理とデータ資源管理

▶IRM
▶情報資源管理

① 情報資源管理（IRM：Information Resource Management）
情報資源管理では，紙の資料などコンピュータ化されないデータや情報までも共有資源とみなして管理の対象とする。

▶DRM
▶データ資源管理

② データ資源管理（DRM：Data Resource Management）
データ資源管理は，コンピュータ化されたデータだけを共有情報とみなした管理を行う。データ資源管理は情報資源管理の一部である。データ資源管理の対象と管理体制は，図6-5のようになる。

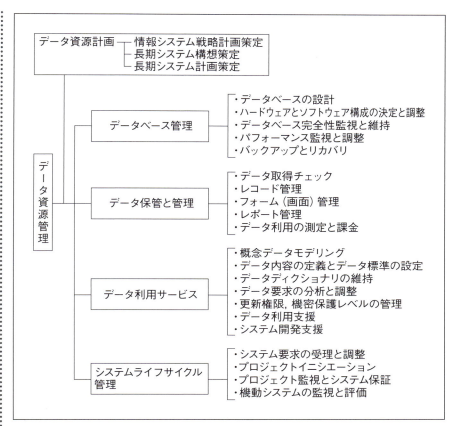

図 6-5　データ資源管理の対象と管理体制

(4) データベース管理者とデータ管理者

① データベース管理者（DataBase Administrator）

　　データ資源管理で対象とするデータのうち，共有資源としてのデータベースの管理を専任する人，又は組織をデータベース管理者と呼ぶ。データベースの一貫性や完全性（整合性）を維持するためには，データベース管理者が重要な役割を担う。

▶データベース管理者

② データ管理者（Data Administrator）

　　データベース管理者の上位に位置し，全社的見地から情報資源管理やデータ管理の推進・統制・教育を行う人，又は組織をデータ管理者と呼ぶ。データ管理者は情報システム全体のデータ活用の効率化とその推進を図るために，全社的見地からのデータ管理の推進・統制業務を担う。

▶データ管理者

6.4 リポジトリ

▶リポジトリ

データベースの発展とともに現れたデータディクショナリ（data dictionary）やデータディレクトリ（data directory）は，管理対象の拡大や知的な機構を持つに至り，**リポジトリ**（repository）と呼ばれるようになった。リポジトリは，データの定義情報を格納するだけでなく，ソフトウェア開発ライフサイクルに合わせて，計画，データモデル，プロセスフロー，設計情報などの実体とその関連を保持し，それらのクロスチェックや正当性確認，調整を行う知的な機構を持つ。膨大な情報資源やデータ資源を一元管理し，全社的な共有や整合性の維持を図るためには，こうしたリポジトリの機能が必要になる。リポジトリは情報資源管理やデータ資源管理を行う上で中心的な役割を果たす。

(1) リポジトリの役割

リポジトリは，情報システムを開発する各工程で発生する様々な情報を格納し，管理する。

表6-2　リポジトリが格納する情報

情報の種類	内容
メタ情報	リポジトリの構造定義
規則	ビジネスルール，システム開発標準など
プロジェクト	プロジェクト管理，プロジェクトの目標・要件
構造化ダイアグラム	プロセス（業務）フロー，DFD，機能階層図，データモデルなど
データ	データストア，エンティティ，ファイル，レコード，データ項目など

① メタデータ

▶メタデータ

メタデータ（metadata）とは，情報システムが取り扱う業務上のデータを定義，ないしは記述するデータのことである。つまり，「情報システムを開発する各工程で発生する様々な情報に関する情報」のことであり，データそのものとは区別される。メタデータは，データ定義情報としてスキーマに記述される。

メタデータ	データ
表定義　　　　：実表"売上" データ項目定義：｜伝票番号｜商品コード｜数量｜ ※売上,伝票番号,商品コード,数量がメタデータ	売上データ ｜001｜TV001｜1｜ ｜002｜CD002｜2｜

図 6-6　メタデータとデータ

② リポジトリ

▶リポジトリ

「メタデータを一括管理する仕組み」をリポジトリという。

③ リポジトリの役割

システム開発にリポジトリを利用した場合のリポジトリの役割は,次のようになる。

(a) 影響分析

▶影響分析

情報システムの各構成要素がどのように結び付いているかを検索でき,情報システムの仕様変更や保守段階において影響分析を行うときに強力な助けとなる。例えば,データベースのデータ項目の桁数を変更したときに影響を受ける全プログラムを調べるといった場合に,リポジトリを利用する。

▶ドキュメンテーション

(b) ドキュメンテーション

リポジトリに登録してあるメタデータを参照して,最新のメタデータの各種の仕様書や定義書を取り出すことができる。従来の手書きの仕様書などは最新の状態にメンテナンスされていない場合が多いが,リポジトリを用いることで常に信用できるドキュメントを利用できる。

(c) 情報の共有と再利用

リポジトリには,標準名称とデータ項目内容(意味と役割)を登録し,この標準名称に対応付けて,複数の別名も登録しておく。利用者や開発者が,標準名称や別名を自由に検索でき,データ名称を再利用できる。結果として,同音異義語や異音同義語の発生が減る。

(d) レコード定義やスキーマ定義の生成

リポジトリにデータ項目の別名やメタデータの取扱いなどを登録しておけば,CASEツールによってレコード定義やスキーマ定義が生成できる。

(2) リポジトリの機能と特徴

リポジトリに要求される機能は次のようになる。

① リポジトリインタフェース

▶リポジトリインタフェース

リポジトリはリポジトリインタフェースを通して外部とのデータのやり取りを行う。リポジトリインタフェースには,ユーザが直接登録するための対話式インタフェース,一括登録のためのファイルをベースにしたファイルインタフェース,CASEツールによる登録のためのアプリケーションプログラ

ムインタフェース（API）がある。

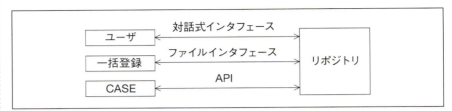

図6-7　リポジトリインタフェース

② 整合性の維持

リポジトリの整合性には，次のようなものがある。

(a) メタデータのアトリビュート（属性）の値制約

例えば，リポジトリのメンバ型"プログラム"のアトリビュート"言語"はC++，Javaに限る，あるいはメンバ型"データ項目"のメタデータの取扱い"桁数"は1～30の整数である，といったチェックを行う。なお，メタデータのアトリビュートとメンバ型については，「6.5.3 メタデータベース」を参照のこと。

(b) メタデータとメタデータが表す対象の整合性

例えば，リポジトリのメンバ型"レコード"のメンバ"XYZ"の定義とプログラムライブラリ上のコピー句"XYZ"の内容とは一致している，といった広義の整合性を維持しなければならない。このためには，リポジトリからコピー句を生成する機能か，コピー句を取り込んでリポジトリに登録する機能が必要になる。

(c) メンバ名のチェック

リポジトリには，プログラム，テーブル，データ項目などのメンバ名を登録するが，これらが重複していないことをチェックする必要がある。また，決められたネーミングルールを守っているかどうかもチェックする必要がある。

(d) クロスチェック

テーブル名とそこに含まれるデータ項目名，データ項目名とそのドメイン制約名などのように，リポジトリのメンバは相互に関係を持っている。それらの関係に矛盾が生じないようにチェックする必要がある。

③ 同時更新制御

複数ユーザによる同時実行（更新）を可能にし，通常のDBMSと同じようにリポジトリの一貫性を保証する機能である。

④ セキュリティ

ユーザIDとパスワードによるユーザ識別やユーザのアクセス権限を制御する機能である。

⑤ バックアップ／リカバリ

リポジトリの内容のバックアップと更新ログを記録する機能である。

▶整合性

6.4　リポジトリ

▶リポジトリの構造定義

⑥　リポジトリの構造定義

　リポジトリに格納する対象を決め，格納対象の属性を定義し，格納対象間の関係の定義などを行うことを**リポジトリの構造定義**という。IRDS や PCTE（「6.5 CASE ツールとリポジトリ」を参照）はこうした機能を持っている。

▶バージョン管理

⑦　**バージョン管理**

　リポジトリに格納されているオブジェクトの版（バージョン）を管理する機能である。似たような機能に，バージョンの異なるオブジェクトを管理する構成管理がある。

　データ資源管理と IT プロセスの成熟度

　IT コーディネータの知識体系にも採用されている米国 ISACA の COBIT 3（Control OBjectives for Information and related Technology 第 3 版）は，計画，調達，実装，運用，モニタリングにわたる 34 の IT プロセス全体の管理目標を定めています（なお，最新版は COBIT 5 です）。この IT プロセスの計画の 2 番目（PO2）にある情報アーキテクチャの定義では，企業全体のデータモデルやリポジトリの整備，データ資源管理組織の確立などが必要であることを述べています。データ資源管理体制の確立がここの目標です。

　成熟度のレベル 1（初期段階），レベル 2（反復的だが直感的な段階）では，組織だったデータ資源管理は行われず，レベル 3（定義されたプロセスを持つ段階）になって初めてデータ資源管理の組織が確立され基準が定められます。レベル 4（管理され・計測可能な段階）では，全社を統合するリポジトリが導入され，レベル 1〜3 に比べ，より複雑なデータモデルが用いられます。レベル 5（最適化された段階）では，データ資源管理のために常に改善が加えられ，整合性のとれた情報が広範囲に用いられます。この段階では，データウェアハウスやデータマイニングツールによって情報の価値が高められます。

　本来のデータ資源管理といえるレベル 4，5 に到達するまでには相当な努力が必要で，そう簡単ではありません。

6.5 CASEツールとリポジトリ

PCTEはCASEツールを対象にしたリポジトリで，事実上のリポジトリに関する国際標準である。このPCTEについて最初に説明する。

6.5.1 CASE環境についてのPCTE（ISO/IEC 13719）

(1) 標準化の経緯と現状の動向

▶PCTE

PCTE（Portable Common Tool Environment）は，ECのESPRITプロジェクトとして1983年10月から開発が始まり，1985年に仕様が公開された。ECMA（European Computer Manufactures Association）は，PCTEの機能拡張版を改良し，1993年にファスト・トラック案をISOに提出し，1994年に国際標準に制定された（ISO/IEC 13719）。PCTEの国際標準は，言語独立仕様（抽象仕様），C/Ada言語結合仕様からなっている。現在，C++言語結合仕様がドラフト段階にある。また，PCTEのオブジェクト指向への拡張が検討されている。

(2) 標準化の概要

PCTEは，ソフトウェア開発環境の枠組みのために一連の統合的なサービスを提供することを目的としているが，ツール間のデータ統合手段としてリポジトリを持っている。このため，PCTEの標準化は事実上のリポジトリに関する国際規格の制定を意味する。

PCTEはソフトウェアエンジニアリングのうち，主にCASEツールを対象としたリポジトリである。これに対し，もう一方の国際規格であるIRDSは，ソフトウェアエンジニアリング及びEDIなどの情報システム全般を対象とした汎用リポジトリである。

① PCTEの抽象仕様

PCTEは，オブジェクト管理サービスとそれ以外のサービスを提供する。

PCTEの抽象仕様によれば，オブジェクト管理サービスには，オブジェクトベース，SDSs（Schema Definition Sets），ワーキングスキーマ，オブジェクト管理（オブジェクトの操作），スキーマ管理（SDSsやワーキングスキーマの操作），告知機構などがある。この中にはバージョン管理と構成管理も含まれる。オブジェクト管理サービスは，オブジェクトベースといわれるリポジトリとOMS（Object Management System）というリポジトリ機能によって実現される。

それ以外のサービスには，メッセージキュー，同時実行・一貫性制御，セ

▶SDSs

▶OMS

キュリティ，レプリケーション，ネットワーク接続などがある。

② オブジェクトベース

▶オブジェクトベース

開発情報とその関連は**オブジェクトベース**と呼ばれるデータベース（リポジトリ）に格納される。オブジェクトベースの表現にはオブジェクト指向向けに拡張されたE-Rモデルを用いる。その基本要素はオブジェクト，リンク，属性である。開発情報項目（エンティティに相当）をオブジェクトと呼び，オブジェクト間の2項関連をリンクと呼ぶ。リンクの種類には，オブジェクト間の制約を反映したcomposition, existence, referenceなどがある。オブジェクト，リンクは属性を持つ。また，オブジェクト間の継承関係をスーパクラス／サブクラスに相当するparent objectとchild objectを用いて表現する。

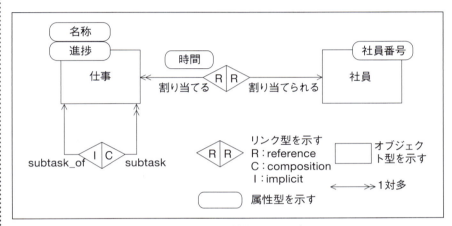

図6-8　PCTEの拡張E-Rモデル

③ SDSsとワーキングスキーマ

データベースのスキーマを定義するために，SDSsとワーキングスキーマが利用される。**SDSs**は，リポジトリの特定用途や特定のツール向けに，オブジェクト型，リンク型，属性型を関連付け，グループ化する。**ワーキングスキーマ**は，オブジェクトベースを，例えば，二つのSDSsにまたがったオブジェクト型などのように特定のビューとして見る目的で利用される。ワーキングスキーマは，SDSsから取り出されたオブジェクト型やリンク型などで動的に構成される。SDSsや型などはメタベースと呼ばれ，オブジェクトベースのデータモデルを表す。

▶SDSs
▶ワーキングスキーマ

6.5.2　CASEツールとリポジトリ

リポジトリは，業務アプリケーションのデータをEUCやデータウェアハウスで活用する場合のデータ定義情報のデータベースとして活用される。また，CASEツールによって情報システムを開発する場合，システム情報のデータベー

第6章　情報資源管理とデータベース設計

▶メタデータベース

スとしても活用される。なお，データ定義情報のデータベースのことを**メタデータベース**という。

(1) 業務アプリケーション用リポジトリの機能と特徴

① 一般アプリケーションリポジトリ

▶リポジトリ

リポジトリにはデータの定義情報を格納するデータ辞書機能に加えて，データ定義情報間の関連も格納する。ソフトウェア開発ライフサイクルに合わせて，計画，モデル，設計などの実体とその関連を保持し，それらのクロスチェックや正当性確認，調整を行うツールを持ったリポジトリをエンサイクロペディアと呼ぶ。その他に，バージョン管理や構成管理（バージョンの異なるオブジェクトの組合せ管理）も行う。

② データウェアハウスリポジトリ

利用者がデータウェアハウス上のデータを容易に検索できるように，テーブルやデータ項目名，それらの説明情報を保持する。また，ソースデータからデータウェアハウスへのマッピングや，形式変換などのために，ソースデータのメタデータも保持する。

(2) システム開発システム用リポジトリの機能と特徴

① CASE ツールのリポジトリ

論理設計用にはビジネスモデルを，物理設計用にはシステム定義，プログラム定義，ファイル定義などを保持する。

② ツール間インタフェース

1990 年に発表された IBM の AD/Cycle は，リポジトリを通じてツール間のメタデータを共有する仕組みを持つ。標準リポジトリの PCTE も同様にツール間のデータ統合のために，オブジェクト操作やスキーマ操作といったサービスインタフェースを提供する。

6.5.3　メタデータベース

▶メタデータベース
▶メタデータモデル
▶メタモデル

データ定義情報のデータベースのことを**メタデータベース**という（**メタデータモデル**，**メタモデル**ともいう）。メタデータベースはリポジトリをデータ構造面からとらえた概念であり，リポジトリそのもののことである。

(1) メタデータベースのデータ構造

メタデータベースのデータ構造は，アトリビュートを持ったメタ実体型とメタ実体型間の関連からなる。図 6-9 を参照のこと。

(2) メタ実体型

データベースにおいては，スキーマで実体型（エンティティタイプ：関係モデ

6.5 CASEツールとリポジトリ

▶メタ実体型

▶メタ実体

ルではテーブル又は表のこと）を定義するが，メタデータベースのスキーマでも実体型を定義する。これをメタ実体型という。実体型（エンティティタイプ）のインスタンスは実体（エンティティ）であるが，メタデータベースでもメタ実体型（メタエンティティタイプ）のインスタンスをメタ実体（メタエンティティ）という。メタ実体はメタデータに相当する。メタデータベースの管理対象によって，そこに含まれるメタ実体型は異なってくる。システム開発段階であれば，プログラム，テーブル，リレーションシップ，データ項目などがメタ実体型に含まれるが，計画段階であれば，経営目標，CSF（重要成功要因），ビジネスルールなどがメタ実体型に含まれる。メタ実体型はそれぞれ固有の属性を持つため，メタ実体型としてそれぞれ別個に定義される。リポジトリに定義されるメタ実体型のことをメンバ型，登録されるメタ実体のことをメンバともいう。

▶メンバ型
▶メンバ

(3) アトリビュート

▶メタデータの取扱い

メタ実体型は，名称，別名，データ項目内容（意味と役割），メタデータの取扱い，有効日，作成者，機密保護レベルなどを属性として持つ。メタデータの取扱い（usage）は，データ型，桁数（長さ），初期値，符号，編集文字などコンピュータ上でのデータ項目の取扱いを定義する。これらメタ実体の内容を記述するものをアトリビュート（属性）という。

▶アトリビュート

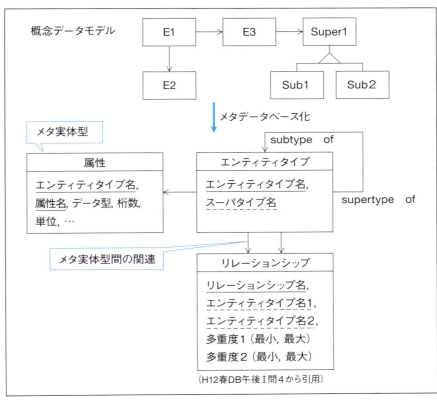

図6-9　メタデータベース（メタデータモデル）のデータ構造

6.6 章末問題

問 6-1 ■ H19 春 -DB 問 14

　ソフトウェア開発に用いられるリポジトリシステムは，メタデータを管理するためのある種のDBMSである。一般のDBMSでは不要だが，リポジトリシステムでは必須の機能として，適切なものはどれか。

　　ア　格納したデータに対する照会機能
　　イ　格納したデータについての複数のバージョンを管理する機能
　　ウ　多数の端末から入力されるデータ間の整合性を保証するための同時実行制御機能
　　エ　データごとの更新・照会操作の権限を管理する機能

問 6-2 ■ H12 春 -DB 問 31

　DBMSのメタデータに関する記述のうち，適切なものはどれか。

　　ア　メタデータに対するメタデータという概念は，存在しない。
　　イ　メタデータの管理情報は，DBMSに依存しない。
　　ウ　メタデータは，データ定義情報としてスキーマに記述されるデータである。
　　エ　メタデータは，適用業務が直接利用するデータである。

問 6-3 ■ H18 秋 -SD 問 10

　データベースのメタデータについて説明したものはどれか。

　　ア　集合をメンバ（インスタンス）として扱う"べき集合"
　　イ　属性がもつことのできる値の範囲
　　ウ　データ管理者が管理し，DBMSには登録しない情報
　　エ　データの定義情報を記述したデータ

第7章
データ分析・データモデル作成

7.1 データ定義の標準化 ……………………………………………… 284
7.2 データベースの要件定義 …………………………………………… 288
7.3 データ分析・データモデル作成の概略手順 ……………………… 290
7.4 トップダウンアプローチ ………………………………………… 297
7.5 ボトムアップアプローチ ………………………………………… 326
7.6 論理データモデルの作成 ………………………………………… 335
7.7 概念データモデル作成例題 ……………………………………… 350
7.8 論理データモデル作成（DB設計）例題 ………………………… 364

7.1 データ定義の標準化

データベースの設計上，データを共有資源として扱うためにはデータ定義の標準化が必要である。データ定義の標準化の対象にはデータ名称，データ型，コードなどがあるが，誰がやっても同じ結果が得られるよう，データベースやアプリケーションの開発に先だって，これらの作業の基準となるルールを設定しておく。

(1) データ定義の標準化の必要性

▶データ定義標準化

データ定義標準化の目的は，①データの共用を可能にすることと，②情報システムの運用，保守を容易にすることにある。

(2) データ定義の標準化の対象

▶データ項目の定義

① データ項目の定義

複数利用者によるデータ共用のために，データ型の決定，データ意味内容の記述（コメント），データ名称の標準化が必要である。データ項目名の命名に対しては標準的な命名規則の確立が重要であるが，データモデルの作成過程で全体的な調整（同音異義語，異音同義語）を図る必要があり，データ項目名は必然的に整合が図られる。

▶データの整合性

② データの整合性

各エンティティ間のデータとデータの関係には，業務ルールを反映した論理的な整合性が存在する。これをデータ制約として整理しておく。

▶コード設計ルール

③ コード設計ルール

データ分析の際，外部コード（主キー）や内部コード（××区分，○○ステータス）を分析した上でコード設計を行う必要がある。コード設計を標準化するために，コード化方式や留意事項（拡張性，共用性，分かり易さ）などのコード設計のルールを決めておく。

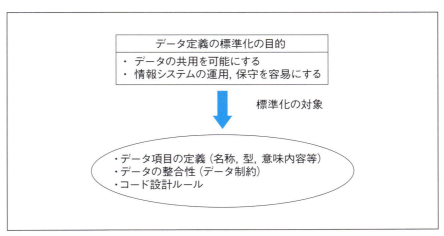

図7-1　データ定義の標準化の目的と対象

(3) データ名称の標準化

▶シノニム
▶異音同義語
▶異音同意語
▶ホモニム
▶同音異義語

シノニム（synonym；異音同義語又は異音同意語）は，各システムで別個に命名される，命名基準がない，あるいは職場の長年の慣習から命名するなどの理由で発生する。ホモニム（homonym；同音異義語）は，データレコードの項目の名称に修飾語を付けないために発生する。こうしたシノニムやホモニムは，データベースに無駄なデータ項目を増やし（冗長性），利用者に無用な混乱を与える。エンティティ名称やデータ名称の標準化は，ホモニム，シノニムによる関係者の混乱をなくすとともに，データ項目の増加を抑え，データベースの整合性維持や保守を容易にする。

▶命名基準

命名基準（naming convention）
① 再現性

▶再現性

再現性は，誰でも同じ付け方となることを意味する。同じデータ項目に対して異なる人が異なるタイミングで命名しても，同じ名前にならなければならない。このため，命名「言語」や標準的な省略語を生成するソフトウェアツールを使用する。
② 理解性

▶理解性

理解性とは，データ名称からデータの意味が理解できることである。利用部門も含め理解しやすいものでなければならない。このためには主要語－修飾語－分類語からなる命名基準を利用する。
③ 命名「言語」

▶命名「言語」

命名「言語」では，データ項目名称の再現性，理解性を高めるために，主要語－修飾語－分類語からなる命名基準が用いられる。主要語はエンティティ名を，修飾語は属性名を，分類語はドメイン（定義域）を表す。
〔例〕
　エンティティ名を社員，属性名を住所，ドメインを国内住所とする。
　データ項目名称：「社員－住所－国内住所」

リポジトリへの登録はこの名称（標準名称）を使用する。ただし，標準名称はこのままでは長すぎるので，標準省略語を用いて，標準名称を作成する。

(4) データ項目の定義
データ項目の定義はシノニムやホモニムの確認整理が固まった段階で行うが，登録内容や登録のルール，データ制約の適用条件などをあらかじめ決めておく。

① 別名
利用者の使い勝手を高めるためには，標準名称以外に，慣習的な名称（**標準別名**）や，プログラム言語別名称，DBMS登録名称（DBMSに実装する属性のシンボル名）などの**別名**も作成する。

▶標準別名

▶別名

② データ項目内容（意味と役割）の記述
標準名称の意味内容が分かるように記述形式を標準化した上で，データ項目の意味と役割を漏れなく正確に定義する。

③ メタデータの取扱い（usage）
データ型，桁数（長さ），初期値，符号，編集文字などコンピュータ上での**メタデータ**（データ項目）**の取扱い**を定義する。

▶メタデータの取扱い

(5) データの整合性
① ドメイン制約
データ項目が持つ**ドメイン制約**（形式制約ともいわれる）を明確にしておく。例えば，日付（元号），日付（西暦），人名，国内住所，金額（¥），量（kg）などである。ドメインとデータ項目名とを切り離すことによって，ドメインの制約チェックを個々のプログラムの外で行えるようになる（RDBMSを利用）。異なったデータ項目でも同じドメインを持てば，同じ入力チェック規則，同じ出力編集規則を持つので，プログラムの取扱いが簡単になる。また，各ドメインとその参照するデータ項目（関連先）の関係を把握できるようにしておく。

▶ドメイン制約

② ドメイン以外のデータ制約
ドメイン以外のデータ制約（参照制約など）についてもどういう場合に適用するのかその条件や，データ制約の定義内容，登録のルールなどを決めておく。

(6) データ表現形態（ハイレベルデータ形式）の標準化
マルチメディアデータベースでは，静止画や動画，音声など各種のデータ表現形態があり，どういう形式を用いるか，この標準化も必要となる。

(7) リポジトリ
データ標準化に対して責任を持ち，関係者にそれを徹底させるのはデータ管理者の任務である。標準データの管理は**リポジトリ**（repository）を用いて行う。

▶リポジトリ

7.1 データ定義の標準化

① アトリビュート

リポジトリには，データ項目（メタデータ）の標準名称，別名，データ項目内容（意味と役割），データ型，桁数（長さ），初期値，定義域（ドメイン），データ制約条件などを登録する。これらメタデータの内容を記述するものをアトリビュート（属性）という。

▶アトリビュート

② データ名称の再利用

リポジトリには，標準名称とデータ項目内容（意味と役割）を登録し，この標準名称に対応付けて，複数の別名も登録しておく。登録しておいた標準名称や別名を自由に検索できるようにしておけば，利用者や開発者は既存のデータ名称を再利用することができる。別名などの再利用が進めば，無駄なデータ名称の増加を抑えることができ，結果として同音異義語や異音同義語の発生が減る。同音異義語や異音同義語の発生を減らすため，リポジトリには標準名称や別名を直接検索できる機能が求められる。また，別名やメタデータの取扱いなどから特定言語向けのレコード定義やRDBMS用のスキーマ定義などを生成できるようになっていれば，ソフトウェアの開発生産性も上がる。

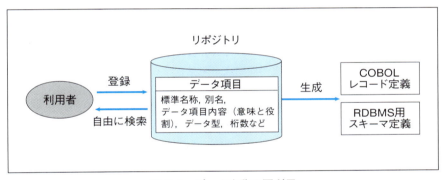

図7-2　データ名称の再利用

7.2 データベースの要件定義

▶データベースの要件定義

データベースの設計に先だって**データベースの要件定義**(現状調査と課題分析,データベース設計要件,運用管理要件)を行い,その結果をデータベース設計へ反映する。

▶現状調査と課題分析

(1) 現状調査と課題分析

業務プロセス及びデータに関する調査を行い,現状の課題分析,新しいニーズの分析によって要求事項を整理する。それに基づき,新しいアプリケーション及びデータベース開発を決定する。

① 現状調査・分析

現システムのデータテーブルやその使われ方,オフライン作業(業務プロセスの中でまだコンピュータ化されていない部分),データベース化への要求(ユーザへのヒアリング)などを調査・分析する。

② 課題分析

業務プロセス分析及びデータに関する調査を行った結果,業務上やシステム上の問題点が発見される。これらの問題点の解決が業務上の課題あるいはシステム上の課題になる。データ分析作業は,こうした業務分析と並行して行われることが多いが,データベースエンジニアは利用部門やアプリケーションエンジニアなどと協力し,抽出された業務上やシステム上の問題点を分析・整理し課題としてまとめておく。課題の具体的解決策は,業務プロセスやデータモデルに反映されることになる。

(a) 業務上の課題

「資金繰りを圧迫するので,たまにしか注文がこない商品の在庫は持たないようにする」という業務上の課題があるとする。この課題の解決策は「在庫削減のため,たまにしか注文がこない商品はメーカ直送に変更する」ことになる。課題の具体的解決策は,エンティティの分割,統合,新設につながることが多い。例えば,「メーカ直送に変更する」という場合は,受注のサブタイプとして新たに「直送用の受注」が必要になる。

(b) システム上の課題

システム上の課題には,例えば次のような内容が該当する。

・レスポンスの改善
・現状のハード・ソフト環境を利用するという制限の下で新たな機能(例えば在庫に限りのある商品の発注)の実現
・死に筋商品の漏れをなくす
・データ名称やコード,ファイル名の重複が多い(重複の減少)など

7.2 データベースの要件定義

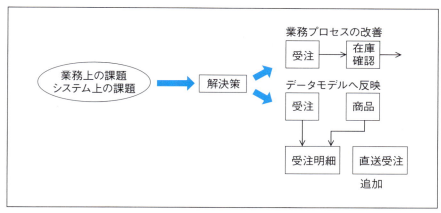

図 7-3　現状調査と課題分析

(2) 作業範囲の確定
データベース開発の目的を明確化し，作業の範囲（システム化対象領域）を確定する。それに基づきデータベース化プロジェクト計画を作成する。

(3) データベースの設計要件（要件定義書：初期）
▶データベースの設計要件

現状調査と課題分析に基づき，データベースの設計要件をまとめる。

① データ要件

対象業務で取り扱うデータの種類（数値，文字，図形，画像，音声），データのサイズ（例えば，最大 2G バイト）と量（件数）をデータ要件として，要件定義書にまとめる。

② 整合性制約要件

対象業務の業務ルールに基づき，どのようなデータ制約を設けるべきかを要件定義書にまとめる。参照制約，更新制約，存在制約など九つのデータ制約がある（「7.4.10 データ制約の分析」参照）。

▶データベースの運用管理要件

(4) データベースの運用管理要件（要件定義書：初期）
現状調査と課題分析に基づき，データベースの運用要件をまとめる。

① データアクセス要件（バッチ，オンラインアクセス）
② 性能要件（レスポンスタイムなど）
③ セキュリティ要件
④ プラットフォーム要件
⑤ 運用要件（監視計画，運用環境）

7.3 データ分析・データモデル作成の概略手順

　データ分析・データモデル作成の手順には，トップダウンアプローチとボトムアップアプローチの二つのアプローチがある。このアプローチの概略手順の説明において，フル属性完備の E-R モデルを，論理データモデルと呼ぶ。E-R モデルを関係モデルへ変換する場合，フル属性完備の E-R モデルはそのまま関係モデルへ変換可能である。フル属性完備の E-R モデルを定義することは，論理データモデル（関係モデル）を定義することに等しい。概念データモデルのエンティティは，基本データ項目（主キー，外部キー項目）と主要な属性の定義までである。

(1) トップダウンアプローチ

▶トップダウン
アプローチ

　トップダウンアプローチによるデータモデル作成では，情報戦略目標に基づいて概念データモデル（E-R モデル）を作成し，エンティティとその関連を明確にする。その上でデータ分析を行い，データモデルを詳細化していく。

　① データモデルの詳細化のレベル
　　（a） 新規概略図

▶新規概略図

　　　全社レベルを対象とした概略的なデータモデルは，全体計画段階で作成する（新規概略図）。この概略的な概念データモデルを作成する場合，まず，企業全体の現状分析を行い，現状の業務モデル及びデータモデルを作成する。次に情報戦略目標や重要成功要因に基づき，新規の業務モデル及び概念データモデルを作成する。業務モデルは機能階層図，論理組織間のデータとプロセス（機能）を関連付けるプロセスフローなどから成る。

　　（b） 個別業務対応の新規概略図
　　　個別開発計画段階では，ビジネスプロセス（機能）と新規概略図におけるエンティティとを関連付けるエンティティ機能マトリックスを作成し，システム化の対象となる業務領域を識別する。対象領域に含まれるエンティティによって，個別業務に対応した概念データモデルを作成する。この段階では正規化までは行わない。

　　（c） 新規概要図

▶新規概要図

　　　システム設計・作成段階の分析・要求定義において，この個別業務を対象としたデータモデルを基に，新規情報要求を反映した，正規化されたデータモデルを作成する（新規概要図）。このデータモデルには主キーと外部キーを記述する。

　　（d） 新規詳細図
　　　最後にシステム設計・作成段階（開発段階）の論理設計において，新規

▶新規詳細図

情報要求に基づくビューやボトムアップ現状分析（現状のデータモデル，DFDのデータストア，帳票などのビュー）の結果を反映させたデータモデルを作成する（新規詳細図）。新規詳細図は全ての属性を記述する。

トップダウンアプローチのデータモデルの詳細化のレベル，及び概念データモデルの詳細化のプロセス（洗練プロセス）は次のようになる。

表7-1　トップダウンアプローチのデータモデルの詳細化のレベル

データモデルの詳細化のレベル	概　　要
概念データモデル（現状概略図）	現状業務モデルより，多対多を含む，全社図
概念データモデル（新規概略図）	新規情報戦略より，多対多を含む，全社図
概念データモデル（新規概要図）	新規情報要求を含め正規化，主キーと外部キーを記述
論理データモデル（新規詳細図）	ボトムアップ現状分析を含め，フル属性完備

（（財）日本情報処理開発協会『データベーススペシャリスト育成カリキュラム』1997年より引用・一部改定）

▶トップダウンアプローチ

▶ボトムアップアプローチ

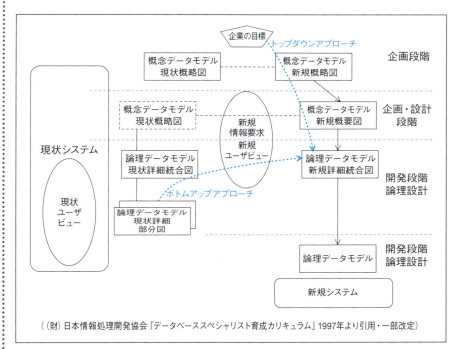

図7-4　概念データモデルの洗練プロセス

② トップダウンアプローチのデータ分析の手順
前述した概略的な概念データモデル（全社レベルの新規概略図又は個別業務対応の新規概略図）の各エンティティに対して，次の順序でデータ分析を行い，より詳細なデータモデルへと完成させていく。
(a) 基本データ項目（主キー，外部キー）の定義
基本データ項目の定義は，システム設計・作成段階の分析・要求定義で行い，新規情報要求を反映した新規概要図（①の(c)）が作成される。
(b) 各エンティティの属性としてのデータ項目の洗出し（ユーザビュー，エンティティライフサイクル）
(c) データ正規化によるチェック
(b)，(c)の作業は，システム設計・作成段階の論理設計で行い，新規情報要求に基づくビューやボトムアップ現状分析の結果を反映した新規詳細図が作成される。

(2) ボトムアップアプローチ

▶ボトムアップアプローチ

ボトムアップアプローチによるデータモデル作成では，はじめにデータ分析を行い，その上で部分的なデータモデルを作成し，既存のデータモデルと統合化していく。

① データモデルの統合化のレベル

▶現状概略図

ボトムアップアプローチによるデータモデル作成では，まず，現状の全社レベルを対象としたデータモデル（**現状概略図**）を作成する。次に全体の概念データモデルを参考に，改善すべき個別業務の現状の詳細なデータモデルを作成する。現状の詳細なデータモデルを作成する際には，実際の業務で使用している現状の帳票や画面などのビューを基にデータの正規化を行い，**現状詳細部分図**（E-R図）を作成し，それらを統合する（**現状詳細統合図**）。

▶現状詳細部分図
▶現状詳細統合図

現状詳細統合図ができたら，新規情報要求（ユーザビュー）を基にデータの正規化を行い，**新規詳細部分図**を作成する。現状詳細統合図と新規詳細部分図を統合することによって目的のデータモデル（**新規詳細統合図**）が得られる（図7-4 参照）。

▶新規詳細部分図
▶新規詳細統合図

表7-2　ボトムアップアプローチのデータモデルの統合化のレベル

データモデルの統合化のレベル	概　　要
概念データモデル（現状概略図）	主要エンティティとキーのみ，全社概要
論理データモデル（現状詳細部分図）	個別帳票群より，属性完備
論理データモデル（現状詳細統合図）	対象分野統合，属性完備
論理データモデル（新規詳細部分図）	新規個別ビューより
論理データモデル（新規詳細統合図）	システム化分野統合，属性完備，制約完備，論理プロセス整合済み

（（財）日本情報処理開発協会『データベーススペシャリスト育成カリキュラム』1997年より引用・一部改定）

② ボトムアップアプローチの分析手順

ボトムアップアプローチのデータ分析では，ビューからデータ項目を収集し，正規化を行い，部分図（部分 E-R 図）を作成し，既存のデータモデルと統合する。これを，新規詳細統合図が得られるまで繰り返す。次の順序でデータ分析を行う。

 (a) データ項目の収集
 (b) データの正規化
 (c) データ項目グループの統合
 (d) E-R モデルの作成
 (e) データ項目の定義

(3) 二つのアプローチの要件とリスク

トップダウンアプローチとボトムアップアプローチの違いは，データモデルをデータ分析に先立って作成するか，データ分析の結果として作成するかにある。トップダウンアプローチは理想型のデータモデルを作成するのに適しており，ボトムアップアプローチは現実型のデータモデルを作成するのに適している。二つのアプローチの要件とリスクを次に示す。

表 7-3 二つのアプローチの要件とリスク

	トップダウンアプローチ	ボトムアップアプローチ
目的	ゼロベース革新	現状改革革新
規範	標準・先進モデル	現状モデル＋アルファ
必要スキル	高度	普通
作業性	高度（スキルによる）	普通
リスク	現状との適合	あるべき姿の失念

((財) 日本情報処理開発協会『データベーススペシャリスト育成カリキュラム』1997 年より引用)

理論的にはどちらのアプローチでも，最終成果物としてユーザの情報要件を満たす詳細レベルのデータモデルを作成することが可能である。ただ，システムが大規模で複雑になった場合，トップダウンアプローチでも現状のユーザビューやデータモデルを取り込んで検証する必要がある。つまり，途中からボトムアップ方式にならざるを得ない。また，検討の最初からボトムアップアプローチだけにこだわると，分析作業に作業コストがかかっているにも関わらず，情報戦略上重要なデータを見逃すといったリスクがある。したがって，現実には両アプローチを折衷した方式がとられる。これを混合アプローチと呼ぶ。

▶混合アプローチ

トップダウンとボトムアップの折衷した方式をとる場合，両アプローチで成果物や図面の表記などに不一致が生じないようにする必要がある。このためには，データ分析方法の標準化と選定が重要となる。

(4) 分析方法の標準化

次に示す主要な事項について分析方法を標準化しておく。

① 作業手順と成果物

表7-4 に論理設計の主要な工程と成果物の例を示すが，こうした工程の作業手順と成果物について標準を定めておく必要がある。

表7-4　論理設計の主要な工程と成果物の例

工　　程	成　果　物
ユーザビューの作成	ユーザビュー（帳票，画面） ユーザビュー定義書
新規詳細論理モデルの作成	プロセスフロー 新規詳細論理データモデル（E-R図） エンティティ機能関連マトリックス 論理レコード定義書，論理データ項目定義書 標準定義域（ドメイン）一覧表
データ制約の分析	データ制約定義書など

② データ抽出方法

③ 図面の表記方法

　エンティティの表記ルール，矢線の表記（省略を含む）ルール，エンティティ配置ルールについて基準を定める。

④ データ正規化方法

⑤ データ制約抽出方法

(5) データ分析方法の選定

代表的な FDT（Formal Description Technique；形式的記述技法）には IDEF1X や TH（Tsubaki Hotaka）モデルなどがあるが，視覚的で誰がモデリングしても同じ結果になり，汎化階層などが表現できる適切なモデリングツールを選択する必要がある。

(6) IDEF1X

▶IDEF1X

IDEF1X（Integration DEFinition for information modeling 1 eXtended）は，E-R モデルをベースとした関係データベースのためのデータモデルの表記法である。1993 年 10 月に米国 NIST（National Institute of Standards and Technology）の FIPS（Federal Information Processing Standard；連邦情報処理標準）184 として標準化された。米国空軍がメーカに対して標準的な仕様で発注を行うために開発した標準仕様 IDEF（ICAM DEFinition）の一つである。この開発プロジェクトを ICAM（Integrated Computer Aided Manufacturing）という。しかし，2008 年に FIPS 184 は廃止されている。スーパタイプ／サブタイプを用いた汎化階層や依存／非依存のリレーションシップを表現できる。

① エンティティの表記ルール

エンティティは，図7-5に示すようなボックスで示され，ボックスの上にエンティティ名を記述する。主キーはボックス内の線より上に書き，線の下に主キー以外の属性を記述する。代替キー（候補キー）は属性名の後に（AKn）を付ける。外部キーは属性名の後に（FK）を付ける。図7-5に示すように，エンティティは他のエンティティに依存しない独立エンティティ（independent entity）と，その存在を他のエンティティに依存する従属エンティティ（dependent entity）に分類される。従属エンティティは依存リレーションシップの子エンティティや汎化階層のサブタイプを表現する。

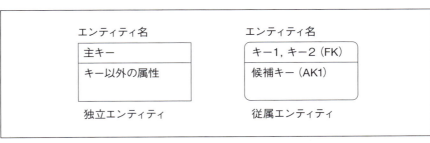

図7-5　IDEF1Xのエンティティの表記

② リレーションシップ

リレーションシップはエンティティ間を結ぶ線で示され，線上の語句（動詞で記述）はリレーションシップの意味を表現する。
リレーションシップは次のように分類される。

(a) 特定リレーションシップ（specific relationship）

・依存リレーションシップ
親エンティティの主キーの全てが，子エンティティの主キーに埋め込まれる。子エンティティは従属エンティティとなる。子のインスタンスは親のインスタンスに依存する。依存リレーションシップ(注)（identifying relationship）を示す線は実線で書く。

・非依存リレーションシップ
親エンティティの主キーは子エンティティの主キーに全く埋め込まれないか，又は親の主キーの一部が子エンティティの主キーに埋め込まれる場合で，子のインスタンスは親のインスタンスに依存しない。非依存リレーションシップ(注)（non-identifying relationship）を示す線は点線で書く。

(b) 不特定リレーションシップ

不特定リレーションシップ（non-specific relationship）はN：Mの対応関係を示す。データベースへ変換する直前の最終モデルでは，1：Nの形に変換されなければならない。

③ 類別リレーションシップ

類別リレーションシップ（categorization relationship）は，スーパタイプ

▶特定リレーションシップ

▶依存リレーションシップ

▶非依存リレーションシップ

▶不特定リレーションシップ

▶類別リレーションシップ

▶スーパタイプ

▶サブタイプ
▶カテゴリ識別子

／サブタイプによる汎化階層を表現する。スーパタイプはサブタイプを識別するために，カテゴリ識別子という属性を持つ。

▶E-R図エディタ

（注）依存リレーションシップ，非依存リレーションシップという用語は IDEF1X 固有の用語であり，DB 試験問題では使用されていないが，本書では便宜上，これらを使用する。データベース設計の現場では，E-R 図を作成するソフトである E-R図エディタが使われる場合もあるが，主要なツールとしては IDEF1X が用いられることが多い。なお，identifying は「識別」と訳すのが英語に忠実ではあるが，本書では従来の翻訳例に従う。

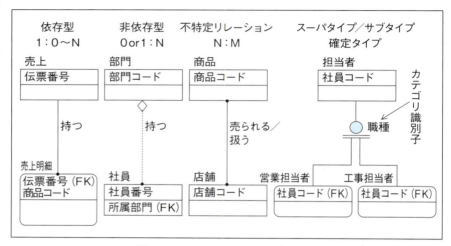

図 7-6　リレーションシップの表記

▶カーディナリティ

④　カーディナリティ（注）

依存リレーションシップの場合，1：0〜N（0, 1, 又はそれ以上），1：1〜N，1：0〜1，1：N の 4 通りの表記方法がある。非依存リレーションシップの場合，0〜1：N（とり得る値は任意），1：N の 2 通りの表記方法がある。

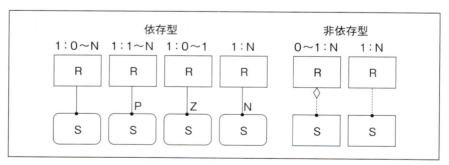

図 7-7　カーディナリティの表記

（注）本書では，カーディナリティという用語は IDEF1X に限定しており，その他では多重とする。

7.4 トップダウンアプローチ

▶トップダウン
アプローチ

(1) トップダウンアプローチによるデータモデルの作成手順

トップダウンアプローチによるデータモデルの作成手順は，概略手順で述べたように，はじめにエンティティの識別とエンティティ間の関連を明確にし，概念データモデル（新規概略図）を作成し，その上で概念データモデルの各エンティティに対してデータを分析し，データモデルの詳細化を行う。

トップダウンアプローチによるデータモデルの作成は次の手順で行う。

① エンティティ（事象，連関，記述）の識別
② エンティティのキーの識別
③ エンティティ間の関連の識別
　①～③の結果，新規概略図が作成される。
④ エンティティの属性の洗出し（ユーザビュー，エンティティライフサイクル）
⑤ データ正規化によるチェック
⑥ DFD又はボトムアップによる現状データモデルとの整合性検証
⑦ コード分析
⑧ データモデルとビジネスプロセスの整合性確認
⑨ データモデルの完成（新規詳細統合図）
⑩ データ制約の分析

(2) データ分析の関連作業

① 業務分析，業務改革との関連
　「7.2 データベースの要件定義」でも述べたように，データ分析作業は業務分析，業務改革（BPRの推進）と並行して行われることが多いので，利用部門及びシステムアナリスト，アプリケーションエンジニアと協力して行う。

② 問題点分析，課題整理
　次に示すような業務上やシステム上の問題点を分析し，課題として整理しておく。解決策がプロセスフローやデータモデルに反映される。
　(a) 業務上の課題
　　業務上の課題は，エンティティの分割，統合，新設につながることが多い。例えば，「在庫削減のために，滅多に注文がこない商品はメーカ直送に変更する」といった課題の場合，受注のサブタイプとして新たに「直送用の受注」が必要になる。
　(b) システム上の課題
　　システム上の課題には，データ名称やコード，ファイルの重複などがある。

③ 論理プロセスの識別

エンティティのインスタンスである論理レコード（入出力レコード）の動きを追跡することによって，データモデルの作成とほぼ並行して，論理プロセス（処理）が識別される（プロセスフローの作成）。

7.4.1　エンティティの識別

トップダウンアプローチでは，基本的に，To-Be（あるべき）業務モデルに基づき，業務機能に関連するデータクラス（エンティティ機能マトリックスのデータクラス）からエンティティ（人，物，実体，あるいは抽象など）を識別する。

業務モデルから将来，概念データモデルのエンティティになり得る可能性のあるものをエンティティ候補という。そのエンティティ候補を業務モデルから見付け出す作業をエンティティ候補の抽出という。

▶エンティティ候補の抽出

(1) エンティティ候補の抽出

具体的にエンティティ候補を抽出するには，業務に関連する文書類から業務，情報の流れ，業務及び処理の制約などが書かれた文章を抜き出し，その文章から業務上，管理，保持の必要な情報を抽出し，エンティティ候補とする。その分析の対象となる資料には，例えば，次のようなものがある。

・業務マニュアル
・システム要件定義書
・（担当部署への）インタビュー結果の報告書

上記の文章などからエンティティ候補を抽出するには，まず文章中の名詞に着目する。そして名詞の中で管理すべき情報として意味のあるものを選出する。このとき，単純に名詞を抽出するのではなく，文章の意味を理解し，名詞が陰に陽に意味している情報を引き出すことが重要である。例えば，単純すぎる例ではあるが，次のような検討が必要である。

・名詞が"の"で連結されている場合，"の"を省略するとエンティティ候補となることがある。
　（例）買掛金の残高　→　"買掛金残高"
・着目した名詞と掛かり受けのある動詞から，省略されている目的語を補足すると，その目的語に相当する名詞がエンティティ候補となることがある。
　（例）商品を売る　→　商品を"顧客"に売る

(2) ライフサイクル，管理上から見た区分

エンティティは実務上の管理対象を示し，共用の度合い，エンティティ自体の寿命，管理の視点等によって分類する。これは，関係者の理解を深めるとともに，大規模なモデリング図面において，例えば，マスタ系とトランザクション系の図面を分けるなどエンティティの配置ルールを決めるのに役立つ。

▶マスタ系

① マスタ系

組織，人員，顧客，商品など共用性の高い管理対象で，従来のマスタファイルに相当する。

② **トランザクション系**（業務系）

受注，発注，出荷，請求など比較的寿命の短い管理対象で，従来のトランザクションファイルに相当する。なお，トランザクション系とマスタ系の中間的なエンティティの区分として，**事象**（イベント）**エンティティ**と称する場合がある（図7-8参照）。

③ **要約系**

店舗別月別売上高などのトランザクションデータを要約した管理対象である。

④ **在庫系**

受払いによって残高が更新されていく管理対象である。

⑤ **サブタイプ**

同一のエンティティでも若干違うインスタンスを区分する視点から分離した管理対象で，汎化・特化関係の子側を表す。

▶トランザクション系

▶事象エンティティ

▶要約系

▶在庫系

▶サブタイプ

7.4.2　エンティティのキーの識別

概念データモデルの各エンティティに対し，インスタンスを一意に識別するための主キーを定義する。

(1) 主キーの持つべき要件

主キーはユニーク（一意）で，かつ極小（非冗長）でなければならず，NULLは許されない。

(2) エンティティ別の主キーの識別

① マスタ系

マスタ系のエンティティは，従来のマスタファイル（マスタコードテーブル）に相当するので，主キーの識別は容易である。通常，インスタンスを一意に識別する単一データ項目を主キーとすることが多い。

② 事象エンティティ，トランザクション系

事象エンティティ，トランザクション系のエンティティは，従来のトランザクションファイルに相当するが，業務要件によっては主キーが複雑になる場合がある（連結キーになることが多い）。複雑なキーは，構成要素の組合せの如何によって業務ルール（ビジネスルール）が異なった意味を持つようになるので，キーが一意性の要件を満たすかどうか厳密にチェックする（図7-8参照）。キーを構成する属性の値を変え，インスタンスが一意になるのか，重複するのかを机上で試してみるとよい。

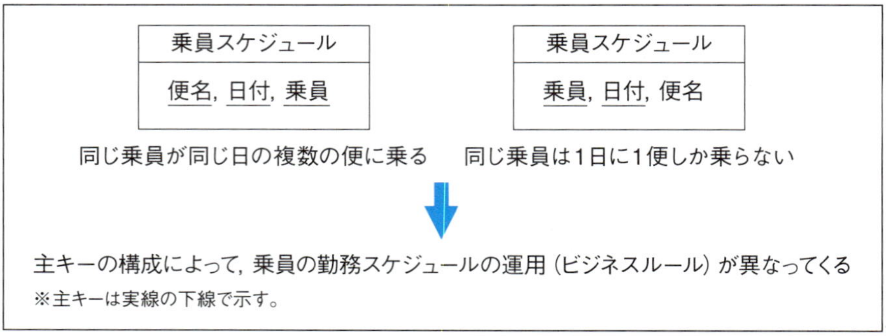

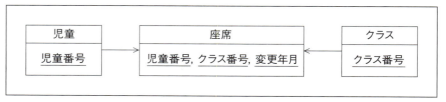

図7-8 事象エンティティのキーの例

③ 連関エンティティ

▶連関エンティティ

連関エンティティ（relationship entity）^(注)は多対多関連を1対多に変えるために介在させるエンティティであり，親エンティティの存在に依存する。二つの親エンティティの主キーを連関エンティティの主キーに埋め込む（連結キー）。親エンティティと連関エンティティの間は，IDEF1X での依存リレーションシップとなる。

図7-9 連関エンティティのキーの例

④ 記述エンティティ

▶弱エンティティ

エンティティに繰返しグループが含まれる場合，繰返しグループのために新しく作られるエンティティである。P.P. チェンの初期のモデルでの弱エンティティ（weak entity）の一種である（1.3.2 E-R モデルを参照）。親エンティティの主キーを記述エンティティの主キーに埋め込む（連結キー）。親エンティティと記述エンティティの間は，IDEF1X での依存リレーションシップとなる。

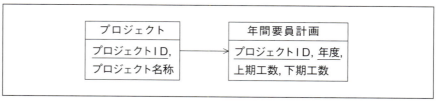

図7-10 記述エンティティのキーの例

⑤ 要約系

日別，週別，月別といった時間的単位（年月日，年週，年月など）を主キーに加える。例えば，エンティティ"店舗別月別売上高"の主キーは｛店舗コード，年月｝となる。

⑥ 在庫系

ロケーション（場所）と商品・部品コードなどでキーを構成する。例えば，エンティティ"部品在庫"の主キーは｛倉庫番号，部品コード｝になる。

⑦ スーパタイプ／サブタイプ

▶スーパタイプ
▶サブタイプ

スーパタイプとサブタイプの主キーは共通になる。なお，ボトムアップでスーパタイプを作成する場合，スーパタイプのキーを，区分を示す1桁と，サブタイプの主キーとで構成することがある（図7-11 参照）。

（注）「関連エンティティ」と訳する場合もあるが，relationship を「関連」としているので，これと区別するため「連関」と訳す場合が多い。その他，交差（cross reference）エンティティという場合もある。

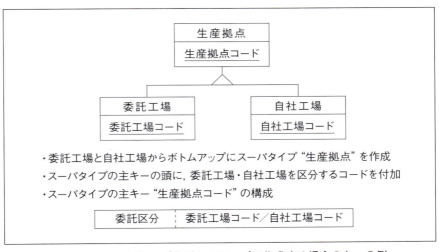

図7-11　スーパタイプをボトムアップに作成する場合のキーの例

7.4.3　エンティティ間の関連の識別

エンティティ間の関連は，業務上の規則（ビジネスルール）に基づいて識別する。互いのインスタンスがどのように対応するのかを判別し，1対1，1対多，多対多関連を設定する。より厳密な対応関係を設定する場合は，(0..1) 対 (0..N)のような多重度を用いる。拡張 E-R モデルは，通常，関係モデルをターゲットにしているため，エンティティ間の関連は，矢線以外に，主キー／外部キーによっても表現する。エンティティ間の関連は，依存関係（依存リレーションシップ），参照関係（非依存リレーションシップ），汎化・特化関係（スーパタイプ／サブ

タイプ）などに分類できる。

(1) 依存リレーションシップ

▶依存リレーションシップ

エンティティ間の関連において，子エンティティの存在が親エンティティの存在に依存しているなら，この関連は IDEF1X での**依存リレーションシップ**となる。UML（「10.3.2 オブジェクト指向システム開発」を参照）のコンポジット集約と同じく，依存リレーションシップは強い所有関係（has-a 関係）を表す。この場合，親エンティティの主キーは子エンティティの主キーの一部に埋め込まれる。埋め込まれた属性は主キーの一部であると同時に外部キーとなる。埋め込まれた属性は，主キーの一部を占めることになるので，この外部キーに NULL は許されない。

① 1対多関連

連関エンティティ，記述エンティティの場合は，親エンティティの主キーが子エンティティに埋め込まれる。親エンティティと子エンティティの間は1対多関連となる。子エンティティへ埋め込まれた属性は，主キーの一部を構成すると同時に外部キーでもある。通常，子エンティティ側の外部キーの表示は不要である。

② 1対1関連

二つのエンティティの主キーが同じで，互いのインスタンスが1対1に対応する場合，相手の存在に依存する従側のエンティティの主キーは，同時に外部キーでもある。

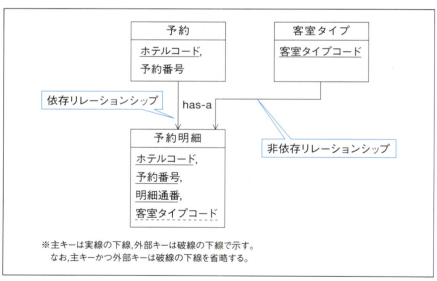

図7-12　依存／非依存リレーションシップ（1対多関連）の例

(2) 非依存リレーションシップ

エンティティ間の関連において，二つのエンティティの間に依存関係がなく，

▶非依存リレーションシップ

単に参照・被参照の関係にある場合が**非依存リレーションシップ**となる。外部キーが被参照側のエンティティの主キーを参照しないときは，外部キーにNULLが許される。

① 1対多関連

次のような場合が非依存の1対多関連となる。

・トランザクション系のエンティティがマスタテーブル（マスタ系のエンティティ）を参照する場合
・トランザクション系のエンティティ同士の関連
 トランザクション系のエンティティ同士の1対多関連には様々なパターンがあり，慎重にビジネスルールを見極める必要がある。
・自己参照型のデータ構造（ループ）の場合

② 1対1関連

二つのエンティティの主キーが異なり，互いのインスタンスが1対1に対応する場合は非依存の1対1関連となる。この関連はあまり発生しないが，両者が真に1対1に対応するのかどうかの見極めは難しいことが多い。関連を1対1にするのか，あるいは1対多にするのかで，業務上の運用が大きく変わる場合があり，ビジネスルールを熟慮して関連を設定する。

この場合，二つのエンティティの主キーが異なるので，一方のエンティティは他方のエンティティに依存しない。したがって，外部キーをどちらのエンティティに設定しても構わない。通常は，後付けで値を登録する側に外部キーを設定する。なお(1..1)対(1..0)関連の場合，どちらのエンティティに外部キーを置くかで存在制約の強さ（必須か任意）が変わる。

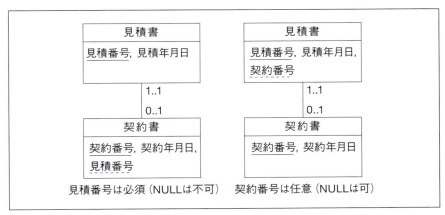

図7-13 1対1関連（非依存リレーションシップ）の例

(3) 多対多関連

▶多対多関連

多対多関連は，互いのインスタンスが相手の複数のインスタンスに対応する場合であり，比較的よく発生する。概略図レベルでは多対多関連をそのまま残しておいても構わないが，詳細図レベルでは，連関エンティティを用いて1対多に変

換する。

(4) スーパタイプ／サブタイプ

▶スーパタイプ
▶サブタイプ

スーパタイプ／サブタイプ関係は，計画段階の概略図レベルでは識別しない。モデル化対象となる全てのエンティティが揃った段階，あるいはエンティティの主要な属性が固まってきた段階（新規概要図や詳細図を作成する段階）で識別を行う。このとき，エンティティに含まれる属性の共通部分と特殊部分に注目することによって，スーパタイプ／サブタイプを識別する。スーパタイプには共通属性を，サブタイプにはサブタイプ固有の属性を設定する。ボトムアップアプローチの場合，データモデル作成時には既に関係スキーマが抽出されているはずなので，エンティティライフサイクルを検討の上，共通属性と特殊属性に注目し，サブタイプの切出しを行う。

① エンティティのサブタイプ化

対応するエンティティの組について，共通でない属性が一方にだけ存在する場合，その属性が存在する側のエンティティを他方のサブタイプとする（図7-14 参照）。

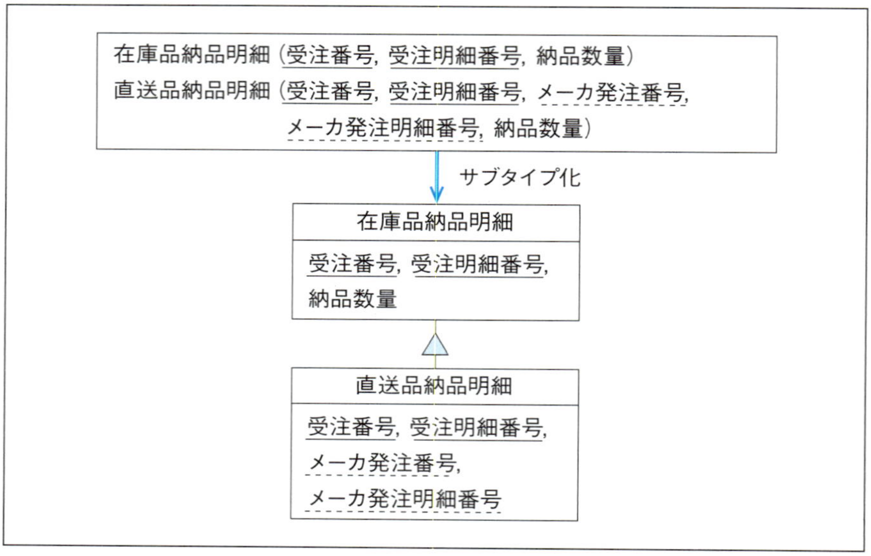

```
在庫品納品明細（受注番号, 受注明細番号, 納品数量）
直送品納品明細（受注番号, 受注明細番号, メーカ発注番号,
                メーカ発注明細番号, 納品数量）
```

↓ サブタイプ化

```
在庫品納品明細
受注番号, 受注明細番号,
納品数量
    △
直送品納品明細
受注番号, 受注明細番号,
メーカ発注番号,
メーカ発注明細番号
```

図7-14 エンティティのサブタイプ化の例

② エンティティの汎化と特化

対応するエンティティの組において両者に共通でない属性が存在する場合，両者の共通部分についてはスーパタイプを設定し（汎化），共通でない部分については両者をスーパタイプのサブタイプとする（特化）（図7-15 参照）。なお，図7-15 の"在庫品仕分明細"エンティティには，固有の属性（両者に共通でない属性）が存在しない。したがって，サブタイプの"在庫品仕分明細"には，単に主キー部分だけが残ることになる。

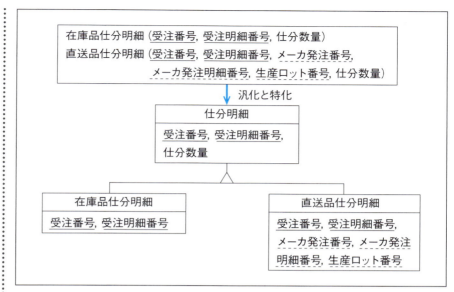

図 7-15　エンティティの汎化と特化の例

③　スーパタイプ／サブタイプの留意点
　・基本的にはスーパタイプ／サブタイプの主キーは全て同じ（共通）とする。
　・ボトムアップでスーパタイプを作成する場合のスーパタイプのキーについては「7.4.2 エンティティのキーの識別」の図 7-11 も参照のこと。
　・スーパタイプとサブタイプで共通する属性はスーパタイプの属性とし，サブタイプにはそのサブタイプに固有な属性だけを定義する。サブタイプに固有な属性とは，その属性をサブタイプに保持したときに，必ず値が設定される（NULL にならない）属性のことである。
　・単に，主キーだけのサブタイプもある。その存在を示すだけのサブタイプである。
　・サブタイプ間には，排他的か共存的かの関係がある。IDEF1X や TH モデルではこの関係を示すためにスーパタイプにサブタイプ識別子を定義する。
　・サブタイプを識別する際は，組織図，帳票，関係スキーマ，ビジネスルールに注意する。例えば「出荷には通常出荷と直送出荷がある。通常出荷には幹線ルート＋支線ルートの出荷と支線ルートだけの出荷がある」など(図 7-16 参照)。

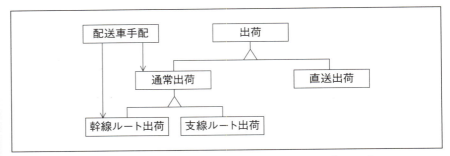

図7-16　新規概要図レベルのスーパタイプ／サブタイプ

④　インスタンスの包含関係に基づくエンティティのサブタイプ化

　スーパタイプ／サブタイプ関係は，対応するエンティティ間の共通属性と固有属性に注目して導くこともできるが，インスタンスの包含関係から導くこともできる。

　スーパタイプ／サブタイプ関係をインスタンスレベルで見れば，サブタイプはスーパタイプの真部分集合になる。つまり，サブタイプのインスタンスは必ず親のスーパタイプのインスタンスに包含される。複雑で分かりにくい汎化階層（is-a関係）を，このインスタンスの包含関係でとらえることで，比較的簡単に，スーパタイプ／サブタイプ関係，特にエンティティのサブタイプ化を導くことができる。

(a)　各サブタイプのインスタンス集合

　　図7-17は，"部品"が分類の観点によってどのようなサブタイプに分かれるかを示す。また，表の左から順に，インスタンス値a〜dを割り付けてある。それらをサブタイプごとに集計すれば，各サブタイプのインスタンスの集合が求められる。

	部品のインスタンス値	a	b	c	d
分類の視点	自社設計区分	自社設計部品a	自社設計部品b	自社設計部品c	汎用調達部品d
	主要補充区分	主要部品a	主要部品b	補充部品c	補充部品d
	納期区分	通常納期部品a	長納期部品b	通常納期部品c	―
	発注方式区分	納入指示部品a	都度発注部品b	納入指示部品c	都度発注部品d

各サブタイプのインスタンスの集合

部品：{ａｂｃｄ}		
分類の視点	自社設計部品：{ａｂｃ}	汎用調達部品：{ｄ}
	主要部品　　：{ａｂ}	補充部品　　：{ｃｄ}
	通常納期部品：{ａｃ}	長納期部品　：{ｂ}
	納入指示部品：{ａｃ}	都度発注部品：{ｂｄ}

（H18年春DB午後Ⅱ問2より引用）

図7-17　部品の分類とインスタンス集合

(b) 各サブタイプのインスタンスの包含関係

図7-17に示した「各サブタイプのインスタンスの集合」から，各サブタイプのインスタンスの包含関係（親の真部分集合になるもの）を導く。なお，"部品"と"自社設計部品"／"汎用調達部品"，"自社設計部品"と"通常納期部品"／"長納期部品"などのように，汎化／特化関係になるものは除く。そうすると，次のインスタンスの包含関係が得られる。

- "自社設計部品"に包含されるサブタイプ
  - 自社設計部品：|a b c| ⊃ 主要部品　　：|a b|
  - 自社設計部品：|a b c| ⊃ 納入指示部品：|a c|
- "都度発注部品"に包含されるサブタイプ
  - 都度発注部品：|b d| ⊃ 長納期部品　：|b|
  - 都度発注部品：|b d| ⊃ 汎用調達部品：|d|
- "補充部品"に包含されるサブタイプ
  - 補充部品　　：|c d| ⊃ 汎用調達部品：|d|

(c) サブタイプ化されたエンティティの追加

上記の各サブタイプのインスタンスの包含関係は，そのままでスーパタイプ／サブタイプ関係（エンティティのサブタイプ化）を表している。このサブタイプ化されたエンティティを，データモデルに追加すると，図7-18のようになる（色線部分）。なお，図7-18には，サブタイプ識別子（分類の観点）とインスタンス値（a,b,c,d）も併せて示しておく。

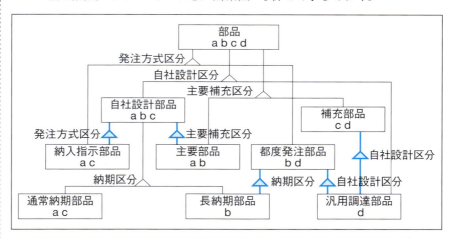

図7-18　インスタンスの包含関係から導いたエンティティのサブタイプ化

(5) 線・矢線（リレーションシップ）の引き方

① 線・矢線の引き方の基本

エンティティは第3正規形で考えるのが基本である。主キーと外部キーの対応関係から参照可能なエンティティが複数ある場合には，冗長な矢線を引かないように注意する（関連を設定しない）。例えば，図7-19において，"現場使用機械"と"センタ"及び"機材"との関連は冗長である。なぜなら，"号

機"と"現場使用機械"との間に関連が設定されているならば,これらの関連は"号機"と"現場使用機械"の関連を介して導けるからである。また,関連に沿って自然結合していけば,得られるような属性は保持しない。例えば,"センタ"との自然結合によって得られるセンタ名は"現場使用機械"に保持しない。

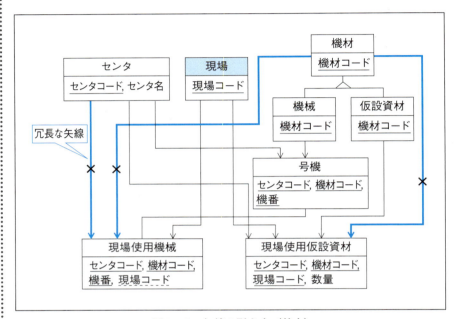

図7-19　矢線の引き方(基本)

② 冗長なリレーションシップと冗長でないリレーションシップの判断

内容的には①の繰返しになるが,ここで,冗長なリレーションシップと冗長でないリレーションシップについて別の例を挙げる。図7-20の(a)の例は,"社員"→"顧客案件"→"顧客訪問記録"というリレーションシップがある。"顧客訪問記録"は,案件担当の社員が訪問すると仮定すると,"顧客訪問記録"の社員番号は案件番号を介して"顧客案件"から得られるので冗長となる。念のため"顧客訪問記録"を正規化する。すなわち,次のとおり"顧客訪問記録"は第2正規形ではないので,第3正規形とすると図の(a)の右側の例となる。

顧客訪問記録(案件番号, 年月日, 社員番号)

上記の関係スキーマには,"顧客案件"によって,案件番号→社員番号という関数従属性がある。したがって,"顧客訪問記録"は,非キー属性である社員番号が主キー{案件番号, 年月日}に部分関数従属しているので,第2正規化する必要がある。

案件番号→社員番号に沿って,別の関係スキーマに分割することになるが,この場合は既に存在している"顧客案件"そのものであるから,

　　　　顧客訪問記録（案件番号, 年月日）

が残ることになる。
　もちろん，最初から顧客訪問記録（案件番号, 年月日, 社員番号, 社員名）を第3正規化すると考えても同じことである。

　　　　顧客訪問記録（案件番号, 年月日, 社員番号, 社員名）

案件番号→｛社員番号, 社員名｝に沿って，第2正規化すると，"顧客案件"が分割される。

　　　　顧客訪問記録（案件番号, 年月日）
　　　　顧客案件（案件番号, 社員番号, 社員名）

案件番号→社員番号→社員名に沿って，第3正規化すると，"社員"が分割される。

　　　　顧客案件（案件番号, 社員番号）
　　　　社員（社員番号, 社員名）

(b) の例も，"社員"→"顧客案件"→"顧客訪問記録"と"社員"→"顧客訪問記録"のリレーションシップがあるが，"社員"→"顧客訪問記録"は冗長ではない。この例を，(a) と同様に正規化前の関係スキーマで示すと次のようになる。

　　　　顧客訪問記録（案件番号, 年月日, 訪問社員番号, 訪問社員名, 案件担当社員番号, 案件担当社員名）

　上記の関係スキーマを訪問社員番号→訪問社員名，案件番号→案件担当社員番号→案件担当社員名に沿って，第2正規化と第3正規化する。

　　　　顧客訪問記録（案件番号, 年月日, 訪問社員番号）
　　　　訪問社員（訪問社員番号, 訪問社員名）
　　　　顧客案件（案件番号, 案件担当社員番号）
　　　　案件担当社員（案件担当社員番号, 案件担当社員名）

となり，"訪問社員"と"案件担当社員"は統合化の対象であり，

　　　　社員（社員番号, 社員名）

となる。(b) では，"顧客案件"と"顧客訪問記録"の外部キーを共に社員番号としているが，役割は違う。

第7章 データ分析・データモデル作成

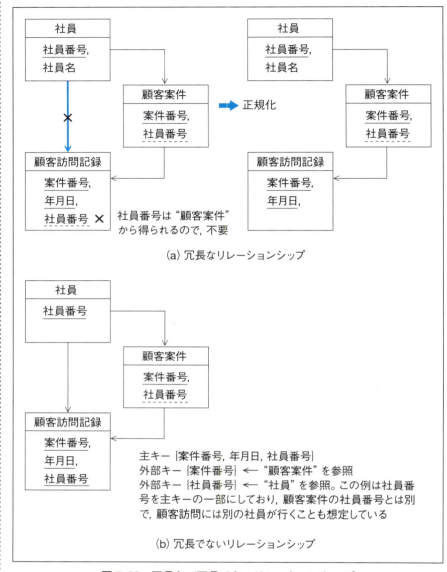

図7-20 冗長な／冗長でないリレーションシップ

③ 暗黙的なリレーションシップの矢線を引かない

　一見，関連がありそうに見えても，暗黙的なリレーションシップになるものはエンティティ間に明示的な矢線（又は線）を引かない（図7-21参照）。また，エンティティXの属性Aが暗黙的なリレーションシップをたどって，他のエンティティ（X以外）から得られるならば，エンティティXに属性Aを保持しない。

7.4 トップダウンアプローチ

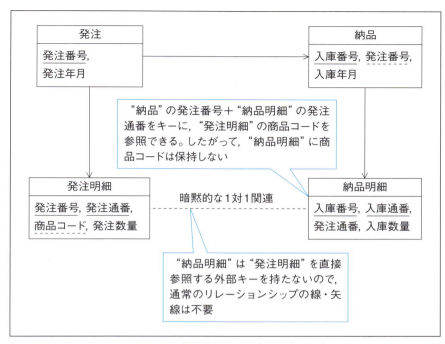

図 7-21 暗黙的なリレーションシップ

7.4.4 ビジネスルールの識別

今まで述べた，主キーの識別，関連の識別によって概念データモデルが作成されるが，これは取りも直さず，対象業務に存在するビジネスルールを識別することを意味する。対象業務のビジネスルールの違いによってデータ構造が異なってくる。また，同じ1対多関連のビジネスルールでも複数のデータ構造が存在する。

(1) 1対多関連における複数のパターン

トランザクション系のエンティティ同士の1対多関連には，ビジネスルールの違いやデータ構造の違いによって，複数のパターンが存在する。

① 親子とも明示的なリレーションシップ

次のようなビジネスルールがあるものとする。「受注した商品は，その商品を取り扱う物流拠点ごとにまとめて出荷される。受注明細が分割されることはない」。

この場合に，外部キーとして被参照側の親のエンティティ"受注"と明細のエンティティ"受注明細"の主キーを引き継ぐようなデータ構造をとるものとする（図7-22参照）。

このデータ構造では，"受注"と"出荷"の間は1対多関連，"受注明細"と"出荷明細"の間は1対1関連になる。

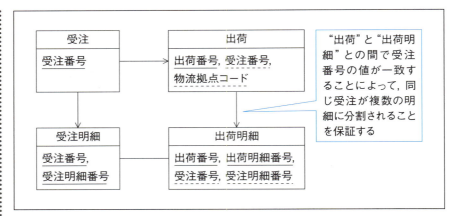

図7-22　被参照側の親と明細のエンティティの両方の主キーを引き継ぐ場合の例

② 親が暗黙的なリレーションシップ
　ビジネスルールは①と同じものとする。
　この場合，被参照側の明細のエンティティ"受注明細"の主キーを引き継ぐようなデータ構造をとるものとする（図7-23参照）。このデータ構造では，"受注明細"と"出荷明細"の間は1対1関連となるが，"受注"と"出荷"の間は暗黙的な1対多関連になる。
　このデータ構造では，"出荷"に受注番号が保持されておらず，"出荷明細"の受注番号はインスタンスごとに異なる値をとることも可能である。仮に，「一つの出荷で複数の受注に関わる商品が出荷される」というような運用が行われると，"受注"と"出荷"の間は暗黙的な多対多関連になる。

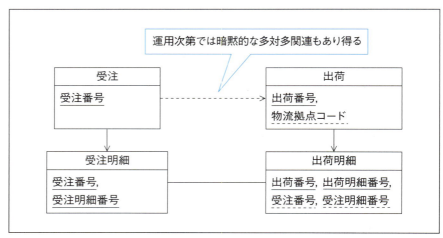

図7-23　被参照側の明細エンティティだけの主キーを引き継ぐ場合の例

③ 子が暗黙的なリレーションシップ
　ビジネスルールは①と同じものとする。

この場合，"受注明細"と"出荷明細"の間に暗黙的なリレーションシップを用いた図7-24のようなデータ構造をとるものとする。このデータ構造では，"受注"と"出荷"の間は1対多関連，"受注明細"と"出荷明細"の間は暗黙的な1対1関連になる。"出荷"の受注番号＋"出荷明細"の受注明細番号をキーに，"受注明細"を参照できる。

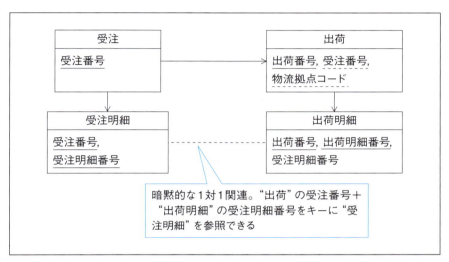

図 7-24　暗黙的なリレーションシップの例

④　他の独立エンティティを明細とする場合

　エンティティの明細として，記述エンティティの代わりに，他の独立のエンティティを用いる場合がある。このときのエンティティの間も1対多関連になる。図7-25はこの例で，ビジネスルールは次のとおりである。「出荷は，仕分けされた商品を配送車に積み込み，配送センタから送り出す。出荷された商品と受注の関係を把握するために，受注番号を記録する」。

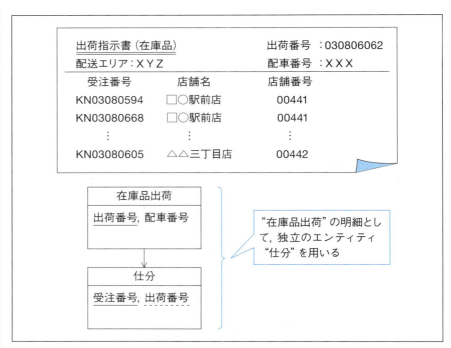

図 7-25　他の独立エンティティを明細とする場合の例

(2) インスタンスの設定時期がずれる場合

　一見，キーに関連性があるように見えても，要約系とトランザクション系のエンティティでは，インスタンスの設定時期がずれる。図 7-26 の場合，"勤務実績"と"勤務スケジュール"との間に関連があれば，"行事"，"契約社員"から"勤務スケジュール"への関連は不要のように見える。しかし，"勤務実績"は要約系のテーブルであり（社員別行事別の勤務実績の集計テーブルに相当），インスタンスの設定時期が"勤務スケジュール"と異なる。"勤務スケジュール"のインスタンスは，行事の始まる前に設定するが，"勤務実績"は行事の終了後に設定される。このような場合，冗長のように見える"行事"，"契約社員"から"勤務スケジュール"への関連は必要である。逆に，"勤務実績"から"勤務スケジュール"への矢線は不要である。

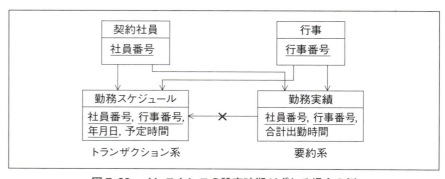

図 7-26　インスタンスの設定時期がずれる場合の例

7.4 トップダウンアプローチ

(3) ビジネスルールによって矢線の引き方が変わる場合

ビジネスルールを厳密に守るかどうかで，矢線の引き方が変わってくる。例えば，営業業務において，「顧客案件は顧客訪問前に必ず登録する」というビジネスルールが厳密に守られるならば，図7-27の左側に示すようなE-R図となる。一方，この点が曖昧で，「顧客案件は何回かの顧客訪問の後に登録する」というビジネスルールになるなら，図7-27の右側のようなE-R図となる。右側の図は，左側の図と異なり，"顧客案件"のインスタンスの設定時期がずれる。そのため，案件番号はNULLになることもある。"顧客訪問記録"の主キーから案件番号は取り除かれ，通常の外部キーとする。

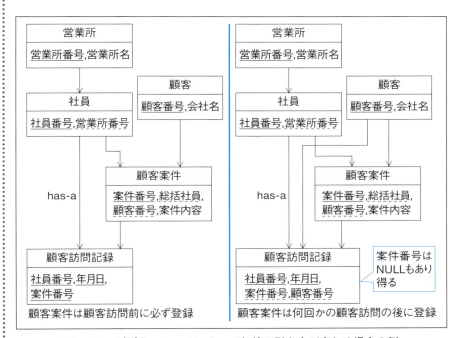

図7-27　ビジネスルールによって矢線の引き方が変わる場合の例

(4) 既存のデータモデルに合わせる場合

販売管理系のデータモデルでは"在庫"と"入庫／出庫"の間を関連付けることもあるが，生産管理・流通系のデータモデルでは関連付けないことが多い。例えば，図7-28の既存のデータモデル（点線で囲った部分）では，"センタ仮設資材在庫"と"返納明細"との間に関連が設定されていない。このデータモデルに対し，新規に"貸出中仮設資材"というエンティティを追加する場合，既存のデータモデルに合わせ，"センタ仮設資材在庫"と"貸出中仮設資材"との間に矢線を引かないようにする。この場合，一見，冗長に見えるが，"センタ"及び"仮設資材"と"貸出中仮設資材"との間に関連を設定する（青い矢線）。

仮に，"センタ仮設資材在庫"と"貸出中仮設資材"の間に関連を設定すると，これは現状と異なった，より厳しいビジネスルールの適用を意味する。現状のビ

315

ジネスルールを変えても構わなければ問題ないが，そうでない場合は，現状のビジネスルールの変更につながるので，この関連は設定しない方がよい。

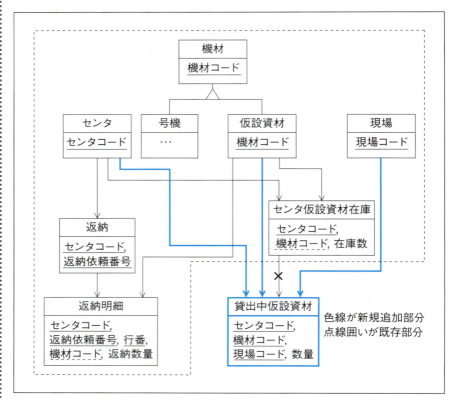

図7-28　既存のデータモデルに合わせる場合の例

7.4.5　エンティティの属性の洗出し

　基本データ項目を定義し新規概要図を作成すると，次に主キー，外部キー以外の属性（データ項目）の収集を行う。新規概要図に基づき，ユーザ部門へのインタビュー，現状や新規情報要求のユーザビュー，エンティティライフサイクルなどに注目して，エンティティのデータ項目を洗い出す。

(1) 利用部門へのインタビュー
　利用者要件が文書化されていない場合，エンティティを管理している利用部門へのインタビューを通じてデータ項目を洗い出す。

(2) ユーザビューの検討
　ユーザビューからデータ項目を洗い出す場合，次の手順で行う。
　① 現状や新規情報要求のビューからデータ項目を抽出する

② ドメインデータの抽出
　　データ属性が持つドメイン（定義域）を抽出する。これはデータの標準化にとっても重要である。
③ ビューとデータ項目の関連の記録を行う
④ データソースの検証
　　データの作成や更新を行う場合の入力元（データソース）のデータ項目が漏れなく洗い出されているかを検証する。また，ユーザビューのベースとなっているデータソースについても検証を行う。
⑤ データ項目とエンティティとの関連の分析をする
　　データ項目がどのエンティティと関連が深いのか，その関連性を分析し，所属するエンティティを決定する。

(3) エンティティライフサイクルの検討

▶エンティティライフサイクル

エンティティが発生し，更新され，消滅するまでの事象（これをエンティティライフサイクルという）を洗い出し，個々の事象ごとに追加，更新などのデータ操作が行われるデータ項目を抽出する。また，事象に対応した処理ごとに存在するユーザビューを検証し，そこからエンティティとデータ項目との関連を分析する。エンティティライフサイクルを検討することによって，データ項目の漏れをチェックできる。

7.4.6 データ正規化によるチェック

トップダウンアプローチによるデータ正規化の位置付け

　概念データモデルに対し，主キー，外部キー項目を定義し，各エンティティの属性としてのデータの洗出しを行い，その後に，データ正規化によってデータモデルのチェックを行う。主キー，外部キーの定義，属性の洗出しの過程でエンティティは正規形になっているはずなので，そのチェックの目的で行う。正規化によって，データモデルが修正される場合も出てくる。

7.4.7 DFDとの整合性検証

▶DFD
▶データフロー図

(1) DFD（データフロー図）との整合性
① エンティティの見落としチェック
　　データモデルをトップダウンアプローチで作成する場合，目的志向的に作成するので現実業務との整合性が必ずしもとれているとはいい難い。そのためエンティティの見落としなどが発生することがある。
② DFDとの照合
　　これを補うために，現実の業務を基に作成したDFDのデータストアから

抽出されたエンティティとデータモデルとを照合することによって，データモデルを，より完全なものにする。
③　ボトムアップアプローチの場合
ボトムアップアプローチでは，DFDのデータストアを正規化するステップを踏む限り，そこからデータモデルを作成するので，おのずと整合性はとられる。

(2) 整合性検証の手順
① 　トップダウンアプローチによるデータモデルの作成
② 　正規化によるチェック
③ 　DFDによって記述された現行論理モデルのデータストアの正規化
④ 　新システム要求によって追加されたデータストアの正規化
⑤ 　③と④の統合
⑥ 　②と⑤の照合

トップダウンアプローチのデータモデルは目的志向型（情報戦略目標）であり，DFDから導出された現状是認型のデータモデルと照合する場合，結果はあくまで目的志向型でなければならない。

▶データフロー

▶外部エンティティ

▶データストア

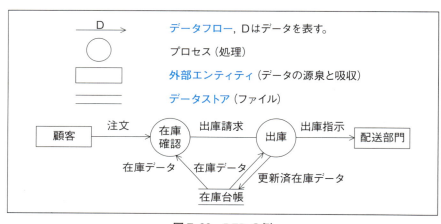

図7-29　DFDの例

7.4.8　コード分析

データ分析の際，コードは必ず，あるエンティティの識別子（主キー）として現れるが，従来システムでは，コードの付け方にルールがなく，コードとエンティティとの関係が混乱したものが多い。データ分析の際にコードとエンティティとの関係を十分に分析・把握した上で，コード設計を行う必要がある。システム設計・作成フェーズにおいて，外部設計で外部コードを，内部設計で内部コードを設計する。

7.4 トップダウンアプローチ

▶外部コード

(1) 外部コード

現行のコード体系に問題があるときは，複数のエンティティを分離せずに扱ってきた場合が多い。業務ルールに合わせて，共用性が高く分かりやすいコード体系にする必要がある（図 7-30 参照）。

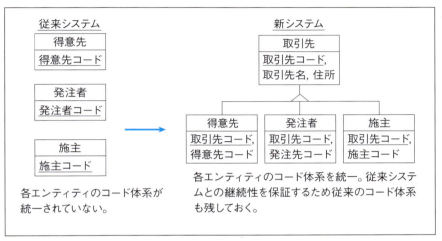

図 7-30 外部コード体系の変更例

(2) 内部コード

▶内部コード

内部コードの多くはプログラム内のテーブルなどで使われているが，これらをよく分析すると，エンティティのサブタイプや状態遷移をフォローするためのものであることが多い。データ分析によって，これらのコードは極力外部テーブル又はデータ定義とする。例えば，エンティティのサブタイプを識別するためのカテゴリ識別子（図 7-6 参照）や，状態遷移をフォローするためのステータスコードをデータ項目として定義する。こうすることで，プログラム中の内部コードの定義が不要になり，プログラムごとにコードの意味が異なるなどの不整合を防止することができる。

7.4.9 データモデルとビジネスプロセスの整合性確認

(1) データモデルとビジネスプロセスの整合性確認

データモデルが完成に近づいてくると，ユーザビューが定義され，ユーザビューに対応するエンティティのオカレンス（論理レコード）が定義される。この論理レコードが，その関連する業務の事象（発生・更新・消滅）に従って遷移する状態を追跡することによって，データとその処理（ビジネスプロセス）の整合性を確認する（エンティティライフサイクル分析）。エンティティライフサイクル分析を行うことは，次の①〜③に示す意味において重要であり，プログラム設計の基本概念である。

① データモデルの検証にフィードバックされる。
② データの動きを中心に処理（プログラム）の単位を切り出す。
③ 論理プロセス設計の検証として，ユーザ要件定義作業の一貫性を保つ。

(2) エンティティライフサイクル分析とは

▶エンティティライフサイクル

エンティティライフサイクルとは，あるエンティティのオカレンスが発生して，更新され，消滅するまでのライフサイクルの間に起こり得る事象や活動を表現したものである。

▶エンティティライフサイクル分析

エンティティライフサイクル分析によって，ライフサイクルの間に起こり得る事象がデータモデルに正しく反映されているかを検証することができる。

(3) 分析手順

エンティティライフサイクル分析の手順は次のようになる。

① エンティティの識別
　　データモデル上のエンティティ，特に事象エンティティに注目する。
② 事象の識別
　　識別された各エンティティに対し，発生，更新，消滅の観点から事象を追跡する。

▶エンティティ・事象マトリックス

③ エンティティ・事象マトリックスの作成
　　識別されたエンティティ，事象をマトリックスの形で表し，全体的な整理や見直しを行う。

エンティティ名	データ項目	発生	更新			消滅
商品	商品コード，商品名，売価，仕入値，仕入先	取引開始	売価変更	仕入値変更	仕入先変更	販売中止
在庫	商品コード，入庫日，出庫日，在庫量	取扱開始	入庫	出庫		取扱中止
⋮	⋮	⋮	⋮	⋮	⋮	⋮

図 7-31　エンティティ・事象マトリックスの例

④ エンティティライフサイクルの作成
　　状態遷移図又はジャクソンダイアグラムを用いて，エンティティライフサイクルを表現する。
　(a) 状態遷移図

▶状態遷移図

　　　状態遷移図は各エンティティごとに，縦軸にユーザビュー名を，横軸にエンティティの状態を各々，時系列に記述することによって，エンティティの状態遷移を明らかにする。

エンティティ(論理レコード)名	発注				
ユーザビュー名　　状態名	エンティティ無	発注済	入庫済	買掛計上済	支払済
発注登録画面	→				
入庫確認画面		→			
買掛金計上画面			→		
月次決済画面				→	

図7-32　状態遷移図の例

(b) ジャクソンダイアグラム

▶ジャクソンダイアグラム

エンティティ・事象マトリックスを作成した後に，個々のエンティティについてジャクソンダイアグラム（順次，選択，繰返し）を用いてエンティティライフサイクルを表現する。ジャクソンダイアグラムは，あるエンティティに関係するイベントを時間順に表現したダイアグラムであり，エンティティオカレンスの発生・更新・消滅の時間的推移を順次，選択，繰返しの構造を用いて表現する（図7-33参照）。

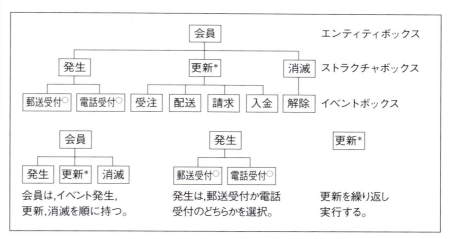

図7-33　ジャクソンダイアグラムの例

⑤ エンティティ機能関連マトリックス分析（CRUD分析）

▶エンティティ機能関連マトリックス

▶CRUD
▶CRUD分析

識別されたエンティティと，事象によって起動される機能（事象ごとの処理）をマトリックスの形でまとめたものを，エンティティ機能関連マトリックスといい，同マトリックスを用いてエンティティと機能の関連を分析することをエンティティ機能関連マトリックス分析という。エンティティ機能関連マトリックスでは，両者の関連を，C，R，U，Dの記号を用いて表現する。Cは発生（CREATE），Rは参照（RETRIEVE, READ），Uは更新（UPDATE），Dは消滅（DELETE）の略で，CRUD（クラッド），CRUD分析とも呼ばれる。エンティティ機能関連マトリックスを用いることによって，エンティ

ティの漏れや不要なエンティティ，さらにエンティティと機能のアンバランスがチェックできる。

(a) エンティティの漏れ

通常，マトリックスを作成する最初の段階で，エンティティの漏れが発見できる。

(b) 不要なエンティティ

何のイベントも持たないエンティティがある場合，機能が漏れているか，不要なエンティティが混入しているかのどちらかである。

(c) エンティティと機能のアンバランス

・エンティティに対応するCRUDのどれかが欠けている

エンティティには基本的に発生，更新，消滅のライフサイクルがあるはずである。特にC，U，Dのどれかが欠けるということは，機能不足を意味する。したがって，対象業務に機能を追加する。

・一つの機能にCRUDが集中

エンティティに対するC，R，U，Dは別々の事象で発生するはずであり，一つの機能にC，R，U，Dが集中するということは，機能分割が不十分であることを意味する。したがって，機能を分割する。

・一つの機能で複数エンティティのC（発生），D（消滅）に関与

一つのエンティティの発生や消滅には，各々一つの事象が関わるはずであり，一つの機能で複数のエンティティに関わるのは本質的に無理がある。したがって，図7-34の受注と受注明細のように互いに密接に関係しているエンティティを一つの機能で処理する場合を除いて，機能は分割すべきである。

・複数の機能が一つのエンティティのC（発生）に関与

一つのエンティティの発生には，一つの事象が関わるはずであり，複数の機能が一つのエンティティに関わるということは，機能が重複していることを意味する。この場合は，複数の機能を一つに集約する。

図7-34にエンティティと機能がアンバランスなエンティティ機能関連マトリックスの例を示す。

エンティティ \ 機能	1.入会 個人入会	1.入会 団体入会	2.受注	3.納品	4.請求	5.発注処理	6.入荷検査	7.契約解除
1. 会員	C	C	R	R				D
2. 受注			C	R				
3. 受注明細			C	R／U	R			
4. 商品マスタ			R			R／C		
5. 在庫			R	U		R／C	U	
6. 仕入先						R		
7. 発注						C	U	
8. 売掛金				C	C／U			

a. エンティティに対応するCRUDのどれかが欠けている
　　　会員にUがない　　　　　　　　　　　　　　　　：会員情報変更処理の追加
　　　受注にUがない　　　　　　　　　　　　　　　　：受注の変更処理の追加
　　　受注,受注明細,発注,売掛金にDがない　　　　：アーカイブ処理の追加
　　　商品マスタ,在庫,仕入先にDがない　　　　　　：発売中止,取引停止などの処理追加
　　　仕入先にCUがない　　　　　　　　　　　　　　：仕入先登録,変更処理の追加
b. 一つの機能にCRUDが集中
　　　受注明細のRU　　　　：納品と納品完了に分割
　　　商品マスタ,在庫のRC　：発注処理,取引開始処理に分割
　　　売掛金のCU　　　　　　：請求と入金に分割
c. 一つの機能で複数エンティティのC,Dに関与
　　　在庫と商品マスタのC　：入荷開始,取引開始処理に分ける。ただし,在庫と商
　　　　　　　　　　　　　　　　品マスタは密接に関係していると考えて,一つの機能
　　　　　　　　　　　　　　　　(取引開始処理)で処理すると考えることもできる。
　　　受注と受注明細のC　　：受注処理では,一度に受注と受注明細の両方を処理
　　　　　　　　　　　　　　　　するので,このままでよい。
d. 複数の機能が一つのエンティティのCに関与
　　　納品と請求で売掛金のCに関与：納品で売掛金を計上するのは避ける。請求
　　　　　　　　　　　　　　　　　　　　　処理に一本化する。

図7-34　エンティティ機能関連マトリックスの例

⑥　データモデルの見直し

　ライフサイクル分析の結果を用いて，データモデル上のエンティティの追加，修正を行う。

⑦　データ属性の見直し

　(a) ライフサイクル分析の結果を用いて，各エンティティに属するデータ項目の追加，修正を行う。

　(b) 事象に関連したデータ項目を識別するには，事象に対応した処理としてのユーザビューを検証するとよい。

(4) 論理プロセス設計支援

　ユーザビューごとに，どのような事象（トリガ）によって，論理レコードが論

▶論理プロセス

理組織単位の間で伝達されていくかを記述する。図7-35は業務フロー，プロセスフローあるいはインフォメーションフローなどと呼ばれる。こうしたフローを作成することで，ユーザから見た情報の論理プロセス（プログラム処理の単位）を実装独立に（実装設計について考慮しないで）設計することができる。

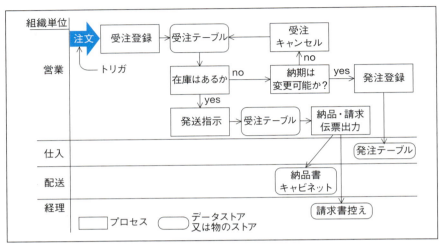

図7-35　プロセスフローの例

7.4.10　データ制約の分析

▶データ制約

(1) データ制約分析の必要性

既存のDBMSによるデータ制約実現の有無に関わらず，データ分析の一環として，業務ルールに基づき，どのデータにどのような制約を設けるかを分析する必要がある。このデータ制約をあらかじめ分析しておくことによって，プロセスのチェック処理が簡素化され，かつデータベースの保守が容易になる。従来，個々のアプリケーションプログラムが行っていた制約条件のチェックをこの段階で分析し，DBMSに委ねることによって，データの整合性が向上し，データベースの保守作業が軽減される。

(2) データ制約の分類

データ制約は，「3.2　整合性管理」で述べたものを含め，次の9種類に分類できる。

■単独のデータ項目に関わる制約

▶識別子制約
① 識別子制約：主キーのユニーク性を保証する制約。

▶形式制約
② 形式制約：各データの型に関する条件，文字，数字，桁数などが正しい範囲にあることを保証する制約。

■複数のデータ項目に関わる制約

▶参照制約
③ 参照制約：外部キーの値が，関連するエンティティの主キーの値として存

▶存在制約

④ **存在制約**：データ項目の値の存在が必須，任意，NULL のいずれであるかを定義する制約。

▶多重度制約

⑤ **多重度制約**：1対Nの関係で，Nの件数を制限する制約。

▶導出制約

⑥ **導出制約**：加工データが加工元データからの計算値であることを保証する制約。

▶関連制約

⑦ **関連制約**：データ項目間の値の制限を保証する制約。ただし，参照制約，導出制約を除く。

■処理のあり方に関わる制約

▶更新制約

⑧ **更新制約**：更新時におけるデータ値によって，別な論理レコードの生成，消滅を引き起こす制約。

▶処理順序制約

⑨ **処理順序制約**：論理レコードが持つ状態遷移規則を保証する制約。

表 7-5 データ制約

データ制約	具体例
①識別子制約	社員の社員番号は一意である。 顧客の顧客番号は一意である。
②形式制約	データ型：売上金額は数値型である。 範囲：売上金額＞0。値列挙：性別は，男か女。
③参照制約	被参照表の主キーを削除（更新）するとき，それを参照する外部キーがあったら，削除（更新）を拒絶する，あるいは外部キー側の行を削除（更新）する，NULLや既定値をセットする。
④存在制約	売上明細には，売上伝票番号，商品コード，数量が必須である。
⑤多重度制約	一人の従業員が参加できるプロジェクトは三つまでである。プロジェクトの最大人数は20人である。
⑥導出制約	売上金額合計＝Σ売上明細.販売数量×商品M.単価
⑦関連制約	受注限度額≧受注金額＋売掛金残 受注金額と売掛金残の合計は，受注限度額を超えない。
⑧更新制約	受注数量の変更があった場合は，在庫の該当商品の出庫引当数量を変更する。
⑨処理順序制約	商品の入庫を行う場合，該当商品は発注済みであること。

(3) **事前に行っておくべきこと**

データ制約を分析するためには事前に次の作業を行っておく。

① エンティティの識別
② データ項目の定義
③ ドメインの抽出
④ 正規化
⑤ 主キー，外部キーの識別

7.5 ボトムアップアプローチ

▶ボトムアップ
　アプローチ

ボトムアップアプローチによるデータモデルの作成手順

　概略手順で述べたように，**ボトムアップアプローチ**のデータ分析・データモデル作成では，現状のビューからデータ項目を収集し，正規化を行い，部分図を作成し，それらを統合して現状詳細統合図を作成する。次に，新規情報要求（ユーザビュー）を基にデータの正規化を行い，新規詳細部分図を作成し，現状詳細統合図と統合することによって目的のデータモデル（新規詳細統合図）を作成する。

　ボトムアップアプローチによるデータモデルの作成は次の手順で行う。

① 　ユーザビューの収集
② 　データ項目の抽出とデータ（主キー，外部キー）定義
③ 　ユーザビューごとのデータ正規化と部分図の作成
　　現状のユーザビューと新規情報要求に基づくユーザビューを対象とする。
④ 　複数部分図の類似エンティティ（データ項目グループ）の統合
⑤ 　データモデルの作成
　　①〜⑤を現状詳細統合図と新規詳細統合図の作成に適用する。なお，①〜⑤の手順でデータモデルを作成する方法をフーバー／レイバー法ともいう。
⑥ 　コード分析
⑦ 　加工，導出データの検証によるデータ属性の見直し
⑧ 　エンティティライフサイクル分析
　　エンティティライフサイクルの検討によるサブタイプの切出し。
⑨ 　データモデルの完成（新規詳細統合図）
⑩ 　データ制約の分析

なお，⑥〜⑩については，「7.4 トップダウンアプローチ」を参照。

7.5.1 ユーザビューの収集，データ項目の抽出とデータ定義

実際の業務で使用している現状の帳票や画面などのビューを基にデータの正規化を行い，現状詳細部分図（E-R 図）を作成し，それらを統合する（現状詳細統合図）。

(1) ユーザビューの収集
ボトムアップアプローチでは，ユーザビューや DFD からデータ項目を収集する。
① ユーザインタビュー，画面，帳票からのデータ収集
ユーザへのインタビュー，実際の業務で使用されている伝票，帳票，画面などからデータ項目を収集する。
② DFD からのデータ収集
業務分析をデータフロー図（DFD）で行った場合，データフロー，データストア（ファイル）からデータ収集を行う。

▶DFD

(2) データ項目の抽出とデータ定義
エンティティごとのデータ項目の抽出とデータ（主キー，外部キー）定義を行うためには，まず，類似した帳票群ごとに収集したデータ項目について正規化を行い，主キー，外部キー，従属項目を認識する。同時に部分的にデータモデル図（E-R 図）を作成し，主キーが同じものを統合化する。また，この過程でデータ名称の整合性もとる。こうしてエンティティの決定とそれに属するデータ項目を決定する。

7.5.2 ユーザビューごとのデータ正規化と部分図の作成

ボトムアップアプローチでは，現状のユーザビューや新規情報要求（ユーザビュー）ごとにデータの正規化を行い，得られた正規形データ（エンティティ）の主キー，外部キーの参照関係に基づき，E-R モデルの部分図を作成する。

(1) データ正規化の位置付け
ボトムアップアプローチでは，エンティティとそのデータ属性の識別時に正規化を行う。

(2) データ正規化の目的
データを正規化する目的は，次のようになる。
① 基本的なデータ項目グループの識別
主キーとそれに関数従属する属性の識別を行う。
② 冗長性の排除
繰返しグループや部分関数従属性，推移的関数従属性が残った状態は冗長

で，1事実が複数箇所に存在することになる。正規化はこの冗長性を排除する。
　③　データの整合性の維持
　　　1事実に対し複数箇所の状態では，重複更新に伴う更新忘れや削除に伴うデータ間の関係の喪失など，データの整合性がとれなくなる場合が出てくる。正規化によって，1事実を1箇所にしておけば，データ整合性の維持が容易になる。

(3) データ正規化の手順

ボトムアップアプローチの場合，非正規形（画面，帳票など）を基に，次に示す三つのステップを踏んで正規化を行う。

```
                        請求書発行
  顧客番号：XXXXXX              氏名：NNNNNNNN
  請求年月：YYMM               振替日：YYMMDD
  請求額　 ：XXXXXXX
  銀行コード：XXXX  支店コード：XXXXXX  口座番号：XXXXXXXX
  銀行名：NNNNNNNN  支店名：NNNNNNNN
  商品コード   商品名     購入日    単価    数量    金額
  XXXXX     NNNNNNN   YYMMDD   XXXX   XXXXX  XXXXXX
  XXXXX     NNNNNNN   YYMMDD   XXXX   XXXXX  XXXXXX
    ：        ：        ：      ：     ：     ：

  請求書（顧客番号，氏名，銀行コード，支店コード，口座番号，銀行名，支店名，
  　　　　（請求年月，振替日，請求額，（商品コード，商品名，購入日，単価，数量，
  　　　　金額）））
  ※括弧内は繰返しを示す。
```

図7-36　非正規形の例

▶第1正規化

① **第1正規化**

　繰返し部分を分解又はフラットにする（第1正規形の作成）。それに伴い連結キーが発生する（部分関数従属性の発生）。

```
図7-36の請求書の繰返し部分を分解し，第1正規形にする。
顧客（顧客番号，氏名，銀行コード，支店コード，口座番号，銀行名，支店名）
請求書（顧客番号，請求年月，振替日，請求額，（商品コード，商品名，購入日，
　　　単価，数量，金額）

請求書は繰返し部分を含んでいるので，さらに分解する。
請求書（顧客番号，請求年月，振替日，請求額）
請求明細（顧客番号，請求年月，商品コード，商品名，購入日，単価，数量，金額）
```

図7-37　第1正規化

7.5 ボトムアップアプローチ

▶第2正規化

② 第2正規化

連結キーに対する完全関数従属部分とそうではない部分の分解を行う（第2正規形の作成）。推移的関数従属性が残る可能性がある。

請求明細は，部分関数従属部分を含んでいるので，これを分解し，第2正規形にする。
請求明細（<u>顧客番号</u>，<u>請求年月</u>，<u>商品コード</u>，購入日，数量，金額）
商品（<u>商品コード</u>，商品名，単価）

図7-38　第2正規化

▶第3正規化

③ 第3正規化

主キー以外の部分に推移的関数従属性があれば，それを分解する（第3正規形の作成）。

図7-37の顧客は主キー以外の部分に推移的関数従属性があるので，これを分解し，第3正規形にする。
顧客（<u>顧客番号</u>，氏名，銀行コード，支店コード，口座番号）
銀行（<u>銀行コード</u>，銀行名，<u>支店コード</u>，支店名）

銀行名は，銀行コードだけに部分関数従属するので，さらに分解する。
銀行（<u>銀行コード</u>，銀行名）
支店（<u>銀行コード</u>，<u>支店コード</u>，支店名）

図7-39　第3正規化

(4) 部分図の作成

ボトムアップアプローチでは，収集されたユーザビューごとにデータ正規化を行い，得られた正規形データ（エンティティ）の主キー，外部キーの参照関係に基づきE-Rモデルの部分図（新規詳細部分図）を作成する。

繰返し部分の分解による第1正規化は，記述エンティティの発生に相当し，エンティティ間は1対多となる。部分関数従属部分の分解による第2正規化は，エンティティRとその親のエンティティSの関係への分解に相当し，SとRの関係は1対多になる。推移的関数従属部分の分解による第3正規化は，マスタへの参照に相当し，これも1対多関連になる。

図7-36から図7-39にかけて得られた正規形からE-Rモデルの部分図を作成すると，次のようになる。

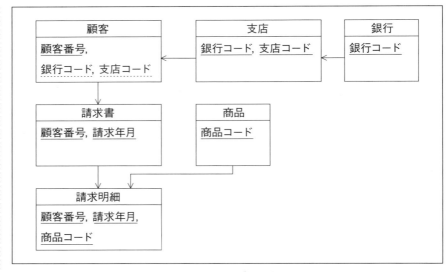

図 7-40　E-R モデルの部分図

7.5.3　複数部分図の類似エンティティの統合

　ボトムアップアプローチでは，現状のユーザビューからデータ項目を収集し，正規化を行い，部分図を作成し，それらを統合して現状詳細統合図を作成する。

データ項目グループの統合
　画面や帳票などのユーザビューごとに正規化を行い，その主キー，外部キーの参照関係によって作られた部分図のうち，主キーが同じ類似エンティティ（データ項目グループ）を統合する。こうして，主キーとそれに関数従属する項目がまとめられる。主キーが同じものを統合する過程で，ビューごとに持っているデータ属性が同一エンティティに追加，統合されていくことになる。統合されたエンティティの主キー，外部キーの参照関係（1対1，1対多）に基づき，E-R モデル（現状詳細統合図）を作成する。
　図 7-41 に類似エンティティの統合例を示す。

7.5 ボトムアップアプローチ

```
┌─────────────────────────────────────────────────────┐
│                    顧客登録                          │
│  顧客番号：XXXXXX                                    │
│  氏名：NNNNNNNN                                      │
│  住所：NNNNNNNNNNNNNNNN                              │
│  銀行コード：XXXXXX    支店コード：XXX    口座番号：XXXXXXXXX │
│  契約電話番号        開通日                          │
│   XXXXXXXX         YYYYMMDD                          │
│   XXXXXXXX         YYYYMMDD                          │
│      ⋮               ⋮                               │
└─────────────────────────────────────────────────────┘

┌─────────────────────────────────────────────────────┐
│                    請求問合せ                        │
│  顧客番号：XXXXXX        氏名：NNNNNNNN              │
│  請求年月：YYYYMM        振替日：YYYYMMDD            │
│  請求額  ：XXXXXXX       振替結果：X                 │
│  発信電話番号  着信電話番号  通話日時        通話時間  料金 │
│  XXXXXXXX    XXXXXXXX    YYYYMMDDhhmmss  hhmmss XXXX │
│  XXXXXXXX    XXXXXXXX    YYYYMMDDhhmmss  hhmmss XXXX │
│  XXXXXXXX    XXXXXXXX    YYYYMMDDhhmmss  hhmmss XXXX │
│    ⋮            ⋮             ⋮              ⋮    ⋮ │
└─────────────────────────────────────────────────────┘
```

データストア（ファイル）から
　通話レコード

発信電話番号	着信電話番号	通話日時	課金区分	通話時間

　通話明細レコード

発信電話番号	着信電話番号	通話日時	顧客番号

（1）ユーザビューごとのデータの正規化
ここでは，部分図の作成は省略する。
●顧客登録画面
①顧客（顧客番号, 氏名, 住所, 銀行コード, 支店コード, 口座番号）
②契約電話（顧客番号, 契約電話番号, 開通日）
●請求問合せ画面
③顧客（顧客番号, 氏名）
④請求（顧客番号, 請求年月, 振替日, 請求額, 振替結果）
⑤請求問合せ（発信電話番号, 着信電話番号, 通話日時, 通話時間, 料金, 顧客番号, 請求年月）
●データストア（ファイル）
⑥通話（発信電話番号, 着信電話番号, 通話日時, 課金区分, 通話時間）
⑦通話明細（発信電話番号, 着信電話番号, 通話日時, 顧客番号）

図7-41　類似エンティティの統合例

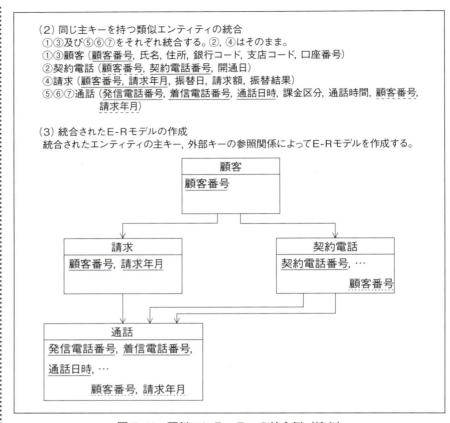

図7-41 類似エンティティの統合例（続き）

7.5.4 ユーザビューの設計

▶新規情報要求
▶ユーザビュー

現状の詳細統合図ができたら，新規情報要求（ユーザビュー）を基にデータの正規化を行い，新規詳細部分図を作成する。現状詳細統合図と新規詳細部分図を統合することによって目的のデータモデル（新規詳細統合図）が得られる。

（1）ユーザビューの識別

新システムに対する新たな要求を把握することによって，ユーザビューを識別する。

ユーザビューは次のようなものから得られる。

① バッチ業務：出力帳票イメージ
② オンライン業務：入出力画面イメージ
③ 会話（照会）業務：会話画面イメージ

(2) ユーザビューのデータ構造の決定

ユーザビューを正規化して得られた正規形データ（エンティティ）の主キー，外部キーの参照関係に基づき，E-R モデルの部分図（新規詳細部分図）を作成する。

(3) データモデルの検証

(2)によって得られた，それぞれのユーザビューを表現している E-R モデルの部分図が現状のデータモデル（現状詳細統合図）に含まれているか検証する。含まれていない場合はデータモデルにエンティティを追加する。あるいは，必要なデータ項目をエンティティへ挿入（統合）する。図 7-42 に，現状詳細統合図（図 7-41）と新規情報要求（ユーザビュー）を統合する例を示す。

---

(1) 新規情報要求：顧客を支店別に管理し，営業所別月別の請求額一覧を出力する。

```
          営業所別月別請求額一覧
                                    YYYY年MM月
  営業所コード   営業所名    営業所所在地    当月請求額（千円）
    XXX         NNNNN     NNNNNNNNNN      XXXXXXX
     ⋮           ⋮           ⋮              ⋮
```

```
                  顧客登録
  顧客番号：XXXXXX
  氏名：NNNNNNNN    住所：NNNNNNNNNNNNNNNN
  営業所コード：XXX
  銀行コード：XXXXXX   支店コード：XXX   口座番号：XXXXXXXXX
  契約電話番号        開通日
    XXXXXXXX        YYYYMMDD
       ⋮               ⋮
```

(2) ユーザビューごとのデータ正規化
　●営業所別月別請求額一覧
　①営業所（<u>営業所コード</u>, 営業所名, 営業所所在地）
　②営業所別月別請求（<u>営業所コード</u>, <u>年月</u>, 当月請求額）
　●顧客登録画面
　③顧客（<u>顧客番号</u>, 氏名, 住所, <u>営業所コード</u>, 銀行コード, 支店コード, 口座番号）
　④契約電話（<u>顧客番号</u>, <u>契約電話番号</u>, 開通日）

図 7-42　新規情報要求（ユーザビュー）の統合例

(3) データモデルの検証とエンティティの統合
　図7-41の現状詳細統合図には，①，②のエンティティが含まれていないので追加する。また，エンティティ"顧客"に属性"営業所コード"を追加する。

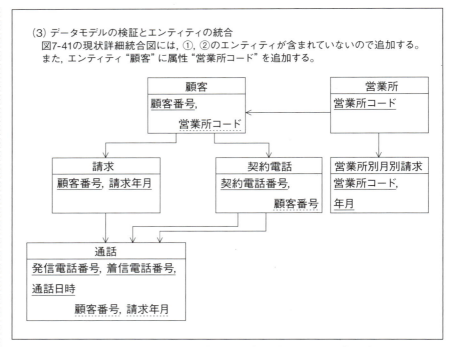

図7-42　新規情報要求（ユーザビュー）の統合例（続き）

 データ分析の代表的手法とは何でしょうか。

・ボトムアップアプローチ…ユーザビュー（帳票，画面など）から正規化理論によって第3正規形の関係を求める手法です。
・トップダウンアプローチ…モデル化対象からエンティティタイプを識別し，エンティティタイプ間のリレーションシップを分析していく手法です。

　現実には，上記の二つを適宜用いるハイブリッド（混成）アプローチが採用される場合が多いです。

7.6 論理データモデルの作成

トップダウンアプローチ又はボトムアップアプローチでは，正規化されたフル属性完備の E-R モデルを作成することによって，論理データモデル（関係モデル）が作成される（表7-1，表7-2参照）。

7.6.1 論理データモデルへの変換

(1) 概念データモデルから論理データモデルへの変換（変換規則）

① 外部キーの設定

関係モデルは値指向のデータモデルである。そのため，二つの関係の間に1対1あるいは1対多関連がある場合は，これを主キーと外部キーによる参照関係で表現する。一方，P.P.チェンの提案した E-R モデルなど本来の E-R モデルには外部キーは含まれない。したがって，一般的にいえば，E-R モデルから関係モデルへ変換する際には，エンティティ間の関連を表現するために外部キーを補う必要がある。

② エンティティをフル属性完備へ

ユーザビューや DFD などから主キー，外部キー以外のデータ項目を収集し，該当エンティティの全ての属性を決定する。

③ 多対多から1対多関連へ

多対多関連をそのまま関係スキーマで表現しようとすると，エンティティが第3正規形にならず，1事実に対し複数箇所の問題が生じる。したがって，E-R モデルを関係モデルへ変換する場合には，多対多関連に連関エンティティを介在させて，二つの1対多関連へ変換する。

(2) 論理データモデルからの関係の抽出

論理データモデル上のエンティティの主キー，外部キー及びそれら以外の全ての属性が決まれば，それはそのまま関係（表）として抽出できる。

(3) 基本的なインデックスの設計

インデックスの設計は，基本的には物理設計段階の作業であるが，論理設計段階で基本的なインデックスの設計を行う場合がある。主キーに対するユニークインデックス，外部キーに対する非ユニークインデックス，候補キー（代替キー）などアクセス頻度の高い列に対する2次インデックスの設計を行う。

(4) ユーザビュー（新規情報要求）の設計

ユーザビューは，新システムに対する新たな要求（新規情報要求）に基づいて設計する。ボトムアップアプローチの場合は，既に終了している。トップダウンアプローチでは，論理データモデルの作成段階でユーザビューの設計を行う場合がある。ボトムアップアプローチの説明の繰返しになるが，ユーザビューには次のようなものがある。

① バッチ業務：出力帳票イメージ
② オンライン業務：入出力画面イメージ
③ 会話（照会）業務：会話画面イメージ

(5) 正規化

トップダウンアプローチの場合，次の作業が必要となる。

① ユーザビューのデータ構造の決定
　　ユーザビューを正規化し，正規形データ（エンティティ）の主キー，外部キーの参照関係によって，E-R モデルの部分図（又は関係スキーマ）を作成する。
② 論理データモデルの検証
　　①によって得られた E-R モデルの部分図（又は関係スキーマ）が論理データモデル上に含まれているか検証する。含まれていない場合は論理データモデル上にエンティティを追加する，あるいは必要なデータ項目をエンティティへ挿入（統合）する。

(6) 整合性制約の定義

データ制約分析で得られた整合性制約を，データ制約定義書にまとめる。

7.6.2　テーブル構造

概念データモデルを論理データモデルへ変換する，あるいは要求定義に従って直接テーブル構造を設計すると，様々なテーブル構造（関係スキーマ）が得られる。ここでは，これらのテーブル構造について説明する。

(1) スーパタイプ／サブタイプのテーブルへの展開

スーパタイプ／サブタイプ（汎化・特化関係）は，次の三つの方法で関係データベースのテーブルへ展開できる。アクセス効率を重視する場合はサブタイプへ分割するか，あるいはスーパタイプへ統合する。

▶スーパタイプ／サブタイプに分割

① スーパタイプ／サブタイプに分割
　　スーパタイプ／サブタイプをそのまま関係データベースのテーブルへ展開する（図 7-43 参照）。各テーブルは第 3 正規形である。通常，スーパタイプ／サブタイプはこの方法でテーブルへ展開するが，サブタイプのデータへア

クセスするためは，スーパタイプを経由しなければならない。つまり，スーパタイプのサブタイプ識別子によって，該当するサブタイプのテーブルを判別し，その上でサブタイプテーブルへアクセスする。アクセス効率を重視する場合は，次の②又は③の方法を用いる。

社　員	社員番号	社員名	住所	入社年月	…	職種区分
営業職	社員番号	売上目標	売上実績	担当地域		
技術職	社員番号	経験年数	特許申請件数	資格1	資格2	

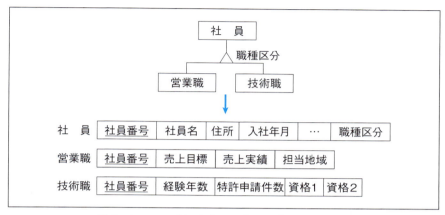

図 7-43　スーパタイプ／サブタイプへ分割する例

▶サブタイプのみに分割

②　サブタイプのみに分割

スーパタイプ／サブタイプをサブタイプだけのテーブルへ分割する（図7-44 参照）。スーパタイプが保持しているサブタイプ間で共通な属性はサブタイプのテーブルへ移す。直接サブタイプへアクセスするので，①に比べアクセス効率は良い。この方法は共通属性が少なく，どのサブタイプを参照（検索）すればよいのかが明確な場合に有効な方法である。サブタイプの各テーブルは第 3 正規形である。

営業職	社員番号	社員名	住所	入社年月	…	売上目標	売上実績	担当地域	
技術職	社員番号	社員名	住所	入社年月	…	経験年数	特許申請件数	資格1	資格2

※図7-43のデータモデルをサブタイプのみへ分割した場合

図 7-44　サブタイプのみに分割する例

▶スーパタイプへ統合

③　スーパタイプへ統合

スーパタイプ／サブタイプを，全てスーパタイプのテーブルへ統合する。統合したテーブル上ではサブタイプによって値を保持する属性（データ項目）が異なってくる。図 7-45 の社員の場合，営業職のときは売上目標～担当地域にだけ値を持ち，技術職のときは経験年数～資格 2 にだけ値を持つ。①に比べアクセス効率は良い。この方法は，サブタイプの属性の数が少ない場合に有効である。このテーブルは必ずしも第 3 正規形になるとは限らない。

(a) 排他的なスーパタイプ／サブタイプ

図7-45の例では，本来，社員の職種区分によって，売上目標～担当地域又は経験年数～資格2が決まる。

{社員番号, 職種区分} →売上目標～担当地域, 経験年数～資格2

ところが，"社員"テーブルのインスタンスで考えると，営業職と技術職の間に社員番号の重なりがない。そのため，社員番号が決まると，売上目標～担当地域（又は経験年数～資格2）が排他的に決まる。この場合，主キーは社員番号だけでよい。職種区分は主キーの一部を構成する必要はない。"社員"テーブルは第3正規形である。

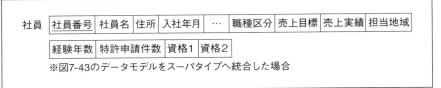

図7-45 スーパタイプに統合する例

(b) 共存的なスーパタイプ／サブタイプ

共存的なスーパタイプ／サブタイプ関係をスーパタイプのテーブルへ統合する場合は，インスタンスが共存（並存）することになるため，統合テーブルの主キーを「元のスーパタイプの主キー＋サブタイプ識別子」とせざるを得ない。こうすることで，インスタンスを一意に識別できる。この場合は，第3正規形にならない。例えば，図7-46の取引先において，サブタイプの得意先と仕入先のインスタンスが共存するものとする。両者のインスタンスを区別するために，統合された取引先テーブルの主キーは{取引先ID＋取引先区分}とせざるを得ない。結果として，統合された取引先テーブルは部分関数従属性を含むことになるので，第3正規形ではない。

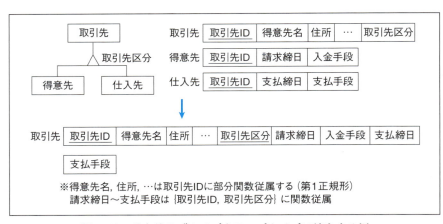

図7-46 共存的サブタイプをスーパタイプに統合する例

(2) 時制データベース

エンティティ間の関連（そのインスタンス）あるいはエンティティの属性（その属性の値）が，ある事象によって時系列変化する場合，その更新履歴（あるいは時系列変化）を保持することを時系列性の保持という。時系列性を保持したデータベースが時制（temporal）データベースである。時制データベースでは，事象が発生してから終了するまでの期間又は事象の発生時点を管理する。

▶時制データベース

① 期間の管理

▶期間の管理

期間の管理では，時系列変化の過程を事象の有効期間（開始時点と終了時点の対）で管理する。開始時点と終了時点の単位には年月日や時刻などを用いる。

（a）関連が時系列変化する場合のテーブル構造

この場合には，二つのエンティティ間の2項関連（1対多や多対多）と，時系列要素を示す"有効期間"エンティティとの間に多対多関連を設定する（複合2項関連）。そこから時系列性を保持した連関エンティティを導く。連関エンティティには"有効期間"のキーの一部を埋め込む。こうして期間を管理するテーブル構造が得られる。なお，"有効期間"エンティティは｛開始年月日，終了年月日｝を主キーとするダミーのエンティティである。

例えば，社員が過去に所属した開発プロジェクトの勤務時間累計を履歴管理する場合を考える。社員は，必要に応じて開発プロジェクトを移り変わる。社員は同時に複数の開発プロジェクトに参加してもよく，再度同じ開発プロジェクトに所属してもよいものとする。

この場合の複合2項関連は図7-47のようになる。

・社員は複数の開発プロジェクトに参加するので，"社員"と"開発プロジェクト"の間は多対多関連になる。関連型"配属"のキーは｛社員番号，プロジェクト番号｝となる。
・社員は再度同じ開発プロジェクトに所属してもよいので，"配属"と"有効期間"の間は多対多関連になる。関連型"配属履歴"のキーは｛社員番号，プロジェクト番号，開始年月日｝となる。
・この関連型"配属履歴"を連関エンティティに変換する。"配属履歴"のテーブル構造は図7-47に示したようになる。なお，勤務時間累計を履歴管理するので，"配属履歴"には勤務時間累計を保持する。また，開始・終了年月日は，意味が明確になるようそれぞれ配属開始年月日，配属終了年月日としてある。
・同じ社員が同じプロジェクトに再度所属するときは開始年月日が異なるので，キーに終了年月日を含める必要はない。
・"配属履歴"は，社員が過去に所属したプロジェクトの履歴管理（期間の管理）が行えるだけでなく，現在の所属プロジェクト（発生時点）も管理できる。このとき終了年月日はNULL又は最大値にしておく。
・キーを｛社員番号，プロジェクト番号，終了年月日｝とする方法もある

が，この場合は過去の一定期間の履歴を管理するだけになる。現在の状態は管理できないので，別途，現在の所属プロジェクトを管理するエンティティが必要になる。

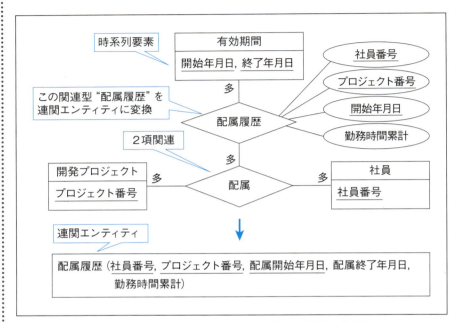

図 7-47　開発プロジェクトの履歴管理（期間の管理）

(b) 属性が時系列変化する場合のテーブル構造

　　例えば，社員が過去に所属した部署の異動履歴を管理する場合を考える。社員は定期的に部署を異動する。社員は同時に一つの部署にしか所属しないが，再度同じ部署に所属してもよいものとする。

　　この場合は，2項関連の一方を時系列変化する所属の部署コードに置き換えることによって，前記(a)と同様に，時系列性を保持した連関エンティティ"異動履歴"が求められる（図7-48 参照）。なお，図7-48 において部署コードは，"社員"エンティティに含まれる属性の一つとする。

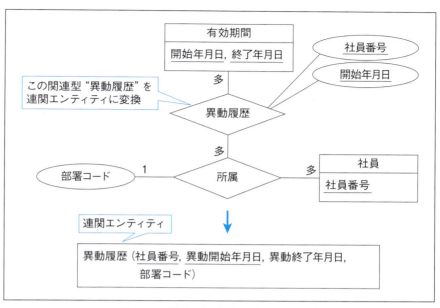

図7-48　社員の異動履歴（期間の管理）

② 発生時点の管理

　発生時点の管理では，時系列変化の過程を事象の発生時点で管理する。発生時点には，事象の発生時の年月日や時刻などを指定する。

　発生時点の管理では，前記の期間の管理と同様に，時系列要素"発生時点"との複合2項関連を考え，そこから時系列性を保持した連関エンティティを導く。

　例えば，現状のデータモデルが営業担当者の現時点の所属部署だけを管理するようになっているものと仮定する（図7-49参照）。このデータ構造では過去の異動履歴が管理できない。営業担当者が他の部署へ異動すると，この営業担当者の営業活動記録が他の部署の記録になってしまうといった問題が生じる。

　この問題を解決する方法の一つは期間の管理であるが，もう一つは営業担当者の異動した時点の所属部署を管理することである。

(a) 時系列要素を表すダミーのエンティティ"発生時点"と，"部署"及び"営業担当者"エンティティから複合2項関連を作成する（図7-50参照）。

(b) 次に関連型"異動履歴"を連関エンティティへ変換する。連関エンティティ"異動履歴"のキーは {社員番号，異動年月日} となる。営業担当者は，同時に二つの部署に所属することはないので，キー {社員番号，異動年月日} は一意である。連関エンティティ"異動履歴"のテーブル構造は図7-50のようになる。

(c) 所属部署を履歴管理するので，"異動履歴"には部署コードを保持する。

第7章 データ分析・データモデル作成

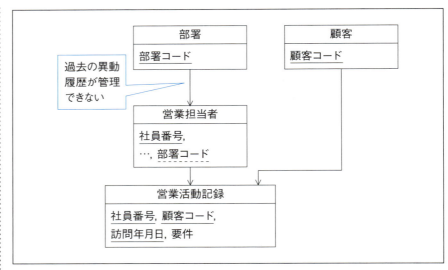

図7-49 現状の"部署"と"営業担当者"の関係

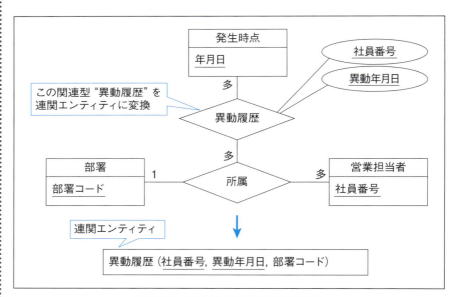

図7-50 発生時点の異動履歴の管理

③ 非正規化の手法を用いた発生時点の管理

発生時点の管理には、その他に発生時点のデータ項目の値をトランザクションテーブルに残す方法もある。これは非正規化の手法である（「8.4 物理データベース設計」を参照）。

(3) 縦持ちと横持ち

エンティティが繰返しを持つとき，それを縦持ちと横持ちのテーブル構造へ展開できる。縦持ちと横持ちはそれぞれにメリット・デメリットがある。

① 縦持ち

▶縦持ち

可変回の繰返しを縦方向へ（行として）展開するテーブル構造を俗称ではあるが縦持ちという。これは，通常の第1正規化によって得られる記述エンティティのテーブル構造である。図7-51の縦持ちのテーブル構造の例は，図7-52の横持ちのテーブル構造を縦持ちに変換したものである。

会員

| 会員番号 | 会員氏名 | 郵便番号 | 会員住所 | 生年月日 | 電話番号 | 家族会員数 |

（注）家族会員数は繰返し部分（家族会員）の多重度を制約する。

家族会員

| 会員番号 | 通番 | 家族氏名 | 家族フリガナ | 続柄コード | 生年月日 | 家族会員番号 |

あるいは，次のようなテーブル構造

会員

| 会員番号 | 会員氏名 | 郵便番号 | 会員住所 | 生年月日 | 電話番号 | 家族会員数 |

家族会員

| 会員番号 | 家族氏名 | 家族フリガナ | 続柄コード | 生年月日 | 家族会員番号 |

7-51 縦持ちのテーブル構造の例

② 横持ち

▶横持ち

業務データが繰返し構造を持つ場合，そのデータ項目が安定した固定回の繰返し数を持つ場合であれば，そのデータ項目を横に並べて持ってもよい。固定回の繰返しを横に並べて持つテーブル構造を俗称ではあるが横持ちという。横持ちも第3正規形である。横持ちにすると結合が不要になる反面，横持ちした列の各々へ探索条件を指定する，あるいは横持ちした列の集計時に`UNION`を指定しなければならないなど，SQLが複雑になる（図7-52参照）。

③ 両者のメリット・デメリット

どちらのデータ構造をとるかは業務要件による。縦持ちにすると，ほぼ無限大に繰返しの行を格納できるが，反面，繰返しの回数が固定の場合は，多重度を制約する列を親側のテーブルへ追加する必要がある。また，親テーブルとの結合も必要である。

一方，横持ちにするとSQLが複雑になるが，データ構造の中に繰返しの数が組み込まれているため，多重度制約について考慮が不要になる。繰返しが固定回に設定されているので，それ以上の追加は不可能である。また，親テーブルとの結合も不要である。

会員						
会員番号	会員氏名	郵便番号	会員住所	生年月日	電話番号	家族会員数
家族氏名1	家族フリガナ1	続柄コード1	生年月日1	家族会員番号1		
家族氏名2	家族フリガナ2	続柄コード2	生年月日2	家族会員番号2		
家族氏名3	家族フリガナ3	続柄コード3	生年月日3	家族会員番号3		
家族氏名4	家族フリガナ4	続柄コード4	生年月日4	家族会員番号4		

図7-52　横持ちのテーブル構造の例

(4) 再帰型のテーブル構造

▶再帰型のテーブル構造

再帰型（自己参照型）のテーブル構造(注)とは，あるエンティティ（テーブル）が自分自身に関連（1対多・多対多関連）を持つデータ構造のことである。

① 階層構造

▶階層構造

あるエンティティが自分自身と1対多関連を持つ場合は，インスタンス間に階層構造があることを示す（図7-53参照）。この場合には，階層構造の親を指す（参照する）外部キーをエンティティに持つようにする。こうすることで再帰型（階層構造）のテーブル構造が得られる。

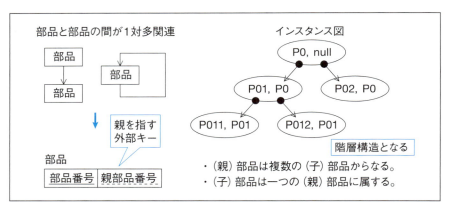

図7-53　再帰型（階層構造）のテーブル構造

（注）関係データベースで，階層構造又はネットワーク構造を表現する代表的なものの一つが，再帰型のテーブル構造である（唯一ではない）。一方，検索に対してはSQLでは一般的な記述ができず，多階層の場合，レベルごとに記述する必要がある。これを改良するため，SQL-99から再帰問合せの機能が追加されたが，どのRDBMSにも実装されているわけではない。

7.6 論理データモデルの作成

 縦持ち・横持ちの判断は，どのような基準で行えばよいでしょうか。

　テーブル構造を，縦持ちにするのか横持ちにするのかで迷うことがあるかと思いますが，その場合は，問題文中に示された既存のテーブル構造が縦持ちなのか横持ちなのかで判断してください。基本は縦持ちのテーブル構造ですが，既存のテーブル構造が横持ちであれば，新たに類似テーブルを設計する場合は横持ちのテーブル構造がよいでしょう。例えば毎週月曜日から金曜日の売上など横の個数が固定の場合は横持ちが適するかもしれません。

② ネットワーク構造

▶ネットワーク構造

　あるエンティティが自分自身と多対多関連を持つ場合は，インスタンス間にネットワーク構造があることを示す（図7-54参照）。この場合には，多対多を1対多に変換するための連関エンティティを新たに作成する。連関エンティティのキーは，親エンティティのキーと子エンティティのキーの複合キー（連結キー）になる。こうして再帰型（ネットワーク構造）のテーブル構造が得られる。

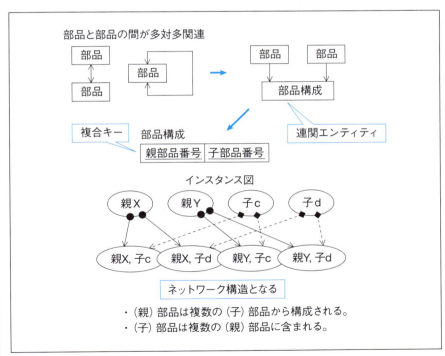

図7-54　再帰型（ネットワーク構造）のテーブル構造

▶1対多関連のテーブル構造

(5) 1対多関連のテーブル構造

エンティティ間に1対多関連があり，その関連がIDEF1Xでいう依存リレーションシップとならない場合は，関連型の属性を既存エンティティの属性とするか，あるいは独立エンティティとするかで次の二つのテーブル構造が考えられる。

① 既存のエンティティに関連型の属性を追加

1対多関連における多側のエンティティに関連型の属性を追加する。通常，こちらのテーブル構造をとることが多いが，既存のエンティティ（テーブル）に属性を追加しなければならず，二つの概念が混在する（図7-55参照）。

② 独立のエンティティに関連型の属性を持たせる

1対多関連における関連型を独立のエンティティと考え，独立エンティティに関連型の属性を持たせる。こちらのテーブル構造をとると，テーブル数は増えるが，概念の混在はなくなる。当然のことながら，既存エンティティ（テーブル）を変更する必要はない（図7-55参照）。

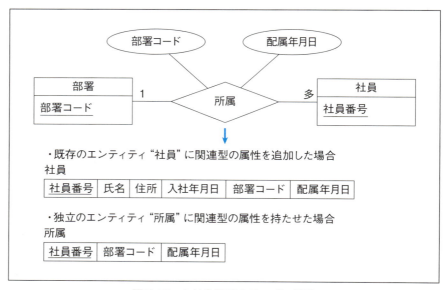

図7-55　1対多関連のテーブル構造

▶多対多関連のテーブル構造

(6) 多対多関連のテーブル構造

多対多関連を1対多関連へ変換するには連関エンティティを介在させるが，この連関エンティティが多対多関連のテーブル構造となる。連関エンティティの主キーは，二つの親エンティティの主キーを埋め込んだ複合キー（連結キー）である。

7.6 論理データモデルの作成

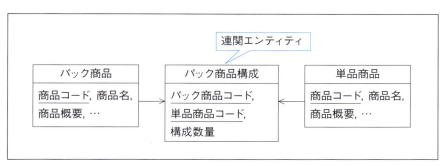

図7-56　多対多関連のテーブル構造

(7) メタデータモデル化

データモデル上のエンティティ（表，テーブル）や属性，関連などからメタデータモデルを作成することを**メタデータモデル化**という。メタデータモデルには表名や属性名などを格納するメタ実体型が含まれる。

▶メタデータモデル化

既存のテーブルに，このメタデータモデル化の考え方を適用し，既存テーブルの属性の一部をメタデータモデル上のアトリビュート（メタメタデータ）に置き換える。こうすることで，柔軟性のあるスリムなテーブル構造が得られる。あるいは，既存テーブルが似たようなテーブル構造を持っているときにメタデータモデル化の考えを使って複数のテーブルを統合することもできる。既存のテーブルを統合する例を次に示す。

① 統合対象テーブル

属性の若干異なる次の二つのテーブルがあるものとする。

> 商品カタログX（商品コード，商品名，色，サイズ，価格）
> 商品カタログY（商品コード，商品名，色，重量，価格）

② メタデータモデル化

"商品カタログX"，"商品カタログY"のメタデータである表名と属性名を格納するメタデータモデルを定義する。メタデータモデル上のメタ実体型をそれぞれ"表"と"商品属性"とする（図7-57参照）。

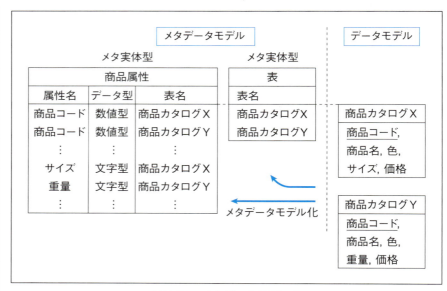

図7-57　メタデータモデル化

③　メタ実体型"商品属性"の関係スキーマ

　メタ実体型"商品属性"の関係スキーマには，"商品カタログX"，"商品カタログY"の属性名，データ型と，属性名をコード化した"属性コード"を持つようにする（表名は使用しないので省略）。そうすると，メタ実体型"商品属性"の関係スキーマは次のようになる。

商品属性（属性コード，属性名，データ型）

④　既存テーブルの統合

　メタ実体型"商品属性"のアトリビュート"属性コード"によって，"商品カタログX"と"商品カタログY"の属性の商品名，色，サイズ，重量，価格を置換し，"商品カタログX"と"商品カタログY"を統合する。"データ値"の列には，属性コードの値に対応した商品名，色，サイズ，価格，重量のインスタンス値を格納する（図7-58参照）。

　次のような統合された関係スキーマが得られる。

商品カタログ（商品コード，属性コード，データ値）

　統合された"商品カタログ"は，元の属性を横持ちではなく，縦持ちで（行として）持つ。したがって，ある商品にとって不要な属性（例えば，商品が"机"のときの"サイズ"）は行に含めなければよい。逆に新たな属性（例えば送料）が増えても行の追加だけですむ（スキーマの変更は不要）。

商品コード	属性コード	データ値	
2003	200	セーター	…商品名
2003	201	ホワイト	…色
2003	202	M	…サイズ
2003	203	3,500円	…価格
2004	200	机	…商品名
2004	201	黒	…色
2004	204	1.2kg	…重量
2004	203	9,000円	…価格

図7-58　商品カタログのインスタンス

表7-6　トップダウンアプローチとボトムアップアプローチの比較

	トップダウンアプローチ	ボトムアップアプローチ
内容	特定の画面や帳票に制約を受けないで，その業務にとって本来あるべきデータ構造を導き出す手法。エンティティをビジネスルールや管理者又は実務担当者からの要望を基に洗い出し，エンティティ間の関連を整理していく。	業務で使用される画面や帳票中のデータ項目を洗い出し，正規化を行いながらデータ構造を導き出す手法。画面や帳票のデータ項目の分解，重複や依存関係を検討し，正規化の手法に従ってデータを整理する。最終的に正規化されたものをエンティティ候補とし，関連付けてモデル化していく。
長所	・全体的な観点からまとめられる ・全体規模がどれくらいか，最初から把握できる	・データ項目の漏れがない。 ・第1〜第3正規化と順序立てて行えるので，正規化が容易。
短所	・実務には使用されていないデータ項目が付加される可能性がある ・大まかな内容は洗い出せるが，細かな内容が決定しにくい ・ある種の想定が入るため，正しいモデルかの判断がしにくい ・パフォーマンスの観点から大きな見直しが必要となる場合もある	・画面や帳票からデータ項目を設定していくため，サマリデータ（最終的な集計データ）が，一旦エンティティにセットされてしまう場合がある。 ・全体規模がどれくらいになるか，作業終盤になるまで分からない。 ・正規化作業そのものが細かいため，作業量が多い。

7.7 概念データモデル作成例題

問1 生産関連業務の概念データモデルに関する次の記述を読んで，設問に答えよ。

B社は，コイルバネ，皿バネ，板バネ，ゲートロボなどといったバネ製品を製造する中堅製造メーカである。B社では，業務の拡大に伴い，コンピュータシステムの全面的な見直しを検討している。情報システム部門のデータベース管理者であるS君は，システムの再構築に先立ち，基幹業務の現状調査の一環としてデータ分析の作業を進めている。現在は，生産関連業務の概念データモデルの作成を行っている。

S君が調査したB社の生産関連業務の内容は，次のとおりである。
（図1，2は，B社の生産関連業務の概要を表した図である。）

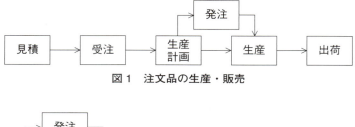

[生産関連業務]
(1) 品目
　・B社は，産業機械，輸送関連，鉄鋼，建設・免震などに用いられるコイルバネ，皿バネ，板バネ，竹の子バネ，ゲートロボ，各種バネなどのバネ製品を製造販売している。
　・バネ製品を製造するためには部材（部品・材料）が必要になるが，需要の多い部材については常に在庫を保持している。
　・これら製品と部材を併せて品目と呼んでいる。品目は品目コードで管理する。
(2) 工場・倉庫
　　生産は国内にある自社工場で行っている。倉庫は工場に隣接している。
(3) 生産形態
　　生産の基本は受注に基づく多品種少量生産であり，一部のバネ製品には，見込生産を採用している。受注生産も見込生産もともに，品目ごとの製番管理を行っている。

(4) 生産計画
　① 製造オーダ
　　・生産計画担当者は，受注納期や受注数量にもとづき，毎週半ばまでに翌週と翌々週の生産計画（製造オーダ）を策定し，その計画に基づいて，部材の発注及び生産を行う。
　　・製造オーダは，受注の明細である品目ごとに作成し，製造番号によって管理する。
　　・製造オーダには，製造番号，製造開始予定年月日，製造完了予定年月日，生産数量を登録する。受注量が多い場合は，同じ受注の同一品目であっても複数の製造オーダに分割されることがある。
　② 計画用部品表
　　・計画用部品表にはストラクチャ形式の部品表を用いる。計画用部品表には構成部品とレベル，所要量を登録する（図3参照）。構成部品には部材だけでなく各種バネなどの製品が含まれる場合がある。製造オーダが決まると，この計画用部品表に従い，部材の所要量を計算する。在庫が不足する部材については，仕入業者に発注を行う。

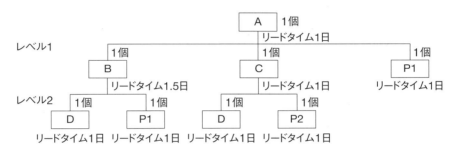

注：ボックスは品目名，ボックスの右上は所要量，右下はリードタイムを示す。
　　なお，リードタイムは品目ごとに設定される。

図3　計画用部品表の例

　③ 部品工程表
　　・部品工程表は，バネ製品を製造するための，品目ごとの加工工程とその順番，使用する装置コード，その工程での加工に必要な標準時間，必要な人員を決めたものである。
　④ 作業オーダ
　　・ある品目の製造オーダが決まると，部品工程表に従い，工程順にその品目の工程ごとの作業開始予定日時，作業終了予定日時，主作業担当者を決定する。これを作業オーダという。作業オーダの例を図4に示す。
(5) 生産実績収集
　・生産実績は，製造オーダ別と工程別の二種類を収集する。
　・工程別の作業時間や完成数量などの生産実績は，バーコードリーダを用いて収集する。

［受注業務］
- B社が販売する製品には，注文品（受注生産品）と見込品（見込生産品）がある。
- 注文品については，顧客から引き合いがあると，顧客が提示する寸法やバネ特性に従い見積もりを行う。最終的な見積結果に基づき受注が確定する。注文品は営業担当者やFAX，Web経由で注文を受け付ける。注文品の8割はリピートオーダによるものである。
- 見込品は，規格の決まっている一部のバネ製品で，一定数量の在庫を保持する。顧客から電話又はFAXにより注文を受け付ける。
- 注文品，見込品ともに，注文を受けると，その内容を受注データとして受注登録画面から入力する。
- 受注登録画面では，受注番号，受注年月日，出荷予定年月日，製品の届け先などの顧客情報，品目とその受注数量が登録される。

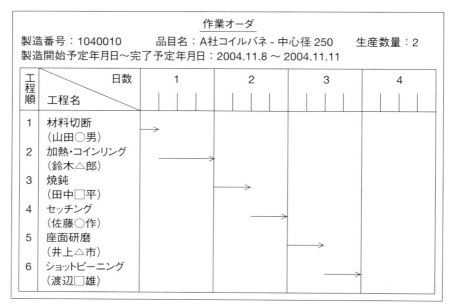

図4　作業オーダの例

［発注業務］
- 生産計画（製造オーダ）が決まると，部材の所要量を計算し，生産時に在庫が不足する部材については，仕入業者に発注を行う。
- 部材の発注は，複数の製造オーダで必要な部材を，仕入業者単位にまとめて行う。
- 過去の年間受注数量に基づき，市況を判断してバネ用の鋼材を先行買いする場合もある。

[概念データモデルの作成]

　図5は，現状調査の結果に基づいてS君が作成した概念データモデルである。図6は，概念データモデルを基に作成した関係スキーマの一覧である。なお，図5，図6はどちらもまだ作成途上で完成されていない状態である。

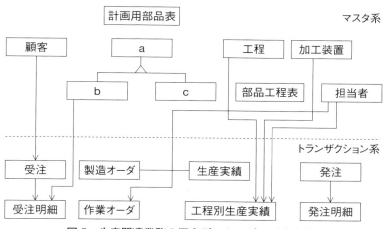

図5　生産関連業務の概念データモデル（未完成）

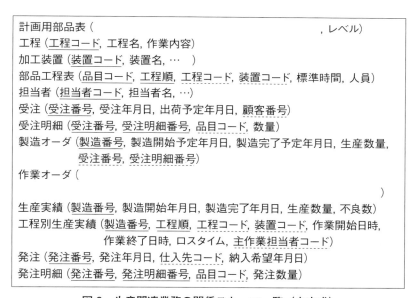

図6　生産関連業務の関係スキーマ一覧（未完成）

　概念データモデルと関係スキーマの記述に当たっては，関係スキーマの主キーを表す下線（実線）及び外部キーを表す下線（破線）の表記も含めて，表記ルールに従うこと。

さらに，スーパタイプ"X"とそのサブタイプ"Y"があり，別のエンティティタイプ"Z"が，サブタイプ"Y"とだけ関連する場合，リレーションシップはサブタイプ"Y"とエンティティタイプ"Z"の間に引くこと。

設問 S君が作成した図5の生産関連業務の概念データモデルについて，次の問いに答えよ。
(1) 図5中の　a　～　c　に入れる適切なエンティティタイプ名を答えよ。
(2) 図5の生産関連業務の概念データモデルでは，一部のリレーションシップが欠けている。そのリレーションシップを補い，図を完成させよ。
(3) 図6の関係スキーマ一覧のうち生産関連業務に関わる"計画用部品表"，"作業オーダ"のスキーマ構造が未完成である。これを完成させよ。

解答例
[設問1]
(1) (a) 品目　　(b) 製品　　(c) 部材
(2) 次の図の太い矢線が解答となる。

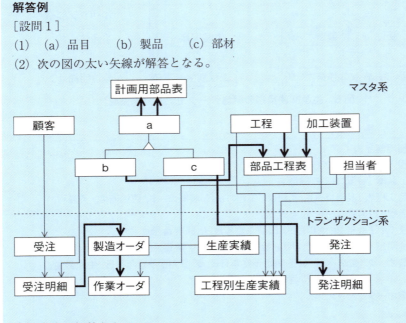

(3) 太字が解答となる。
　計画用部品表（**親品目コード**，**子品目コード**，所要量，レベル）
　作業オーダ（**製造番号**，**工程順**，作業開始予定日時，作業終了予定日時，
　　　　　　主作業担当者コード）

解説
(1) 空欄の穴埋め
　［生産関連業務］の(1)品目の説明から，品目がスーパタイプで，製品と部材がサブタイプとなる関係が読みとれる。空欄aにはスーパタイプの"品目"が入る。b欄と"受注明細"との間に1対多関連があるが，受注業務の説明によれば，注文を受けるのは製品であるので，b欄には"製品"が入る。残るc欄には"部材"が入る。

(2) リレーションシップ
① 計画用部品表

図3から"計画用部品表"の関係スキーマを求め，その上でリレーションシップを設定する。図3を一見すると，部品間の関係は階層構造（木構造）になるように思うかもしれない。だが，図3のP1に注目すると，P1は親部品としてAとBを持つ。子部品が複数の親を持つので，ネットワーク構造になる。ネットワーク構造は，キーを親部品（親品目コード）と子部品（子品目コード）との複合キーにすることによって表現できる。"計画用部品表"の関係スキーマは次のようになる。

計画用部品表（親品目コード, 子品目コード, 所要量, レベル）

"計画用部品表"の親品目コードは，製品の場合も部品の場合もある。子品目コードについても同様である。したがって，"計画用部品表"は，サブタイプとではなくスーパタイプ"品目"との間にリレーションシップを設定する。a欄（品目）と"計画用部品表"との間は1対多関連となる。親品目と子品目のそれぞれに対応して2本の矢線を引く。

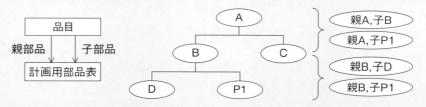

② 部品工程表とマスタテーブル

部品工程表は「バネ製品を製造するための，品目ごとの加工工程とその順番」を決めたものである。"部品工程表"の主キーは｛品目コード, 工程順｝で，外部キーは工程コード，装置コードである。したがって，b欄（製品），"工程"，"加工装置"から"部品工程表"に対し1対多関連の矢線を引く。

③ 受注明細と製造オーダ

製造オーダの説明によれば「製造オーダは，受注の明細である品目ごとに作成」する。また，「同じ受注の同一品目であっても複数の製造オーダに分割される」ことがある。したがって，"受注明細"と"製造オーダ"の間は1対多関連となる。なお，図6の"製造オーダ"の関係スキーマには，外部キー｛受注番号, 受注明細番号｝が含まれており，この関連を裏付ける。

④ 作業オーダ

作業オーダの説明によれば，作業オーダは「工程順にその品目の工程ごとの作業開始予定日時，作業終了予定日時，主作業担当者を決定する」。図4を見ると，固定部分のキーが製造番号で, 工程順以下が繰返しになっていることが分かる。したがって，"作業オーダ"の関係スキーマは次のようになる。なお，"作業オーダ"と"工程別生産実績"の間は1対1関連になっており，"工程別生産実績"の関係スキーマからも"作業オーダ"の主キーは分かる。

作業オーダ(製造番号, 工程順, 作業開始予定日時, 作業終了予定日時, 主作業担当者コード)

　図4には工程名が表示されているが，これは"部品工程表"との間の暗黙的なリレーションシップから求められる（次図参照）。"作業オーダ"の製造番号が決まれば，"製造オーダ"と"受注明細"の関連を通して品目コードを取り出せる。この品目コードと"作業オーダ"の工程順をキーにして"部品工程表"から工程コードを取り出せる。工程コードをキーにして"工程"から工程名を取り出せる。

　このため，工程コードを取り出すための外部キー｛品目コード，工程順｝を"作業オーダ"に持つ必要はない（冗長になる）。

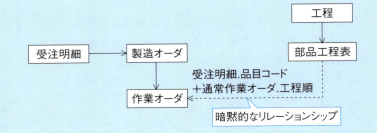

　"作業オーダ"の主キーには，製造番号が埋込まれているので，"製造オーダ"と"作業オーダ"の間は1対多関連となる（依存リレーションシップ）。外部キーの主作業担当者コードについては，既に"担当者"との1対多関連が設定されている。

⑤　発注明細
　発注業務の説明及び図6の"発注明細"から，c欄（部材）と"発注明細"の間にリレーションシップを設定する。需要の多い部材は何度も仕入れることになるので，"部材"と"発注明細"との間は1対多関連になる。

(3)　関係スキーマ
　"計画用部品表"，"作業オーダ"の関係スキーマについては，前述の(2)①④で示したとおりである（解答例参照）。

問 2 スーパマーケットチェーンの概念データモデルとデータベース設計に関する次の記述を読んで，設問に答えよ。

　C社は，首都圏を中心に，現在，約60店舗を持つスーパマーケットチェーンである。
　C社は顧客サービスの見直しや新たな販促を行うために，新たな販売管理システムを構築することにした。

1. 現行業務内容
[本社・各店舗の業務概要]
　本社では，全店舗を対象とした一括処理の業務を行い，各店舗では，個々の店舗での販売管理を行う。主な業務は次のとおりである。
（1）本社
　　・全店舗商品の売上分析
　　・全店舗商品の価格設定
　　・全店舗商品の在庫動向分析
（2）各店舗
　　・毎日の売上集計
　　・翌日の仕入管理
　　・各店舗固有商品の値付け
　　・各店舗の在庫管理と売れ残り商品の販売促進
　　・生鮮食料品などの随時の値引額の決定

2. 新システムの業務概要
[抱合せ販売]
　C社では新たな販売促進策として，顧客の衝動買いを誘うため商品の抱合せ販売を行うことにした。
（1）抱合せ販売は，全店共通に，販売期間の設定や対象商品の選択を行う。
（2）抱合せ販売では，メインとなる商品（以下，メイン商品という）とそれに付随する商品（以下，付随商品という）を複数組み合わせる。例えば，3種類の商品の組合せを考える。メイン商品の商品コードをAとすると，それに対しB商品とC商品を組み合わせる。組み合わせる商品の数は3種類に限らない。2種類の場合も4種類以上の場合もある（図1参照）。一つの付随商品は複数のメイン商品と組み合わせることができる。メイン商品が他の商品の付随商品になることもある。

組合せ数	メイン商品	付随商品1	付随商品2	付随商品3
2種類	缶ビール350ml 6本	紙おむつ		
3種類	紅茶カップ詰合せ	ランチョンマットA	ハーブ油	
4種類	商品A	商品B	商品C	商品D
⋮	⋮	⋮	⋮	⋮

図1　抱合せ販売の例

(3) 抱合せ販売の対象となる商品の組合せを，一つの商品として扱う。これを抱合せ商品と呼ぶ。従来の単品で販売する商品のことを単品商品と呼び，抱合せ商品と区別する。商品には，単品商品と抱合せ商品が存在することになる。

(4) 抱合せ商品には，新たな商品コードを付与し，抱合せ価格を設定する。抱合せ価格は，通常価格よりも割安感のある価格とする。販売する期間を限定するため，抱合せ商品には適用開始年月日と適用終了年月日からなる適用期間を設定する。

(5) 抱合せ商品は，複数の単品商品から構成されるが，これを抱合せ商品構成と呼ぶ。抱合せ商品構成の例を図2に示す。

(6) 別の適用期間に同じ抱合せ商品を再使用する場合には，抱合せ商品に新たな商品番号を付与する。

商品番号 (商品名)	適用期間	構成通番	構成商品名	構成数量	抱合せ価格
BM001 (缶ビールセット)	2018.11.1～ 2018.11.30	1 2	缶ビール350ml6本 紙おむつ	1 1	1,500円
BM002 (紅茶カップセット)	2018.11.1～ 2018.11.30	1 2 3	紅茶カップ詰合せ ランチョンマットA ハーブ油	1 2 1	5,200円
BM003 (珈琲カップセット)	2018.12.1～ 2018.12.31	1 2 3	珈琲カップ詰合せ ランチョンマットA ハーブ油	1 1 2	5,400円

図2 抱合せ商品構成の例

(7) 抱合せ販売を行ったときの販売明細のイメージは図3のようになる。ただし，ポイントカードは利用していない。
　・時刻横のNo欄は，レシート番号で，上2桁がレジ番号，下4桁が日別レジ別の売上通番である。
　・商品名の前の数字は，商品分類コードを示す。

```
            C社　売上明細
○○駅前店              TEL (03)xxxx-yyyy
2018年11月12日(水)    17:10   No 21-0021
    111    雑貨A            1コ         500
    999    コウチャカップセット      1コ       5,200
    120    コウチャカップツメアワセ   1コ
    131    ランチョンマットA        2コ
    150    ハーブユ            1コ
小計／2点                         ¥5,700
   消費税                          ¥285
お買上計                          ¥5,985
   ポイント支払          0
   現金            10,000
お預り合計                       ¥10,000
   お釣り                        ¥4,015
```

図3 抱合せ販売を行ったときの販売明細のイメージ

3. データベース設計
[概念データモデル]
　新システムで設計された概念データモデルを図4に示す。ただし，一部未完成である。

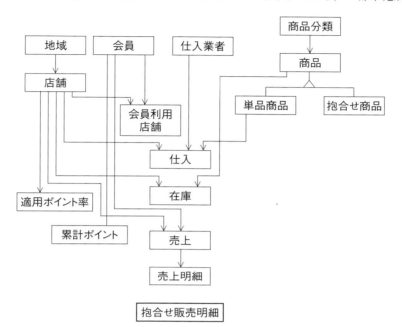

図4　新システムの概念データモデル（一部未完成）

第7章 データ分析・データモデル作成

[新システムの関係スキーマ]
　図4の概念データモデルを基に設計した関係スキーマの一覧を図5に示す（ただし，一部は未完成）。

地域 (<u>地域コード</u>, 地域名)
店舗 (<u>店舗コード</u>, 店舗名, 住所, 電話番号, <u>地域コード</u>)
会員 (<u>会員番号</u>, 氏名, カナ氏名, 生年月日, 性別, …)
仕入業者 (<u>業者コード</u>, 会社名, 電話番号, その他固有情報)
商品分類 (<u>商品分類コード</u>, 商品分類名称)
商品 (<u>商品コード</u>, 商品名, <u>商品分類コード</u>, 単品・抱合せ区分)
　単品商品 (<u>商品コード</u>, 単価, フェイス幅, その他固有情報)
　抱合せ商品 (　　　　　　　　　　　　　　　　　　　　　　　　　)

会員利用店舗 (<u>会員番号</u>, <u>店舗コード</u>)
仕入 (<u>店舗コード</u>, <u>商品コード</u>, <u>年月日</u>, <u>業者コード</u>, 仕入数量, 仕入価格)
在庫 (<u>店舗コード</u>, <u>商品コード</u>, 在庫数)
売上 (<u>店舗コード</u>, <u>年月日</u>, <u>レシート番号</u>, 販売時刻, 販売金額合計, <u>会員番号</u>)
売上明細 (<u>店舗コード</u>, <u>年月日</u>, <u>レシート番号</u>, <u>売上明細通番</u>, <u>商品コード</u>,
　　　　販売個数)
抱合せ販売明細 (　　　　　　　　　　　　　　　　　　　　　　　　　)

適用ポイント率 (<u>店舗コード</u>, <u>適用開始年月日</u>, …)
累計ポイント (<u>会員番号</u>, 当年度累計ポイント, …)

図5　新システムの関係スキーマ一覧（一部未完成）

設問　[抱合せ販売] に関する次の問いに答えよ。

(1)　図4の概念データモデルは，一部のリレーションシップとエンティティタイプが欠落している。新システムの業務概要における［抱合せ販売］の記述の範囲で，欠落しているリレーションシップとエンティティタイプを追加し，図を完成させよ。なお，追加したエンティティタイプに関わるリレーションシップも追加すること。

(2)　(1)において追加を行ったエンティティタイプについて，そのエンティティタイプ名と属性を，関係スキーマの表記ルールに従って答えよ。主キーを示す実線の下線，外部キーを示す破線の下線についても表記すること。

(3)　図5中の"抱合せ商品"と"抱合せ販売明細"の関係スキーマが未完成である。追加すべき属性を，関係スキーマの表記ルールに従って答えよ。主キーを示す実線の下線，外部キーを示す破線の下線についても表記すること。

解答例

(1) 太字,太線部分が解答

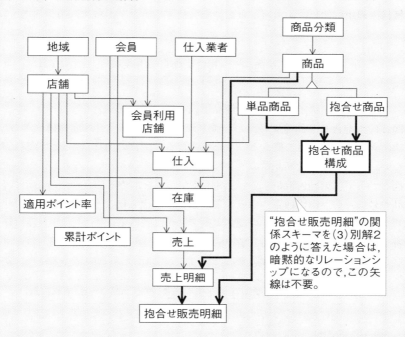

(2) 抱合せ商品構成(商品コード,構成通番,構成商品コード,構成数量)
(3) 抱合せ商品(商品コード,抱合せ価格,適用開始日,適用終了日)
　　抱合せ販売明細(店舗コード,年月日,レシート番号,売上明細通番,
　　　　　　　　　抱合せ明細通番,商品コード,構成通番)

＜別解1＞
　　抱合せ販売明細(店舗コード,年月日,レシート番号,売上明細通番,
　　　　　　　　　商品コード,構成通番)

＜別解2＞
　　抱合せ販売明細(店舗コード,年月日,レシート番号,売上明細通番,
　　　　　　　　　構成通番)

解説

(1) エンティティタイプの識別と関係スキーマ

[抱合せ販売]の説明に従って,未完成のエンティティタイプや追加すべきエンティティタイプの関係スキーマを求め,その上でリレーションシップを追加していく。
　①"抱合せ商品"の関係スキーマ
　　[抱合せ販売](4)の説明,図2及び図5の関係スキーマから,"抱合せ商品"の関係スキーマを求めることができる。主キーは,スーパタイプの"商品"と共通で,商品コ

ードとなる。商品名など"単品商品"と共通な属性は，スーパタイプの"商品"が保持しているので，サブタイプ"抱合せ商品"に持つ必要はない。固有の属性である，抱合せ価格，適用開始日，適用終了日だけを保持する。以上から次の関係スキーマが得られる。

> 抱合せ商品（商品コード, 抱合せ価格, 適用開始日, 適用終了日）

② エンティティタイプ"抱合せ商品構成"の識別と関係スキーマ
　図2に，抱合せ商品構成の例が記載されているが，"抱合せ商品構成"というエンティティタイプは，図4の概念データモデルにも，図5の関係スキーマ一覧にも示されていない。この"抱合せ商品構成"を図4へ追加する。
　図2から，"抱合せ商品構成"の関係スキーマを求めることができる。抱合せ商品の商品番号に対し，構成通番～構成数量の部分が繰返しになっており，"抱合せ商品構成"はサブタイプ"抱合せ商品"の記述エンティティになる。主キーは {商品コード, 構成通番} である。図2の構成商品名を取り出すには，外部キーの構成商品コードを設定し，サブタイプの"単品商品"を参照するようにする。以上から次の関係スキーマが得られる。

> 抱合せ商品構成（商品コード, 構成通番, 構成商品コード, 構成数量）

③ "抱合せ販売明細"の関係スキーマ
　図3を見ると，抱合せ商品（"コウチャカップセット"）に続いて，抱合せ商品を構成する商品名とその構成数量が表示されているが，この繰返し部分は，"売上明細"の行に対する内訳明細を意味する。"抱合せ販売明細"は，"売上明細"の記述エンティティとなる。繰返し部分の商品名と構成数量は，外部キー {商品コード, 構成通番} によって"抱合せ商品構成"を参照すれば，求めることができる。
　"抱合せ販売明細"は"売上明細"の記述エンティティなので，その主キーには，"売上明細"の主キーが埋め込まれる。"売上明細"にならって，抱合せ明細通番を主キーに追加することにする。"抱合せ販売明細"の主キーは，"売上明細"の主キー＋抱合せ明細通番からなる複合キーとなる。以上から次の関係スキーマが得られる。

> 抱合せ販売明細（店舗コード, 年月日, レシート番号, 売上明細通番,
> 　　　　　　抱合せ明細通番, 商品コード, 構成通番）

＜別解1＞
　主キーを構成する属性として，抱合せ明細通番の代わりに，直接，外部キーの {商品コード, 構成通番} を埋め込んでもよい。この場合は次の関係スキーマが得られる。

> 抱合せ販売明細（店舗コード, 年月日, レシート番号, 売上明細通番,
> 　　　　　　商品コード, 構成通番）

<別解2>

{店舗コード, 年月日, レシート番号, 売上明細通番} が決まれば, 商品コードが一意に決まるので, "抱合せ販売明細" において商品コードは不要と考えることもできる。この場合には, 主キーに構成通番だけを追加する。次の関係スキーマが得られる。

> 抱合せ販売明細(店舗コード, 年月日, レシート番号, 売上明細通番, 構成通番)

このデータ構造では, "抱合せ販売明細" の親の "売上明細" から商品コードを求め, その商品コードと構成通番によって, "抱合せ商品構成" を参照することになる("抱合せ商品構成" と "抱合せ販売明細" の間は暗黙的なリレーションシップとなる)。

(2) 追加すべきリレーションシップ
　① 前記②"抱合せ商品構成" の関係スキーマから, 次のリレーションシップを図4の概念データモデルに追加する。
　・サブタイプ "抱合せ商品" と "抱合せ商品構成" の間の1対多関連(依存リレーションシップ)
　・サブタイプ "単品商品" と "抱合せ商品構成" の間の1対多関連
　② 前記③"抱合せ販売明細" の関係スキーマから, 次のリレーションシップを図4の概念データモデルに追加する。
　・"売上明細" と "抱合せ販売明細" の間の1対多関連(依存リレーションシップ)
　・"抱合せ商品構成" と "抱合せ販売明細" の間の1対多関連
　　なお, 別解2の場合は, この関連は暗黙的なリレーションシップとなるので矢線は不要である。
　③ 図5から, "売上明細" には外部キーの商品コードが設定されている。図3を見ると分かるが, この商品コードは "単品商品" を参照することも "抱合せ商品" を参照することもある。したがって, "売上明細" は両者のスーパタイプである "商品" を参照する必要がある。次のリレーションシップを設定する。
　・"商品" と "売上明細" の間の1対多関連

(3) 追加したエンティティタイプ "抱合せ商品構成" の関係スキーマ
　　前記(1)②で説明したとおりである。

(4) "抱合せ商品" と "抱合せ販売明細" の関係スキーマ
　　前記(1)①③で説明したとおりである。

7.8 論理データモデル作成（DB設計）例題

問1 データベース設計に関する次の記述を読んで，設問に答えよ。

■ 855535

システムインテグレータのY社は，新たに要員管理・実績管理システムを構築することになった。業務の概要は次のとおりである。

［中期要員計画］
中期計画のうち，中期要員計画は，提案1件ごとに開発に必要な工数を見積もるものである。計画に計上する工数は，実施期間3年の各年度に投入される予定の工数である。ただし，この工数では要員種別ごとの分類は行わない。図2参照。

［中期予算計画］
中期計画のうち，中期予算計画は，各提案のシステムの構築に必要なハードウェアやソフトウェアなどに対する投資額を提案1件ごとに見積もるものである。計画に計上する投資額は，実施期間3年の各年度に発生する投資額である。図2参照。

［テーブル構造］
案件（提案番号, 案件名称, 優先順位, …）
中期要員計画（提案番号, 総工数, 1年度工数, 2年度工数, 3年度工数）
中期予算計画（　　　未完成　　　）

図1　テーブル構造一覧（未完成）

```
               2016年度　案件管理表
                                  金額：万円　工数：人月
提案番号  案件名称  優先順位  総工数  総投資額  2016年度    2017年度    2018年度
                                              工数 投資額  工数 投資額  工数 投資額
020001   事務合理化    A       80     4200    60   2000   10   1000   10   1200
  ⋮       ⋮         ⋮       ⋮      ⋮       ⋮    ⋮     ⋮    ⋮     ⋮    ⋮
```

図2　案件管理表

設問 図1のテーブル構造を参考に，"中期予算計画"のテーブル構造を関係スキーマの形式で答えよ。主キーも明示せよ。なお，横持ちと縦持ちの二つのテーブル構造について答えること。

解答例
(1) 横持ちのテーブル構造
    中期予算計画（<u>提案番号</u>，総投資額，1年度投資額，2年度投資額，3年度投資額）
(2) 縦持ちのテーブル構造
    中期予算計画（<u>提案番号</u>，総投資額）
    中期予算計画明細（<u>提案番号</u>，<u>年度</u>，投資額）

解説
　縦持ち・横持ちのテーブル構造に関する出題である。

(1) 横持ちのテーブル構造
　図1の"中期要員計画"テーブルと図2の案件管理表を見比べてみると，"中期要員計画"テーブルのデータ項目が，どのように図2に反映されているかが分かる。
　"中期予算計画"の横持ちのテーブル構造は，この"中期要員計画"のテーブル構造に合わせればよい。"中期予算計画"テーブルが保持すべきデータ項目は，図2に記載されている総投資額，投資額をそのまま流用する。総投資額は，導出データ項目であるが，図1の"中期要員計画"テーブルも総工数を持っているので，これに合わせ保持する。以上から，解答例の(1)にあるようなテーブル構造が得られる。

(2) 縦持ちのテーブル構造
　図1のテーブル構造は横持ちのテーブル構造が採用されているので，解答例の(1)にあるような横持ちのテーブル構造で十分であるが，あえて，これを縦持ちのテーブル構造にしたのが解答例の(2)のテーブル構造である。
　1年度投資額～3年度投資額という繰返し部分を分解し，"中期予算計画明細"テーブルへ持っていく。繰り返し部分においては，年度ごとに投資額が決まるので，"中期予算計画明細"の主キーは {提案番号，年度} とする。
　この"中期予算計画明細"の投資額を足しあげたものが，"中期予算計画"テーブルの総投資額である。総投資額は明細行に対する導出制約の役目を果たす。また，図1の"中期要員計画"では導出項目の総工数を持っていることもあり，"中期予算計画"テーブルに総投資額を保持する。

第7章 データ分析・データモデル作成

問2 データベース設計に関する次の記述を読んで，設問に答えよ。

■ H12春-DB 午後Ⅰ問1改

　保険調剤薬局であるM薬局の調剤管理システムの開発を任されたN君は，M薬局の業務内容を基に，データベースのテーブル構造を設計した。

(1) M薬局の業務内容
　①製薬会社から，薬ごとの効能／副作用などの情報が提供される。この情報には，
　　・使用できない疾患
　　・服用に伴う副作用
　　・日常での注意点
　　・同時に服用できない薬名（成分名）などが含まれる。
　　これらの中から患者に伝える必要があるものを選択し，"効能／副作用など"又は"注意事項／副作用"などとして患者に渡す説明書に記載する。
　②"効能／副作用など"は，複数の薬の間で同じものがある。例えば，複数の製薬会社から発売されている薬及び成分量だけが異なる薬は，すべての"効能／副作用など"が同じとなる場合がある。

(2) テーブル構造

薬

薬番号	薬名	形	色	記号	内外区分	保険点数	単価	製薬会社番号

効能／副作用

薬番号	連番	効能／副作用区分	効能／副作用など	表示有無

図1　調剤管理システムのテーブル構造

　設問　異なる薬名ですべての"効能／副作用など"の同じ薬が製造されているが，この場合を管理できていない。この問題を解決するために，図1のあるテーブルへ列を追加することにした。該当するテーブル名と追加した列名を答えよ。このとき，列名は，格納するデータの意味を表す名称とせよ。

解答例
　テーブル名：薬
　列　　名　：同一効能／副作用薬番号

＜別解＞
　テーブル名：薬
　列　　名　：同一効能／副作用通番

解説
　再帰型のテーブル構造に関しての出題である。
　異なる薬名（X，X'，Y，…）ですべての"効能／副作用など"の同じ薬がある。ある薬（例えばX）が代表して，この"効能／副作用など"を管理すれば，他の薬X'，Y，…は，Xを参照するだけでよい。自分が"効能／副作用など"を持つ必要はない。複数の子供（X'，Y，…）が1つの親（X）を参照するので，薬のインスタンスは階層構造となる。
　こうした階層構造を表現するのにふさわしいテーブル構造は何かといえば，再帰型のテーブル構造である。"薬"テーブルに，親の薬番号を参照する外部キー"同一効能／副作用薬番号"を追加する（次図を参照）。

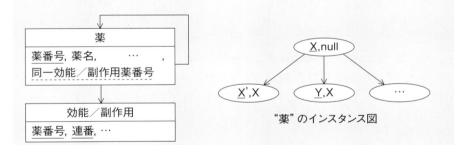

"薬"のインスタンス図

＜別解＞
　別解の場合は，同じ"効能／副作用など"を持つ薬は，同一の共通の番号（通番）を持つと考える（グルーピング）。このときのテーブル構造は次のようになる。
　なお，共通の番号は分類番号と考えることもできるので，同一効能／副作用分類番号といった名称でもよい。

薬

薬番号	薬名	…	同一効能／副作用通番

問3　データベース設計に関する次の記述を読んで，設問に答えよ。

■H11春-DB午後Ⅰ問1改

　小学生（高学年）を対象とした学習塾を営むG塾の児童管理システムの開発を任されたH君は，G塾の業務内容を基に，データベースのテーブル構造を設計した。

[G塾の業務概要]
(1) G塾の組織
　・G塾は，50校とこれらを管理する本部からなる。各校は，校番号で管理する。

(2) クラス
　・各校には，複数のクラスを設ける。クラスは学年単位に分かれ，各学年の児童数を考慮したクラス数を設ける。
　・クラスには，校内で一意なクラス番号が付与される。
　・1クラスの児童数は，クラスごとに異なるが，最大定員は30名である。
　・児童の着座位置が，クラス内の座席番号で指定される。

(3) 入塾手続き
　・児童は，G塾内で一意な児童番号が付与される。
　・入塾時の学力試験で，児童のクラスと座席番号を決める。
　・入塾した児童は，一つの校に属し，そこで4教科の授業と学力試験を受ける。

(4) 教師
　・教師には，G塾内で一意な教師番号が付与される。
　・教師は，算数，国語，理科，社会のいずれか一つの教科だけを担当する。
　・教師は，複数の学年の，複数のクラスの授業を担当する。

(5) 学力試験
　・4教科の学力試験を毎週末に実施する。
　・翌週月曜日に，各児童に学力試験の成績を知らせる。
　・月初めの月曜日に前月分（4又は5週分）の4教科総合の得点を参考に，クラス編成と座席番号を変更する。その際，各児童のそれまでのクラスと座席番号の推移も参考とする。

[テーブル構造]

```
校 (校番号, 校名, 郵便番号, 住所, 電話番号)
児童 (校番号, 児童番号, 児童名, フリガナ, 生年月日, 郵便番号, 住所, 電話番号,
      保護者氏名, 振替口座)
教師 (校番号, 教師番号, 教師名, フリガナ, 郵便番号, 住所, 電話番号, 教科,
      契約開始年月, 契約終了年月)
クラス (校番号, クラス番号, 学年, クラス名)
```

図　児童管理システムのテーブル構造

設問　"児童", "教師", "クラス", "座席"の関連を管理するテーブル構造を示せ。主キーを下線で明示すること。なお, クラス編成と座席番号を変更する際,「各児童のそれまでのクラスと座席番号の推移も参考とする」点に留意すること。

解答例
　　授業（<u>教師番号</u>, <u>校番号</u>, <u>クラス番号</u>）
　　座席推移（<u>児童番号</u>, <u>年月日</u>, 校番号, クラス番号, 座席番号）

＜別解＞
　　授業（<u>教師番号</u>, <u>校番号</u>, <u>クラス番号</u>）
　　座席推移（<u>校番号</u>, <u>クラス番号</u>, <u>座席番号</u>, <u>年月日</u>, 児童番号）
　　※ "座席推移"は，座席番号推移，着座位置履歴などの名称でも構わない。

解説
　多対多関連のテーブル構造と時系列性（発生時点）の保持が出題テーマである。
(1) 教師とクラスの関連
　教師は，複数のクラスの授業を担当し，児童はクラスを通して4教科の授業を受けるので，"教師"と"クラス"の間は多対多関連になる（次図参照）。多対多関連は，連関エンティティを介して1対多関連に変換するが，教師とクラスの関連を管理するテーブルとは，この連関エンティティ"授業"のことである。"授業"テーブルの主キーには，"教師"と"クラス"の主キーが埋め込まれ，複合キーとなる（解答例参照）。

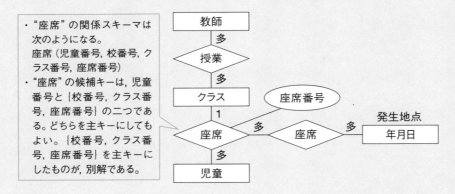

(2) クラスと児童の関連（座席）
　クラスの児童の「最大定員は30名」で，「児童の着座位置が，クラス内の座席番号で指定される」。また「入塾時の学力試験で，児童のクラスと座席番号を決める」。したがって，"クラス"と"児童"の間は1対多関連となる。1対多関連の関連型を独立のエンティティ（"座席"）とすると，その主キーは，多側の"児童"の主キーと同じく児童番号となる。従属属性は，クラス内の座席番号である。

(3) 座席番号の時系列変化
　「月初めの月曜日」に前月分の得点を参考に「クラス編成と座席番号を変更する」。児童の座席番号は，月初めの月曜日（年月日）ごとに時系列変化する。この児童の座席の時系列変化を管理するテーブルを"座席推移"とすると，"座席推移"テーブルの主キーは，{児

童番号, 年月日｝となる。「クラスと座席番号の推移」はこのテーブルを参照する。

(4) 暗黙的なリレーションシップ

児童番号が決まれば校番号が一意に決まるので, 次のようなテーブル構造も考えられる。この場合, "クラス" と "座席推移" の間は暗黙的なリレーションシップとなる。

座席推移（<u>児童番号</u>, <u>年月日</u>, クラス番号, 座席番号）

問４　データベース設計に関する次の記述を読んで，設問に答えよ。

　衣料品の直営店舗を全国に展開しているＭ社は，今回，新たに販売管理システムを構築することになった。Ｍ社の業務内容は，次のとおりである。

[業務上の基本事項]
1. 取扱商品
　・Ｍ社で扱う商品には，Ｍ社で一意となる商品コードを付与する。商品の仕様は，型紙，図柄，模様，素材の原料や混紡比率，カラー，サイズなどの要素によって決まる。これらの要素のうちカラー及びサイズ以外が同じものを，同一の商品として管理する。
　・商品には次に示す属性がある。商品マスタ登録時に，これらの属性を指定する。
(1) 商品の特性を表す属性
　　"柄"，"デザイン"及び"素材"は，商品の特性を表す属性である。
　・"柄"は，無地，しま，チェックなどの他，特定の文字列やパターンのはり付けなどを組み合わせた区分である。
　・"デザイン"は，スタイルやシルエット，襟やそでの形状などによる区分である。
　・"素材"は，綿，毛，皮など商品の材質による区分である。
　・これらの属性は，商品の仕様ではなく，商品の特徴による販売実績の傾向などを分析するための区分である。したがって，柄，デザイン，素材の属性全てが同一の複数の商品が存在する。

2. 商品の管理単位
　・Ｍ社では，商品の販売数量や金額を，各商品のカラー別サイズ別を最小単位として管理する。この単位をＳＫＵと呼び，Ｍ社で一意なＳＫＵコードを付与する。
　・販売計画の立案や販売実績の把握において，ＳＫＵごとの販売数量や金額を，商品，中分類，大分類ごとに集計する。この管理上の階層構造を"商品階層"という。

[業務内容]
1. 商品企画
　　商品企画部では，販売対象とする商品の企画を行う。
(1) 新商品と類似商品グループ
　・新規に取り扱う商品のうち，いずれの商品の後継品でもないものを"新商品"と呼ぶ。
　・新商品の販売計画策定の際，特徴の類似した商品群の過去の販売実績を参照する。この類似した商品群を"類似商品グループ"と呼ぶ。類似商品グループは，商品の特徴を表す属性である柄，デザイン，素材の一部又は全部が似通った商品群である。
　・柄，デザイン，素材はそれぞれグループ化され，その三つのグループの組合せで類似性を定義する。一つの柄グループは複数の似通った柄で構成され，一つの柄が複数の柄グループに属することもある。デザイングループ，素材グループも同様である。また，類似商品グループは，一つあるいは二つのグループの組合せからなる場合もあるし，三つのグループ全ての組合せからなる場合もある。

7.8 論理データモデル作成（DB設計）例題

[テーブル構造]

設計を任されたG君は，業務内容に基づき，テーブル構造を図1のように設計した。このテーブル構造を見た上司のH氏は，幾つかの問題点を指摘した。

問題点①："柄"，"デザイン"，"素材"テーブルのコード値は三つのテーブル間で重なりがない。それにもかかわらず三つのテーブルに分かれているのは冗長である。また，"柄グループ"，"デザイングループ"，"素材グループ"テーブルについても同様に冗長である。

問題点②：柄グループと柄，デザイングループとデザイン及び素材グループと素材との間の関連が管理されていない。

問題点③：類似商品グループは三つのグループの組合せで類似性を定義するが，類似商品グループとこれら三つのグループとの間の関係が管理されていない。

商品（商品コード, 商品名, 中分類コード, 柄コード, デザインコード, 素材コード,
　　　販売開始月日, 販売終了月日, 発売年月日, 終売年月日）
中分類（中分類コード, 中分類名, 大分類コード）
大分類（大分類コード, 大分類名）
売価（商品コード, 開始年月日, 終了年月日, 販売価格）
SKU（SKUコード, 商品コード, カラーコード, サイズコード）
カラー（カラーコード, カラー名）
サイズ（サイズコード, サイズ名）
柄（柄コード, 柄名）
デザイン（デザインコード, デザイン名）
素材（素材コード, 素材名）
柄グループ（柄グループコード, 柄グループ名）
デザイングループ（デザイングループコード, デザイングループ名）
素材グループ（素材グループコード, 素材グループ名）
類似商品グループ（類似商品グループコード, 類似商品グループ名, 組合せ数）

図　販売管理システムのテーブル構造

設問　H氏が指摘した問題点①②③について次の問いに答えよ。

(1) G氏が指摘した問題点①を解決するため，図3の"柄"，"デザイン"，"素材"テーブルを"商品特性"という名称のテーブルへ統合し，さらに"柄グループ"，"デザイングループ"，"素材グループ"を"商品特性グループ"という名称のテーブルへ統合することにした。この二つの統合化したテーブルの構造を示せ。

(2) 問題点①の解決策を踏まえ，G氏が指摘した問題点②を解決するために，新たに追加するテーブルの構造を示せ。

(3) 問題点①の解決策を踏まえ，G氏が指摘した問題点③を解決するために，新たに追加するテーブルの構造を示せ。

解答例
(1) 商品特性（<u>商品特性コード</u>，商品特性名，テーブル種別）
　　商品特性グループ（<u>商品特性グループコード</u>，商品特性グループ名，テーブル種別）
　　　※テーブル種別は必須ではないので，省略可。
(2) グループ構成（<u>商品特性グループコード</u>，<u>商品特性コード</u>）
(3) 類似商品グループ構成（<u>類似商品グループコード</u>，<u>商品特性グループコード</u>）

解説
(1) 統合化したテーブルの構造
　"柄"，"デザイン"，"素材"テーブルは，コード値の重なりがなく，属性数やデータ型も同じなので，属性名を解答例のような名称に統一すれば，そのまま統合テーブルになる。"柄グループ"，"デザイングループ"，"素材グループ"テーブルの場合も同様である。

(2) 問題点②を解決するテーブル構造
　「一つの柄グループは複数の似通った柄で構成され，一つの柄が複数の柄グループに属することもある。デザイングループ，素材グループも同様である」。この説明から，柄グループと柄との間は多対多関連となる。デザイングループ，素材グループも同様である。問題点①の解決策を踏まえ，とあるので，これらのテーブルを上記(1)の統合化したテーブルに置き換える。"商品特性グループ"と"商品特性"の間も多対多関連となる。
　"商品特性グループ"と"商品特性"との間の関連は，両者を結ぶ関連型（連関エンティティ）によって管理される。この連関エンティティの名称を"グループ構成"とすると，"グループ構成"の主キーは，"商品特性グループ"と商品特性"の主キーから成る複合キーとなる（解答例参照）。

(3) 問題点③を解決するテーブル構造
　類似商品グループと柄・デザインなどの三つのグループとの間の関係は，「一つあるいは二つのグループの組合せからなる場合もあるし，三つのグループ全ての組合せからなる場合もある」。類似商品グループと三つのグループとの間の関係は part-of 関係になるが，一つからなる場合，二つからなる場合，三つからなる場合と一定していない（次図参照）。

類似商品グループを構成するグループの個数は可変なので，横持ちにできない。縦持ちのテーブル構造になる。このテーブル名を"類似商品グループ構成"とすると，"類似商品グループ構成"の主キーは，"類似商品グループ"の主キーと，各グループを統合化した"商品特性グループ"の主キーとの複合キーとなる（解答例参照）。

　なお，図1の"類似商品グループ"は，組合せ数という多重度制約のための列を持っているが，これは類似商品グループの構成が縦持ちになることを想定したものである。

〔memo〕

第8章

データベースシステム設計と実装

8.1 DBMS の選定と導入の概要 ……………………………… 378
8.2 スペース見積り …………………………………………… 386
8.3 性能見積り ………………………………………………… 389
8.4 物理データベース設計 …………………………………… 395
8.5 性能調整 …………………………………………………… 407
8.6 章末問題 …………………………………………………… 417

8.1 DBMSの選定と導入の概要

(1) 業務への適用性

DBMSの選択に当たっては，まず，当該業務の処理形態，業務プログラムのアクセス形態，データベースのデータ量及びデータベースに対するトランザクション量を把握する。それらの基礎データに基づきDBMSに求められる機能要件，性能要件，運用要件を明確にする。

① 処理形態

▶処理形態

DBMSの選択に当たっては，当該業務がどのような業務特性を持ち，どのような処理形態をとるのかを把握しておく必要がある。留意すべき事項には，運用形態（リアルタイム，TSS，バッチ），処理サイクル，定型処理と非定型処理，集中処理と分散処理，既存の環境（同種のOSとDBMS，異種のOSとDBMS）などがある。

② アクセス形態

▶アクセス形態

個々の業務プログラムがデータベースに対してどのようにアクセスするかについて留意する。アクセス形態で留意すべき事項は，順次アクセスが多いのか直接アクセスが多いのか，検索中心か更新中心か，少量データアクセス中心か大量データアクセス中心か，データベースナビゲーション（「2.1 関係モデル」参照）を必要とするか，などである。

③ データ量とトランザクション量

データベースのデータ量及びデータベースに対するトランザクション量を把握する必要がある。バッチ処理や巨大データベースを扱う場合には次の(a)，(b)に留意する。オンライン処理は(c)に留意する。

(a) データの初期量及び将来の増加量

▶データ量

将来も含めたデータ量の見積りに対し，適応可能なDBMSが格納効率，アクセス効率の面から見て，そのデータ量に耐えられるか。

(b) DBMSがそのデータ量を格納可能か

DBMSによっては，一つのファイルや一つの表で保持できるデータ件数に制約があるので，その性能仕様をよく確かめる。

(c) 単位時間当たりのトランザクション量

▶トランザクション量

OLTP（OnLine Transaction Processing；オンライントランザクション処理）の単位時間当たりのトランザクション量を把握する。DBMSがそのトランザクション量に耐えられるような機能（例：パラレルサーバ機能）を提供するかどうか。

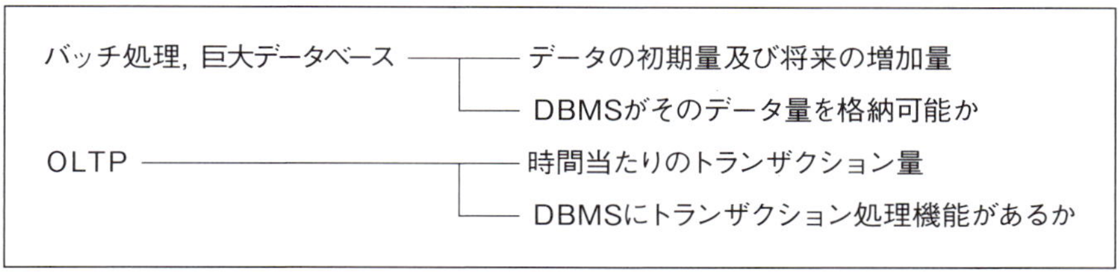

8.1　DBMSの選定と導入の概要

```
バッチ処理, 巨大データベース ── データの初期量及び将来の増加量
                            └─ DBMSがそのデータ量を格納可能か
OLTP ──────────────── 時間当たりのトランザクション量
                            └─ DBMSにトランザクション処理機能があるか
```

図8-1　データ量とトランザクション量

(2) 機能の充足性

① 機能要件

▶機能要件

業務の処理形態，アクセス形態などからDBMSとして満たすべき機能要件が明らかになってくる。DBMSとして中核の機能である同時実行制御，セキュリティは，当然装備すべきであるが，DBMSの中には不十分であったり，全く考慮していないものがあるので，注意が必要である。

EUC，オープン化を反映して最近のDBMSに求められる機能要件には，分散データベース機能，オープンシステム及びメインフレームとのデータ連携，24時間運用（無人化運転），ノーダウンシステム（フォールトトレラント）などがある。

② 運用要件

▶運用要件

業務の運用で考慮すべき事項には次のようなものがあり，DBMSがどこまでそれらを満足するか検討する。

(a) 同時実行制御や2相コミット制御，障害回復などのデータベースの一貫性を保証する機能があるか
(b) データベース，ファイル，レコードなどの単位で障害回復が行えるか
(c) 後退復帰，前進復帰による障害からのリカバリが行えるか
(d) 定期的にデータベースのバックアップコピーが採取できるか
(e) 差分バックアップは可能であるか

▶フルバックアップ
▶差分バックアップ

フルバックアップ（full backup）とは，データベース全体のバックアップのことであるが，差分バックアップ（differential backup）とは，前回のフルバックアップ時点からの変更の累積（差分）のコピーのことである。

▶増分バックアップ

これに対し，増分バックアップ（incremental backup）とは前回のバックアップ（フルバックアップ，差分バックアップ，増分バックアップ）時点からの変更のコピーのことである。差分バックアップに比べ増分バックアップの1回当たりの採取時間は少なくてすむが，障害回復時に次々と増分バックアップを積み重ねていかなければならず，障害回復には時間がかかる（図8-2参照）。

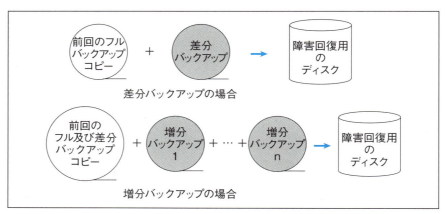

図8-2　差分バックアップと増分バックアップによる障害回復用のディスク作成

(f) オーディットのサイクルとアーカイブ

▶オーディット

　　更新後ログのことを**オーディット**（audit；監査）ログと呼ぶ。ログファイルは最低でも2個用意し、サイクリックに使用する。一つのログファイルが満杯になると、これを別媒体にアーカイブ（記録・保存）する。ログの量が多く、ログファイルが満杯になるまでの間隔（サイクル）が短い場合、アーカイブへ書き込んでいる間に別のログファイルが満杯になることもある。この場合はログファイルの個数を増やす（図8-3参照）。

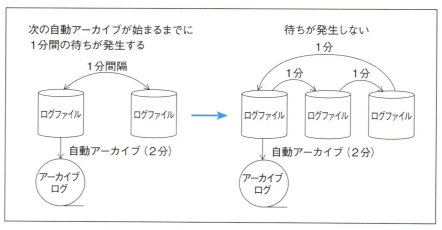

図8-3　オーディットのサイクルとアーカイブ

(g) 自動アーカイブは可能であるか

▶自動アーカイブ

　　DBMSが自動的に更新後ログをアーカイブする機能を**自動アーカイブ**という。ハードウェア障害に対しては、バックアップコピー、自動アーカイブされたアーカイブログ、及び更新後ログファイルを用いて障害回復を行う。

(h) データベースシステムの監視と調整が行えるか

（i）性能の監視と動的な調整手段があるか
　　（j）データベースの再編成の機能があるか
　　（k）運用時間ごとの最適なシステム構成パラメタの設定が可能か
　　（l）データベースの初期作成や再構築のときに用いられるデータのロードとアンロードの機能があるか
③　基本機能
　　DBMS の備えている基本機能が，業務上の必要な要件を満足しているか検討する。チェックする事項には，データの定義と表現，データ構造，アクセス方法と検索，バックアップと回復処理，機密保護，ロック対象の大きさ（ファイル，ページ，レコード），リポジトリなどがある。
④　データベースの再編成

▶データベースの再編成

　　データの追加，削除，変更を繰り返すと格納効率が劣化し，データベースの再編成（database reorganization）が必要となってくる。再編成は，データを吸い上げ，格納エリアを再定義し，データを再登録するが，DBMS に再編成の機能が用意されていること，及び再編成に要する時間を確認する必要がある。再編成では，最近のデータ量の変化に注目し，ファイルの拡張を行う。データを別の 2 次記憶域へ吸い上げる際に，不要情報の吸収ができる機能も必要である。

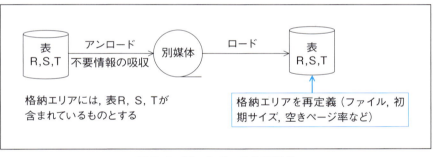

図 8-4　データベースの再編成

⑤　データベースの再構成（スキーマの拡張と変更）

▶データベースの再構成

　　データベースの論理的変更はあるべきではないが，業務の変更又は効率上の必要から生じることがある。データベースの再構成（database reconfiguration）の機能として，スキーマ内の表（レコード）の追加，変更，削除ができること，レコード内のキーやデータ項目の追加，変更，削除ができることを確認する。SQL-92 の機能である ALTER TABLE ／ DROP TABLE 文をサポートしている DBMS であれば，単にスキーマの変更だけでよいが，そうでない場合は，データを吸い上げ，スキーマと格納エリアを再定義し，データを再登録する。

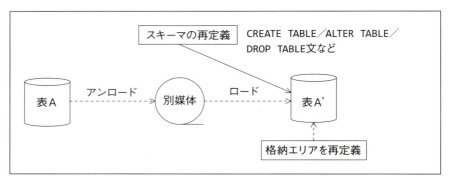

図 8-5　データベースの再構成

⑥　性能測定とチューニング

　DBMS の性能を測定する手段と，その結果に対するチューニングの方法が用意されていることが望ましい。データベースのチューニングは物理面（ハードウェア，データベースバッファのメモリ量など）と，論理面（インデックスの設定や問合せの指定方法など）の両方から考える。

⑦　機能拡張計画

　現時点では必要ないが，将来必要になるかもしれない機能が容易に追加できるかを確認しておく必要がある。

(3) 性能

　性能（処理効率，スペース効率）は，DBMS の選択時の着眼点の一つであり，評価項目として大きな比重を占める。性能は，ある程度机上で見積もることができる。

①　性能要件

▶性能要件

　ここでの**性能要件**（performance requirement）は，例えば，リアルタイムシステムにおける 1 トランザクションを処理完了するのに許される時間（1 人分の座席予約に 3 秒）などといった DBMS に許される許容時間を意味する。

（a）業務の処理形態，アクセス形態，データ量，トランザクション量から各業務の処理時間を机上で見積もる。

（b）見積りは，CPU 処理時間，1 次，2 次記憶装置への物理的なアクセス時間，ネットワーク上での伝送時間，ハードウェア資源の待ち時間，同時実行制御時のソフトウェア資源利用時の待ち時間，排他待ち時間，デッドロック発生時の処理時間などからなる。そのうち，2 次記憶装置へのアクセス時間とその待ち時間，及びネットワークの伝送時間が見積りに大きく影響を与える。

②　性能見積り

　CPU 時間，2 次記憶域のアクセス時間，アクセス方式によるオーバヘッド，単位時間当たりのトランザクション数によるディスク使用率への影響などの観点から，DBMS の性能を見積もっておく必要がある。例えば，データベ

ース全体の 15 〜 30％のデータを抽出する場合にインデックスを用いると，インデックスアクセスの部分がオーバヘッドになる。この場合はインデックスを使用しない全件検索の方が速い。これがアクセス方式によるオーバヘッドである。次の項目について，性能見積りをする。

(a) 業務処理時間
(b) トランザクション処理時間
(c) スループット（一定時間内に処理されるトランザクションの数）
(d) データベースのローディングと再編成に要する時間

③ スペース見積り

データベースの編成方法に従い，スペースの見積りをしておく必要がある。

(a) 1 次記憶域（メモリ）容量
(b) 2 次記憶域（ディスク）容量

④ 効率評価方法

DBMS が性能要件を満たすかどうかを事前に評価する方法には次のものがある。

(a) ベンチマーク法

▶ベンチマーク法

ベンチマーク法は，標準的なプログラムの実行時間を測定することによって計算機などの性能を評価，比較する方法である。業界標準のベンチマークには，トランザクション処理の性能を評価する TPC ベンチマークがある。TPC ベンチマークは，当初 TPC-A（銀行の窓口業務をモデルにした OLTP 性能評価），TPC-B（データベースの性能評価），TPC-C（受発注業務をモデルにした OLTP 性能評価），TPC-D（意思決定支援用の性能評価）などがあったが，2018 年現在は次表に示す TPC ベンチマークがある。

▶TPC ベンチマーク

表 8–1　TPC ベンチマーク

用途	TPCベンチマーク
トランザクション処理　OLTP	TPC-C, TPC-E
意思決定支援	TPC-H, TPC-DS, TPC-DI
仮想化（仮想マシン）	TPC-VMS, TPCx-V, TPCx-HCI
ビッグデータ	TPCx-HS V1, TPCx-HS V2, TPCx-BB
IoT	TPCx-IoT
共通仕様（common specifications）	TPC-Energy, TPC-Pricing

▶TPC-C
▶TPC-H

(b) シミュレーション

模擬環境にパラメタを設定し，待ち行列理論などを用いたシミュレーションプログラムによって，性能を計算で求める方法である。

(c) 分析的モデル化

評価対象になる業務の処理内容（データベースへのアクセス回数など）

や資源構成（CPU，メモリ，ディスクなど）をモデル化することである。これに基づきベンチマーク，シミュレーション，机上見積りを行う。

(d) 机上での見積り

▶オープン性
▶接続性

(4) オープン性（接続性）

オープン性は，DBMS を選択する上での重要な着眼点の一つである。他のマシンとの連携を図るために，DBMS がどの程度のオープン性を備えているかを検討する。

留意すべき事項には，他のマシンとの連携（同種マシンと同種 DBMS，異種マシンと異種 DBMS）が可能か，オープンシステムのプロダクトとの連携（ミドルウェア）が可能か，DBMS 関連プロダクトとの連携（意思決定支援ツール，4GL ツール，CASE ツール）が可能か，データベースに対する共通アクセス方法（ODBC など）が備わっているか，などがある。

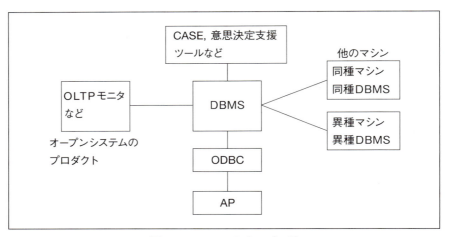

図 8-6　DBMS のオープン性

▶移行性

(5) 移行性

移行対象には，データベース，プログラム，JCL などがある。データベーススキーマを維持しているリポジトリ（データ辞書）や運用システム自体も移行対象である。

DBMS 選択の着眼点の一つに，DBMS がこうした移行対象を容易に移行できるツールを用意しているかどうかがある。データ抽出（エクスポート），データ変換，データインポート，プログラム変換などの移行ツールが必要になる。

① 移行の手順

移行の手順には，適用業務の特性や他の業務との関連で，一斉移行や段階的移行がある。段階的移行の場合は，既存業務で稼働中の DBMS と移行業務で使用する DBMS が共存できなければならない。また，一つのプログラムで，複数の DBMS を使用する可能性もある。DBMS がこのような要請に

どこまで応えられるかを検討する必要がある。
② 移行しやすいソフトウェア構築

DBMSが移行に伴う全ての機能を持つことは難しいので，今後は特定のDBMSに依存しないソフトウェア構築が要求されてくる。使用者側で，移行や移植をしやすいようにデータベース処理にかかわる部分を独立したモジュール群として構築している例が多い。これらは広義のミドルウェアといわれ，DBMSベンダから提供される場合もある。特定のDBMSに依存しないソフトウェア構築は，オブジェクト指向技術によるソフトウェア構築が目指す目標の一つでもある

(6) その他

その他の留意事項として，EUC（End User Computing）／EUD（End User Development）の適合性，調達維持コスト，品質サポート体制などがある。

8.2 スペース見積り

業務の処理形態，アクセス形態，データ量，トランザクション量から，メモリやディスク容量がどの程度必要かを机上で見積もる。データ量が膨大になる場合もあり，DBMS やサーバなどの機種を選択する上で，スペース見積りは重要である。

▶1次記憶容量
▶メモリ容量

(1) 1次記憶（メモリ）容量

OS やユーザプロセスが使用するメモリ以外に，DBMS が使用するメモリとしては次のようなものがある。

① バッファ領域

▶バッファ領域

バッファ領域は，表，索引などのデータをブロック単位で読み込み，更新するデータベースバッファとして使用される。オンライン／バッチなどの処理形態，同時実行するトランザクション数や，マスタテーブルなどのデータ量などによって，必要なメモリを概算する。一般に，バッファ領域は大きければ大きいほど，バッファヒット率（検索すべきデータがバッファ上でヒットする割合）が高くなり，ディスク I/O は減少する。

また，バッファ領域は，更新前ログや更新後ログを貯えるためのログバッファとしても使われる。

② 結合演算やソートなどの一時作業領域

結合演算や ORDER BY 句などで使用されるソート用作業領域。

③ 利用者定義処理を格納する領域

ストアドプロシージャやインタプリトされた SQL 文などを格納する領域。

④ 辞書情報格納領域

ユーザ，表，索引，セキュリティなどの辞書情報が格納される領域。

▶2次記憶容量
▶ディスク容量

(2) 2次記憶（ディスク）容量

2次記憶として，次に示す領域のスペースの見積りをしておく必要がある。

① 業務データの格納領域

業務データのデータ量から表，索引の容量を見積もる。容量を見積もる際は，使用する DBMS によってレコード内に埋め込まれる管理情報が異なってくるので，それに合わせてレコード長を計算しなければならない。そのための資料も，あらかじめ入手しておく必要がある。また，可変長データを用いて更新を行うと，更新前と更新後でレコード長が異なってくる。そのためのページ使用率（例えば，ページ使用率 90％ であると，空きエリアは 10％）も適正に見積もっておく必要がある（図 8-7，図 8-8，図 8-9 参照）。

②　ログデータの格納領域

更新後ログについては，サイクリックに使用するのが一般的なので，ある適当なサイズを見積もればよい。更新前ログについては，大量データの更新がある場合，その更新量に応じた適正な容量を見積もっておく必要がある。その他に障害回復のための制御用ファイルも必要になってくる。

③　その他の領域

①，②の他にデータ辞書格納領域や，結合やソートなどのための一時作業領域が必要になってくる。データ辞書には，表，索引，ビュー，権限などの静的管理情報と，コストベースのオプティマイザのためのデータ件数，表のサイズ，キーの構成などの統計情報（動的管理情報）が格納されている。

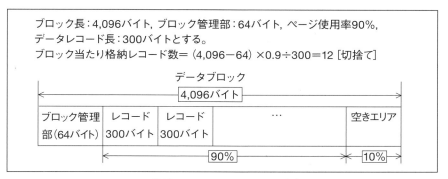

ブロック長：4,096バイト，ブロック管理部：64バイト，ページ使用率90%，
データレコード長：300バイトとする。
ブロック当たり格納レコード数＝（4,096−64）×0.9÷300＝12［切捨て］
データブロック
4,096バイト
ブロック管理部（64バイト）
レコード 300バイト
レコード 300バイト
…
空きエリア
90%
10%

図 8-7　格納レコード数の見積り（データ部）

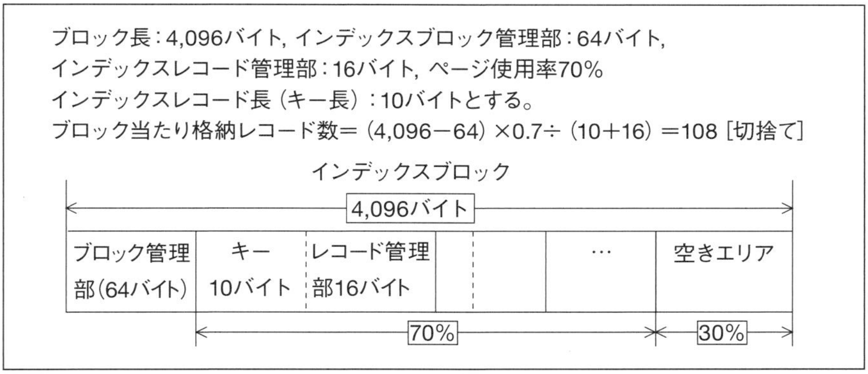

ブロック長：4,096バイト，インデックスブロック管理部：64バイト，
インデックスレコード管理部：16バイト，ページ使用率70%
インデックスレコード長（キー長）：10バイトとする。
ブロック当たり格納レコード数＝（4,096−64）×0.7÷（10＋16）＝108［切捨て］
インデックスブロック
4,096バイト
ブロック管理部（64バイト）
キー 10バイト
レコード管理部16バイト
…
空きエリア
70%
30%

図 8-8　格納レコード数の見積り（インデックス部）

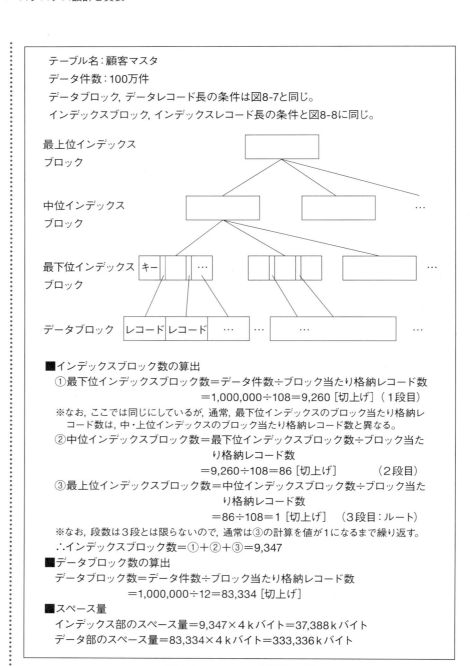

図8-9　スペース見積りの例

8.3 性能見積り

CPU時間，2次記憶域のアクセス時間，アクセス方式によるオーバヘッド，単位時間当たりトランザクション数によるディスク使用率への影響などを考慮してDBMSの性能を見積もる。

(1) CPU時間

▶CPU時間

SQL文発行に伴う**CPU時間**は，検索や更新に伴う平均実行ステップ数によって求めることができる。汎用機の世界では，メーカがそれらの基礎データを提供してくれる場合が多いが，オープンシステムの世界ではベンダがそれらの値を公開してくれないのが実状である。この場合は実機を用いて評価をせざるを得ない。これ以外に，整合性制約，排他制御，ログ採取などに必要なCPU時間もみておかなければならないが，これらの基礎データも入手が難しい。

(2) 2次記憶域のアクセス時間

▶2次記憶域の
アクセス時間

CPU時間に比べ，**2次記憶域のアクセス時間**は見積りに大きく影響する。

2次記憶域のアクセス時間（物理I/O時間）は，トランザクションのデータベースへのアクセス回数と，ディスクの平均シーク時間，回転待ち時間及びデータ伝送時間から求めることになる。また，この物理I/O時間は，要求されたデータがバッファメモリ中に存在している割合，すなわちバッファヒット率によっても変わってくる。

(3) アクセス方式によるオーバヘッド

インデックスを用いた検索は，少量データを検索する場合（ランダムアクセス）は高速である。逆に，例えば，ある表の15％程度の範囲の検索を行うような場合は，インデックスに対するアクセスがオーバヘッドになる。この場合は，インデックスを用いない全件検索よりも遅くなる。また，大量のデータの挿入がある表では，検索を高速化するために設定した2次インデックスの更新がオーバヘッドになる。この場合は，データの挿入・更新時にはインデックスを落とし，検索時に改めてインデックスを設定し直す方が，全体としての時間短縮になる。これらは，アクセス時間の見積りに当たって，十分に考慮しなければならない点である。

(4) 2次記憶域のアクセス時間の見積り例

次に，ユニークインデックスによるランダムアクセスと，全件検索，2次インデックス（2次インデックスともいう）による範囲の検索のアクセス時間の見積

第8章　データベースシステム設計と実装

り例を示す。

　次の説明において，ブロック当たりの物理入出力時間 T は，平均シーク時間，平均回転待ち時間，データ伝送時間を含んだ値とする。

　　ブロック当たりの物理入出力時間 T
　　　　＝平均シーク時間＋平均回転待ち時間＋データ伝送時間（ミリ秒）

▶バッファヒット率

　また，バッファヒット率は次式で示される。

　　バッファヒット率＝（1－物理入出力回数÷論理入出力回数）×100％

　ここで，物理入出力回数は，データブロック（データ部ともいう）やインデックスブロック（索引部ともいう）に対する物理的な入出力回数（実際に読み／書きするブロック数）である。一方，論理入出力回数はインデックスやデータブロックに対する論理的な入出力回数（トランザクションが論理的に読み／書きするブロック数あるいはアクセス件数）のことである。

① ランダムアクセスの場合

　ランダムアクセスの場合の物理入出力時間は次式で示される。

　　物理入出力時間＝データ部物理入出力回数× T
　　　　　　　　　＋索引部物理入出力回数× T
　　データ部物理入出力回数＝データ部論理入出力回数
　　　　　　　　　　　　　　×（1－バッファヒット率／100）
　　索引部物理入出力回数＝索引部論理入出力回数
　　　　　　　　　　　　　×（1－バッファヒット率／100）

■具体例

　"顧客"テーブルの100件のデータを，ユニークインデックスを用いてランダムに検索するものとする（図8-10参照）。

・インデックスの階層は2階層とする。
・インデックスの最上位インデックスブロック（ルートページ）は1回だけ読み込み，その後はデータベースバッファ中に存在するものとする。
・データ部と最下位インデックスブロックにおけるバッファヒット率は0％を仮定。
・物理入出力時間

　この場合の物理入出力時間は次式で表される。

　　物理入出力時間＝データ部物理入出力回数× T
　　　　　　　　　＋索引部物理入出力回数× T
　　　　　　　　＝100× T＋(1＋100)× T

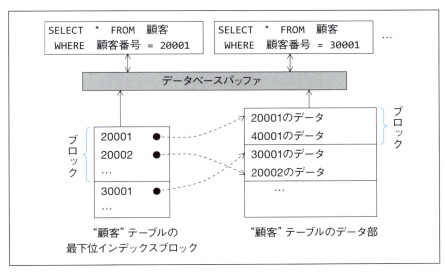

図 8-10 ランダムアクセス

② 全件検索の場合

全件検索の場合には、はじめにブロック当たりレコード格納数（n）とアクセスブロック数を次のように求める。

ブロック当たりレコード格納数（n）
　　　　＝（ブロック長−ブロックヘッダ）×ページ使用率
　　　　　　÷レコード長［切捨て］アクセスブロック数
　　　　＝ 全データ件数÷n［切上げ］

これらの値に基づき、全件検索の物理入出力時間は次式で示される。

物理入出力時間＝（アクセスブロック数÷先読みブロック数）［切上げ］× T

なお、先読みブロック数はプリフェッチ機能によって一度に先読みするブロック数のことである（「8.5.1 効率向上トレードオフ(1)①ブロッキング」参照）。

■具体例

"顧客"テーブルの100万件のデータを全件検索するものとする（図8-11参照）。

・ブロック長4,096バイト、ブロックヘッダ80バイト
・ページ使用率90%、レコード長100バイト
・一度に先読みするブロック数を8とする。
　　ブロック当たりレコード格納数 ＝（4,096−80）× 0.9 ÷ 100 ＝ 36［切捨て］
・物理入出力時間
　この場合の物理入出力時間は次式で表される。
　　物理入出力時間 ＝（1,000,000 ÷ 36）［切上げ］÷ 8 × T
　　　　　　　　　 ＝（27,778 ÷ 8）［切上げ］× T ＝ 3,473［切上げ］× T

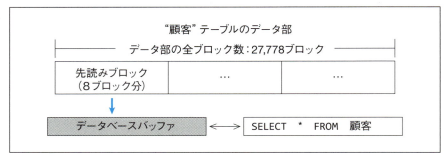

図 8-11　全件検索

③　範囲の検索の場合（2次インデックス）

範囲の検索の場合には，データ部及び2次インデックスの中・上位インデックスブロックはランダムアクセスとなり，2次インデックスの最下位インデックスブロックはブロック単位の順次アクセスとなる。2次インデックスの最下位インデックスブロックのブロック数を n，データ部のブロック数を m とする。2次インデックスに設定されたデータ項目の値のことをキー値と呼ぶが，同じキー値 i を持つデータの件数（キー値 i の重複件数）を D_i，データの全件数を A とする。また，データ部のデータは片寄りがなく均等に散らばっているものとする。

このときの範囲の検索の物理入出力時間は次式で示される。

　　データ部物理入出力回数 ＝ データ部論理入出力回数
　　　　　　　　　　　　　　×（1 －バッファヒット率／100）

　　物理入出力時間
　　　＝索引部アクセスブロック数× T ＋データ部物理入出力回数× T
　　　＝ n ×（D_i ÷ A）× T ＋ D_i × T

なお，中・上位インデックスブロックへのアクセス件数及びデータ部のバッファヒット率は無視し，一度読み込んだブロックの再読込は必要ないものとする。D_i ＞ m のときには，データ部物理入出力回数は m とする。

■具体例

"売上明細"テーブルから，商品コードのキー値が'PC001'のデータを抽出するものとする。これは範囲の検索になる（図 8-12 参照）。

・キー値'PC001'の重複件数 D_i ＝ 200 件，データの全件数 A ＝ 1,200 件とする。
・2次インデックスの最下位インデックスブロックのブロック数を n，データ部のブロック数を m とする。ただし，m ＞ D_i（＝200件）とする。
・物理入出力時間
　この場合の物理入出力時間は次式で表される。
　　物理入出力時間 ＝ n ×（200／1,200）× T ＋ 200 × T

8.3 性能見積り

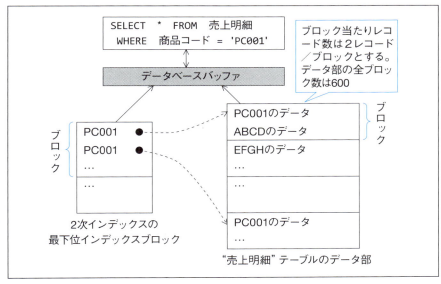

図 8-12　範囲の検索

(5) 単位時間当たりトランザクション数によるディスク使用率への影響

単位時間に集中する**トランザクション量**が増えれば，**ディスクの使用率**が上昇し，I/O の競合が生じる。この場合に発生するディスクコントローラの待ちやディスクヘッドの移動待ちなどの平均待ち時間は，待ち行列の理論（M/M/1）によって見積もることになる。次に例を示す。

① 一つのディスクの場合

平均待ち時間，平均応答時間を次のように求める（図 8-13 参照）。

仮に，単位時間を秒とする。

$$\text{平均到着回数 } \lambda (\text{回}/\text{秒}) = \sum_{i=1}^{n} \text{トランザクション i の I/O 回数}$$

$$\text{平均サービス時間 } E(ts) = \frac{1}{\text{平均サービス回数 } \mu}$$

= ディスクのブロック当たり物理 I/O 時間の平均

仮に，$E(ts) = 20$（ミリ秒）$= 0.02$（秒）とする。

平均サービス回数 μ（回／秒）$= 1 \div 0.02$（秒／回）$= 50$（回／秒）

$$\text{ディスク利用率 } \rho = \frac{\text{平均到着回数 } \lambda}{\text{平均サービス回数 } \mu} = \lambda \times E(ts)$$

$$\text{平均待ち時間 } E(tw) = \frac{\rho}{1 - \rho} \times E(ts)$$

平均応答時間 = 平均待ち時間 $E(tw)$ + 平均サービス時間 $E(ts)$ から，ディスクの競合による平均待ち時間，平均実行時間（平均応答時間）が分かる。

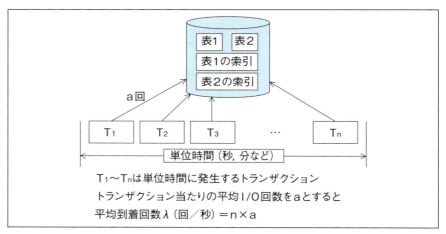

図 8-13 ディスク I/O の競合（1 ディスクの場合）

② 表及び索引への I/O を3ディスクに均等に分散した場合

各トランザクションの3台のディスクへのアクセス（I/O）回数が均等であるとする。この場合，トランザクションの平均到着回数 λ は同じであるが，ディスクが3台に増えたので，平均サービス回数が3倍に増える。したがって，次のようになる。

$$\text{ディスク利用率} \rho = \frac{\lambda}{3\mu}$$

後は，平均待ち時間 E(tw) の公式に当てはめれば，ディスクが3台になった場合の物理 I/O の平均待ち時間，平均実行時間が分かる。

仮にディスクが1台のときに，ディスク利用率 $\rho = \lambda / \mu \geq 1$ とする。この場合はディスクの処理能力（平均サービス回数）を超えたアクセスが発生していることを意味する。解決策はディスクの台数を増やすことである。ディスク利用率 $\rho < 1$ で，適当な平均待ち時間（平均サービス時間の3割程度）になるように，n 台のディスクを用意する。

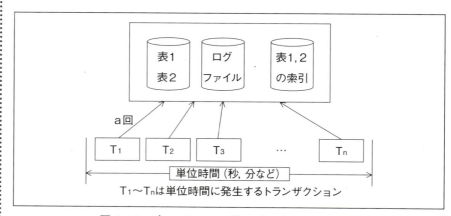

図 8-14 ディスク I/O の競合（3 ディスクの場合）

8.4 物理データベース設計

▶物理データベースの設計
▶物理設計

物理データベースの設計（物理設計）では，論理データモデルの設計を受け，対象となる DBMS を念頭におき，利用形態やボトルネックとなる処理を考慮して最適な設計を行う。利用形態からの要請と DBMS の特性という二つの面から，ターゲット DBMS への実装に先立つ物理的な構造の設計を行う。

8.4.1 物理環境の確認とトランザクション分析

（1）物理環境の確認

データベースの諸機能を使い効率的な物理設計を行うため，はじめに DBMS が実装される物理環境（コンピュータ資源）の確認を行う。確認すべき事項には，メインメモリ，CPU，ディスク I/O，ネットワークがある。

▶トランザクション分析

（2）トランザクション分析

物理設計を行う際，トランザクションのデータ量や発生頻度などを分析することによって設計の指標となるものが得られる。

（3）データベース設計要件（要求定義書：中期）

トランザクション分析を通して得られたデータ利用要件を基に，データベース設計要件を要求定義書にまとめる。

① 物理要件
データの初期量及び将来の増加量やアクセス形態の分析を基に，DB ファイルの大きさ，更新ログファイルの大きさ，ファイルの成長性を見積り，要求定義書にまとめる。

② 運用要件
トランザクション発生頻度，レスポンスに対する要求（例えば 2 秒以内），業務要件などを基に，スループット，目標とするレスポンスタイム，バックアップ・リカバリ，整合性，運用形態を要求定義書にまとめる。

（4）DBMS 機能と制約

物理設計の際に取り得る手法は，対象となる DBMS によって異なるため，DBMS の特徴や制限事項をあらかじめ調査しておく必要がある。

8.4.2 物理設計のポイントと非正規化

性能や保守性を考慮して，論理データモデル（関係スキーマ）をターゲットDBMSに合わせたテーブル構造へ変換する。物理設計におけるテーブル構造設計のポイントは次のようになる。

(1) 物理設計におけるポイント

① 更新系と検索系処理のトレードオフ

▶トレードオフ

物理設計で用いる手法は更新系と検索系の処理で**トレードオフ**の関係になるものが多い。業務処理全体のバランスを考えて適当な手法を採用する。

(a) 非正規化の手法

非正規化の手法を用いると，検索系の処理はアクセス効率の面から好都合であるが，更新系の処理は1事実で複数箇所の更新を行わなければならず更新負荷が重い。また，重複更新の問題（更新忘れ）が生じる可能性もある。

(b) 正規化の手法

逆に正規形の手法を用いると，1事実が1か所なので更新系の処理の負担は減少するが，検索系は結合処理のためにアクセス負荷が増える。

(c) インデックスの追加

インデックスを追加すると，検索系の処理はインデックス利用によってアクセス効率が向上するが，更新系の処理は索引の追加・更新のためにアクセス負荷が増える。

(d) 導出データ項目の保持

導出データ項目を持つと，検索系の処理はアクセス回数が減少するが，更新系のアクセス負荷は増える。

表8-2　物理設計手法の更新系と検索系処理でのトレードオフ

処理＼手法	非正規化	正規化	インデックスの追加	導出データの保持
更新系	×	○	×	×
検索系	○	×	○	○

×：効率が悪い　○：効率が良い

② 参照項目でも発生時点のデータでよいもの

図8-15の"部署"と"営業担当者"テーブルのインスタンス間の関係は，営業担当者の異動などの理由で，時間の経過とともに変化する。例えば，平成29年1月1日現在，営業のS氏は仙台支店に所属したが，平成30年1月1日に大阪支店へ異動したというような場合である。"営業活動記録"テーブルは部署コードを持たない。したがって，平成30年1月1日以降，仙台

支店をキーにこの"営業活動記録"テーブルを検索しても，S氏の仙台支店での営業活動記録は見つからず，大阪支店のデータとして扱われる。解決策には次に示す二つの方法がある。

(a) 発生時点の管理（非正規化）

▶発生時点の管理
（非正規化）

この方法では非正規化の手法を用い，発生時点のデータ項目の値をトランザクション系のテーブルに残すようにする（図8-15参照）。

前記のような不具合が起きないようにするには，S氏が営業活動を行った時点の部署コード（発生時点のデータ）を"営業活動記録"テーブルに残すようにする。こうすることで，S氏が異動した場合でも，"部署"と"営業活動記録"の関係を保持できる。つまり，更新履歴の保持（時系列性の保持）が行える。

▶時系列性の保持

この方法は，"営業担当者"テーブルのデータ項目"部署コード"を"営業活動記録"テーブルに残すことになる。"営業活動記録"テーブルは，冗長なデータ項目"部署コード"を持つので第3正規形ではない。

なお，この他に"売上明細"に商品の単価を持つ場合も，この発生時点の管理による典型的な例である。"商品"テーブルの単価が時間の経過とともに見直されるならば，"売上明細"に商品の単価を持つことで，販売時点の単価が反映される。つまり，商品と単価に関する時系列性が保持できる。

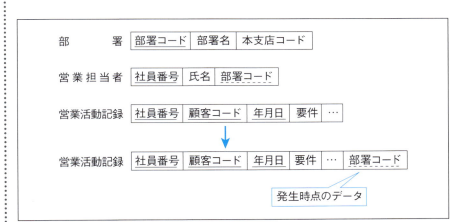

図8-15 発生時点の管理（非正規化の手法）

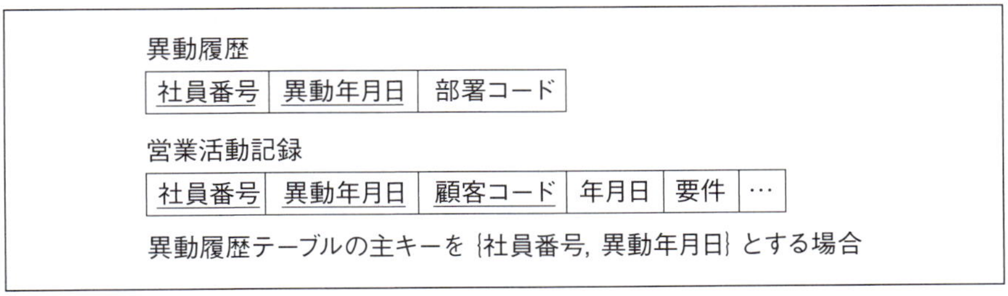

図8-16 発生時点の管理その1（正規化の手法）

第 8 章　データベースシステム設計と実装

▶発生時点の管理
（正規化）

(b) 発生時点の管理（正規化）

この方法は，「7.6.2　テーブル構造(2)時制データベース」のところで述べた「発生時点の管理」の考え方を用いる。この方法では，図 8-16 に示すような"異動履歴"テーブルを新たに作る。主キーは｛社員番号，異動年月日｝となる。"営業活動記録"テーブルは外部キー｛社員番号，異動年月日｝によって，"異動履歴"テーブルを参照する。

なお，"異動履歴"テーブルの主キーに通番を用いて，｛社員番号，通番｝ないしは単に｛異動履歴通番｝としてもよい。これは，異動履歴を別々のインスタンスとして管理できればよいと考える方法である。"営業活動記録"テーブルは外部キー｛社員番号，通番｝あるいは異動履歴通番によって"異動履歴"テーブルを参照する（図 8-17 参照）。

```
異動履歴
┌──────┬────┬──────┬──────┐
│社員番号│通番│異動年月日│部署コード│
└──────┴────┴──────┴──────┘
営業活動記録
┌──────┬────┬──────┬────┬────┬───┐
│社員番号│通番│顧客コード│年月日│要件│ …│
└──────┴────┴──────┴────┴────┴───┘
         又は
異動履歴
┌────────┬──────┬──────┬──────┐
│異動履歴通番│社員番号│異動年月日│部署コード│
└────────┴──────┴──────┴──────┘
営業活動記録
┌────────┬──────┬────┬────┬───┐
│異動履歴通番│顧客コード│年月日│要件│ …│
└────────┴──────┴────┴────┴───┘
異動履歴テーブルの主キーに通番を用いる場合
```

図 8-17　発生時点の管理その 2（正規化の手法）

代用キーの使用は限定的に

図 8-17 の下段に示した，代替キーの一つである代用キー（注）の異動履歴通番を用いる方法は，DB 試験では基本的に禁じ手です。理由は次のとおりです。代用キーを定義すれば，その属性でもって行を一意に識別できます（主キー）。テーブル構造として間違いはありません。しかし，問題文に示された繰返し構造や，テーブル間の 1 対多関連・多対多関連から，複合キー（属性の組合せ）を考えさせるという設問の場合，代用キーで答えるのはあまりにも安易です。解答者が複合キーについて理解していない場合でも代用キーを用いれば解答できることになり，テーブル構造（特に主キー）を答えさせる設問の意味が失われてしまいます。キー数が可変で代用キーを用いざるを得ない場合（n 項関連），あるいは，｛社員番号，通番｝における通番のように複合キーの一部として用いる場合など，代用キーを使用する場面は限定的にしてください。

（注）代用キー（surrogate key）は，社員番号のような業務上の自然のキーと違い，便宜的に振った人工的な通番のようなものをいう。候補キーの一つではあるので，主キーに選ばなかった場合は，代替キー（alternate key，代理キーともいう）でもある。

8.4 物理データベース設計

③ 繰返し構造をとるかどうか

業務データが繰返し構造を持つ場合，そのデータ項目が安定した固定回の繰返し数を持つ場合であれば，そのデータ項目を横に並べて持ってもよい。このテーブル構造を俗称「横持ち」という。横持ちについては「7.6.2 テーブル構造(3)縦持ちと横持ち」を参照のこと。

▶横持ち

④ 大量データ検索テーブルは分割

大量データを保持するテーブルは，全件検索などの問合せの効率を考えて，例えば月，日などの時間軸で分割する。並列DBプロセッサを利用できるのであれば，ディスク共有型か非共有型かに応じて，それぞれキーレンジ方式かハッシュ方式でテーブルを分割する。キーレンジ方式は，キーの範囲に従って各ディスクにデータを分散する（図8-18参照）。ハッシュ方式は，ハッシングによってデータを各ディスクへランダムに分散する。

▶キーレンジ方式
▶ハッシュ方式

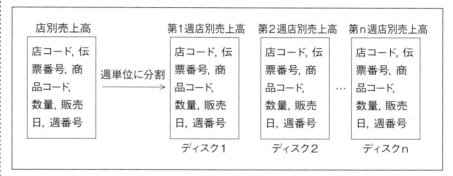

図8-18 キーレンジ方式によるテーブルの分割例

⑤ 一緒に利用されるテーブルは統合

検索時に一緒に利用されるテーブル（例えばマスタと詳細）を統合すると，データベースのアクセス回数が減少する。ただし，レコード長が大きくなり，全件検索の効率が落ちる，あるいはマスタ側の変更に伴い重複更新が必要になるといったデメリットもある（図8-19参照）。

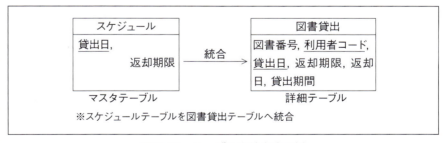

図8-19 テーブルを統合する例

▶非正規化
▶テーブルの統合
▶区分コードテーブルの統合

(2) 非正規化

非正規化の手法には次のようなものがある。

① **テーブルの統合**

(a) **区分コードテーブルの統合**

修正区分，変更区分，部品区分，取引区分，性別区分など，桁数やデータ型が同じ複数の区分コードテーブルを統合する場合がある。これは，「7.6.2 テーブル構造(7)メタデータモデル化」で述べたメタデータモデル化の一つの例である。メタ実体型“表”のアトリビュート“表番号”を用いて区分コードテーブルを再定義し，統合する。統合テーブルの主キーは{区分コード，表番号}となる（図 8-20 参照）。

部品区分（区分コード，コード名称）　1：標準部品　2：特注部品
取引区分（区分コード，コード名称）　1：仕入先　2：得意先

↓ メタデータモデル化

属性

属性名	データ型	桁数	表名
区分コード	数値型	7	部品区分
区分コード	数値型	7	取引区分
コード名称	文字型	30	部品区分
コード名称	文字型	30	取引区分

表

表番号	表名
1	部品区分
2	取引区分

↓ 部品区分，取引区分テーブルを統合化

メタ実体型“表”のアトリビュート“表番号”を用いて区分コードテーブルを再定義（統合）

区分コードテーブル

表番号	区分コード	コード名称

図 8-20　区分コードテーブルの統合

▶スーパタイプへ統合

(b) **スーパタイプへ統合**

スーパタイプ／サブタイプをスーパタイプのテーブルへ統合する場合である（「7.6.2 テーブル構造(1)スーパタイプ／サブタイプのテーブルへの展開」を参照のこと）。

(c) 結合対象となるテーブル同士の統合

参照が中心のテーブルの場合，結合演算に伴うアクセス負荷を軽減するため，結合対象となるテーブル同士を統合する。基本的には，第１正規形を維持し，第２，３，４正規形を崩して非正規化する（図 8-21 参照）。

8.4 物理データベース設計

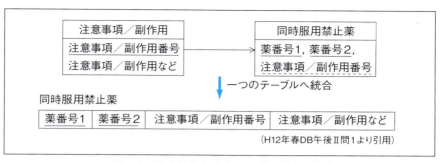

図8-21　結合対象となるテーブル同士の統合

▶テーブルの分割

② テーブルの分割

一つのテーブルへアクセスが集中する場合や，大量データを持つテーブルを検索する場合は，通常テーブルを水平方向に分割する。アクセス傾向に応じて年月日や地域などを基準にテーブルを分割する。テーブル中のデータ項目数が多い（レコード長が大きい）場合は，検索時に1ブロックで読み込めるレコード数が少なくなり効率が悪い。この場合はテーブルのデータ項目数を減らすために，テーブルを垂直方向に分割する。

▶項目単位での追加

③ 項目単位での追加

参照が中心のテーブルの場合，結合演算に伴うアクセス負荷を軽減するため，結合相手のうち必要なデータ項目だけを追加する。基本的には，第1正規形を維持し，第2, 3, 4正規形を崩して非正規化する。例えば，売上明細テーブルに商品テーブルの商品名や単価などのデータ項目の一部を追加する。こうすることで，アクセス回数が減少するだけでなく，更新履歴の保持（時系列性の保持）も行える。もし商品の単価が変更されても，売上明細テーブルに変更前の商品の単価が保存される（図8-22参照）。

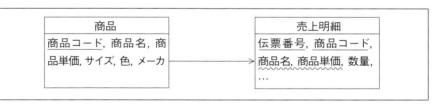

図8-22　項目単位で追加する場合

④ 集計データや導出データの追加

▶集計データ
▶導出データ

例えば，商品ごとの週別の売上集計（**集計データ**）や，単価×数量で求められる金額（**導出データ**）などを追加する。検索時にこれらの集計データや導出データ項目を参照することで，集計や加工のためのテーブルアクセスが不要になる。一方，更新系の処理は集計データや導出データを作成するためにアクセス負荷が増える（図8-23参照）。

401

第8章 データベースシステム設計と実装

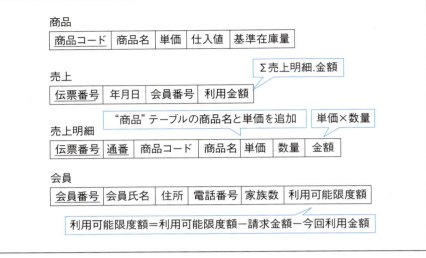

図 8-23　集計データ・導出データの追加

⑤　集計テーブルの追加

▶集計テーブル

　集計テーブル（summary table）とは，商品，週，月，地域などの特定の集計単位で売上や数量などを集約（集計）したテーブルである。例えば，商品別週別サマリ，商品別月別サマリ，地域別商品別サマリなどがある。検索時に改めて集計し直す必要がなくなり検索が高速化する（図8-24参照）。

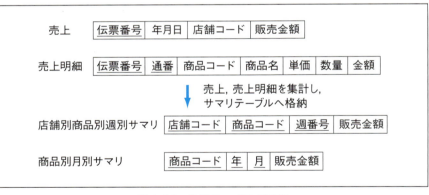

図 8-24　集計テーブルの追加

▶集計データベース

⑥　集計データベース（summary database）の設定

　データウェアハウスのデータマートのように，集計テーブルからなるデータベースを作成する。特定の検索要求に合ったデータベースとなる。

⑦　時系列データベースの設定

▶時系列データベース

　キーの一部に年，月，日などの時間的要素（時系列）を持つデータ（時系列データ）を保持するデータベースが，時系列データベース（temporal database）である。データウェアハウスのセントラルウェアハウスがその例で，生データやサマリ（集計）データを時系列に保持し，仮説の検証やデータマイニングに利用する。

⑧ 多次元データベース

▶多次元データベース

多次元データベース（multi-demensional database）とは，様々な視点からの分析（多次元分析）を行うために，複数の次元でデータを集約したデータベースのことである。

多次元データベースでは，多次元分析を行うためのデータ構造ということから時間，商品，地域などの次元データ（軸データ）を持つ。さらに次元データは年，月，週などのような階層を持ち，この階層レベルごとに集計（年度計，月計，週計など）が行える（図8-25参照）。

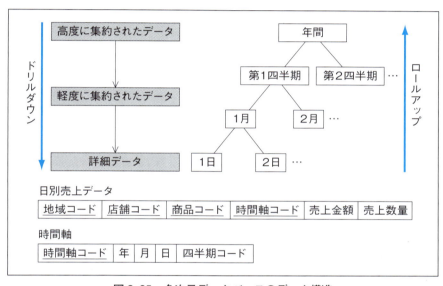

図8-25　多次元データベースのデータ構造

> **？ 導出データを持つべきかどうかの判断はどのようにしますか**
>
> 導出データを持つべきかどうかの判断は，次の点を考慮します。
> ①既存のテーブルが第3正規形だけで設計されているような場合には，導出データは持たない。
> ②導出データによって集計等の効率化が図れる，あるいは制約としての意味を持つような場合には，導出データを持つ。
> ③一般的にいえば，問題文のテーマが非正規化や運用絡みの場合には，導出データを持つ。
> ④データウェアハウスのテーブル構造の場合には，導出データを持つ。

8.4.3 インデックスの利用と選定他

(1) インデックスの利用と選定

▶インデックス

結合演算や選択などの問合せ処理を行うとき，インデックスを用いることによって高速な検索処理が行える。インデックスにはユニークインデックス，非ユニークインデックス，クラスタインデックス，ハッシュインデックスなどがあり，用途に応じて適切なインデックスをデータ項目に設定する。

① ユニークインデックス，非ユニークインデックス

▶ユニークインデックス
▶非ユニークインデックス

ユニークインデックス（主キーのようにインデックスのキー値に重複がないもの），非ユニークインデックス（2次インデックスのようにインデックスのキー値が重複するもの）には，B$^+$木構造のインデックスが用いられる（図8-26参照）。B$^+$木は，索引部にキーを，葉にデータを格納し，キー値の連続した最下位索引同士をポインタで結んだ編成法をとる。各ブロックに存在するブロック管理部には，このポインタが埋め込まれる。

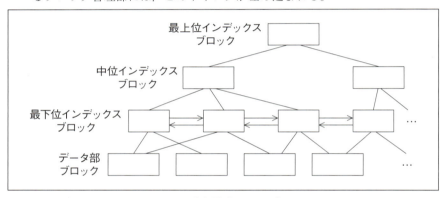

図8-26　B$^+$木構造のインデックス

非ユニークインデックスのときは，最下位索引ブロックに重複キー数分のエントリが確保される（キー値一つとレコードを指すポインタ）（図8-27参照）。

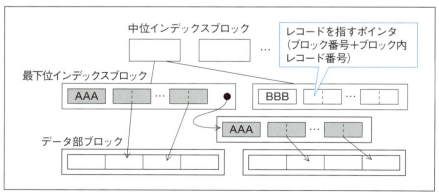

図8-27　非ユニークインデックスの構造

② クラスタインデックス

データレコードがキーの並び順（インデックス順）にソートされて格納されているものを**クラスタインデックス**という（図8-28参照）。クラスタインデックスにはB$^+$木編成が用いられる。クラスタインデックスは，データの並びがキー順なので，前方一致検索（例えばLIKE 'A％'）のような範囲の検索に威力を発揮する。ただし，更新時のオーバヘッドが大きいので，更新系のテーブルには向かない。

▶クラスタインデックス

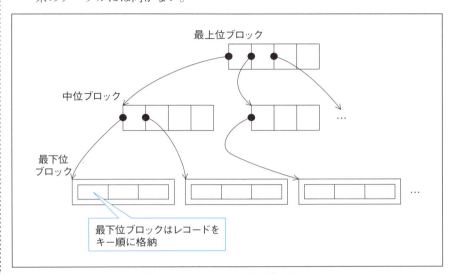

図8-28　クラスタインデックス

▶ハッシュクラスタ
▶ハッシュインデックス

③ ハッシュインデックス（又は**ハッシュクラスタ**）

ハッシュインデックスは，インデックス列（キー値）にハッシュ関数を適用し，キー値に一致する行をダイレクトに検索できる。ハッシュインデックスは，A＝'○○'のような等号比較には有効であるが，範囲の検索が生じる大小比較には向かない。

④ インデックスの選定

（a）ユニークインデックス

個々の部分をランダムに取り出す主キーや候補キー（代替キー）に対して，ユニークインデックスを設定する。

（b）アクセス頻度の高い列

アクセス頻度の高い列にも2次インデックスを設定する。ただし，その列の更新が多いと動的な索引保守に伴う更新負荷によって処理が遅くなるので，インデックスの設定はやめる。

（c）部分インデックス

比較的小さな部分を取り出す場合（0～10％）は非ユニークインデックスやクラスタインデックスを使用する。キー値が重複しても構わない。

(d) 留意事項
・取り得る値の種類が少ない列にインデックスを定義しても効果はない。単純に全件検索する方が速くなる。
・インデックスを複数の列に付与する場合は，取り得る値の種類が多い列から付与する。

⑤ インデックスの利用時期
(a) 基本的には，ランダム検索（ユニークインデックス），範囲の検索（0〜10％），結合演算時にインデックスを用いる（図8-29参照）。
(b) テーブルの大部分を取り出すことになる場合（10〜100％）は，インデックスを使用しない（図8-29参照）。全件検索する方が速くなる。
(c) 多量の行を挿入するときは，いったんインデックスを削除し，行の挿入後にインデックスを再作成する。

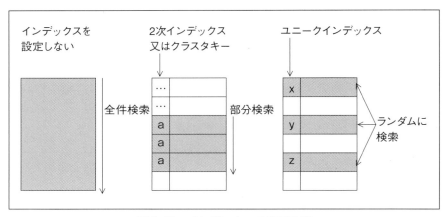

図 8-29　インデックスの利用時期

(2) 必要ディスクスペース量の計算

テーブル構造の設計とインデックスの選定に続いて，必要なディスクスペース量の計算を行う。スペース量計算については「8.2 スペース見積り」を参照のこと。

8.5 性能調整

物理的なテーブル構造の設計を受けて、実装する個々の資源に応じた効率的な手法を用いて性能調整を行う。ここでは、効率向上トレードオフを考慮したメモリ効率やアクセス効率などの調整、データの物理的な配置、アプリケーションの性能調整について述べる。

8.5.1　効率向上トレードオフ

効率化技法の中には幾つかの要因を同時に効率的にするものとトレードオフを起こすものがある。この点に注意して効率化技法を適用する。

(1) 記憶効率の向上

▶記憶効率の向上

記憶効率の向上では、ブロッキング、データ圧縮、インデックスについて調整する。

▶ブロッキング

① ブロッキング

物理入出力の単位であるブロックの大きさ（ブロック長）は、物理設計されたテーブルのレコード長に基づき、適当な大きさを設定する。ランダムアクセスが多いのか順次読出しが多いのかといったアクセス傾向を考慮し、適当なブロック長を設定する。

各テーブルのレコード長が短い場合は、例えば8kバイト、4kバイト、2kバイトとあるブロック長の中から、より小さいブロック長を選択する。あまり大きなブロック長を設定するとランダムにアクセスする場合は余計なレコードの分までデータ転送をしなければならず、オーバヘッドが増大する。

▶プリフェッチ機能

全件検索などの順次読出しが多い場合は、ブロック長を大きめにすると効率的である。この場合は何ブロックかをまとめて読み込むプリフェッチ機能が働くので、ブロック当たりのレコード数が多い方が効率的になる（図8-30参照）。

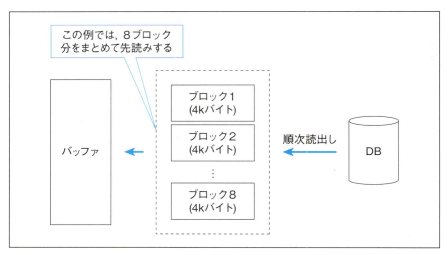

図 8-30　プリフェッチ機能

② データ圧縮

▶データ圧縮

データ圧縮を行うと，ブロック当たりの格納レコード数が増えるので，ディスクやデータベースバッファの記憶効率は良くなる。ただし，圧縮したデータを解凍するためのCPU負荷は増える。

③ 定義するインデックス数の制限

▶インデックス数

定義するインデックス数を制限すれば，B$^+$木インデックスなどを作成するのに必要なディスク領域が少なくてすむ。ただし，インデックス化すれば検索が高速化できる問合せがあっても，その部分は犠牲になる。

(2) アクセス効率の向上

▶アクセス効率の向上

アクセス効率の向上では，メモリキャッシュ，バッファの管理，インデックスなどについて調整する。

① メモリキャッシュの使用

▶メモリキャッシュの使用

テーブルやインデックスの読込み・書込みに使用されるデータベースバッファ，SQL文やデータ辞書の読込み用のメモリ領域，ソート用の一時領域，ログバッファなどのメモリを総称してメモリキャッシュという。メモリキャッシュのメモリ量を大きくし，なるべくメモリ上で処理されるようにすることで，アクセス効率が向上する。ただし，メモリキャッシュをあまり大きくとりすぎると，OSが使用するメモリが逆に不足してページングが多発するといった弊害もある。

▶バッファの管理
▶LRU方式

② バッファの管理

データベースバッファはLRU方式（Least Recently Used）で管理される。LRU方式はメモリ領域を効率良く管理するための手法で，直近に使用されたデータはメモリ領域に残し，最も古いデータがあるメモリ領域から順に再使用する。ただし，バッファのメモリ量は無限ではないので，LRU管理だ

8.5 性能調整

けであるとアクセス効率上問題がある。例えば，ランダムな検索を行うトランザクションと全件検索を行うトランザクションが並行処理されるような場合は，全件検索で読み込まれたデータによってランダム検索されたデータがバッファから追い出されてしまう。

▶テーブル単位のバッファ管理

こうした事態を避けるため，テーブルのアクセス傾向に合わせ，テーブル単位のバッファ管理を行えるようにした RDBMS もある。このテーブル単位のバッファ管理では，次に示す3通りの指定が行える。1番目はメモリに余裕がある限りバッファ内にデータを保存する指定（キープ），2番目はメモリバッファ上のブロックは不要になるとすぐに追い出される指定（再使用），3番目が通常の LRU 方式の指定である（図 8-31 参照）。

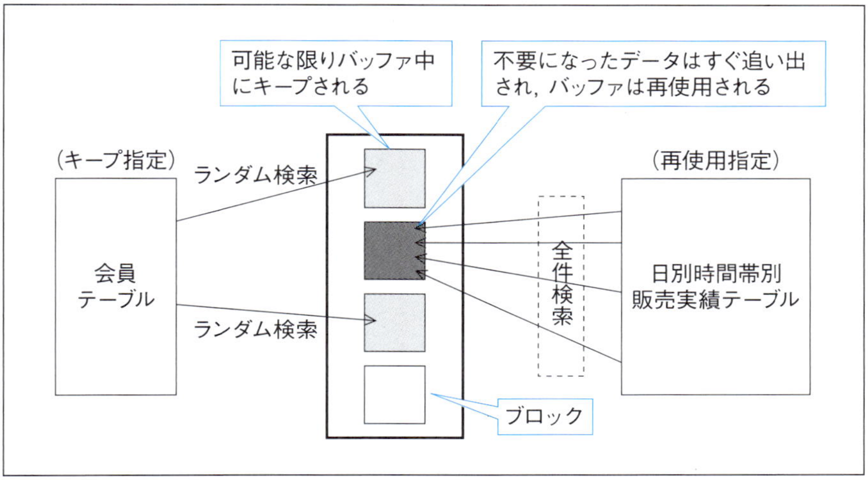

図 8-31　テーブル単位のバッファ管理

③　ストアドプロシージャの使用

▶ストアドプロシージャ

ストアドプロシージャを使用すれば，クライアントとサーバ間の通信回数（通信量）を減らすことができる。また，クライアント側のミドルウェアの処理（SQL 変換処理）の負荷を減少させことができ，アクセス効率が向上する。

▶インデックス化

④　頻繁に検索条件に使用される項目のインデックス化

検索条件に使用される全ての項目にインデックスを設定するのは格納量や性能の面で望ましくないが，頻繁に検索条件に使用される項目についてはインデックスを設定する。このとき，アクセス傾向を反映したインデックスを設定するようにする。

▶インデックス数の制限

⑤　更新が頻繁なテーブルのインデックス数の制限

テーブルが頻繁に更新される場合，それに伴ってインデックスも更新される。インデックスが更新され動的な索引保守が発生すると，物理入出力回数が増える。また，ページ分割が発生すると今まで同じページにあったキーが

複数ページに分割されるため，キーとページの並びが一致しなくなる。この結果，キー順の範囲の検索は物理入出力が増えて遅くなる。こうした弊害を避けるため，更新が頻繁なテーブルのインデックス数は制限する。

(3) CPU タイムの減少

▶パディングファクタ

CPU タイムを減らすために，記憶域に埋め込まれる**パディングファクタ**（空白などのパディング文字，NULL）を調整する。

① パディングファクタの設定

インデックス定義をした列に対する挿入時の省略値（パディングファクタ）を NULL とする。こうしておくと，NULL を持つ行にはインデックスが作られず，NULL 以外の値を持つ行に対してだけインデックスが作成される。NULL のデータが多ければ，インデックス部を走査する件数が大幅に減り，CPU の負荷が減少する。また，記憶効率も良くなる。

同じようなことは，サイズの大きい固定長の文字データ型にもいえる。格納されるデータのサイズにバラツキがあるときは，可変長のデータ型を用いた方が CPU の負荷が減少し，記憶効率も良くなる。

8.5.2 データの物理的な配置

データの物理的な配置には，障害対策として考慮すべきものと，I/O の性能対策として考慮すべきものがある。実装段階での効率的な物理配置はそれ以降の運用に影響を与える。

▶複数のディスクへの分散

(1) 複数のディスクへの分散

テーブル間，インデックスとテーブル間，テーブルとログファイル間などのディスク I/O の競合を避けるため，テーブル，インデックス，ログファイルを複数のディスクへ分散する。また，ディスクコントローラ（チャネル）やディスクドライブ（ボリューム）の使用効率の均一化を図るためにも，これらを適当なディスクへ分散する。

① I/O の集中度分析

DBMS や OS のモニタリング機能を用いて，ディスクへの I/O の集中度を分析する。過負荷なディスクについては，そのディスク上のテーブル，ログファイルなどを複数の適当なディスクへ分散する（図 8-32 参照）。

② データ領域とログ領域の分散

ログを採取する場合，コミットやログバッファが満杯になるなどのタイミングで頻繁にログ領域に I/O が発生する。同一ディスクにログ領域とデータ領域を持つと，ログ領域に対するデータの書出しでディスク I/O が競合する。したがって，通常，両者は別々のディスクへ配置する。

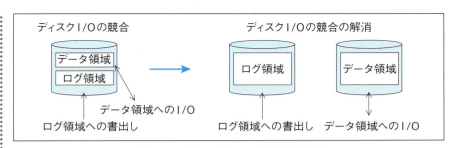

図 8-32　ディスク I/O の競合の回避

▶格納するデータの順序

(2) 格納するデータの順序

参照中心のテーブルであれば，キーの並びと行の並びが一致しているクラスタインデックスを定義することで，前方一致検索（LIKE 'A％'）などの範囲の検索を高速に行うことができる。また，クラスタインデックスを定義しなくても，例えば特定月のデータを抽出する必要のあるテーブルの場合，年月日順にソートしたデータを格納しておけば，一つのデータブロックに同じ月のデータが集まるので検索効率が高まる。

その他に，同一テーブルのデータ及びインデックスをキーの範囲によって別々のディスクへ格納する方式（partitioning；パーティショニング）をサポートしている RDBMS もある（図 8-33 参照）。パーティショニングで分別された部分をパーティションという。

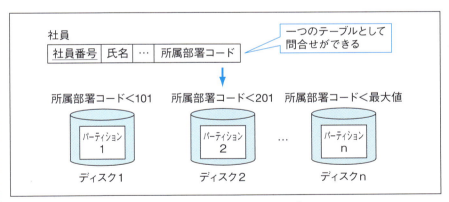

図 8-33　パーティショニング

(3) 代替データベースの決定

耐障害性やデータの信頼性を高めるための手法には，データベースの二重化，レプリケーション，チェックサムがある。

▶データベース二重化

① データベース二重化

DBMS が実行系と待機系に二重化されているシステムのことで，実行系に障害が発生すると，直ちに待機系に切り替えて再開始される（ホットスタンバイ再開始）。実行系が故障しても待機系が使えるので耐故障性が高まる。

第8章　データベースシステム設計と実装

▶レプリケーション

② レプリケーション

レプリケーション機能を用いて主ファイルの完全なレプリカ（複製）を作成しておく。そうすれば，複製は主ファイルのバックアックの役割を果たすので，主ファイルに障害が発生しても複製して代替できる。

▶検査合計
▶チェックサム

③ チェックサム（**検査合計**）

チェックサムはデータの誤りを検出する方法の一つで，あらかじめ対象となるデータにこのデータの合計（チェックサム）を付加しておく。データの受取時あるいは読込み時に，チェックサムを再計算し元のチェックサムと比較することで，データの破壊や不正な書込みなどがなかったかをチェック（検出）する。

8.5.3　アプリケーション性能調整

アプリケーションの性能調整では，最適なアクセスパスが得られるようにクエリ（問合せ）を調整する。

▶クエリの最適設計

(1) クエリ（問合せ）の最適設計

RDBMS にはルールベースオプティマイザやコストベースオプティマイザといった問合せを最適化する機能（オプティマイザ機能）が備わっている。オプティマイザは結合や選択などの問合せを評価し，インデックスの設定があればインデックスを用いたアクセスパスを用いるようにする。そうでない場合は，全件検索やインデックスを用いない結合演算（入れ子ループ法やソートマージ法）を選択する。このようにして，オプティマイザは問合せのアクセスパスを最適化する。問合せの最適設計では，オプティマイザの機能を活用しアクセス効率が最適になるよう SQL 文の探索条件や FROM 句を調整する。

① ルールベースオプティマイザ

▶ルールベース
　オプティマイザ

ルールベースオプティマイザ（rule-based optimizer）は，あらかじめ決められた優先順位のルールに基づいてアクセスパスを決定する。利用者の書いた SQL 文はこの優先順位のルールに従って実行される。優先順位のルールは次のようになる。

(a) インデックス付きの列を含む探索条件式があればそれを使用。

(b) インデックス付きの列を含む探索条件式が複数ある場合，探索条件の優先度によって，どの探索条件式を用いるかを決定する。

探索条件の優先度の例を表 8-3 に示すが，この例を見ても分かるように探索条件中の選択演算（索引列＝定数）の優先度が最も高い。逆に結合演算の優先度は低い。したがって，問合せの最適設計ではまず選択演算で絞込みを行い，その上で結合演算を行うようにする。

さらに，表のデータ件数やキーの重複度などに基づき SQL 文を調整する。例えば，データ件数の多い表との結合演算では，マスタテーブルなどデータ

件数の少ない表が優先されるようにFROM句を指定する。また，非ユニークインデックスのうち，なるべくキーの値のバラツキが大きい列を探索条件に指定する。こうしたSQL文を書けば，表やインデックスの特性に応じた最適な問合せとなる。

表8-3 探索条件の優先度の例

初期の汎用機系のRDBMS	初期のUNIX系RDBMSの場合 （ルールベースオプティマイザ）
①ユニーク索引＝定数 　非ユニーク索引＝定数 ②IS NULL ③LIKE の前方一致 　XX = 'ABC%' ④IN句　IN(10,20,30) ⑤BETWEEEN句 　BETWEEN 10 AND 20 　　　︙ ⑥>, >=, <, <= 　　　︙ ⑦結合条件列，GROUP BY， 　ORDER BY句中の索引	ROWID＝定数 ユニーク連結型索引＝定数 ユニーク索引＝定数 クラスタキー＝定数 非ユニーク連結型索引＝定数 連結索引の先頭列＝定数 BETWEEN句，LIKEの前方一致 索引付きの列（範囲指定なし） …IN述語，表結合など 索引なしの表結合（ソートマージ） ORDER BY　索引列 全件検索

② コストベースオプティマイザ

▶コストベースオプティマイザ

コストベースオプティマイザ（cost-based optimizer）は，表の大きさやインデックスのキー値の分布などシステムカタログ（又はデータ辞書）に格納された動的な統計情報を基に最適なアクセスパスを決定する。ルールベースオプティマイザのように，優先順位のルールを意識してSQL文を書く必要がなく，オプティマイザが自動的にSQL文の問合せを最適化する。

ただし，コストベースオプティマイザ機能を利用するためには，表やインデックスに関する統計情報を必ず取得しておく必要がある。これらの情報がない場合，コストベースオプティマイザは働かない（ルールベースオプティマイザが適用される）。また，定期的に統計情報を更新しておかないと，コストベースオプティマイザはうまく働かない。定期的に統計情報を整備しておくことでデータベースの運用に伴うデータ量やキー値の分布の変化に対応できる。

▶コスト計算

コストベースオプティマイザによるアクセスパスの**コスト計算**の例を次に示す。

■コスト計算の例1

```
SELECT * FROM 社員
  WHERE 社員番号 BETWEEN 1 AND 1000
```

- 社員テーブルのデータ件数は 1,000 件とする。
- データ部　ブロック当たりレコード数 = 1 レコード／ブロック
　　　　　　データ部のブロック数 = 1,000
- 索引部　社員番号はユニーク索引，ブロック数は 10 とする。
　　　　　ブロック当たりレコード数 = 100 レコード／ブロック
- 全件検索の場合

    コスト = $\dfrac{表のデータ部ブロック数}{一度に先読みするブロック数}$ = $\dfrac{1,000}{8}$ = 125

- 索引を用いた検索の場合

    コスト = 索引部コスト + データ部コスト
    　　　 = （索引のブロック数×選択度）
    　　　 　+（データ部のブロック数×選択度）
    　　　 = $10 \times \dfrac{1,000}{1,000}$ + $1,000 \times \dfrac{1,000}{1,000}$ = 10 + 1,000
    　　　 = 1,010

∴この場合，コストベースオプティマイザは全件検索を選択する。

■コスト計算の例 2

```
SELECT 社員コード，社員名　 FROM 社員
    WHERE 部署コード = '営業部'
```

- 社員テーブルのデータ件数は 1,000 件とする。
- データ部　ブロック当たりレコード数 = 1 レコード／ブロック
　　　　　　データ部のブロック数 = 1,000
- 索引部　部署コードは非ユニーク索引，ブロック数は 10 とする。
　　　　　ブロック当たりレコード数 = 100 レコード／ブロック
　　　　　部署コードが '営業部' のときのキーの重複件数は 100 件とする。
- 全件検索の場合

    コスト = 125（例 1 に同じ）

- 索引を用いた検索の場合

    コスト = 索引部コスト + データ部コスト
    　　　 = （索引のブロック数×選択度）
    　　　 　+（データ部のブロック数×選択度）
    　　　 = $10 \times \dfrac{100}{1,000}$ + $1,000 \times \dfrac{100}{1,000}$ = 1 + 100 = 101

∴この場合，コストベースオプティマイザは索引を用いた検索を選択する。
　ただし，部署コード = '営業部' のキーの重複件数が実際は 200 件であったとすると，全件検索の方が速くなる。

8.5 性能調整

▶アクセスパス調整

(2) アクセスパス調整

アクセスパスが最適になるようにSQL文を調整するが，これは実装するRDBMSに依存する。例えば，次のようなアクセスパスの調整を行う。

① ルールベースオプティマイザ
  (a) WHERE句の探索条件の優先度が同じ場合は，FROM句の指定順序を調整し，外側のループに行数の少ない表がくるようにする。
  (b) HAVING句はなるべく使用しないで，WHERE句で条件を絞り込む。
  (c) DISTINCT句やNOT IN述語，UNIONを用いる代わりに，それぞれEXISTS述語やNOT EXISTS述語，UNION ALLを用いる等々

② コストベースオプティマイザ
  コストベースオプティマイザを用いる場合には，UNIX系商用RDBMSで用いられるヒントといわれるコメントをSQL文中に含めることによって，コストベースオプティマイザを無効にできる。ヒントではインデックスの指定，全件検索の指定，入れ子ループ法を用いるかソートマージ法を用いるか等々の指定ができる。

▶アプリケーションのルール化

(3) アプリケーションのルール化

データベースを使用した開発を行う場合，推薦するSQL文の使い方や禁止する使い方を用意し提供することによって，効率の良いアプリケーションを作成することができる。主にルールベースオプティマイザの使用時に適用可能なものであるが，推薦する検索方式には次のようなものがある。

① 推薦する検索方式
  (a) 複合検索は複数のインデックスを使用する
    例えばX ='c' AND Y = 'b'のような複合条件を持った検索では，複数のインデックスを用いるとよい。この場合，XとYをインデックスとすると，データ部を見る必要がなくインデックスだけで検索範囲の絞込みが行える。
  (b) 連結インデックス（結合インデックス）
    連結された列を構成列とする連結インデックス（結合インデックスともいう）は，少なくとも上位の列に探索条件が指定されていれば検索の高速化に有効である。上位の列とは，連結インデックスを{A, B}とすると，Aの側である。
  (c) AND条件を使う場合はヒット件数の少ないインデックス列から指定する。ヒット件数が少ないとは，重複した同じキー値が少なく，検索範囲がより絞り込めることを意味する。
  (d) 探索条件に，インデックス指定のある項目とインデックス指定のない項目との複合条件を指定した場合も効果はある。

② 禁止する検索の例示
  (a) 値の種類の少ないものを単独のインデックスで使用しない。
  (b) 検索条件の比較演算子が< >（NOT =）の場合，検索条件にインデック

ス列を指定しても効果はない。
（c）インデックス付きの列を計算式の一部として用いない（インデックスが使用されない）。

8.6 章末問題

問 8-1　　　　　　　　　　　　　　　　　　　　　　　　　　■H29 秋 -AP 問 56

　バックアップ処理には，フルバックアップ方式と差分バックアップ方式がある。差分バックアップ方式による運用に関する記述のうち，適切なものはどれか。

　ア　障害からの復旧時に差分だけ処理すればよいので，フルバックアップ方式に比べて復旧時間が短い。
　イ　フルバックアップのデータで復元した後に，差分バックアップのデータを反映させて復旧する。
　ウ　フルバックアップ方式と交互に運用することはできない。
　エ　フルバックアップ方式に比べ，バックアップに要する時間が長い。

問 8-2　　　　　　　　　　　　　　　　　　　　　　　　　　■H12 春 -DB 問 64

　全社顧客データベースをセンタに一括保有し，支店には照会頻度が高い顧客の顧客データベースを部門データベースとして保有する。このとき，支店での顧客照会は，部門データベースのアクセスだけで完了する場合と，部門データベースに該当する顧客が存在せず，センタの全社顧客データベースへのアクセスを必要とする場合がある。部門データベースへの平均アクセス時間が 3 秒，全社顧客データベースへの平均アクセス時間が 10 秒である場合，支店での平均データベースアクセス時間が 4 秒以内であるためには，部門データベースのヒット率は最低何％必要か。

　ア　66　　　　　　イ　76　　　　　　ウ　86　　　　　　エ　96

問 8-3

関係データベースの表において，検索速度を向上させるために，列 Z にインデックスを付与する。ア～エは，列 Z の値が等しい行の数を示したものである。インデックスを付与することによって，1 行当たりの平均検索速度が最も向上するものはどれか。ここで，各行は等頻度で検索されるものとする。

ア

データ値	行の数
p	600
q	600
r	0
s	0
t	0
u	0

イ

データ値	行の数
p	1000
q	200
r	0
s	0
t	0
u	0

ウ

データ値	行の数
p	20
q	40
r	80
s	160
t	300
u	600

エ

データ値	行の数
p	200
q	200
r	200
s	200
t	200
u	200

問 8-4

■ H20秋-FE 問58

化粧品の製造を行っている A 社では，販売代理店を通じて商品販売を行っている。今後の販売戦略に活用するために，次の三つの表からなるデータベースの作成を計画している。これらのデータを用いるだけでは**得ることのできない情報**はどれか。

顧客データ

顧客	氏名	性別	生年月日

販売代理店の日別販売データ

販売代理店	日付	商品	販売数量

顧客の商品購入データ

顧客	販売代理店	商品	販売数量

ア　商品ごとの販売数量の日別差異
イ　性別ごとの売れ筋商品
ウ　販売代理店ごとの購入者数の日別差異
エ　販売代理店ごとの購入者の年齢分布

問 8-5

■745426

SQL 文において，列にインデックスを指定しても，その効果が得られないことがある。この要因として，適切でないものはどれか。

ア　インデックス指定列の値が偏っている。
イ　行数の少ない表の列に指定している。
ウ　検索条件にインデックス指定のない項目との複合条件を指定している。
エ　否定形（NOT EQ）の条件を与えている。

問 8-6

一つの表に大量のデータを格納するとき，並列処理のために異なったディスクにデータを分割格納することがある。このような方式のうち，キーレンジ分割方式の説明はどれか。

ア　主キーと外部キーの参照関係を保持し，関数従属性に従って異なった表に分割格納する。
イ　データの発生した順に格納するディスクを変え，ディスクごとのデータ量が均等になるように分割格納する。
ウ　分割に使用するキーの値にハッシュ関数を適用し，その値に割り当てられたディスクに分割格納する。
エ　分割に使用するキーの値をあらかじめ決めておき，その値に割り当てられたディスクに分割格納する。

第9章

データベースシステムの運用管理

9.1 運用管理の指針 …………………………………………… 422
9.2 性能管理 …………………………………………………… 423
9.3 障害管理 …………………………………………………… 426
9.4 セキュリティ管理 ………………………………………… 428
9.5 データベース保守管理 …………………………………… 431
9.6 章末問題 …………………………………………………… 432

9.1 運用管理の指針

データベースシステムを運用するためには，DBMSを運用するマニュアルを常備しておく必要がある。マニュアルには定例運用業務の手順，異例時にとるべき手順などを記載する。運用管理者はこれらの基準に従って，DBMSを運用する。

▶定例運用基準

(1) 定例運用基準の設定

DBMSの立上げからシャットダウンまでの日常行う作業内容を，定例運用基準として作成する。運用基準書には次の内容を記述する。

① 運用組織体制

▶データベース管理者

　(a) データベース管理者の役割設定

　　データベース管理者は，データベースの完全性やパフォーマンスの監視と維持，バックアップとリカバリ，セキュリティの管理，データベースの保守などを担い，運用基準書を作成する。

▶データ管理者

　(b) データ管理者の役割設定

　　データ管理者は，データベース管理者の上位に位置し，運用基準の作成や実行，監視の体制を整備し，統括する。また，一度作成された運用基準が陳腐化しないように，必要に応じて改訂を指示する。

② 運用スケジュール
③ 日中監視
④ バックアップ
⑤ セキュリティ管理

▶異例時運用基準

(2) 異例時運用基準の設定

異例時の運用基準書には次の内容を記述する。

① 障害と回復
② データベースの再編成
③ テスト
④ データベースの再構成

9.2 性能管理

運用管理では，性能の維持が重要な課題である。稼働中のDBMSの性能を常に監視し，性能の劣化が目立つようになった場合は，適当なチューニングを実施する。

(1) 情報収集と分析
DBMSの性能評価のために，次のような情報を収集する。

① I/O統計と分析

▶I/O統計

I/O統計は，表，インデックス，データ辞書，ログファイル，ソート用一時領域などが格納されているディスクファイルのI/O回数を表示する。I/O統計を調べることによって各ファイルのI/O負荷状況を調べることができる。I/O関連ではその他に，I/O速度（I/O回数／秒）がディスクの性能限界に近づいているかどうかを示すものやデータベースの断片化の状況を示す統計もある。

表9-1 I/O統計の例

ファイル名	物理入力ブロック数	物理出力ブロック数	備考
DF011D	530,004	12,588	
DF012D	694,215	325,511	
DF010I	75,652	0	
DF020I	651,215	7,216	
SYSD000	54	5	ディクショナリファイル
TR001	0	1,512,876	トランザクションログファイル

② コマンド統計と分析

▶コマンド統計

コマンド統計は，実行中のSQL文とメモリ内に保持されているSQLを表示する。コマンド統計を調べることによって，意味としては全く同じだが，記述上の違い（例えば，大文字，小文字の違いなど）によって，DBMSに共有されていないSQL文をチェックできる。

③ セッション統計（コマンドのスローバック数及び理由）と分析

▶セッション統計

セッション統計は，現在のセッションのセッションID，プロセスID，ユーザID，処理中のSQL文とその状態，デッドロック情報などや一定期間のセッション情報の集計を表示する。この統計を見ると，タイムアウトやデッドロックなどのためにシステムによってスローバック（「投げ返す」こと）

されたコマンド（又はジョブ）の数が分かる。

④　バッファ統計と分析

▶バッファ統計　　バッファ統計は，データベースバッファやライブラリキャッシュ，ディクショナリキャッシュ，ログバッファなどのバッファの使用状況（バッファが十分か不足か）を表示する。データベースバッファのメモリ量が十分かどうかは，論理的な読み書きと物理的な読み書き（I/O 数）を表示し，そこからバッファヒット率を求めることによって知ることができる。ライブラリキャッシュやディクショナリキャッシュの使用状況は，要求数に対する再ロード数やミスの回数で分かる。ログバッファはログスペース待ちの回数をチェックする。

(2)　チューニングの方法

▶チューニング　　I/O 統計やバッファ統計などの分析結果に基づき，チューニングを実施する。

①　オプティマイザの調整

▶オプティマイザ　　オプティマイザを次のような方法で調整する。オプティマイザをルールベースからコストベースのオプティマイザへ変更する。コストベースオプティマイザのオプションレベル（応答時間の短縮優先，全体のスループット優先）を変更する。あるいは，SQL 文のコメントに表アクセスの方式（特定インデックスの指定，全件検索指定）を指定する。

②　ハードの増強

計算機のグレードアップや並列 DB プロセッサの採用，メモリの追加，ディスクコントローラやディスクドライブの性能アップなどのハードの増強を行う。

③　スキーマの変更

導出データやサマリテーブルの追加，表の分割，分散を行う。

▶ガーベジコレクション　　④　データベースの再編成（ガーベジコレクション）

インデックスのページ分割に伴う性能劣化，データ量の増加や削除による領域の断片化（不連続領域への拡張，未使用領域の残留）が生じた場合，ディスク上のこれらのファイル領域を初期化し，インデックスの再作成やデータの再ロードを行う。また，データのアクセス傾向に合わせて，例えば，年月順にデータをローディングし直す場合もある。

⑤　DBMS システムパラメタの変更

バッファ領域（データベースバッファ，ライブラリやディクショナリキャッシュ，ログバッファ，ソート用一時領域など），スレッド数，ログ情報の取得指定，チェックポイントの間隔，デッドロックのタイムリミット，発行

▶システムパラメタ　　可能なロックの最大数などの DBMS システムパラメタを変更する。

⑥　インデックスの調整

▶インデックス　　結合演算で用いられる外部キーにインデックスを設定する，とり得る値の種類が少ないインデックスにビットマップインデックスを用いる，インデックスだけで処理できるように複数インデックスを使用する等のインデックス

9.2 性能管理

の調整を行う。

⑦ プログラムの改善

プログラムで用いられている問合せの探索条件を変更する。例えば，必ず選択条件を指定してから問合せの探索条件を指定する，AND条件はヒット件数の少ない列から指定する，値の種類の少ないインデックスは単独に用いない，入れ子ループ法が用いられる場合に外側のループになる方に小さいテーブルを指定する（FROM句）等である。逆に，全件検索の方が速いと思われる場合には，インデックスが機能しないようにする場合もある。

表 9-2　性能評価と改善

統計又は現象	原因	チューニング方法	
I/O関連統計 レスポンスタイムの低下 処理時間帯オーバ	データ量増加や削除によるデータベースの断片化 インデックスのページ分割による性能劣化	データベースの再編成	
I/O統計 レスポンスタイムの低下	特定のディスクへのI/O集中 ディスクの性能限界	ファイルの再配置，表の分割 多重度を下げる ファイルの再配置，表の分割	並列データベースプロセッサ ディスク装置の変更
コマンド統計 バッファ統計 レスポンスタイムの低下 バッファヒット率が低い	最適化を意識していない	コストベースオプティマイザの使用	
	インデックスを設定しているが性能がでない（インデックスの設定方法，問合せの指定方法，検索範囲などが原因の場合）	インデックスの調整 プログラムの改善 オプティマイザの調整	
	膨大なレコードを結合，データ量が多い	SQL文の変更（FROM句），オプティマイザの調整（結合方法の変更）	並列データベースプロセッサ
	バッファ用メモリの不足	バッファサイズの変更	メモリの増設
セッション統計 デッドロックの多発 スループットの低下	特定の表へのロックの集中と競合	ロックの粒度の変更 複製の利用，表の分割 業務処理の見直し・改善	多バージョンデータベースの採用
システムのスローダウン	OSのメモリ不足	データベースバッファサイズの縮小	メモリの増設
データベースのオーバフロー	格納エリアの空きスペースの不足	データベースの再編成（ファイル領域の拡張）	ディスクの増設

425

9.3 障害管理

障害は DBMS の範囲外の原因でも起こり得るので，障害対策は広範囲にわたる。

(1) 障害の種類

障害の中で最大の要因はオペレーションミスによるデータベースの上書き，削除などの人的障害である。障害の種類には「3.6 障害回復管理」でも述べたように，トランザクション障害，システム障害，媒体障害（ハードウェア障害），人的障害がある。

(2) 情報収集と分析

障害箇所の特定と回復のための情報には次のようなものがある。

① データベースダンプ

▶データベースダンプ

更新処理の前や一定間隔でセーブしたデータベースのバックアップコピーのことである。システム障害発生時は**データベースダンプ**によってバックアップ採取時に戻す。ハードウェア障害の場合は，更新後ログとともに用いられ媒体を障害前の状態に戻す。

② ロギング

▶ロギング

ログファイルには，各トランザクションの開始，終了，更新前データ，更新後データ，チェックポイントの発生状況（チェックポイントレコード）が**ロギング**される。ロギングされたこれらトランザクションの障害発生直前までの情報を用いて，DBMS は障害回復を行う。

③ チェックポイント

▶チェックポイント

チェックポイントが発行されると，その時点で，ログバッファとデータベースバッファ上の更新データがログファイルとデータベースへ書き込まれる。ログファイルにはトランザクションの開始・終了やデータベースへの更新状況，チェックポイントの発生時点が書き込まれる。ウォームスタートでは，チェックポイントに戻ってリカバリ処理を行う。チェックポイントは再開始の目印になる。

▶セーブポイント

なお，プログラムから SAVEPOINT 文を発行しておくと，そこまでのデータベース更新を有効にし，残りをロールバックすることができる（ROLLBACK 文）。障害回復時にはこの SAVEPOINT 文まで（**セーブポイント**）を復旧する。残りの処理はリスタート（再処理）する。

図9-1　セーブポイント

(3) 障害回復手順

障害回復手順には次のものがある（「3.6 障害回復管理」参照）。

① 後退復帰（ロールバック）
② 前進復帰（ロールフォワード）
③ 再処理（リスタート）

　ログを取得していない場合や人的障害，コールドスタートの場合はバックアップからデータを復旧し，処理を再開始する。

(4) 障害対策

障害が起こることを想定し，種々の障害対策をあらかじめ設定しておく。

① オペレーションミス対策

　定期的（毎日等）に取得しておいたバックアップによってデータをバックアップ取得時点（前日）の状態に戻し，処理をリスタートさせる。

② データベース二重化

　DBMSが現用系と待機系に二重化されているシステムのことで，現用系に障害が発生すると，直ちに待機系に切り替えて再開始される（ホットスタンバイ再開始）。

③ RAID（Redundant Array of Inexpensive Disks）

④ FTC（フォールトトレラントコンピュータ）

　FTCは，ノーダウンシステムのために，CPUやチャネル，通信装置などのハードを二重化し，対故障性を高めたコンピュータである。

⑤ バックアップサイトの活用

　障害対策を含む災害対策であるが，現用系データベースとリモートのバックアップサイトの待機系データベースを同期させておき，障害が発生すると待機系に切り替える。②の拡張である。現在では，ネットワーク性能の向上によって，バックアップサイトのデータベースは，常に更新同期がとられている場合が多い。

9.4 セキュリティ管理

DBMSが持つセキュリティ機能を用い，セキュリティ管理を行う。

▶セキュリティ管理

(1) セキュリティ管理の対象
誰が何（管理対象）に対してどんな操作が認められるかについて，あらかじめ取決めをしておき，必要な対策を立てる必要がある。

① 管理の対象

　セキュリティ管理の対象には，データ定義，ファイル（破壊，改ざん，持出し，コピー，削除後のゴミ），レコード，データ項目，バックアップコピー，ログファイル，プログラム，操作（検索，変更，挿入，削除）がある。

② 対策

　最近はインターネット経由の不正アクセスだけでなく，内部犯行やWebアプリケーションの脆弱性をつく攻撃も増えてきている。セキュリティ対策として，利用権限のチェック（データベースへのアクセス制御），利用者の認定（利用者の識別と認証），物理的隔離（計算センタの入退室管理，データセンタの利用など），ファイル・データの暗号化，アプリケーションの脆弱性の解消などの対策を講じる必要がある。

(2) セキュリティ対策
データベースのセキュリティ対策として，次に示すようなセキュリティ管理を実施する必要がある。また，トラブルの原因究明と再発防止のための手段も備えておく必要がある。

① データベースへのアクセス制御
　(a) IPアドレスによるアクセス制御

　　APサーバのIPアドレスを登録しておき，それ以外のIPアドレスを持つパソコンからのアクセスを遮断する。あるいは，ファイアウォールのパケットフィルタリング機能によって，特定のパソコンからのアクセスしか許さないようにする。

　(b) アプリケーションのアクセス権限を必要最小限へ

　　例えば，検索だけのアプリケーションにはSELECT権限しか与えない。

② 利用者の識別と認証
　(a) データベース管理者へのなりすまし防止

　　ユーザIDとパスワードによるユーザ認証では，他人によるデータベース管理者へのなりすましを防ぐため，データベース管理者のパスワードを定期的に変更する。

(b) より強固なユーザ認証方法への変更

通常のユーザ ID とパスワードによるユーザ認証の代わりに，クライアント証明書による認証，ワンタイムパスワード（1 回きりの使い捨てパスワード），生体認証，USB キーによる認証などを利用する。

③ 資源アクセス制御（ビュー）
④ 情報の保管と重要情報の秘匿
   (a) 情報の保管
      ・パソコンへのデータ保存の禁止
      ・パソコンでの印刷やデータの外部記憶媒体へのコピーの禁止
      ・削除後のデータ領域のクリア
   (b) 重要情報の秘匿
      ・外部に持ち出すファイルの暗号化
      ・重要データ・機密データの暗号化
⑤ 監査
   (a) 監査ログの採取

誰が，いつ，何（管理対象）に対して，どのような操作をしたのかという情報の利用に関する履歴（データベース監査ログ）を採取しておく。取得したデータベース監査ログは，その改ざんができないように，CD-R, DVD-R などの書換えができない媒体に書き込んでおく。

   (b) 不正検知

データベース監査ログを定期的にチェックして，不審な行為を見つけた場合には警報を発するようにする。

⑥ エラーメッセージを見せない

データベースの出力するエラーメッセージそのものを使ってキーワード検索したサイトが，後述する SQL インジェクションの攻撃対象にされることがある。エラーメッセージは Web 利用者に見せないようにする。

⑦ アプリケーションの脆弱性の解消

OS や Web サーバの脆弱性をつく攻撃だけでなく，SQL インジェクションなどの Web アプリケーションの脆弱性をつく攻撃が増えてきている。

   (a) SQL インジェクション

▶ SQL インジェクション

SQL インジェクションは，データベースと連携する Web アプリケーションが SQL 文を組み立てる際に，入力フォームからユーザが不正に入力した文字列（SQL 文）を取り込んでしまうことによって発生する。アプリケーション側はこうした不正な文字列の入力を想定していない（アプリケーションの脆弱性）が，不正ユーザはその脆弱性を狙う。不正ユーザは，Web アプリケーションが持つアクセス権限の範囲内で，この想定外の SQL 文によってデータベースへアクセスする（図 9-3 参照）。この結果，情報の漏えいやデータが消去されるなどの被害が発生する。

   (b) アプリケーションの脆弱性を解消するための対策
      ・入力値チェックと無害化（サニタイジング）

SQLインジェクションを防ぐために，画面上の入力フォームに入力された値が，想定しているパターンに合致しているかどうかをチェックする。また，SQLで特殊文字として扱われている引用符やセミコロン，パーセントなどを，エスケープ文字を用いて無害化する。
・PREPARE文の埋込み文字の利用
　　　動的SQLのPREPARE文で指定できる埋込み文字（プレースホルダともいう）を利用する。標準SQL-92の仕様では，埋込み文字には「？」を指定する。埋込み文字の指定を行えば，特殊文字の無害化はRDBMSが実施し，埋込み文字の部分は文字列として扱われる。文字列連結処理に伴って作成されるSQLインジェクションは発生しない。図9-2のWebアプリケーション上のSQL文を，PREPARE文を使って書き直すと図9-3のようになる。

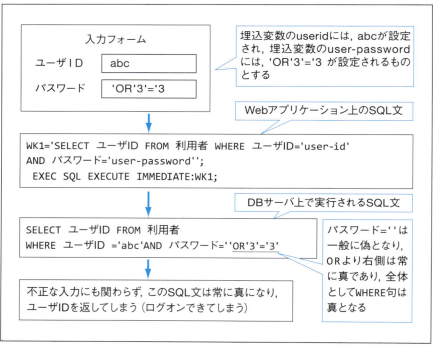

図9-2　SQLインジェクションの例

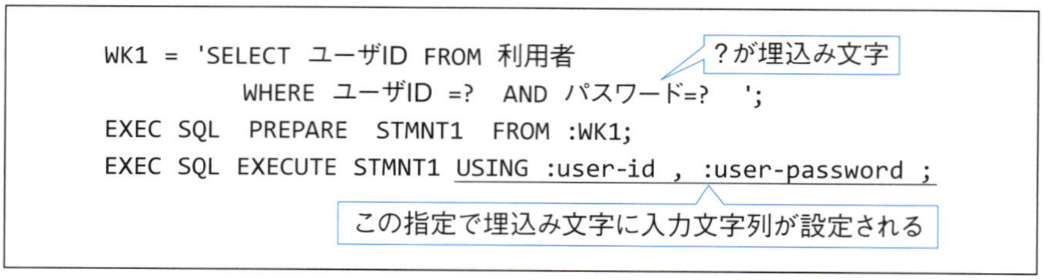

図9-3　PREPARE文の埋込み文字を利用した例

9.5 データベース保守管理

▶データベースの再構成

(1) データベースの再構成

データ項目の追加，削除などのデータベースの論理的な変更のためにデータベースを再構成する。データベースの再構成では①データ項目の追加，削除，②テーブルの分割，③テーブルの分散などを行う。再構成の手順については，「8.1 DBMSの選定と導入の概要」を参照のこと。

▶データベースの再編成

(2) データベースの再編成

運用によって生じるデータ量の増加や削除によってファイル領域が断片化してくると，処理効率が低下する。この場合，①断片化領域の調査を行い，②該当エリアの並びをデータの物理的並び順になるように再編成する。再編成の手順については，「8.1 DBMSの選定と導入の概要」を参照のこと。

(3) ドキュメントの保守

データベースシステムの運用に当たっては，ドキュメントの整備と保守が重要である。運用上必要とされるドキュメントを次に示す。

① データベースの記述（データ構造，記憶構造，データ属性）
② データの利用手順
③ 使用者の識別と権限
④ データベースのバックアップ手順
⑤ データベースの回復手順
⑥ テスト手順

9.6 章末問題

問 9-1 ■H15 秋 -SD 問 4

関係データベースを利用しているシステムの性能を改善したい。問題点とその解決策に関する記述のうち，適切なものはどれか。

ア　SQL 文を実行したところ，インデックスを利用できないアクセスパスによる全件検索が発生したので，データベースの再編成を行った。
イ　アクセスの集中によって I/O 待ち時間が増加したので，データベースを複数のディスクに分割した。
ウ　ある特定の行だけにアクセスが集中していることが分かったので，インデックスの再設定を行った。
エ　長期間の運用で，更新，追加によってオーバフロー領域に配置されるデータが多くなってきたので，インデックスを追加した。

問 9-2 ■H15 春 -DB 問 39

関係 DBMS の A 表を静的 SQL によって読取り専用でアクセスしているプログラム B がある。プログラム B の DBMS に対するアクセスモジュールは，A 表が作られた直後で，データが 1 件も存在しない時点で生成されたものである。その後，A 表には 100,000 件を超えるデータが追加されている。
　プログラム B のレスポンスの悪化を改善するために，チューニングを実施することになった。この場合に実施すべき作業及び手順として，適切なものはどれか。ここで，A 表には，主キーに昇順のクラスタインデックスが付与されており，表へのアクセスパスはアクセスモジュール生成時に DBMS が表の統計情報を基に決定するものとする。

(1)　A 表が存在する記憶域の再編成
(2)　A 表のクラスタインデックスの削除と再作成
(3)　A 表や記憶域に関する DBMS の統計情報の取得
(4)　プログラム B のアクセスモジュールの再生成

ア　(1) → (3) → (4)
イ　(2) → (1) → (3)
ウ　(2) → (3) → (4)
エ　(3) → (4) → (2)

問 9-3　　　　　　　　　　　　　　　　　　　　　　　■ H29 春 -PM 午前Ⅱ問 19

データの追加・変更・削除が，少ないながらも一定の頻度で行われるデータベースがある。このデータベースのフルバックアップを磁気テープに取得する時間間隔を今までの2倍にした。このとき，データベースのバックアップ又は復旧に関する記述のうち，適切なものはどれか。

　ア　フルバックアップ1回当たりの磁気テープ使用量が約2倍になる。
　イ　フルバックアップ1回当たりの磁気テープ使用量が約半分になる。
　ウ　フルバックアップ取得の平均処理時間が約2倍になる。
　エ　ログ情報を用いて復旧するときの平均処理時間が約2倍になる。

問 9-4　　　　　　　　　　　　　　　　　　　　　　　■ H25 春 -DB 午前Ⅱ問 14

データベースの障害回復処理に関する記述のうち，適切なものはどれか。

　ア　異なるトランザクション処理プログラムが，同一データベースを同時更新することによって生じる論理的な矛盾を防ぐために，データのブロック化が必要となる。
　イ　システムが媒体障害以外の原因によって停止した場合，チェックポイントの取得以前に終了したトランザクションについての回復作業は不要である。
　ウ　データベースの媒体障害に対して，バックアップファイルをリストアした後，ログファイルの更新前情報を使用してデータの回復処理を行う。
　エ　トランザクション処理プログラムがデータベースの更新中に異常終了した場合には，ログファイルの更新後情報を使用してデータの回復処理を行う。

〔memo〕

第10章

データベースの技術動向

10.1　データベース言語 ……………………………………………… 436
10.2　データウェアハウス ……………………………………………… 444
10.3　オブジェクト指向とデータベース ……………………………… 462
10.4　オブジェクトリレーショナルデータベース …………………… 476
10.5　Webとデータベース ……………………………………………… 479
10.6　データ記述言語XML／JSONとデータベース ………………… 484
10.7　ビッグデータとNoSQL ………………………………………… 493
10.8　章末問題 …………………………………………………………… 507

10.1 データベース言語

(1) データベース言語標準化の狙い

標準化されたデータベース言語を利用することによって，次のようなメリットが得られるが，これがデータベース言語標準化の狙いである。

① アプリケーションプログラムの移植性の向上

標準化されたデータベース言語を利用することによって，開発されたアプリケーションプログラムを，異なったハードウェア，ソフトウェア環境ごとに変更する必要がなくなり，プログラムの移植性が向上する。

② システム間相互運用性

異なる DBMS が，SQL などの標準化されたデータベース言語向けのインタフェースをサポートしていれば，ユーザは同一インタフェースで異なる DBMS を利用できる。つまり，異種 DBMS 間での分散データベースシステムを実現でき，システム間の相互運用性が高まる。

③ データベースシステム開発要員のスキル修得の容易性

システム環境の変更や新たな環境へ移行する場合，データベース言語が同じであれば，要員の新たなスキル修得は最低限ですむ。

(2) 国際規格と国内規格の現状と今後

① NDL の標準化の経緯と現状の規格

▶NDL
▶CODASYL
▶CODASYL データベース仕様

NDL はネットワークモデルの標準データベース言語であり，CODASYL（COnference on DAta SYstems Languages；データシステムズ言語協議会）のデータベース関連の報告書（CODASYL データベース仕様）を基に規格化された。NDL は，1987 年に ANSI（American National Standards Institute）からの提案を受けて ISO が国際標準規格（IS8907-1987）に制定した。日本も続いて国内標準規格（JIS X3004-1987）に制定した。なお，NDL は固有のデータベース言語名であり，略称ではない。

② SQL の標準化の経緯と現状の規格

▶SQL

SQL（Structured Query Language）は関係モデルの標準データベース言語である。

▶SQL1
▶SQL1 補遺 1
▶SQL-89
▶SQL-92

SQL は 1986 年に ANSI 標準（ANSX3.135-1986）となり，ANSI の提案を受けて 1987 年に ISO の国際標準規格（IS9075-1987：SQL1 又は SQL-87）となった。1989 年に参照制約定義などの整合性制約の機能拡張を行い，SQL1 補遺 1（IS9075-1989：SQL-89）が制定された。1992 年にスキーマ操作言語，クライアントサーバ機能など SQL-89 の機能を大幅に拡張した国際標準規格（IS9075-1992：SQL-92）が制定された。

10.1 データベース言語

▶JIS SQL 補遺 1

日本では，SQL1 に対応する標準 SQL（JIS X3005-1987）を 1987 年に制定し，SQL-89 に対応する，日本語機能を追加した JIS SQL 補遺 1（JIS X3005-1990）を 1990 年に制定した。1995 年には SQL-92 を国内標準規格（JIS X3005-1995）とした。

▶SQL/CLI
▶SQL/PSM

SQL3 として機能拡張を予定していたもののうち，クライアントサーバ環境での計算機の利用の増大に対応するため，1995 年に SQL/CLI（Call-Level Interface：ISO/IEC9075-3:2003）を，1996 年に SQL/PSM（Persistent Stored Modules：ISO/IEC9075-4-99）を SQL-92 の機能拡張版として国際標準規格に追加した。日本は 1996 年に SQL/CLI を，1998 年に SQL/PSM をそれぞれ国内標準規格に追加した（JIS X3005-3, JIS X3005-4）。オブジェクト指向やトリガなどの SQL3 の核となる SQL/Foundation は，1999 年 12 月に国際標準規格（ISO/IEC9075-2:SQL-99）になった。日本は，2002 年 10 月に SQL-99 を国内標準規格（JIS X3005-2）に追加した。なお，従来 SQL3 として検討されてきたマルチメディアは，1993 年から別プロジェクトの SQL/MM（SQL multimedia and application packages）となった。SQL/MM では，マルチメディアデータベースとアプリケーションパッケージ（全文テキスト，地理情報など）の標準化を進めてきた。

▶SQL3
▶SQL-99

▶SQL/MM

その後，時代の要請に従って，SQL:2003 が開発された。SQL-92 が RDB 完成形の追求，SQL-99 がオブジェクト指向への対応であったのに対し，SQL:2003（それ以降）は情報統合環境の構築基盤として，Java/OLAP/XML 連携などに主軸が置かれた。SQL-92 は SQL 言語の完成形を目指したため，初級 SQL 水準，中級 SQL 水準，完全 SQL 水準に分かれており，SQL 製品は準拠レベルの水準を明記することになっていたが，機能の分類レベルが大きすぎ，実装レベルの実体と合致しなかった。SQL:2003 では，その反省から全機能に番号を付け，中核 SQL とパッケージに分類された。中核 SQL は，SQL-92 の初級 SQL 水準を含んでおり，上位の水準も一部含む。現時点ではオープンソース系を含む多くの SQL 製品（RDBMS）が中核 SQL に準拠しており，製品間の最小限の互換性が保証されている。なお，本書では SQL:2003 の中核 SQL で新たに採用された機能については「第 3 章　DBMS の機能」で個別に説明するが，パッケージ（応用分野）については省略する。

表 10-1　データベース言語の国際規格と国内規格

言語＼規格	ISO	JIS
NDL	IS8907-1987	JIS X3004-1987
SQL1	IS9075-1987	JIS X3005-1987
SQL-89	IS9075-1989	JIS X3005-1990
SQL-92	IS9075-1992	JIS X3005-1995
SQL/CLI	ISO/IEC9075-3	JIS X3005-3
SQL/PSM	ISO/IEC9075-4	JIS X3005-4
SQL-99	ISO/IEC9075-2	JIS X3005-2
SQL:2003	ISO/IEC9075-2:2003	JIS X3005-2:2003
SQL:2008	ISO/IEC9075-2:2008	JIS X3005-2:2010

10.1.1 SQL/CLI

▶SQL/CLI

▶SAG

SQL/CLI は，クライアントアプリケーションとサーバ DBMS 間の標準 API の国際規格である。マイクロソフトの ODBC（Open DataBase Connectivity）をベースにして，SAG（SQL Access Group）及び X/OPEN を通じて ISO へ提案された。例えば，クライアント側の表計算やデータベースソフトウェアから異なったベンダのサーバ DBMS へのアクセスを可能にするなど，SQL アプリケーションの実行コードレベルでの可搬性を保証することが SQL/CLI の狙いである。

10.1.2 SQL/PSM

(1) SQL/PSM の標準化の背景・狙い

クライアントサーバ環境への対応を図るために，多くの DBMS 製品がストアドプロシージャ機能に対応した「手続型 SQL」言語や 4GL を提供するようになった。例えば，サイベース，マイクロソフトの T-SQL，オラクルの PL/SQL などである。SQL/PSM は，こうした状況を背景に開発された。その目的は，異なる DBMS 間でのアプリケーションプログラム（サーバモジュール）の移植性，互換性の向上を図ることである。また，ストアドプロシージャ機能を用いることで，通信量の削減や機密性の向上なども期待できる。

(2) SQL/PSM の概要

▶SQL/PSM

SQL/PSM（Persistent Stored Modules）は，SQL をプログラミング可能な言語に拡張し，サーバへ SQL モジュールを格納できる機能（ストアドプロシージャ機能）を提供する。プログラミング可能な言語を計算完備な言語というが，SQL 自身が計算完備になることによって，SQL をオブジェクト指向へ拡張するための基盤も与える。

① SQL サーバモジュールとルーチン（ストアドプロシージャ機能）

▶SQL サーバモジュール

スキーマに SQL サーバモジュールとルーチンが記述できるように拡張された。SQL サーバモジュールは，スキーマに定義された永続オブジェクトであり，SQL サーバモジュール名によって識別される。SQL サーバモジュールは CREATE MODULE 文によって作成される。DROP MODULE 文と DROP SCHEMA 文によって削除される。

▶ルーチン
▶スキーマルーチン
▶モジュールルーチン
▶プロシージャ
▶ファンクション

ルーチン（SQL-invoked routines）はスキーマの要素（スキーマルーチン）として定義されるか，SQL サーバモジュールの要素（モジュールルーチン）として定義される。ルーチンの形態には，プロシージャ（SQL-invoked procedure）とファンクション（SQL-invoked functions）がある。プロシージャは，IN，OUT，INOUT の 3 種類のパラメタを持ち，CALL 文によって呼び出される。ファンクションは，値式の一部として呼び出され，パラメタは INPUT モードに限られるが，リターン値を返却する。ルーチンは，

LANGUAGE 句が SQL の場合は SQL ルーチンであり，LANGUAGE 句が SQL 以外の場合は外部ルーチン（external routines）である．ルーチン本体には，複数の SQL 文と制御文（複合文，代入文，IF 文等）が記述できる．ただし，SQL 文のうち，スキーマ文，コネクト文，動的 SQL 文，トランザクション文は除く．外部ルーチンの本体には外部参照するルーチン名を記述する．モジュールとルーチンの構文を次に示す．

■ SQL サーバモジュールの定義

 ::= CREATE MODUL E <SQL サーバモジュール名>
 [NAMES ARE <文字集合指定>]
 [SCHEMA <省略時スキーマ名>]
 [SQL パス指定]…呼び出すルーチンの属するスキーマの検索順を指定
 [一時表指定]
 <ルーチン>
 END MODULE

■ <ルーチン>::=<モジュールルーチン> | <スキーマレベルルーチン>
 <モジュールルーチン>::=
   <モジュールプロシージャ> | <モジュールファンクション>
 <モジュールプロシージャ>::=
  [DECLARE] PROCEDURE <ルーチン名>
   <パラメタリスト>
   [LANGUAGE 句]
   [SPECIFIC 句]
   [DETERMINISTIC 属性]
   [SQL データアクセス指示]
   <ルーチン本体>
 <モジュールファンクション>::=
   [DECLARE] FUNCTION <ルーチン名>
   <パラメタリスト>
   RETURNS <戻り値データ型> [CAST FROM <データ型>]
   [LANGUAGE 句]
   [SPECIFIC 句]
   [DETERMINISTIC 属性]
   [SQL データアクセス指示]
   <ルーチン本体>

※ スキーマレベルルーチンは，スキーマプロシージャとスキーマファンクションからなり，構文的にはモジュールプロシージャとモジュールファンクションの DECLARE が CREATE に替わるだけである．

<ルーチン本体>::= SQL 処理文 | <外部参照>
<外部参照> ::= EXTERNAL [NAME <外部ルーチン名>]
[PARAMETER STYLE SQL | PARAMETER STYLE GENERAL]

② 手続型言語への拡張

SQL/PSM では，SQL 処理文へ通常の手続型言語の仕様を追加し，SQL を計算完備な言語へと拡張した。追加された制御文には，宣言（例外処理ハンドラ，例外条件，SQL 変数），CALL 文，RETURN 文，代入文，複合文（BEGIN ～ END），CASE 文，IF 文，LEAVE 文，LOOP 文，WHILE 文，REPEAT 文，FOR 文がある。例外処理用に SIGNAL 文，RESIGNAL 文が追加された。複合文の構文を次に示す。

■複合文::= [ラベル :]
　　　　　BEGIN[[NOT] ATOMIC]
　　　　　[局所宣言リスト]
　　　　　[局所カーソル宣言リスト]
　　　　　[局所例外処理ハンドラ宣言リスト]
　　　　　[SQL 文リスト]
　　　　　END　[ラベル]

※ ATOMIC を指定すると，複合文に含まれる複数の SQL 文を一つの原子トランザクションとして扱うことができる。

10.1.3　SQL-99

▶SQL3

▶SQL-99

オブジェクト指向などの機能拡張が予定されていた SQL3（より正確にはパート 2 の SQL/Foundation）は 1999 年 12 月に国際標準（ISO/IEC9075-2:1999，SQL-99）となった。SQL-99 は，SQL をオブジェクト指向へ拡張し，データ型，問合せ式，述語，表定義，トリガ，トランザクション管理機能などの機能拡張を行った。

（1）オブジェクト指向への拡張

関係モデルは値によってデータを識別する値指向のデータモデルであるが，SQL-99 はその値指向とオブジェクト指向の概念（オブジェクト識別性など）との統合を目指す。

SQL-99 では，データ型として，ユーザ定義型，行型（ROW TYPE），参照型（REF TYPE），コレクション型（集合型），ラージオブジェクト型などが追加された。ユーザ定義型は，従来いわれていた抽象データ型（Abstract Data Type；ADT）に相当する。行型は，関係モデルにおける値志向の概念を保持するもので，表の行を表す。参照型はオブジェクトを参照し，値としてオブジェクト識別子（Object IDentifier；OID）を持つ。コレクション型は配列（array）型だけがサポートされた。従来いわれていた LIST（要素が重複可で順序性を持つ集合）や SET（要素に重複を許さない集合）などはサポートされなかった。

▶ユーザ定義型
▶抽象データ型
▶行型
▶参照型
▶コレクション型

```
■ユーザ定義型の定義
  CREATE  TYPE  会社型
    AS ( 会社コード    INT
         会社名        VARCHAR(40),
         会社住所      VARCHAR(120))
  CREATE TYPE 人型
    AS ( 住民番号      INTEGER,
         氏名          VARCHAR(60),
         生年月日      DATE,
         郵便番号      CHAR(7),
         住所          VARCHAR(120))
    CREATE TYPE サラリーマン型            …サブタイプ"サラリーマン型"の定義
      UNDER 人型                          …上位型の定義(継承)
    AS ( 給料所得額    INTEGER,
         所属会社 REF( 会社型 ))
    INSTANCE METHOD 会社情報 (PNO INTEGER) RETURNS 会社型   …メソッド定義
    INSTANCE METHOD 平均年収 () RETURNS INTEGER            …メソッド定義
        LANGUAGE  C                     …言語としてCを用いる(外部関数の利用)

■テーブルの定義
  CREATE TABLE 会社 OF 会社型             …型付けされたテーブル, REF型で参照可能
    REF IS 会社 OID                       …OIDの定義
  CREATE TABLE 人 OF 人型                 …型付けされたテーブル, REF型で参照可能
    REF IS 人 OID                         …OIDの定義
  CREATE TABLE サラリーマン OF サラリーマン型   …型付けされたテーブル
    UNDER 人                              …サブテーブルはOIDを持てない

■メソッド本体の定義
  CREATE INSTANCE METHOD 会社情報 (PNO  INTEGER)
    RETURNS 会社型
    FOR サラリーマン型
    SELECT DEREF( 所属会社 )…会社へのポインタ(OID)から該当会社の行を取り出す。REF型の参照はずし
    FROM サラリーマン WHERE 住民番号 = :PNO
  CREATE INSTANCE METHOD 平均年収 ()
    RETURNS INTEGER
    FOR サラリーマン型
    EXTERNAL NAME Hnenshu_Get GENERAL   …ルーチン本体として外部関数Hnenshu_Getを定義

■問合せ
  SELECT サラリーマン型.会社情報 (100)…住民番号100のサラリーマンの会社情報を抽出
  SELECT COUNT(*) FROM ONLY( サラリーマン )  …平均年収を超えるサラリーマンの人数を求める
    WHERE 給料所得額 > サラリーマン型.平均年収
```

図 10-1　ユーザ定義型の定義と問合せの例

(2) ユーザ定義型とユーザ定義関数

ユーザ定義型は個別型（Distinct Type）と構造型（Structured Type）に分かれる。**個別型**は，その定義が一つの基本データ型（INT，CHAR など）によって表現される。**構造型**は，複数のデータ型によって構成される。構造型のデータ型に，基本データ型，行型，参照型，コレクション型，ユーザ定義型などを用いて複雑なデータ構造（**複合オブジェクト**）を定義できる。

▶個別型
▶構造型
▶複合オブジェクト

▶インタフェース定義
▶ユーザ定義関数

　ユーザ定義型は，その中で，属性（データ項目）の定義と**インタフェース定義**（メソッドの定義）が行える（カプセル化）。メソッド本体の定義（**ユーザ定義関数**）は，SQL スキーマの中の SQL-invoked method で行う。ユーザ定義型の属性に対するアクセスは，定義された関数を通して行う。ユーザ定義型の T のインスタンスは，システムによって定義される constructor function T( ) によって生成される。ユーザ定義型の T を参照すると T( ) が呼び出され，T の各属性の初期値が設定される。observer function と mutator function が暗黙的な定義される。observer function は属性の値の取出しを行い，mutator function は属性の更新を行う。なお，従来いわれていたカプセル化のレベル（PUBLIC，PROTECTED，PRIVATE）についてはサポートされなかった。

(3) 継承と多様性

▶型階層
▶単一継承

　ユーザ定義型は上位型（supertype）と副型（subtype）からなる**型階層**を定義できる。上位型の属性と関数は副型に継承される。SQL-99 は**単一継承**だけをサポートした。副型は単一の上位型しか持つことができない。

▶テーブル

　テーブル（表）は，行型のインスタンスの集まりとして定義される。テーブルの行型がユーザ定義型から導かれた場合，つまりテーブルにユーザ定義型が定義された場合，それを**型付けされたテーブル**（typed table）という。ユーザ定義型の型階層に合わせて，テーブルも UNDER 句で階層関係（スーパーテーブル／サブテーブル）を表現できる。

▶型付けされたテーブル

▶再定義可能
▶多様性

　上位型で定義した関数は副型で**再定義**（override）**可能**である。つまり**多様性**（polymorphism）を持つ。

(4) 問合せの拡張

　SQL-99 の問合せは，従来の SQL に比べ，次の点が拡張された。

▶結合表の更新可能性

① **結合表の更新可能性**
　　SQL-89 や SQL-92 の更新可能なビュー表の条件では，「FROM 句は一つの表だけ」となっていたが，SQL-99 では一つの表参照（更新可能な UNION ALL や結合表など）が指定できるようになった。

▶再帰的問合せ

② **再帰的問合せ**
　　部品表などのような自己参照型のテーブル構造を持つテーブルに対する問合せができるようになった（縦又は横方向優先の探索）。

③ 問合せの中で関数（メソッド）呼出しができる。

④ スーパタイプ／サブタイプの階層構造があるテーブルの問合せ
　　スーパタイプ／サブタイプの階層構造があるテーブルの問合せにおいて，下位の全てのテーブルも問合せの対象になるように拡張が行われた。

(5) オブジェクト識別子と参照型

▶参照型
▶オブジェクト識別子
▶OID

　参照型はオブジェクトを参照し，値として**オブジェクト識別子**（Object IDentifier；**OID**）を持つ。SQL-99 の参照型で参照できるのは，型付けされたテ

10.1 データベース言語

ーブル（typed table）だけである。型付けされたテーブル（スーパテーブル）は，REF 句によって自己参照型の列（OID を格納する列）を持つことができるが，このテーブルのことを参照可能テーブルという。参照型の値（OID）は参照可能テーブルの各行を参照する。なお，下位型に OID が継承されるので，サブテーブルには自己参照型の列を定義できない。

　自己参照型の列の定義は REF 句で行うが，このとき OID の生成に関して指定が行える。これには，SYSTEM GENERATED，USER GENERATED，DERIVED の三つがある。省略値は SYSTEM GENERATED である。DERIVED は主キーの列を OID として使用するための指定である。

(6) ラージオブジェクト

　ラージオブジェクトとして，CHARACTER LARGE OBJECT 型（CLOB 型），BINARY LARGE OBJECT 型（BLOB 型）が追加された。CLOB 型が使用できる操作は，NULL 述語，LIKE 述語，SIMILAR 述語，ポジション式，比較演算の = と <>，に制限されている。BLOB 型が使用できる操作には，比較演算，||（連結），サブストリング関数，オーバレイ関数，トリム（刈取り）関数，レングス式，ポジション式，LIKE 述語がある。

(7) その他の機能拡張

① 述語
　SIMILAR 述語（文字列の正規表現を用いた検索），DISTINCT 述語，TYPE 述語などが追加された。

② トリガ機能
　トリガ機能は，特定の表に対して更新処理が行われる（イベントの発生）と，それをトリガ（契機）として任意の表に対するデータ操作を実行する。トリガでは，イベントの種類（INSERT，DELETE，UPDATE）やデータ操作の時期（更新前，更新後）などが指定できるようになった。

③ 機密保護に関しては，ロール（roll；役割）の概念が追加された。

④ トランザクション管理
　トランザクションの開始を明示的に指定する START TRANSACTION 文，SAVEPOINT の設定，連鎖トランザクションを指定する CHAIN オプションが追加された。

10.2 データウェアハウス

▶データウェアハウス　　データウェアハウス（data warehouse）は，サブジェクト指向，統合化，恒常的，時系列という特性を持った意思決定支援のためのデータの集合といわれている。

10.2.1　データウェアハウスの概要

データウェアハウスは，従来型のシステムの問題点や情報資源の有効活用という経営課題を解決する新しい情報系システムである。

(1) データウェアハウスの意義

データウェアハウスは，次に挙げるような問題点や課題の解決策である。

①　現行システムの限界とデータウェアハウス

従来の基幹システムは業務ごとに個々別々に開発されたため，全社的なデータの整合性が図られておらず，企業を横断する体系化されたデータがない。ユーザニーズにあった情報を取り出そうとすると，次のような問題が生じる。

(a) データの信頼性の欠如

取り出した情報の結果がデータソースによって異なり，データの信頼性が低い。次のような原因が考えられる。

・どの時点のデータなのかアプリケーションによってデータの同期がとられていない
・アプリケーションによってデータ抽出のアルゴリズムが異なる
・出所を明示しないで外部データを取り込んでしまっている
・基礎になる共通のデータソースが存在しない，など

(b) プログラムの開発生産性が低い

異音同義語や同音異義語などを含んだデータソースから，必要なデータを見つけ，プログラムを作成するのには時間がかかる。

(c) データから情報への変換の不具合

既存システムのデータの名前や桁などに統一性がないため，既存データから要求に見合った情報へ変換する場合に不具合が生じる。また，OLTP（オンライントランザクション処理）では正規化されたデータに対する更新が中心で短いサイクルのデータしか持たず，必要な履歴データを保持していないことも原因の一つである。

②　競争優位な情報資源

一方,経営環境面では,企業間競争の激化に伴い,経営環境の変化に即応できるスピード経営や,顧客満足の向上,低コスト経営などが求められている。企業がこうした経営環境の変化に対応し,競争優位性を確保するためには,企業内に蓄積されたデータの有効活用が重要な課題となる。例えば顧客ニーズの把握,効果的な DM の発行,商品購入動向の分析,コストの把握(管理会計)などである。

③　データベースへの新しいタイプのクエリ

データウェアハウスは,前項で挙げたような問題点や課題を解決するための情報系システムである。データウェアハウスは,利用部門が本当に欲しい情報を基幹系システムから切り出して蓄えておき,簡単な操作でかつ容易に取り出せるようにする。従来のようなデータを抽出・加工するプログラムを作成する必要はなく,クエリ/レポートツールや多次元分析ツール,データマイニングツールを用いることによって必要な情報を取り出し,分析し,ルールの発見等ができるようにする。

(2) データウェアハウスの構成

▶セントラルデータウェアハウス
▶データマート

データウェアハウスは既存の基幹データベースや外部データなどのデータソース,全社のデータを統合し格納したセントラルデータウェアハウス,目的別,部門別のデータを格納したデータマート(data mart),フロントエンドのクライアントから構成される。基本は,セントラルデータウェアハウス,データマート,フロントエンドの3層アーキテクチャであるが,セントラルデータウェアハウス又はデータマートを省略した2層アーキテクチャもある。

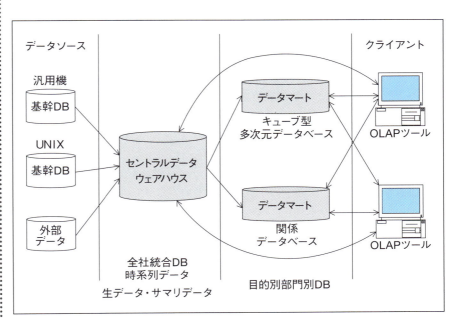

図 10-2　データウェアハウスシステムの構成

(3) データウェアハウスアプリケーション

データウェアハウスを利用するアプリケーションには次のようなものがある。

① エグゼクティブ情報システム（EIS；Executive Information System）

▶エグゼクティブ情報システム
▶EIS

EISは経営幹部向けの企業戦略立案を支援する情報システムのことであるが，同時に意志決定支援システム（DSS）でもある。EISでは，生産・販売・財務などの主要な経営情報の傾向分析とその把握，主要経営指標の測定と追跡，情報をあらゆる角度から詳細に検証するドリルダウン（掘下げ）分析，競合分析などを行う。こうした分析ニーズに応えるために，データウェアハウスが用いられる。データウェアハウスにはサマリデータだけでなく詳細な時系列データも保持する（図10-3参照）。

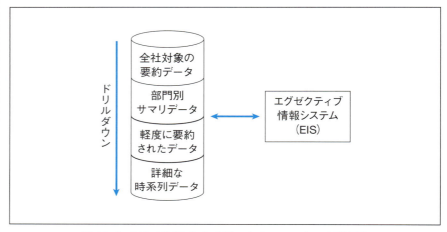

図10-3　EISが対象とするデータウェアハウスの詳細度

② 意志決定支援システム（DSS；Decision Support System）

▶意思決定支援システム
▶DSS

DSSは，データ分析に基づいた情報を提供することによって，経営者や管理者の意志決定を支援するシステムである。非定型的な問合せ，多次元分析，多変量解析などの用途のため，EIS同様データウェアハウスが用いられる。

③ 非定型質問（問合せ）による分析業務

▶非定型質問

データウェアハウスが整備され定型的問合せなどの利用が進むにつれて，利用方法も高度化してくるが，利用者による非定型質問による分析業務もその一つである。熟練した企画・調査部門，管理職などの中級ユーザやパワーユーザは，ビジネス上の問題点を解決するために，仮説を立て，必要なデータを決定した上で，非定型な問合せを実行する。結果は分析・検証され，思うような結果が得られない場合は，再試行される。

(4) データウェアハウスの基本的な考え方

W.H.Inmonによれば，「データウェアハウスは，サブジェクト指向，統合化，

恒常的，時系列という特性を持つマネジメントの意思決定を支援するデータの集合である」としている。データウェアハウスの適用分野は，当初の顧客分析，マーケット分析などから管理会計へ広がり，利用層も企画・調査部門から管理職，現場スタッフへと拡大している。

データウェアハウスにおけるサブジェクト指向，統合化，恒常性（不揮発性），時系列性の内容は表10-2のようになる。

表10-2 データウェアハウスの特性

特性	内容
サブジェクト指向	従来のようにプロセス中心ではなく，主題別のデータをエンドユーザの視点からモデル化する。基本的にはデータ中心設計の考え方と同じである。
統合化	業務ごとに異なるデータ名称（異音同義語，同音異義語），桁，属性等を統合化してデータウェアハウスに持つようにする。
恒常性（不揮発性）	基幹データベースは常に更新されるが，データウェアハウスのデータは読出し専用である。
時系列性	基幹データベースは，現在を中心とした短期のデータを保持するが，データウェアハウスは分析ニーズに合わせ，過去から現在までの極めて長期間の履歴データを保持する。このため，時間的要素を属性として持つ（時系列性の保持）。

10.2.2 データウェアハウスのアーキテクチャ

データウェアハウスのアーキテクチャの特徴は，メタデータが重視されることにある。

(1) 運用データと非定型問合せ用データ

データウェアハウスのデータソースには，運用データと非定型問合せ用データがある。

① 運用データ

▶運用データ

運用データとは，既存業務システムの基幹データベースから収集されるデータ，あるいはアーカイブ化された過去の業務データのことである。

② 非定型問合せ用データ

▶非定型問合せ用データ
▶非構造化データ

非定型問合せ用データとは，社内オフィスシステム等のデータ（非構造化データ，構造化データ，半構造化データ）や外部ソースのことである。非構造化データは電子化されていない形式のデータ（紙媒体，音声，映像など），

▶構造化データ
▶半構造化データ

構造化データはスプレッドシートやワープロなどの電子化されたデータ，半

構造化データは両者の中間に位置するデータである。外部ソースは新聞や経済雑誌，業界レポート等々から得られる情報である。データウェアハウスへ取り込む際は，これらのデータについての説明情報，出所，日付，分類などをメタデータとして記録しておく。

(2) データウェアハウスとデータマート

① データウェアハウス

▶データウェアハウス
▶ヒストリカルデータベース

データウェアハウスは，時系列性の保持を特徴としており，全社のデータを統合した時系列データベース（ヒストリカルデータベースともいう）として構築される。時系列データベースは，年，日付などの時間的要素を持つ。データウェアハウスは，主に生データ（一部サマリデータ）を保持し，かつこれらを履歴データとして長期間保存するので，データ量は膨大になる。この巨大なデータベースのことを VLDB（Very Large DataBase）という。VLDB を管理するため，データウェアハウスには，通常，関係データベース（RDB）が用いられる。

▶VLDB

② データマート

▶データマート

データマートは，利用者の視点に立って必要なデータをデータウェアハウスから抽出したもので，目的別，部門別に生データを集約し格納する。データマートには関係データベース又は専用の多次元データベースが用いられる（図 10-4 参照）。

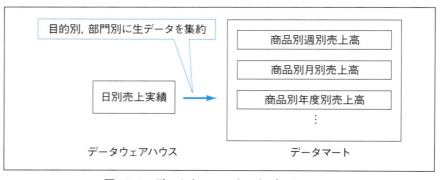

図 10-4　データウェアハウスとデータマート

(3) メタデータの特徴とその利用

▶メタデータ

データウェアハウスのメタデータは，データウェアハウスの開発のためだけでなく，データウェアハウスへのアクセスと活用のためにも用いられる。データウェアハウスでは，データソースやターゲットとなるデータウェアハウスのデータ構造のメタデータとともに，形式変換やマッピングのためのメタデータや，利用者がデータウェアハウスへアクセスし活用するためのメタデータが必要になる。また，データウェアハウスは過去からの履歴データを管理するので，業務データのデータ構造の変更履歴も補足しておく必要がある。そのためにはメタデータの

バージョン情報も必要になる。旧データのデータ構造がバージョン管理されていれば，業務データの構造が変更されても新しいデータ構造を旧データの構造へ形式変換できる。なお，メタデータを格納し管理するためには，データウェアハウス専用の情報ディレクトリ又はリポジトリ／データ辞書が用いられる。データウェアハウスのメタデータには次のものがある。

① **データソース用メタデータ**

▶データソース用メタデータ

データソース用のメタデータは，既存の基幹データベースの定義情報や，外部データ，社内システムの非構造化データの定義情報，さらに別名や権限，バージョン情報などからなっている。この定義情報によって，どのテーブル又はファイルにどのデータ項目が定義されているのか，ということが識別できる。

② クリーンアップ規則

▶クリーンアップ規則

データの**クリーンアップ規則**には次のようなものがある。

（a）データソースには様々なフォーマットものがあり，これを統一された一つのスキーマ（レコードとデータ項目）へ変換する規則

この変換規則には，属性の長さやデータ型の変換，コードテーブルのデータ構造の変換，キーフィールド（データ項目）の変換などが含まれる。

（b）コード値に一貫性がない場合に，これを一つに統合するための規則

（c）値が入っていないフィールドに対するデフォルト値の設定規則

（d）データ整合性制約をチェックするための規則　など

③ 形式変換規則

▶形式変換規則

データ形式変換のための規則（**形式変換規則**）には次のようなものがある。

（a）データソースからデータウェアハウスのデータ項目への形式変換規則

データの長さやデータ型の異なるデータ項目をターゲットフィールドのフォーマットへ合わせて，トランケーション（切捨て），文字パディング，丸めなどの形式変換を施す。

（b）入力データを集計するための規則と集計データ項目の追加

（c）導出データを導くための規則と導出データ項目の追加

④ マッピング規則

▶マッピング規則

ソースデータをターゲットへマッピングするための規則（**マッピング規則**）には次のものがある。

（a）一つの入力データ項目をデータウェアハウス内の複数のテーブルのデータ項目へマッピングする規則

（b）複数の類似フィールド（データ項目）を，同一のターゲットフィールドへマッピングする規則

▶データウェアハウス用メタデータ

⑤ **データウェアハウス用メタデータ**

ターゲットとなるデータウェアハウス用のメタデータは，構築されるデータウェアハウスの定義情報やバージョン情報，権限などからなる。

▶アクセスと活用のメタデータ

⑥ **アクセスと活用のメタデータ**

アクセスと活用のためのメタデータは，問合せやドリルダウンツールのた

めの検索経路を提供する。また，エンドユーザ向けに事前定義された問合せやレポート（報告書）を登録しておく。アクセスと活用のためのメタデータはエンドユーザが理解しやすいようにビジネス（業務）用語を用いてメタデータを記述する。このメタデータは，メタデータ名に相当するビジネス用語（慣習的な名称），技術上の別名，データソース，事前定義された問合せやレポートの説明，データ項目へアクセスするための認可条件などからなる。

　これらのメタデータとデータウェアハウスの開発工程との関係は図10-5のようになる。

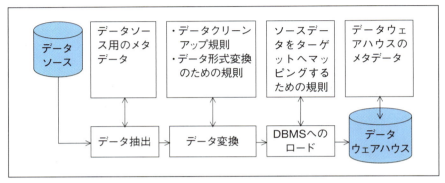

図10-5　メタデータとデータウェアハウスの開発工程の関係

(4) フロントエンドツール

▶フロントエンドツール

　データウェアハウスを活用するために用いられるフロントエンドツールにはクエリ（問合せ）ツール／レポート（報告書作成）ツール，オンライン分析処理（OnLine Analytical Processing；OLAP）ツール，データマイニングツールがある。クエリツール／レポートツール及びOLAPツールは，仮説を立てそれを検証するために用いられ，データマイニングツールは，パターンや関連性を発見するために用いられる。なお，OLAP，データマイニングについては後述する。

① クエリツール

▶クエリツール

　クエリツールは，ビジネスに関する仮説や疑問をコンピュータ上のクエリ（SQL）へ変換し，適切なデータを検索する。定型的な問合せには要約されたデータが，非定型的な問合せには詳細データが用いられる。なお，クエリツールには，検索結果に対するソートや集計などの機能も含まれる。

② レポートツール

▶レポートツール

　レポートツールは，分析結果を，表やチャート，グラフなどの形で伝えるツールであり，経営幹部や管理職，企画・調査部門に用いられる。頻繁に用いられる定型的なレポートは，検索した結果が表やチャートなどの形で即座に表示できるように，集計されたデータを事前にデータウェアハウスに用意しておく必要がある。

10.2.3 データウェアハウスの設計と構築

(1) データウェアハウスの設計
① 計画
データウェアハウスの構築戦略には二つのアプローチがある。
(a) トップダウンアプローチ
　▶トップダウンアプローチ
トップダウンアプローチでは，何を行いたいのかというビジネス目的を明確にし，全体的な方向と目的を決定する。情報戦略があればそれとの適合性を確認する。その上で，開発方法論を選択し，必要性や投資対効果などの観点から初期の実現範囲を（データマートだけなのか，セントラルデータウェアハウスも含むのかなど）明確化する。
(b) ボトムアップアプローチ
　▶ボトムアップアプローチ
ボトムアップアプローチでは，特定の問題を解決するために，実験と試作システムから始める。このアプローチは，通常，データマートや小型のEIS，部門データウェアハウスを構築する際に用いられる。
② 要求分析
経営幹部，エンドユーザ，IT部門などの要求を収集・分析し，データウェアハウスの提供する機能を明確にする。要求分析対象は次のようになる。
・サブジェクト領域（業務範囲）
・日，週，月単位といったデータウェアハウスに格納するデータの詳細度
・期間別，製品別などの次元
・エンドユーザの求める検索（クエリ）要件，レポート要件
・プラットフォームやテクノロジ要件など
③ ハイレベルデータモデルの作成
現状のデータソースの概略図を E-R 図を用いて作成する。この概略図からどのエンティティを切り出すかを検討する。
④ 論理データモデルの作成
概略図から対象となるサブジェクト領域を抜き出しフル属性完備の E-R 図（関係スキーマ）を作成する。このときデータ項目名の整理（異音同義語，同音異義語）や必要なデータ項目の選択，類似エンティティの統合も行う。
⑤ 論理データモデルから物理データモデルへのマッピング
論理データモデルへ時系列要素や導出データなどの追加を行いデータウェアハウス特有のデータ構造（物理データモデル）へ変換する。
(a) データウェアハウス特有のデータ構造
エンドユーザの検索要求は多次元的構造になるのが一般的なので，データウェアハウスでは，この多次元的構造に適合したスタースキーマやスノーフレークスキーマというデータ構造を採用する。

▶スタースキーマ
スタースキーマ（star schema）は文字どおり星の形をしたスキーマで，真ん中に多次元の事実テーブルを置き，回りに正規化されていない次元テーブルを配置する。事実テーブル（fact table）は，売上高，売上数量な

▶事実テーブル

▶次元テーブル

▶スノーフレークスキーマ

どの事実を次元（期間，地域，商品など）単位で集約したものであり，**次元テーブル**（dimension table）は，期間，地域，商品などの次元に関するマスタテーブルである（図10-6参照）。

スノーフレークスキーマ（snowflake schema）は，全ての次元テーブルが正規化されており，スタースキーマの次元テーブルの先がさらに枝分かれする。

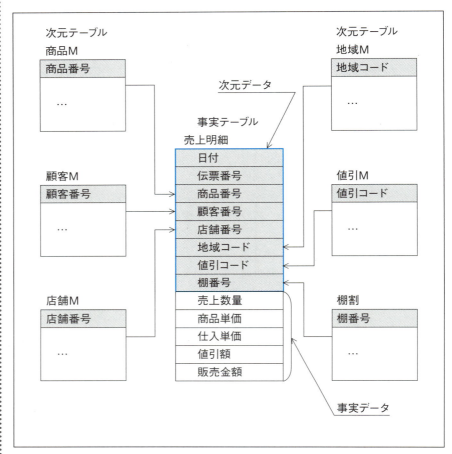

図10-6　スタースキーマ

(b) 非正規化

　　データウェアハウスはユーザの検索要求を第一義に考えるので，検索したテーブルがユーザの欲するデータ項目を含んでいる必要がある。このため，商品名や単価など検索に必要なデータ項目は正規形を崩して保持する（非正規化）。アクセス効率の観点から導出データ項目も積極的に保持する。

(c) 性能調整

　　データウェアハウスは大量データを検索するので性能が重視される。物理I/Oを減らすためには表の分割やディスクへの分散配置を行う。また，

10.2 データウェアハウス

▶スターインデックス

アクセス傾向に合わせてB+木インデックス，クラスタインデックス，ハッシュインデックス，ビットマップインデックス（「4.2 インデックス技法」参照），スターインデックスなどのインデックスを選択する。

スターインデックスは，スタースキーマの事実テーブルと次元テーブルの間の結合演算を高速に行うための特殊なインデックスである。スターインデックスは，事実テーブルの個々の行に対応する複数の外部キー（次元テーブル）を事前にまとめてインデックス化したものである。

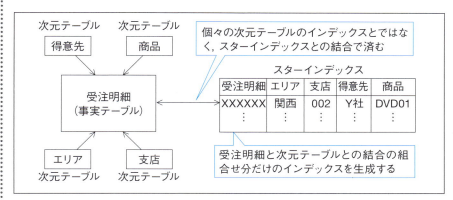

図10-7 スターインデックス

(d) 体現ビュー

▶体現ビュー

データウェアハウスでは専用のDBMSを置くのが普通であるが，時には専用のDBMSを置かず基幹系データベースに対して分析のためのビューを提供することでデータウェアハウスと同等なことを実現することもできる。データウェアハウスでも，ビューは多用されるが，ビューは問合せのたびに実表をアクセスしてビューとして展開するので，性能的には不利である。このため，データウェアハウスでは，体現ビュー（materialized view）という機能を利用する場合がある。体現ビューは，最初のビューに対する問合せ時に，実表と同じようにデータベースに格納され，2回目からの問合せには格納してある体現ビューを使用する。データウェアハウスでは，データは基本的に参照だけであるから，体現ビューは有効に働くが，体現ビューの元の実体が更新された場合，分散データベースの複製（レプリカ）と同じように更新同期の問題が生じる。

(2) 実装の準備

データウェアハウスの実装の準備として次の点について考慮する。
- ディスク記憶容量の見積り
- プロセッサの決定
- メタデータの維持計画
- データの分散（配置場所，分割，レプリケーション）

(3) データウェアハウスの構築と運用

① データ抽出と変換

　　データソース用のメタデータを参考に，データソース上のテーブルから該当するデータ項目を抽出する。続いて，抽出データをデータウェアハウスへ統合するが，データクリーンアップ規則やデータ形式の変換規則を参考にデータ変換を行う。なお，データ抽出に際しては，抽出処理の自動スケジューリング機能やレプリケーションのような，基幹データベース上の更新の差分だけを抽出できる機能（差分更新機能）が利用される。

② データ転送

　　抽出したデータは汎用機からサーバへ転送されるが，データ量によっては夜間バッチの時間帯でデータウェアハウスの更新が完了しない場合もある。こうした場合は，差分更新を非同期に行う機能も必要になる。

③ DBMSへのロード

　　初期ローディングでは，同時並行的に効率良くローディングが行えるようテーブルを分割する。データウェアハウスは大容量になるのでデータ圧縮も検討課題となる。ソースデータをターゲットへマッピングするための規則を参考にDBMSへロードする。一つの入力データ項目をデータウェアハウス内の複数テーブルのデータ項目へマッピングする場合，一方は更新されたが他方は更新されていないといったことは許されない。つまりユーザが該当データを検索したときに更新のずれがあってはならない。データ更新の同期をとるには，ネットワークトラフィックを考慮したスケジューリングや更新のタイミングの調整など，更新時間が長引かないよう考慮する。

④ バックアップ

　　データウェアハウスにおける障害の発生・運用停止などの事態は業務に重大な影響を与える。障害が発生した場合，迅速に障害回復が行えるようバックアップを取得しておく。データウェアハウスはデータ量が膨大になるため，テーブルを小さく分割しバックアップが効率良く行われるようにする。

10.2.4　オンライン分析処理

　多次元分析を行うためにオンライン分析処理が用いられる。オンライン分析処理で使用されるデータベースには，関係データベースと専用の多次元データベースがある。

(1) オンライン分析処理の意義

▶オンライン分析処理
▶OLAP

　オンライン分析処理（OnLine Analytical Processing；OLAP）は，多次元データの様々なビューに対する会話的なアクセスを提供するデータ分析技術である。経営幹部や管理職，企画・調査部門が利用する。

① OLAPの機能

OLAPは次のような機能を提供する。
- 強力な計算機能（比率，分散，最大，最小，移動平均など）
- 分析のためのモデリング機能
- 連続期間における傾向分析
- スライス（多次元データを水平面で切り出す）機能
- より深いレベルのデータのドリルダウン／逆のロールアップ
- 元になる生データ（詳細データ）へのドリルスルー
- ダイス（立方体の面を回転させて表示）機能
- クロス集計表，チャート，グラフなどのレポート作成機能

▶スライス
▶ドリルダウン
▶ロールアップ
▶ドリルスルー

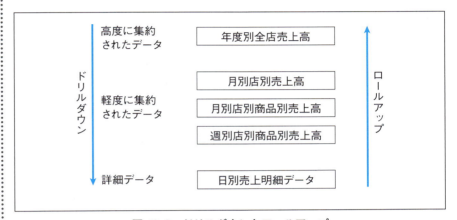

図 10-8　ドリルダウンとロールアップ

② OLAPの利点と限界

　ビジネスデータは多次元のデータ構造を持っている。例えば，売上データは商品種別，地域性，販売時期などの幾つもの次元によって影響を受ける。OLAPはこの多次元データに対する分析（多次元分析という）に用いられる。OLAPには，スライスやドリルダウン，ドリルスルーなどの機能があるが，こうした機能によって，ビジネス上の問題に対し仮説を立て検証する仮説検証や，what now 分析（今はどうなのか），what if 分析（もし～なら，どうなるか，シミュレーション）などの分析が行える。この分析アプローチに強いという特徴から，OLAPは販売分析，収益性分析，物流分析，コスト計算など様々な分野に適用される。

▶多次元分析

　OLAPは分析アプローチには強みを発揮するが，残念ながら未知のルールの発見などには利用できない。これが，OLAPの限界である。未知のルールの発見にはデータマイニングツールを用いる。

(2) 多次元データベース

▶多次元データベース

　多次元データベース（multi-dimensional database）とは，様々な視点からの

分析（多次元分析）を行うために，複数の次元でデータを集約したデータベースのことである。XY 軸で平面的にデータを見る場合は 2 次元でデータを集約し，XYZ 軸で立体的に見るのであれば 3 次元でデータを集約する。

(3) OLAP ツール

▶OLAP ツール

オンライン分析処理を行うツールを OLAP ツールという。OLAP ツールが扱う多次元データの格納方法には，関係データベース（RDB）を用いる方法と，専用のキューブ型多次元データベースを用いる方法がある。それぞれに対応する OLAP ツールを ROLAP（Relational OLAP），MOLAP（Multi-dimensional OLAP）という。

▶ROLAP
▶MOLAP

関係データベースを用いる場合は，インデックスの設定や非正規化などによってデータ量が多くなる欠点はあるが，問合せを用いて動的にデータを集約できるためアドホックな分析に柔軟に対応できる。

▶キューブ型多次元データベース

キューブ型多次元データベースを用いる場合は，独自の圧縮技術（スパースマトリックス技術）によって限られたスペースで済み，予め集計済みのキューブを格納しておくので分析が高速になる。反面，集計したキューブの視点でしか分析できず柔軟性に欠ける。スパースマトリックス技術とは多次元マトリックス内の未使用セルを削除してスペースを圧縮する技術のことである。

表 10-3　関係データベースとキューブ型多次元データベースの比較

データベース ＼ 特徴	長所	短所
関係データベース	大量データを格納可能。動的にデータを集約するためアドホックな分析に対応。使用中の更新が可能である。並列クエリやローディングが可能である。	非正規化などでデータ量が増える。検索速度が最適化の度合いに応じて変わる（低速度〜高速度）。
キューブ型多次元データベース	独自の圧縮技術でスペース当たりの格納効率が良い。あらかじめ集計済みのキューブを格納しておくので，分析は高速である。	集計したキューブの視点でしか分析できず柔軟性に欠ける。大量データが扱えない。使用中の更新処理は不可。データロードに時間がかかる。

なお，オンライン分析処理を行う場合，通常，OLAP サービスを行う OLAP サーバと OLAP ビューのプレゼンテーションを行うクライアントは分離される。多次元データベースを使う場合の構成例を図 10-9 に示す。

10.2 データウェアハウス

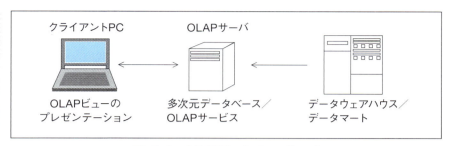

図 10-9　多次元データベースサーバ

(4) OLAP 論理設計

多次元データベースの設計は次のようになる。

① ユーザの要求分析

「地域別，商品別の年間売上高を見たい」などといったエンドユーザのビジネスクエリビューを収集・分析し，売上高などの共通なサブジェクト領域や次元（地域，商品，時間）を抽出する。

② キューブ，次元，集計及び導出方法の定義

▶キューブ

ユーザの要求分析に基づいて，通常，部門単位に物理的なキューブを作成する。キューブに対し，時間，商品，地域などの次元（又は軸）を定義する。次元は，例えば日，週，月，年などのように階層を持つが，この階層レベルごとに集計（週計，月計，年計）を定義する。また，例えば勘定科目という次元は，売上，原価，売上総利益などのメンバを持つが，売上総利益＝売上－原価というように導出方法も定義できる（図 10-10 参照）。

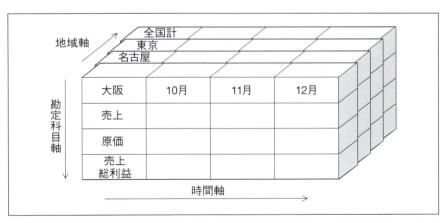

図 10-10　キューブの定義

10.2.5 データマイニング

▶データマイニング

データウェアハウスの詳細データから規則性や因果関係などの未知のルールを発見・発掘する手法を**データマイニング**（data mining；データの採鉱）という。データマイニングは，従来，勘と経験に頼っていた分野で利用されている。

(1) データマイニングの意義

クエリ／レポート処理やOLAPは，主に仮説検証（仮説を立てそれがどうなっているのかを検証する）に用いられる。一方，データマイニングは，さらに進んで，なぜそれが起こっているのか（顧客と市場のふるまいの理解），あるいは今後どうなるのか（予測・推測）をとらえることに重点が置かれる。クエリ／レポート処理やOLAPは，分析者の判断によるところが大きいのに対し，データマイニングは，膨大なデータから自動的に未知のルールを導き出す（データ主導）。

データマイニングは，小売・金融・銀行などにおけるマーケットセグメントや消費者行動の分析（ショッピングバスケット分析，顧客購買パターン分析），メーカや卸売業における輸送計画や物流分析，金融業におけるクレジットカード分析などの分野に利用されている。

▶データマイニングツール

(2) データマイニングツール

人工知能（AI）などに端を発する知識発見ツールは次の五つに分類される。

① 関係付け

▶関係付け

関係付け（association）は，トランザクションデータに含まれるデータ項目間の同時出現回数を求める。そこから，信頼性の高いものについては，「IF 前半部　THEN 後半部」という形のアソシエーションルールを導く。例として「IF スラックス AND シャツ THEN ジョギングシューズ」（スラックスとシャツを買う顧客は同時にジョギングシューズも買う）などといったルールを導く。利用分野にはショッピングバスケット分析がある。

② 順序

▶順序

順序（sequential patterns）は，時系列データから「顧客は次に何を買うか」というようなパターンあるいは特定時点に起きた事象の原因（因果関係）を見つける。順序は関係付けを時系列データに適用したもので，利用分野に顧客購買パターン分析などがある。

③ 分類

▶分類

データを**分類**（classification）する方法には次のようなものがある。

(a) 決定木

▶決定木

決定木（decision tree）は2分岐や3分岐の決定木を用いてデータを分類する方法である。また，後述する予測にも用いられる。決定木でははじめに学習用のデータから決定木を求める。次に，その決定木から誤分類率の多い枝を刈り取って幾つかの新たな決定木を作り，テスト用データによってふるいにかける。最後に評価用データで評価して最終的な決定木を求

める。新しいデータはこの最終決定木によってどの分類に属するかが予測される。

なお，決定木はルートから葉に至るまでの経路がルールに相当するので，決定木から「IF ～ THEN ～」のルールを生成することができる。

利用分野にはクレジットカード分析（信用リスクに関して顧客を判別するルールを導く）などがある。

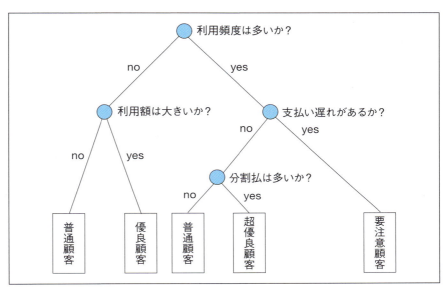

図10-11　決定木の例

遺伝的アルゴリズムのニューラルネットワークへの応用

　遺伝のための情報が含まれた物質をゲノムといいますが，遺伝的アルゴリズムは，このゲノムを進化させて，環境に最も適したものを求める手法です（適応関数を最大化）。ゲノムを進化させるのには，遺伝操作（選択，交叉，突然変異）を行います。この遺伝的アルゴリズムをニューラルネットワークの学習に用います。ゲノムは，ニューラルネットワーク中の全ての重みの集まりとして定義され，適応関数は実際の値と予測値との差の合計として定義されます。学習用データに対して遺伝子操作を繰り返し，適応関数が最小となるような最適モデルを求めます。遺伝的アルゴリズムのニューラルネットワークへの応用は，その予測に対し，大変良い結果をもたらすといわれています。

(b) ニューラルネットワーク

▶ニューラルネットワーク

ニューラルネットワーク（neural network）は，ニューロン（神経細胞）を模した基本ユニットからなるネットワークを用いてデータの予測，分類を行う。また，クラスタリングにも用いられる。

基本ユニットは，複数の入力と一つの出力を持つ。入力には重み付けがされており，出力には，あるしきい値を超えると出力が高くなるような関数が用いられる。ニューラルネットワークでは学習用データを用いてネットワークを学習させる。次いで，テスト用データを用いて，各ユニットの入力に対して付けられる重みが最適になるようネットワークの学習を繰り返す。最後に，評価用データを用いて最終的なモデルを求める。新しいデータは，このモデルによってどの分類に属するかが予測される。

ニューラルネットワークの長所は，広い範囲の複雑な問題に適用できる点にあるが，一方，入力データを0〜1の範囲に変換する必要があり，ニューラルネットワークで得られた結果を説明できないという短所もある。その点，決定木は説明できるルールが得られる。

ニューラルネットワークの利用分野には不動産の査定，マーケットセグメンテーション，輸送計画，物流分析などがある。

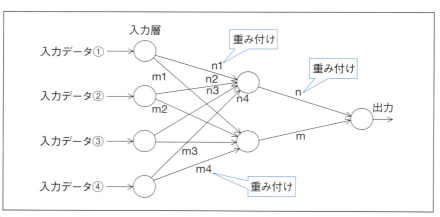

図10-12　ニューラルネットワーク

(c) 記憶ベース推論

▶記憶ベース推論
▶MBR

MBR（MBR；Memory-Based Reasoning）は既知の履歴レコードの中から類似パターンを見つけ，それを分類や予測に利用する。MBRは，新しいレコードに対し，既知の履歴レコードの中から最も近い近傍レコードを見つける。このためには，新しいレコードと近傍レコードとの間の距離が計算される。次いで，距離の近い複数の近傍レコードからウエイト付けされた投票結果を得て，適当な分類を行う（コードを割り振る）。MBRで良い結果を得るには，既知の履歴レコード（トレーニングセットといわれる）がどれだけ十分な事例を含んでいるかにかかっている。MBRはす

ぐに理解可能な結果を出せるという長所がある反面，決定木やニューラルネットワークに比べ処理に時間がかかるのが短所とされている。利用分野に新聞記事の分類などがある。

④　クラスタ分析

▶クラスタ分析

クラスタ分析（clustering）は，データの中から互いに類似するグループ（クラスタ）を見つける。はじめにデータを適当なクラスタに振り分け，次にクラスタ内のデータからクラスタの重心を求め，この重心に基づいて再度データをクラスタ化する。この再クラスタ化の処理を，データが他のクラスタへ移ることがなくなるまで繰り返す。利用分野にはマーケットセグメンテーション，類似性を持つグループの発見などがある。

⑤　予測

▶予測

予測（prediction）は，ターゲット（従属変数）の値が分かっていないレコードに対し，その値を別の独立変数によって導き出す。これには，決定木やニューラルネットワーク，MBR で生成されたモデルが用いられる。決定木を時系列イベントへ適用することによって，将来の行動を予測することに利用できる。また，ニューラルネットワークを時系列データに適用することによって，例えば株価や為替レートなどの短期の予測に利用できる。

10.3 オブジェクト指向とデータベース

10.3.1 オブジェクト指向の基本概念

オブジェクト指向の最も基本的な概念は，抽象データ型，継承，オブジェクトの識別性の三つである。

(1) 抽象データ型

▶抽象データ型

データ型には，それに付随する多くの操作（機能）が結び付けられている。**抽象データ型**（ADT；Abstract Data Type）とは，そのデータ型の操作に関する具体的な表現とは独立な抽象的な実体のことである。つまり，データ型の機能だけを抽象したものである。操作に関する具体的な表現（実装）は隠ぺいされる。

(2) カプセル化

▶カプセル化

オブジェクト（又はデータ）とその操作を一体化し，オブジェクトに操作を閉じこめることを**カプセル化**（encapsulation）という。カプセル化の考えは，操作の仕様と実装の分離及びモジュール化の必要性から生まれた。カプセル化には二つの見方がある。プログラミング言語からの視点と，カプセル化のデータベースへの適用という視点である。

① プログラミング言語からの視点

この視点ではカプセル化を抽象データ型に基づいて考える。オブジェクトはインタフェース部と実装部を持つ。インタフェース部はオブジェクトに対して実行される操作の仕様であり，利用者に公開される。インタフェース部は操作名，引数の型，結果の型などからなる。これを操作シグニチャという。実装部は，オブジェクトのデータ構造を記述するデータ部と，インタフェース部の操作の内部アルゴリズムを記述する操作部からなる。オブジェクトを操作するためのアルゴリズムは抽象データ型の中にカプセル化される。実装部の記述はシステムに依存し利用者には公開されない。利用者は公開されたインタフェースを通してだけオブジェクトにアクセスできるが，非公開の実装部へはアクセスできない。このようにしてデータ構造と処理の情報が利用者から隠ぺいされ（**情報隠ぺい**；information hiding），誤ったデータ操作によるデータ破壊を防ぐことができる（図 10-13 参照）。

▶情報隠ぺい

② データベースへの適用という視点

この視点ではカプセル化をプログラムとデータの一体化であると解釈し，データ構造部分はアドホックな問合せのためにユーザに見えてもよいとする。

10.3 オブジェクト指向とデータベース

	プログラミング言語からの視点	データベースからの視点
| ```
class 社員{
/*    実装部  */
int    社員コード;
char   社員名[40];
int    職位;
int    入社年月日;
int    退職年月日;
``` | private（非公開）ユーザに見えない | public（公開）ユーザに見えてもよい |
| ```
/*    インタフェース部  */
public:
void   入社(int);
void   昇格(int);
void   退職(int);
       };
``` | public（公開）ユーザに見える | public（公開）ユーザに見える |
| ```
/*    実装部  */
void   社員::入社(int  x)
       {   …     }
void   社員::昇格(int  y)
       {   …     }
void   社員::退職(int  z)
       {   …     }
       …
``` | private（非公開）ユーザに見えない | private（非公開）ユーザに見えない |

図 10–13　カプセル化

(3) 継承

オブジェクト指向には型（type）とクラス（class）という二つの概念がある。継承の概念も，厳密には，型に用いられる下位型付けとクラスに用いられる継承に区別される。

① 型／クラス

▶型

　型とは抽象データ型のことである。型は複数のオブジェクトに共通な性質をまとめた概念で，インタフェース部と実装部を持つ。型は主にコンパイル時に使用され，プログラムの正当性を保証するためにチェックされる。

▶クラス

　クラスも，型と同じく，オブジェクトに共通な性質をまとめた概念であり，インタフェース部と実装部を持つ。クラスは型に比べ実行時の概念という側面が強い。クラスには，新しいオブジェクトを動的に生成する機能とオブジェクトを保持する機能がある。新しいオブジェクトを動的に生成する機能は，new 演算子あるいはコンストラクタによって実現される。生成されたクラスのインスタンス（オブジェクト）全体のことをエクステントという。オブジェクトの保持機能とは，このエクステントをクラスが保持することである。

② 下位型付けと継承

　下位型付け（subtyping）と継承は，型やクラスの is-a 関係（汎化階層）を表現したものである。下位型付けと継承によって，属性や操作は上位型／上位クラスから下位型／下位クラスへ継承される。
```

第10章 データベースの技術動向

▶継承
▶下位型付け
▶型階層
▶クラス階層

　下位型付けと継承（inheritance）は厳密には異なる。継承は実装に関係するものといわれ、下位型付けはオブジェクト型間の意味的な関係（順序関係）といわれている。型の間の下位型付けによって得られるのが型階層で、クラス間の継承によって得られるのがクラス階層である。

（a）属性や操作の継承

　継承によって上位クラスの属性や操作が下位クラスへ引き継がれる。さらに、下位クラスに新たな属性や操作を追加することによって下位クラスは特化（specialization）される。属性や操作を再定義することもできる。図10-14の例では、"営業社員"は"社員"が持つ属性（社員コード、社員名など）と操作（入社、昇格など）を引き継ぐ。さらに、売上目標、売上実績などを新たな属性として持ち、予実績登録、販売エリア変更を新たな操作として持つ。

▶包含関係

（b）包含関係

　継承は汎化階層を表現するので下位クラスのオブジェクト集合は上位クラスのオブジェクト集合の部分集合になる。上位クラスは下位クラスを包含（inclusion）する。図10-14の例では、下位クラス"営業社員"のオブジェクト集合は上位クラス"社員"の部分集合になる。ただし、属性と操作に関しては、下位クラスの方が上位クラスよりも多くの属性と操作を持つ。

上位クラス
```
class 社員{
int     社員コード;
char    社員名[20];
int     職位;
int     入社年月日;
int     退職年月日;
public:
void    入社(int);
void    昇格(int);
void    退職(int);
      …        };
void 社員::入社(int x)
       {    …      }
void 社員::昇格(int y)
       {    …      }
void 社員::退職(int z)
       {    …      }
       :
```

下位クラス
```
class 営業社員:public 社員{
int    売上目標;
int    売上実績;
int    販売エリア;
public:
void   予実績登録(int);
void   販売エリア変更(int);
  … };
void 営業社員::予実績登録(int y)
 {…            }
void 営業社員::販売エリア変更(int z)
 {…            }
```

継承 →

包含関係

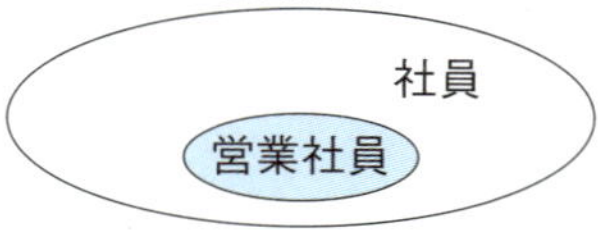

（社員（営業社員））

図 10-14　継承

③　単一継承と多重継承

▶単一継承
▶多重継承

　継承には単一継承（single inheritance）と多重継承（multiple inheritance）がある（図10-15参照）。単一継承では、下位クラスはただ一つの親から属

性や操作を継承する。データ構造は木構造になる。多重継承では下位クラスは複数の親から属性や操作を継承する。ただし複数の親が同じ名前の属性や操作を持っている場合に下位クラスが複数の親から属性や操作を継承すると，属性や操作の名前が重複してしまう。これを解決する方法はオブジェクト指向言語によって異なるが，例えばオブジェクト指向言語のC++ではスコープ演算子によって明示的に継承する親を指定する。

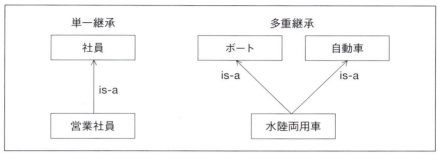

図 10-15　単一継承と多重継承

(4) 多様性

異なるクラスで定義された操作は同じ名前を持つことができ，クラスによって振る舞いが異なってもよい。この状態を多様性（polymorphism）があるという。多様性は，再定義と多重定義によって実現される。

① 再定義と遅延束縛

上位クラスと下位クラスでそれぞれ操作の内容が異なってもよいので，上位クラスで定義された処理内容を下位クラスで変更することができる。これを再定義（overriding）という。属性の型を再定義してもよい。異なるクラスに同じ操作名があるとき，操作名とそれに対応する実現部（プログラム）との結合はコンパイル時に行えず，実行時に行わざるを得ない。これを遅延束縛（late binding）あるいは動的束縛（dynamic binding）という。単一継承で下位クラスの操作が上位クラスの操作と名前が競合したときは，下位クラスの操作が優先される。多重継承で上位クラスがA，B，下位クラスがCのとき，上位クラスA，Bに同じ名前の操作がある場合は，A，Bどちらかの操作をCに継承する。

② 多重定義

同じクラス内で関数名（操作名）が同じで引数の型だけが異なるものを複数定義することをメソッドの多重定義（overloading）という。上記の再定義は多重定義の特別な場合である。

(5) オブジェクト識別性

オブジェクト識別性（object identity）とは，オブジェクトがその属性値とは独立に識別できる性質のことである。関係データモデルの主キーのように属性値

第10章 データベースの技術動向

▶オブジェクト識別子

の集まりで間接的に表現するのではなく，**オブジェクト識別子**（OID；Object IDentifier）を用いて各オブジェクトを一意に識別する。OID はプログラミング言語のポインタの概念を形式化したものである。

▶関連と多重度

(6) 関連と多重度（1対1，1対多，多対多）

関連は，オブジェクト指向言語ではほとんどサポートされないが，オブジェクトをモデル化するために必要である。E-R モデルや関係モデルなどと同様に，オブジェクトモデルでも関連を用いる。オブジェクト間の関連には1対1，1対多，多対多の関連がある。オブジェクトモデルでは，関連を表現するために後述するUML のクラス図などを用いる。なお，関連以外のオブジェクトモデルにおけるオブジェクト間の関係には次のものがある（図 10-16 参照）。

① **汎化／特化**

▶汎化
▶特化

is-a 関係，汎化階層，下位型付け／継承などといわれているもので，スーパタイプ／サブタイプ関係を表す。

▶集約化
▶分解

② **集約化／分解**（part-of 関係）

UML のクラス図では，part-of 関係と通常の関連を区別するが，E-R モデルでは両者を特に区別せず，単に関連として扱う。なお，UML のクラス図では集約として2種類のものを扱っている。一つは part-of 関係であり，もう一つはコンポジット集約といって強い所有関係（has-a 関係）を表す。コンポジット集約は，E-R モデルの IDEF1X での依存リレーションシップに相当する。

▶is an instance of 関係
▶分類
▶グループ化

③ **is an instance of 関係**（**分類**，**グループ化**）

is an instance of 関係は，クラスとそのオブジェクト（インスタンス）の関係を表す。E-R モデルでいえば，エンティティタイプとそのインスタンスの関係に相当する。

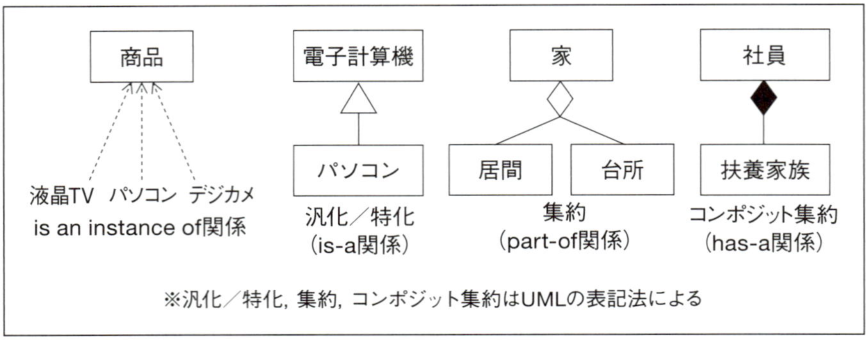

図10-16　オブジェクト間の関係

10.3.2 オブジェクト指向システム開発

(1) オブジェクト指向システム開発

オブジェクト指向開発は，同じモデルに基づく分析，設計，実装，評価の繰返しを行うスパイラルなシステム開発を特徴としている。主なオブジェクト指向分析設計技法には，UML 法，OMT 法，Booch 法がある。

(2) UML（Unified Modeling Language）法

▶UML

「UML ユーザガイド」(G.Booch) によれば，「統一モデリング言語（UML）は，ソフトウェアの青写真を描くための標準言語」であるとしている。UML は，本来，統一ソフトウェア開発プロセス（統一プロセス）の中で使用されるべきであるが，言語としては統一プロセスから独立している。UML は，ビジュアル化，仕様化（モデル化），構築（オブジェクト指向言語や RDBMS, OODBMS へマッピング），文書化のための標準言語である。UML では 14 個のダイアグラムを規定しており，クラス図とオブジェクト図などはシステムの静的な側面をモデル化するために用いられる。ユースケース図，シーケンス図，コミュニケーション図，ステートマシン図，アクティビティ図などはシステムの動的な側面をモデル化するために用いられる。コンポーネント図，配置図などは物理的な側面（アーキテクチャ・実装）をモデル化する。

① クラス図

▶クラス図

クラス図は，クラス，インタフェース，コラボレーション（協働作業するクラスの集合とその関連の記述）と，それらの相互関係を表現する。

▶クラスの表記

(a) クラスの表記

クラス図では，クラス名と属性及びその操作（インタフェース）を図 10-17 のようなボックスの中に記述する。属性は，属性名だけでもよいし，型や初期値を記述することもできる。操作は，操作名だけでもよいし，操作名と一緒に操作シグニチャを記述することもできる。また，属性と操作名には，PUBLIC（+ を付ける），PROTECTED（# を付ける），PRIVATE（- を付ける）のカプセル化のレベルが表示できる。

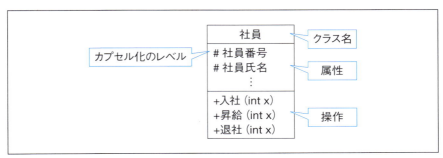

図 10-17　クラスの表記

▶汎化の表記

(b) 汎化の表記

　汎化は，白抜きの三角形がついた実線で表記する。汎化では単一継承も多重継承も表現できる（図10-18参照）。親を持たずに一つ以上の子を持つクラスはルート（基底）クラスといわれ，子を一つも持たないクラスはリーフクラスといわれる。

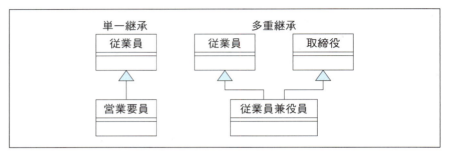

図 10-18　汎化の表記

▶関連と多重度の表記

(c) 関連と多重度の表記

　クラス図では，関連と多重度は図10-19のように表記する。関連には名前とその名前の働く方向，及びロールを指定できる。ロールが示された場合には関連の名前を省略できる。ロールは片方のエンティティが相手エンティティに対して果たす役割を記述する。多重度（multiplicity）の表記において，「1」はちょうど1の意味，「0..1」はゼロ又は1の意味，「0..*」は任意の意味，「1..*」は1以上の意味，である。

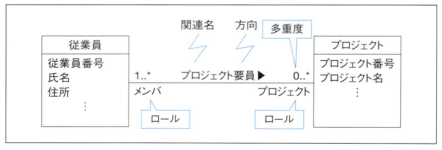

図 10-19　関連と多重度の表記

(d) 集約の表記

▶集約の表記
▶集約
▶コンポジット集約

　集約の表記には，全体と部分の構成関係を表現する集約（part-of 関係）と，強い所有関係を表現するコンポジット集約（has-a 関係）がある。

　集約は，関連の特殊な種類という位置付けであり，全体と部分のうちの全体の側に◇を付けて表記する。複数の全体が部分を共有できる。

　コンポジット集約は，全体と部分が強い所有関係で結ばれており，IDEF1X でいう依存リレーションシップに相当する。コンポジット集約では，部分側のオブジェクトは一度に一つの全体側のオブジェクトにしか属

さない。全体の側に◆を付けて表記する（図10-20参照）。

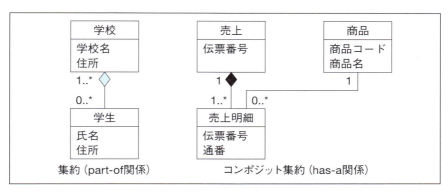

図10-20　集約とコンポジット集約の例

② オブジェクト図

▶オブジェクト図

オブジェクト図は，ある時点におけるオブジェクト（クラスのインスタンス）とそれらの相互関係を表現する。全てのオブジェクトの関連を表示することは不可能に近いので，必要なオブジェクトの関連だけを抜き出して表現する。

③ ユースケース図

▶ユースケース図

ユースケース図は，システム，サブシステム，クラスの振る舞いのモデリング，つまり動的モデリングの中心的な役割を果たすとされており，ユースケースとクラスの一種であるアクタ，及びそれらの相互の関係を用いて表現する。

▶ユースケース

ユースケースとはシステムが実行する一連のアクション（相互作用）のことである。アクタには，人，ハードウェア，他のシステムなどが当該システムで演じる役割を記述する（例えば顧客，営業担当者，経理システムなど）。ユースケースの振る舞い（何を行うか）は，外部の人にも簡単に理解できる言葉でイベントフローを用いて記述する（図10-21参照）。ユースケース間における汎化，包含，拡張の関係を利用して，ユースケースを整理できる。

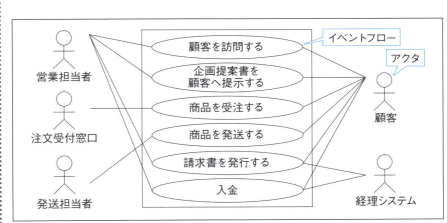

図10-21　ユースケース図の例

④　シーケンス図

シーケンス図は，相互作用図の一つで，オブジェクト間のメッセージのやりとりを時間軸に沿って記述する。メッセージの時間軸に沿った順序を強調した図である。

⑤　コミュニケーション図

コミュニケーション図も相互作用図の一つで，相互作用に参加するオブジェクトの構成を強調したものである。メッセージをやりとりするオブジェクト間を線（リンク）で結び付けて表現する。メッセージの時間順を示すためには，メッセージに順序番号を付ける。

⑥　ステートマシン図

ステートマシン図は，オブジェクトの取り得る状態と，状態間の遷移を重視した状態マシン図で，ある状態はイベントの発生を契機として別の状態へ遷移する。

⑦　アクティビティ図（フローチャート）

アクティビティ図は，アクティビティからアクティビティへの制御の流れ（フロー）を示したもので，状態マシンの一種でもある。ビジネスプロセスのフローを表現するために，業務部門を区別した表記も行える（図 10-22 参照）。

▶シーケンス図

▶コミュニケーション図

▶ステートマシン図

▶アクティビティ図

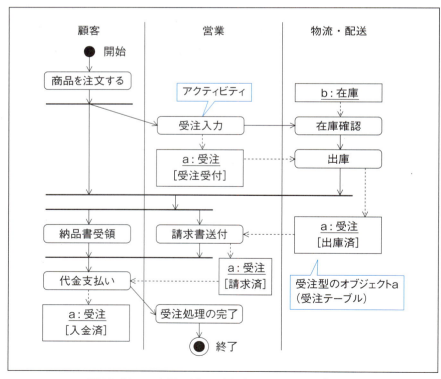

図 10-22　アクティビティ図（フローチャート）の例

10.3 オブジェクト指向とデータベース

▶コンポーネント図

⑧ コンポーネント図
　コンポーネント図は，コンポーネントの構成やそれらの依存関係を表現する。コンポーネントは，実行形式モジュール，ライブラリ，RDB 表，ファイル，文書などの物理的な実体である。

▶配置図

⑨ 配置図
　配置図は，実行時処理ノードとそこに存在するコンポーネントの配置を表現する。ノードは，コンポーネントが配置されるプロセッサやデバイスである。

10.3.3 オブジェクト指向システム開発とデータベース

(1) オブジェクト指向分析設計とデータベース設計

① データ中心設計とオブジェクト指向設計

▶構造化設計
▶データ中心設計
▶オブジェクト指向設計

構造化設計は機能を中心に設計するため拡張性に乏しく，データベースの設計が弱いという欠点がある。データ中心設計はこの点を補うためにデータモデリングを優先するが，動的モデリングの機能が弱い。オブジェクト指向設計はこれら両方の設計手法を包含することで，両手法の問題点を解決する。

表10-4 構造化設計／データ中心設計／オブジェクト指向設計の比較表

構造化設計	データ中心設計	オブジェクト指向設計
手続（機能）中心にシステムを構成。	データモデル作りを優先してシステムを構成。	概念オブジェクト中心にシステムを構成（オブジェクトと関連を現実世界と同じようにとらえる）
モデル化 ①オブジェクトモデル（E-R図） ②動的モデル（状態遷移図） ③機能モデル（データフロー図） このうち重点は③であり，結果をプロセス仕様書へまとめる。	モデル化 ①オブジェクトモデル（E-R図） ②動的モデル ③機能モデル このうち重点を①におく。 ②③は構造設計に依存する。	モデル化 ①オブジェクトモデル（クラス図） ②動的モデル ③機能モデル このうち重点を①におく。
特徴 ①変更要求は，機能に対する変更としてとらえる。その都度，機能に対する修正がでる。	特徴 ①変更要求をデータに基づく要求定義に置き換えてとらえる。データ構造は安定している。	特徴 ①変更要求があってもオブジェクト構造は変わらず，操作の追加や変更によって対応できる。
②明確に定義されたシステム境界があり，プログラムを通して実世界と相互作用するため，拡張性に乏しい。	②動的モデリングの機能がなく，この部分は構造設計に依存。	②外部世界に存在するオブジェクトや関係を単に追加すればよい（弾力的で拡張性が高い）
③プロセスのサブプロセスへの分割は任意性が含まれる。	③データモデルは理解しやすいが，操作までは入らない。	③問題領域内のオブジェクトとオブジェクト指向設計内のオブジェクトの直接的な類似関係によって，システムは非常に理解しやすくなる（要求とプログラムコードとの対応を追跡しやすくする）
④DBの扱いが本質的に不得手	④DBと親言語とのインピーダンスミスマッチ	④DBとプログラムの統合

10.3 オブジェクト指向とデータベース

② E-R図とクラス図

E-R図は実体と関連で実世界のデータ構造をとらえることができる。一方，クラス図は，オブジェクト（クラス），その関連，及びオブジェクトの操作（インタフェース）をモデル化できる。クラス図は，実世界のデータ構造だけでなく，オブジェクトの振る舞いもモデル化できる（動的モデリング）ので，オブジェクト指向分析設計ではデータモデル化手法にクラス図を用いる。

(2) オブジェクトモデルと関係モデルの対応
① 表とクラスのマッピング

▶表とクラスのマッピング

オブジェクトモデルのクラスは，基本的に，関係モデルの表へ1対1にマッピングする。ただし，表を水平分割，垂直分割してもかまわない。この場合一つのクラスが複数の表にマッピングされる。クラス間に関連がある場合は次のようにマッピングする。

(a) 1対1関連，1対多関連

二つのクラスの間に1対1，1対多関連がある場合は，基本的に，主キー／外部キーの関係を用いて二つの表にマッピングする。1対多関連で，あるオブジェクトに他のオブジェクトの属性を混ぜてしまうのが好ましくない場合は，1対多関連を一つの表に独立させることもある（図10-23参照）。

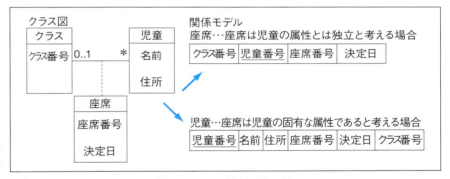

図10-23　1対多関連の例

(b) 多対多関連

二つのクラスの間に多対多関連がある場合は，関連の部分を一つの表（連関エンティティ）として独立させる（図10-24参照）。

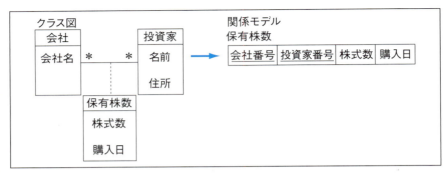

図 10-24　多対多関連の例

② 継承や集約の結合による表現
(a) 単一継承のスーパタイプ／サブタイプ関係は，スーパタイプ／サブタイプごとに表を割り当てる，複数のサブタイプ表に分割，一つのスーパタイプ表に統合という，三つの方法のどれかによって表へマッピングする（「7.6.2　テーブル構造」参照）。
(b) 互いに素な複数のクラスからの多重継承は，スーパタイプ／サブタイプごとに表を割り当てる。
(c) 集約は関連の特殊な場合（part-of 関係）なので，通常の関連と同じように，主キー／外部キーの関係を用いて表へマッピングする。

(3) プログラム言語とデータベース
① オブジェクト指向言語と SQL

▶SQLJ

SQL は，C や COBOL，PLI などとの言語バインディング仕様（埋込み SQL）を定めているが，C++ などのオブジェクト指向言語に対しては規定していない。ただし，Java の埋込み SQL に関しては，SQLJ（SQL-99）が定められている。バインディング仕様が定められていない言語は，ODBCや JDBC などの API を通して SQL を扱う。

▶オブジェクトの平坦化と再構築

② RDBMS におけるオブジェクトの平坦化と再構築
オブジェクト指向言語は複雑なデータ構造の複合オブジェクトを扱うことができるが，RDBMS ではフラットなテーブルしか扱えない。例えばネスト構造を持つような複合オブジェクトはフラットなテーブル（第 1 正規形）へ平坦化してデータベースへ格納する。このテーブルを読み込む際は，プログラム側で再ネスト化して元の構造を再構築する（図 10-25 参照）。

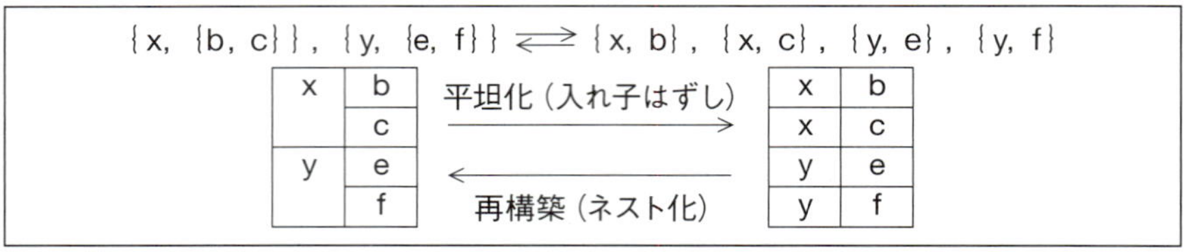

図 10-25　ネストの平坦化（入れ子はずし）と再構築（ネスト化）

(4) オブジェクト指向データベース管理システムのメリット

　オブジェクト指向データベース管理システム（OODBMS）は，プログラミング言語（C++ など）との緊密な結合と永続的変数の更新の高性能化に焦点を当てたシステムであり，オブジェクト指向プログラミング言語との親和性は高い。OODBMS のアーキテクチャの基本的な目的は，プログラミング言語と同等の実行速度を維持することである。高速化のため，OODBMS で管理するデータベースは，いったんクライアント空間（キャッシュ化されたオブジェクト）に読み込まれて操作される。

図 10-26　OODBMS におけるクライアント空間

10.4 オブジェクトリレーショナルデータベース

▶ORDBMS

▶オブジェクトリレーショナル DBMS

(1) オブジェクト関係 DBMS（ORDBMS）の特徴

M.Stonebraker, P.Brown, D.Moore 著「オブジェクトリレーショナル DBMSs（原書第 2 版）」によれば，オブジェクトリレーショナル DBMS とは「SQL3 言語をサポートし，従来にないツールを持ち，複雑な SQL3 [注] クエリのために最適化された DBMS」のことである。

[注] SQL3 は SQL-99 の開発期間中の名称。

① 関係データベースの機能

オブジェクト関係 DBMS（ORDBMS）は，SQL をサポートするので完全な関係 DBMS である。また，複雑なデータをサポートしているためオブジェクト指向 DBMS でもある。ORDBMS は，この両者を融合したものといえる。なお，現在では Oracle，IBM Db2，SQL Server，PostgreSQL などは ORDBMS の機能を含んでいる。1996 年に Stonebraker はその著書でファイルシステム，RDB，OODB，ORDB の四つの分類を示した（図 10-27 参照）。もちろん，現実の DBMS ではこのような単純な分類はできない。

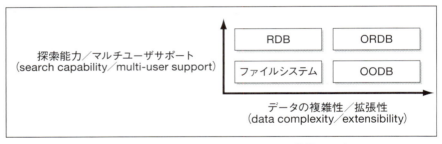

図 10–27　Stonebraker の四つの分類

▶拡張可能データ型

② 拡張可能データ型

ORDBMS ではユーザ定義データ型をサポートし，その中でメソッドを定義できる。したがって，従来の基本データ型を拡張して，新たなオペレーションを持った新しいデータ型を提供することができる。ORDBMS ベンダがパッケージとして提供する拡張データ型には，例えば，2 次元幾何学オブジェクトをサポートする直線型，多角形型，楕円型，円型，point 型などがある。point 型の提供する関数の例として 2 地点間の距離を返す distance(p1,p2) 関数がある。

③ 継承のサポート

継承のサポートによって，上位型から下位型へ属性やメソッドが継承され

10.4 オブジェクトリレーショナルデータベース

る。ただし，SQL-99 がサポートするのは単一継承だけである。多重継承は，現実にはあまり多くないために，国際標準に加えられなかったものと思われる。

▶拡張された問合せ

④ **拡張された問合せ**

オブジェクト指向用に，SQL-99 の問合せは次の点が拡張された。
(a) 問合せの中で関数（メソッド）呼出しができる。
(b) 階層構造があるテーブルの問合せにおいて，下位の全てのテーブルも問合せの対象に含める。

⑤ 階層構造があるテーブルの問合せ

SQL-99 では，スーパタイプ／サブタイプの階層構造があるテーブルの問合せにおいて，下位の全てのテーブルも問合せの対象になるように拡張が行われた。

仮に，スーパタイプ／サブタイプの階層構造を持つテーブルをそれぞれ"社員"，"営業マン"とする。SELECT * FROM 社員という問合せを行う（図10-28 参照）。このとき，"社員"の行だけでなく，"営業マン"の行も含めて全て抽出される。この問合せの負荷は，"社員"，"営業マン"がおのおの自分自身のデータだけを保持するのか，それとも"社員"が下位階層の"営業マン"のデータも保持するのかにかかっている。"社員"が下位階層の"営業マン"のデータも保持していれば，この問合せは"社員"をアクセスするだけでよい。一方，"社員"，"営業マン"がおのおの自分自身のデータだけを保持している場合は，"営業マン"へのアクセスが必要になる。"社員"の列を，氏名，住所，入社日とすると，"営業マン"の行については，問合せの内部で，次の問合せを行ったように処理される。

　　SELECT * FROM（SELECT 氏名，住所，入社日 FROM 営業マン）

ただし，"社員"と"営業マン"との間で重複する行（主キーが同じ行）は一つの行として取り出される。この問合せは，スーパタイプ／サブタイプがおのおの自分自身のデータだけを保持する場合は負荷が大きいが，スーパタイプが下位階層のデータも保持していれば効率良く処理できる。

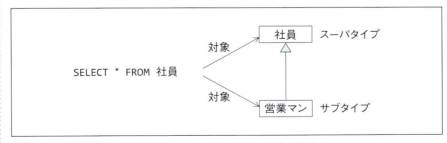

図 10-28　スーパタイプに対する問合せ

▶ONLY 句

なお，"社員"の行だけを取り出したい場合は，"社員"テーブルに **ONLY 句**を指定する。

```
SELECT * FROM   ONLY( 社員 )
```
　この場合は，"社員"が下位階層の"営業マン"のデータも保持していると，逆に負荷が増える。"社員"から"営業マン"のデータを除くためには，"営業マン"へのアクセスが必要になる。"社員"，"営業マン"がそれぞれ自分自身のデータだけを保持している場合は，"社員"へのアクセスだけですむ。

10.5 Web とデータベース

(1) データベースとの接続形態

SQL-92 から分散処理を実現するためのクライアントサーバ機能が追加されていると既に述べたが，分散処理の具体的な分類の一つに**クライアントサーバ型**がある。クライアント側でデータベースアプリケーションが動作し，サーバ側ではDBMS だけが動作する形態である。クライアントとデータベースシステムの二つに分かれるため**2層クライアントサーバシステム**（two-tiered client server system）という。クライアント側にデータベースアプリケーションの一部画面表示機能と編集機能だけを残して，残りの機能を別のアプリケーションサーバに移行させた形態を**3層クライアントサーバシステム**（three-tiered client server system）という。

現在では，3層クライアントサーバシステムを具体的に実現するものとして，Web サーバとデータベースサーバの連携は特に重要である。3層クライアントサーバシステムとの対応では，Web ブラウザがプレゼンテーション層に，Web サーバがファンクション層とデータベースアクセス層に対応する。Web サーバ自体を Web サーバと Web アプリケーションサーバに分ける場合も多い。Web サーバのバックエンドとしてのデータベースサーバには，関係データベース以外に NoSQL なども使われる。

▶クライアントサーバ型

▶2層クライアントサーバシステム

▶3層クライアントサーバシステム

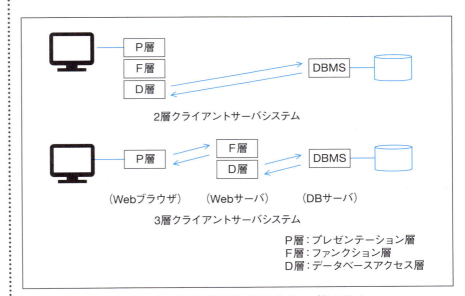

図 10-29　2層／3層クライアントサーバシステム

(2) Web サーバとデータベースの連携

多くの Web サーバは，HTML 文書を普通のファイルの中へ格納している。このファイルのことを，DBMS のように構造化されていないという意味でフラットファイルという。文書の数がそれほど多くないときは**フラットファイル**でよいが，ある程度以上の数になると管理ができなくなる可能性が出てくる。企業の日々の業務を反映する情報（売上，在庫など）や大量の情報を格納するにはどうしても DBMS の機能が必要となる。これを解決するのが，Web サーバのバックエンドにデータベースサーバを置く方法である。逆に見ると，データベースのアクセスは Web サーバ経由で Web ブラウザから行われることになる。

Web サーバとデータベースとのインタフェースとして最も広く使われてきたのが，**CGI**（Common Gateway Interface）である。Web サーバが標準的に装備している外部アプリケーション起動用のインタフェースである。特に UNIX の Web サーバでは，Perl（Practical extraction and report language）スクリプト言語などを使って CGI から起動されるプログラムを作るのが一般的であった。CGI を使って起動されるプログラムを **CGI スクリプト**という。もちろん通常の実行形式プログラムであればどんな言語で書かれていても構わない。CGI スクリプトは，Web ブラウザから要求があるたびに Web サーバが別プロセスとして起動されるため，Web ブラウザからの要求が集中すると要求分のプロセスが同時に動くので，メモリリソースなどを多く消費するためサーバの負荷が大きくなる。これらを改善するために FastCGI などがあったが，現在では Perl 言語用には **PSGI**（Perl Web Server Gateway Interface）という規格がある。PSGI はその実装もあり，多くの Web フレームワークも対応している。なお，データベース側には，**ODBC**（Open DataBase Connectivity）などのオープンインタフェースと DBMS 独自のネイティブインタフェースが使われる。

▶フラットファイル

▶CGI

▶CGI スクリプト

▶PSGI

▶ODBC

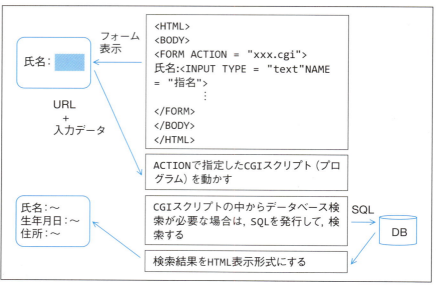

図 10-30　Web とデータベースの連携

(3) Web プログラム

　Web ブラウザと Web サーバの連携を利用したプログラムの実行方法は，クライアントからの要求をクライアント側で動作するプログラムで処理する場合と，クライアントからの要求をサーバ側で動作するプログラムで処理する場合に分かれる。前者は既に説明したプラグインであり，スクリプト言語で書かれたプログラムである。後者は CGI スクリプトなどが代表的なプログラムである。

(4) スクリプト言語

▶スクリプト言語

　スクリプト言語（scripting language）は，プログラムの動作内容を芝居の台本（script）を書くように記述できる言語という意味である。比較的簡単なプログラムを書くための言語の総称で，多くの場合コンパイル方式でなく，インタプリタ方式を採用している。具体的なスクリプト言語としては，JavaScript，VBScript，Perl，PHP，Ruby，Python などがある。中でも Perl は，UNIX の awk というテキスト処理言語を基に開発されたもので，代表的な CGI スクリプト言語である。当初は，UNIX 専用であったが，Windows でも使用できる。

▶PHP

　PHP（PHP；Hypertext Preprocessor，当初は Personal Home Page）はオープンソースであり，SQL 言語を直接プログラム内で扱えるのが特徴である。現在では，Apache HTTP Server，PHP，データベースサーバとして MySQL，PostgreSQL など，全てオープンソースソフトウェアで組み合わせた Web サーバとデータベースサーバの連携システムが広く普及している。

▶サーバサイドスクリプト

　もともと JavaScript などのスクリプト言語は Web ブラウザ側の言語であるが，スクリプト言語をサーバ側のロジックの記述に応用したものをサーバサイドスクリプトという。サーバサイドでスクリプト言語を実行させるためには，Web サーバにサーバサイド実行環境（インタプリタ）が必要となる。サーバサイド実行環境は，それぞれ Web サーバ製品ごとに分かれている。

(5) 動的 Web ページ

▶静的 Web ページ

▶動的 Web ページ

　ファイルに格納された通常の HTML 文書は，静的 Web ページという。ファイルに格納されたその HTML 文書を編集しない限り変化しない。これに対して，Web サーバ内で動的に Web ページを作成することもできる。これを動的 Web ページといい，アクセスするたびに生成される。動的 Web ページでは，Web クライアントが要求したデータを，例えば Web ページ上のフォーム形式などで返すことができる。また，同じことであるが，ユーザごとに送る情報をカスタマイズできる。動的 Web ページには，次のような情報を含むことができる。

・ページが表示されるたびに表示される静的 HTML
・埋込み SQL 文とプログラミング命令（if-then-else）
・ページ生成時に埋め込まれるデータベースから検索されたデータ

　動的 Web ページの静的部分はテンプレートと呼ばれる。テンプレートは，静的な HTML テキストと動的ページを定義する SQL 文や命令及びデータの表示を制御するレイアウト命令から成り立つ。クエリタグは，データベースの検索のた

めの命令である。データベースからの検索結果が送られてきたときに置き換えられる。そして，置き換えられてページをクライアントへ送る。

動的 Web ページは，HTML テンプレート中には HTML コメントとして埋め込まれる。このことによって，静的 Web ページのオーサリングツールを動的 Web ページ(ダイナミックコンテンツ)の存在と無関係に使用することができる。

(6) HTTP とトランザクション処理

▶HTTP
▶ステートレス
▶セッション

Web サーバと Web クライアントの間で利用される HTTP（Hyper Text Transfer Protocol）は，ステートレス（stateless）の非常に簡単なプロトコルである。HTTP のセッションは，1 ページごとに接続，切断を繰り返す。Web サーバに何の仕掛けもしなければ，10 ページにアクセスがあった場合，1 人が 10 ページアクセスしたのか，10 人が 1 ページずつアクセスしたのかさえ区別がつかない。つまり，誰がアクセスしたのか，連続してアクセスしたのか分からない。なお，セッションとは，もともと日本語で「開催中」という意味であり，オンラインの更新処理では，ユーザが業務処理の画面を呼び出し，更新前のデータを読み込み，データを更新し，終了処理（コミット）を行うという一連の処理のことである。セッションをまたがった情報を共有する仕組みとして使われるのが Cookie である。Cookie は Web サーバが設定した文字列情報を Web ブラウザに送り，次回からの Web サーバへの要求時にその情報を送り返す仕組みである。Cookie の情報は HTML とは独立しており，HTTP ヘッダに埋め込んで転送する。ブラウザに送られた Cookie 情報は，ディスクに自動的に格納される。Cookie 以外の別の方法もある。URL 方式は，HTML 文書の中で，リンクを示すアンカータグ URL にパラメタとして情報を付加する。もう一つは，HTML の hidden タグを使って HTML 文書の中に情報を埋め込み，保存させる方法である。もちろん，Web サーバ接続時に，ユーザ ID とパスワードを入力するのも一つの方法である。

▶Cookie

▶セッション管理

Web サーバと Web ブラウザでトランザクション処理を行う際に，考慮すべきことは先に記述したセッション管理とコミット／ロールバックの処理ができるかどうかである。セッション管理は，一つのトランザクション処理が複数の入力画面にまたがった場合，Web ブラウザでは 1 ページ対応でセッションが切れるので，複数の入力を一つのトランザクションとして処理する機能である。先に述べた Cookie などのセッションの情報を覚えてセッション間の連続性を維持することが可能となる。コミット／ロールバック処理は，全面的にデータベースサーバが受け持つことになる。

(7) Web サービス

▶Web サービス
▶WebAPI

データベースとは XML 又は JSON を介して関連するが，人間が介することなく Web サーバの各種機能を他の Web サーバが使用できることを可能にした機能のことを Web サービスという。Web サービスを利用するときの具体的なプログラムとのインタフェースが WebAPI（Web Application Programming Interface）である。当初，Web サービスは，データ交換の手段として前面的に XML を使

10.5 Webとデータベース

用することを前提にしていた。XML形式でデータ交換を行うための通信インタフェースが**SOAP**（Simple Object Access Protocol）であり，Webサービスのインタフェースを記述するための言語仕様が**WSDL**（Web Service Description Language），Webサービスの情報を公開するための検索機能が**UDDI**（Universal Description Discovery and Integration）である。日本では，2007年にパブリックUDDIが封鎖され，世界的にもほとんど廃止されている。

現在，WebサービスはSOAPに代わって**REST**（REpresentation State Transfer）の方が普及している。SOAPはきっちり決まった規格であるが，RESTは設計指針と解釈される場合もある。RESTの原則に従って実装されているものを**RESTful**と呼び，完全に原則に従っていないものを**REST形式**と区別する場合もある。SOAPではXML形式でデータ交換を行うが，RESTは主として**JSON形式**が使われる。

▶SOAP
▶WSDL
▶UDDI

▶REST

▶RESTful
▶REST形式
▶JSON形式

表10-5 WebサービスのAPI

WebAPI	データ記述形式	特徴
SOAP	XML	サービス指向であり，URL名は動詞的になる場合が多い。
REST	JSON／XML	リソース指向であり，URL名は名詞的になる場合が多い。

第 10 章　データベースの技術動向

10.6　データ記述言語 XML／JSON とデータベース

▶データ記述言語

　データ記述言語（data description language）とは，コンピュータにおいて扱うデータを記述するための形式言語である。HTML に代表されるマークアップ言語もその一つである。インターネットの普及とともに，データファイルの形式や個々のデータへのアクセス方法を統一する必要性が生じた。データ記述言語はインターネットなどで交換される文書やデータの記述形式を規定する標準規格である。現在では，多くの文書やデータはデータベースに格納されることが多いが，ここでは Web 環境で使われる代表的なデータ記述言語である XML と JSON のデータベースとの関係に焦点をしぼり解説する。XML と JSON は，次のような特徴がある。

・複雑なデータ構造（木構造）を記述
・データの記述方法や個々のデータ要素へのアクセス方法の共通化
・データはテキスト形式（バイナリ形式ではない）

(1) XML

▶XML

　XML（eXtensible Markup Language）は，インターネットなどで交換される文書やデータの記述形式を規定する標準規格である。1996 年から W3C（World Wide Web Consortium）で開発を開始した。XML は SGML（Standard Generalized Markup Language）に準拠しているが，SGML の煩雑，馴染みにくさをなくし，HTML の文書構造の制約は取り除かれている。HTML では，文書の構造を示す部分と表示に関する部分を同時に記述するため，共通の HTML で表示の部分だけ再構成するのは困難であった。これに対して，XML では文書構造の部分と書式に関する部分を切り離して定義する。XML は HTML と違って，独自にタグが設定できことが最大の特徴である。タグによるデータ定義の考え方は，特に新しい考え方ではないが，標準化されたことが重要である。

　① XML 文書

▶XML 文書
▶要素
▶属性

　XML 文書は，**要素**（element）と**属性**（attribute）が複数集まって構成される。要素は，さらに内部に（子）要素を含むことができる。属性は，要素に付加的な情報を追加するもので，内部に（子）要素を含むことはできない。属性は，例えば，学生番号のような ID を指定することが多い。要素は開始タグと終了タグで内容を挟むことで表現する。開始タグは，< 要素名 >，終了タグは，</ 要素名 > で表現する。

▶CSV 形式

　図 10-31 は，学生データ（学生名，生年月日，学部）を XML で記述した例と **CSV**（Comma-Separated Values）形式で表現した例である。XML では，要素名でデータをアクセスできるので，男女区分を追加しても変化しないが，

484

CSV 形式の場合は位置が変化する。

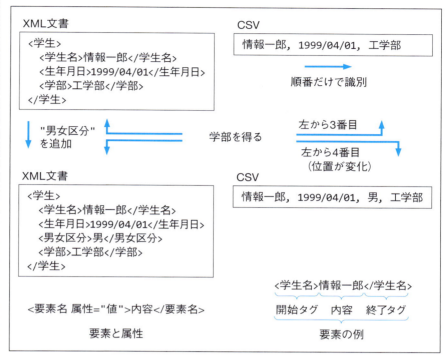

図 10-31　CSV と比較した XML 文書の特徴

② XML 文書の構造

XML 文書（XML document）は，XML 宣言部（XML declaration），DTD（省略可），XML インスタンスから成り立つ。

・XML 宣言部は，文書が XML で記述されていること，XML のバージョン，使用する文字コードを指定する。

・DTD（Document Type Definition）は，SGML のために作成されたタグや属性がどのように使われているかを定義するスキーマ定義言語である。XML 用ではないので，XML シンタックスではなく，EBNF（Extended Backus Naur Form）の形式をとる。XML でも DTD を使用するが，DTD は，もともと XML のスキーマ定義言語でないため，XML 専用のスキーマ定義言語である XML スキーマなどが開発された。

▶妥当な文書

DTD を定義した XML 文書を，妥当な文書（valid XML document）という。XML 文書は，その構文に従っている限り DTD はなくても構わない。DTD を定義していない XML 文書を，整形式文書（well-formed XML document）という。

▶整形式文書

・XML インスタンスは，XML 文書の本文である。スキーマとインスタンスの関係は，データベースで定義した内容そのものである。

XML 文書で使用されるタグは，文書構造の定義だけを行い，文書のレイ

アウトの定義は行わない。このため，Webブラウザなどで XML 文書を表示させるには，XML 文書のレイアウトなどの書式情報が必要になる。これを**スタイルシート**という。スタイルシートは，HTML でも使われる CSS（Cascading Style Sheet）や XML 専用の XSL（eXtensible Style sheet Language）が使われる。

・XML スキーマ

XML には，XML 文書の構造を定義できるスキーマ定義機能として，**DTD** が使える。DTD は，XML 文書内に記述するとともに，DTD を外部ファイルとして記述することによって，データ交換を行う場合，XML 文書が DTD に従っているか互いに検査することができる。DTD は XML 専用でないため，スキーマ定義機能として不十分なところがある。これは関係データベースの DDL（Data Definition Language）の発展経緯と似ており，DTD には継承機能がなく，文字列という指定しかできないので一般的なデータ型（データ制約）が指定できないなどの制限があった。これらの拡張した **XML スキーマ**（XML Schema）は W3C で標準化作業が進められた。SQL に似たデータ型の導入，オブジェクト指向の導入，スキーマ自身を XML で記述する拡張がなされた。

・半構造データ

半構造データ（semi-structured data）とは，データは構造性を持っているが，その構造性が固定的ではなく，常に変化することをいう。別の表現では，**スキーマレス**とかスキーマ独立という場合もある。スキーマ自体がデータの中に含まれており，XML は，この半構造データの性質を持つ。これは，関係データベースでは，関係スキーマが先に定義され，データ（インスタンス）が別途追加されていくのとは対照的である。半構造性は，構造が違うデータベース間のデータ交換に有利で，スキーマ自体を持たない Web ページをデータベースのデータのように扱うのに適している。

▶スタイルシート

▶DTD

▶XML スキーマ

▶半構造データ

▶スキーマレス

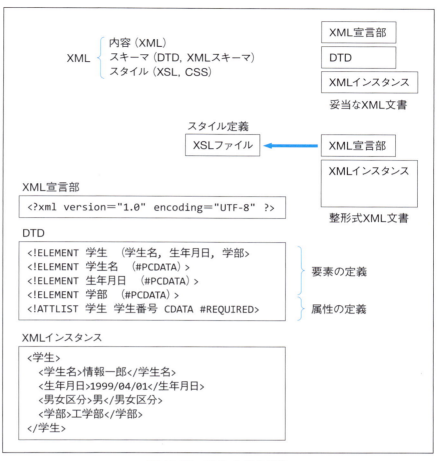

図 10-32　XML 文書の構造

(2) JSON

▶JSON

　JSON（JavaScript Object Notation）は，XML と同様のテキストベースのデータ記述形式である。その名前のとおり，JavaScript におけるオブジェクトの表記法を基本としているが，JSON は JavaScript 専用のデータ形式というわけではなく，様々なソフトウェアやプログラミング言語間におけるデータの受渡しに使える。JSON は XML と比較すると構造が単純で，同じ情報を記述しても，XML よりファイルサイズが小さくなるといったメリットがある。XML では要素，属性という区別があるが，JSON にはない。XML ではスキーマがあるが，JSON にはない。逆に JSON には名前のない配列という概念があるが，XML にはない。

　昨今のクラウドサービスや Web サービスで利用されるデータ記述については JSON 形式がデファクトスタンダードになっている。

XML文書

```
<?xml version="1.0"
encoding="UTF-8" ?>
  <学生データ>
    <学生 学生番号="100">
      <学生名>情報一郎</学生名>
      <生年月日>1999/04/01</生年月>
      <学部>工学部</学部>
    </学生>
    <学生 学生番号="200">
      <学生名>情報二郎</学生名>
      <生年月日>2000/10/01</生年月>
      <学部>理学部</学部>
    </学生>
  </学生データ>
</xml>
```

JSON文書

```
{
 "学生データ":[
 { "学生番号":"100",
   "学生名":"情報一郎"
   "生年月日":"1999/04/01"
   "学部":"工学部" },
 { "学生番号":"200",
   "学生名":"情報二郎"
   "生年月日":"2000/10/01"
   "学部":"理学部" }
 ]
}
```

図 10-33　XML と JSON 文書の対比

(3) XML と JSON のデータベースへの格納

① XML 文書のデータベースへの格納

XML 文書は，一般の文書ファイルと同じくフラットファイルへ格納される場合を除くと，何らかのデータベースへ格納される。フラットファイルへ格納する場合には，そのアクセスのためのインデックス構造が必要になる。XML データは，木構造なので，関係データベースに格納するには表形式への変換作業が必要になる。XML の情報を分解・整理して関係と属性に置き換える。

▶ネイティブ XML データベース

また，XML 文書，特に整形式文書の木構造をそのまま格納できる XML 専用のデータベースを**ネイティブ XML データベース**という。RDBMS を利用して XML 文書を格納するものを XML データベースと呼ぶ場合もあるため，ネイティブを付けて区別する。XML データベースを使用する利点は，XML 文書の半構造性を生かしているため，XML 文書の変化に対して柔軟性があるのと，XML の周辺アプリケーション機能との密な連携が可能なことである。一方，大半のシステムは，RDBMS 上に構築されており，XML データを関係データベースに格納することは実用的には重要である。あるいは逆の見方では，既存の関係データベースに格納されているデータを外部で利用する際に XML で記述して提供するということになる。

XML データの関係データベースへの格納方法は，大きく二つに分かれる。

(a) XML データを，BLOB／CLOB 型データとして一つの属性に格納

▶BLOB／CLOB 型
▶XML 型
▶データ型
▶XPath
▶XML パス言語

RDBMS によっては，**BLOB／CLOB 型**の代わりに，XML 専用の **XML（データ）型**をサポートするものもある。BLOB／CLOB の場合，XML の処理はデータをそのまま取り出し，処理はアプリケーション側に任される。一方，XML 型の場合，**XPath**（XML Path Language；**XML パス言語**）というものを使って XML で表現された構造情報を意識してデータを取り

10.6 データ記述言語 XML ／ JSON とデータベース

出すことができる．XPath は，XML の木構造を，ディレクトの木構造に似た指定方法でアドレッシングする．さらに現在では，XPath を拡張した XQuery という XML 専用の問合せ言語が使えるものもある．なお，XML 型への文字列の格納は SQL/XML（後述）の XMLPARSE 関数，XML 型から文字列の変換は XMLSERIALIZE 関数などを使用する．

▶XQuery

（b）XML データを要素に基づいて分解し，データベースのそれぞれの属性に格納

▶シュレッディング

要素に基づいて分解することをシュレッディング（shredding；細断法）という．次に，XML 文書を二つの関係に分解して格納する例を示す．

```
<学生データ>
  <学生 学生番号="100">
    <学生名>情報一郎</学生名>
    <生年月日>1999/04/01</生年月日>
    <学部>工学部</学部>
    <所在地>東京</所在地>
  </学生>
  <学生 学生番号="200">
    <学生名>情報二郎</学生名>
    <生年月日>2000/10/01</生年月日>
    <学部>理学部</学部>
    <所在地>横浜</所在地>
  </学生>
</学生データ>
```

学生

学生番号	学生名	生年月日	学部
100	情報一郎	1999/04/01	工学部
200	情報二郎	2000/10/01	理学部

学部

学部	所在地
工学部	東京
理学部	横浜

⟶ 二つの関係に分解

図 10-34　XML 文書を分解して格納する例

▶XML 関連仕様
▶SQL/XML
▶発行関数
▶出版関数

関係データベースから XML 文書の変換は，標準 SQL の XML 関連仕様（SQL/XML）で発行（出版）関数（publishing function）が規格化されている．具体的には，次の例で正規化された二つの表（学生，学部）から非正規化した XML 文書に変換するため発行関数（XMLELEMENT，XMLAGG，XMLATTRIBUTES，XMLFOREST）を使用したものを示す．

```
SELECT   XMLELEMENT (NAME   "学生データ",
         XMLAGG (XMLELEMENT (NAME   "学生",
                 XMLATTRIBUTES (X.学生番号 AS   "学生番号"),
                 XMLFOREST (X. 学生名    AS   "学生名",
                 X．生年月日    AS   "生年月日",
                 X．学部    AS   "学部",
                 Y．所在地 AS   "所在地" ))))
  FROM   学生  X，  学部  Y
  WHERE   X．学部 = Y．学部
```

↓ SELECT文の発行関数でXMLに変換

```
<学生データ>
  <学生 学生番号="100">
    <学生名>情報一郎</学生名>
    <生年月日>1999/04/01</生年月日>
    <学部>工学部</学部>
    <所在地>東京</所在地>
  </学生>
  <学生 学生番号="200">
    <学生名>情報二郎</学生名>
    <生年月日>2000/10/01</生年月日>
    <学部>理学部</学部>
    <所在地>横浜</所在地>
  </学生>
</学生データ>
```

図 10-35　二つの表から XML 文書を出力した例

② JSON 文書とデータベース

　JSON も XML と同じく木構造のデータなので，基本的には XML の場合と同様である。XML のスキーマに相当するものはないので，整形式 XML 文書の扱いと等価となる。JSON に関しては，標準 SQL でも，JSON 文書への問合せ機能の規格化が検討されているが，既にオープンソース系の RDBMS を含め多くの RDBMS で JSON 文書の格納と操作ができる機能を提供している。JSON 文書を関係データベースの BLOB／CLOB 型のデータとして，関係の一つの属性として格納する場合もあるが，この場合は JSON 文書の操作は基本的にアプリケーション側で行う。表 10-6 に XML と比較した JSON のデータベース関連機能（PostgreSQL の仕様）の概要を示す。

10.6 データ記述言語 XML／JSON とデータベース

表 10-6　データベースと XML／JSON の関連機能

機能分類	XML	JSON（PostgreSQL 場合）
専用データ型	XML（データ）型	JSON（データ）型 JSONB 型（インデックスを付加できる）
専用データ型の列内の検索	XPath, XQuery, XMLPARSE など	JSON 処理関数（JSON 演算子）、JQuery, JSONPath
関係からデータ記述言語に変換	SQL/XML 発行関数の XMLATTRIBUTES, XMLELEMENT など	JSON 作成関数の to_json(),row_to_json(), array_to_json() など
データ記述言語から関係に変換		JSON 処理関数の json_populate_records(), json_populate_recordset() など
専用データベース	ネイティブ XML DBMS	ドキュメント指向型 NoSQL

```
CREATE TABLE 学生 (
    学生番号 INT,
    学生名 TEXT,
    生年月日　DATE ,
    学部　TEXT) ;
INSERT INTO 学生 VALUES (100, '情報一郎', '1999/04/01', '工学部'),
(200, '情報二郎', '2000/10/01', '理学部');
SELECT to_json(学生) FROM 学生 ;
```

　　↓ SELECT文で関係をJSON作成関数でJSONに変換

```
{"学生番号":"100","学生名":"情報一郎","生年月日":"1999/04/01","学部":"工学部"}
{"学生番号":"200","学生名":"情報二郎","生年月日":"2000/10/01","学部":"理学部"}
```

```
SELECT * FROM json_populate_recordset( NULL::学生,
    '[{"学生番号":"100","学生名":"情報一郎","生年月日":"1999/04/01",
    "学部":"工学部"},
        {"学生番号":"200","学生名":"情報二郎","生年月日":"2000/10/01",
        "学部":"理学部"} ]' )
  WHERE 学部="工学部"  ;
```

　　↓ SELECT文でJSONから関係に変換
　　　（SELECT文の上部にINSERT文を付ければ関係にロード）

学生番号	学生名	生年月日	学部
100	情報一郎	1999/04/01	工学部
200	情報二郎	2000/10/01	理学部

図 10-36　JSON データの変換例

```
CREATE TABLE 学生 (id SERIAL , 学生_json JSON);
INSERT INTO 学生 (学生_json) VALUES  ( '{"学生名":"情報一郎","生年月日":"1999/04/01","学部":"工学部"}' );
SELECT 学生_json   FROM 学生 ;
```

↓ JSON型のデータを表示した例

{"学生名":"情報一郎","生年月日":"1999/04/01","学部":"工学部"}

```
SELECT
  学生_json ->>'学生名' AS 学生名,
  学生_json ->>'学部' AS 学部
  FROM 学生 ;
```

↓ JSON演算子を使った例

学生名	学部
情報一郎	工学部

図 10-37　JSON 型の定義と JSON 演算子の使用例

10.7 ビッグデータとNoSQL

▶ビッグデータ

　ビッグデータ（big data）とは，単にデータ量が過去に比べて極めて巨大であるという意味であり，桁違いに大きいデータという意味である。ビッグデータを特徴付けるのは，①ディジタル化による桁違いのデータ量（Volume），②データの種類がむやみに多いこと（Variety），③巨大なデータを高速に処理できること（Velocity）とされている。これらの三つの頭文字をとってビッグデータの「三つのV」という。最初のVolumeに関しては，2020年には地球上のデータ総量は40Z（ゼタ）バイト（1Zは10の21乗）と予測されている。二番目のVarietyは，データの形式が様々であることを意味し，数値データ，文章，画像，動画，音声，音楽など多岐にわたる。三番目のVelocityは，並列コンピューティング，クラウドコンピューティングの普及などによって，超大規模なデータを必要とされる時間内で処理することが可能になった。さらに，「三つのV」に④正確さ（Veracity）と⑤価値（Value）を加えて，「五つのV」という場合もある。

10.7.1　ビッグデータの分析処理

▶IoT

　ビッグデータの分析（又は解析）処理は，「データ収集」と「データ分析」の二つの段階に分かれる。データ収集の対象になるデータは，販売，物流などのビジネスデータ，交通，産業機器，地球環境などの各種センサデータ，Web，SNSのデータなど多岐にわたる。特にIoT（Internet of Things）の普及とインターネット利用者からの情報発信が，データの爆発的な増加をもたらした。データ収集にもデータ共有の観点からオープンデータ化やそれに関係するプライバシ保護など重要な課題があるが，ここではデータ分析に絞ってその枠組みを解説する。ビッグデータの分析には，データが多種多様で大容量であったり，従来のデータベース技術だけでは対応しきれなかったりということから，様々な技術やツールが用いられている。ビッグデータの分析技術は，分析そのものの計算技術とその計算を実行するプラットフォームに分かれるが，本書で関係するのはデータマイニング，分散処理とデータベースである。

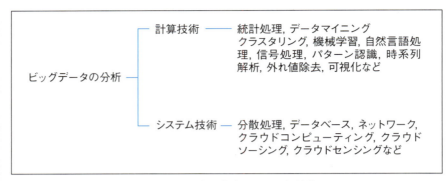

図 10-38　ビッグデータの分析技術
（原隆浩著，ビッグデータ解析の現在と未来，共立出版，2017 年，表 3.1 を参考に作成）

10.7.2　分散処理フレームワーク

▶分散処理
▶分散処理フレームワーク

分散処理（distributed processing）とは，複雑な計算処理をネットワークを介して分散した複数のコンピュータを利用して行うことであるが，ここでの分散処理フレームワーク（distributed processing framework）とは，ビッグデータ分析のための分散処理の実行環境のことで，並列分散処理ミドルウェアともいわれる。具体的には，バッチ処理向けの Apache Hadoop（以下，Hadoop という），ストリーム処理向けの Apache Spark（以下，Spark という），Apache Storm（以下，Storm という）などがある。

(1) Hadoop

▶Hadoop

Hadoop は，ビッグデータとともに開発されてきた代表的な分散処理フレームワークである。Apache Hadoop は，次の四つの部分から成り立つ。
・HDFS
・MapReduce
・YARN
・共通ライブラリ群

① HDFS

▶HDFS
▶ノード
▶ネームノード
▶データノード
▶単一障害点
▶SPF

HDFS（Hadoop Distributed File System）は，Hadoop 独自の分散ファイルシステムであり，大きなファイルを複数のブロック（64～128M バイト程度）に分割して複数のノード(注)に格納する。さらにブロックの複製（レプリカ）を異なるノードに格納することで RAID なしでも同様の信頼性を確保できる。HDFS は各ブロックを管理するメタデータを保持するネームノードと複数のデータを格納するデータノードから構成される。ただし，ネームノードは，基本は一つであり，データ構成は冗長でもネームノードが単一障害点（SPF；Single Point of Failure）になる可能性が高いが，セカンダリネームノード，チェックポイントノード，バックアップノードを付加する

10.7　ビッグデータと NoSQL

ことで単一障害点にならないように拡張された。

（注）ノード（node）とは通信ネットワークの結び目を意味し，サーバやルータなどを指すが，分散処理では個々のサーバを指す。NoSQL 以前の従来型の分散データベースでは，サイト（site）といわれることが多かったが，ノードの方がサイトに比較して若干規模が小さいというニュアンスがある。

▶ノード

表 10-7　分散処理フレームワーク（オープンソース）の代表例

分類	フレームワーク	特徴・機能
バッチ処理向け	Apache Hadoop	Google の MapReduce を実装した Apache オープンソース。分散ファイルシステム HDFS と対で構成。バージョン 2 以降では，MapReduce 以外に YARN という別の分散処理プログラミングモデルが使用可能。
ストリーム処理向け	Apache Spark	Hadoop の MapReduce が不得意なストリーム処理が可能な Apache オープンソース。関係データベースへの SQL での問合せ，NoSQL などもデータ源とできる。
	Apache Storm	ストリーム処理主体の Apache オープンソース。Twitter ではツイートの処理に使用。
機械学習向け	Apache Mhaut	機械学習向けのソフトウェアライブラリ群で Apache オープンソース。Hadoop ベースの分散処理フレームワーク環境で使用される。
	Jubatus	日本発の機械学習向けのソフトウェアライブラリ群でオープンソース。

▶Apache Hadoop

▶Apache Spark

▶Apache Storm

▶Apache Mhaut

▶Jubatus

② MapReduce

▶MapReduce

MapReduce は，数千規模の数のノードと数 10T バイト以上の大規模データを対象にした超並列分散処理ソフトウェアである。MapReduce では，分散処理を行う各ノードを計算ノードというが，計算ノードは HDFS のデータノードと重なるのが一般的であり，データノードが MapReduce の計算処理を行う。計算処理は HDFS に格納されているデータに対して Map 処理と Reduce 処理の 2 段階で並列処理を行う。

▶計算ノード

・Map 処理…入力データからキーと値の組合せを作る。例えば，データの中の専門用語ごとの出現回数を求める処理の場合，データノードにあるデータから専門用語ごとにキーと値の組合せ<専門用語，1>を中間結果として出力する。この場合，キーは専門用語，値は 1 の固定である。中間結果は HDFS に書き込まれる。

・Reduce 処理…Map 処理で出力された中間結果を集約して別のキーと値の

組合せを作る。

前記の例では，＜専門用語，1＞のペアを専門用語ごとに値の1を加算して専門用語ごとの出現回数を出力する。この場合のReduce処理は，専門用語の五十音順で一定の範囲で計算ノードが割り当てられる。

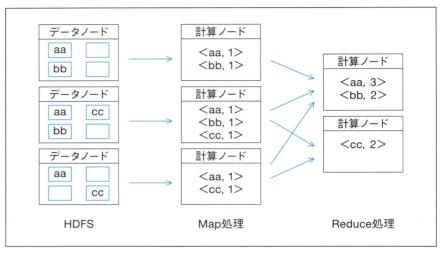

図10-39　Map処理とReduce処理

③　YARN

▶YARN

YARN（Yet Another Resource Negotiator）は，Hadoopバージョン2以降で追加され，リソース管理とジョブスケジューリングを担当する。Hadoopバージョン1のMapReduceのリソース管理とジョブスケジューリングの機能を分離したものがYARNである。Hadoopバージョン2のMapReduceは，計算処理に専念する。Hadoopバージョン1では，MapReduceは必須であり，中間結果が必ずHDFSに書き込まれ，多段の処理では効率が悪い場合もあったが，YARNではMapReduceを使わずに，他の分散処理フレームワーク（Spark，Stormなど）も使えるようになった。

④　共通ライブラリ群

各種共通機能を持つライブラリ群である。

(2) Spark

▶Spark

Sparkは，バッチ処理だけでなくストリーム処理も可能で，多様な機能（機械学習，グラフ処理など）を提供し，多様なデータ源（HDFS，NoSQL，RDBMSなど）を利用できる分散処理フレームワークである。性能面では，Apache SparkのWebページによると，Sparkはストリーム処理とインメモリ機能によって，Hadoop（MapReduce）より100倍高速であると謳われている。機能面では，SparkはJava，Scala，Python，Rの四つのプログラム言語向けの汎用API群を提供し，汎用API群の上に四つの目的別のAPI群を提供している。

- Spark SQL…プログラムの中で SQL 言語が使える機能を提供する。
- Spark Streaming…耐障害性を持つストリーム処理を提供する。
- Mlib…分類，回帰，クラスタリングなどの機械学習のアルゴリズムを提供する。
- GraphX…ページランク，連結成分検出などのグラム処理のアルゴリズムを提供する。

図 10–40　Spark の機能構成

(3) Storm

▶Storm

▶ストリーム処理

▶CEP エンジン

Storm は，MapReduce が蓄積されたデータのバッチ処理を主体としているのに対して，リアルタイムで発生するデータを操作対象とする分散処理フレームワークである。このような処理のことを**ストリーム処理**という。Apache Storm は，その主要な利用目的から商用ソフトウェアの **CEP**（Complex Event Processing；複合イベント処理）**エンジン**に分類される。CEP は複数のソースからのイベントデータ（金融取引，SNS の投稿，ネットワーク監視など）を対象に分析処理を行うことである。

- Spout…ストリーム（タプルの流れ）を生成する部分。
- Bolt…ストリームに対して，フィルタリング，集約，結合などの処理を行う部分。複雑な処理は多段で行う。例えば，Twitter の場合，ツイートから頻出語を抽出し，上位の分析を行う。

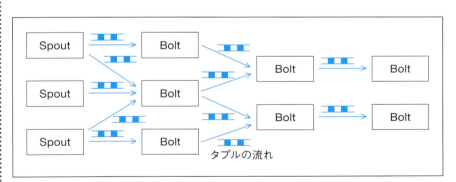

図 10–41　Storm の処理

10.7.3 ストリーム処理

▶ストリーム処理

　ストリーム処理（stream processing）（又はデータストリーム処理，ストリームデータ処理）とは，IoT や SNS などから連続的に発生するデータに対してデータベースとして蓄積する前にリアルタイムに分析・検出・加工などの処理を行うことである。ストリーム処理は，IoT，SNS などの登場の前から存在する技術であるが，ビッグデータの隆盛に伴い，Spark, Storm などの大規模な分散ストリーム処理が注目を浴びるようになった。従来型の DBMS に対して，ストリーム処理に特化したデータ処理機能をデータストリーム管理機能（**DSMS**；Data Stream Management System）という場合がある。DSMS はデータを蓄積しないで直接処理（問合せ）する機能をもち，通常，問合せと同時にデータをアーカイブする。DSMS の問合せは，データストリームが到着する限り連続的に実行されるものであり，**連続問合せ**（continuous query）といわれる。連続問合せの具体的な内容は，例えば，フィルタリング（取捨選択），パターン分析，類似性判定などである。現時点では連続問合せに対する操作言語は SQL に相当するものは存在しないが，SQL を拡張したような言語 **CQL**（Continuous Query Language），**StreamSQL** など幾つかの言語が提案されており，標準化の検討も行われている。

▶DSMS

▶連続問合せ

▶CQL
▶StreamSQL

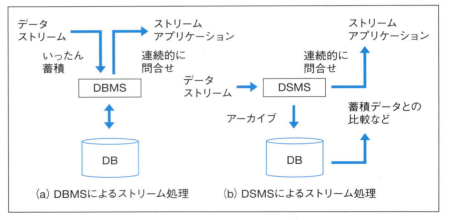

図 10–42　DBMS と DSMS の違い

　CQL による連続問合せは，データストリームを切り出して関係データベースの関係（リレーション）と見越して演算を行うことを基本としている。ストリームから関係に変換する演算を，連続するストリームの一部を窓から見るというイメージでとらえ**ウィンドウ演算**という。いったん，関係に変換すれば，関係から関係への変換は SQL（と等価な機能）によって記述できる。さらに，変換されて得られた関係を別の（派生）ストリームに変換することもできる。ウィンドウ演算では**ウィンドウ幅**と，一回ごとにずらす幅である**スライド幅**を定義できる。

▶ウィンドウ演算

▶ウィンドウ幅
▶スライド幅

(1) ストリームから関係への演算（ウィンドウ演算）

　CQLでは，関係演算に模して，ストリームSをタプルsとそのタプルが生成された時刻τをペアとして＜s, τ＞の集合を定義する。変換される関係はR(τ)として時刻τを含む。時刻τはある一定の幅を持つ時刻の集合であるが，時刻の幅あるいはタプル個数の定義の方法は次の三つがある。

▶時間ベースウィンドウ

・時間ベースウィンドウ（time-based windows）…現在時刻τとすると時刻τ－Tからτまでに生成されたタプルを集合とする関係を生成する。"S [Range T]"と指定する。例えば，Tを30秒としたければ，FROM句の一部として，"S [Range 30 seconds]"と指定する。T=0のときは，現時点のタプルを意味し，"S [Now]"と指定，T=∞のときは，Sの全部のタプルを意味し"S [Range Unbounded]"と指定する。

▶タプルベースウィンドウ

・タプルベースウィンドウ（tuple-based windows）…現在時刻τから直近に生成されたN個のタプルを集合とする関係を生成する。例えば，Nを3個すれば，"S [Rows 3]"と指定する。N=∞のときは，時間ベースと同じように"S [Rows Unbounded]"となる。

▶分割ウィンドウ

・分割ウィンドウ（partitioned windows）…時刻には関係しないSの属性の部分集合をA_1, A_2, …, A_kとして，"S [Partition By A_1, A_2, …, A_k]"で定義する。例えば，直近の3個のタプルから，分割する場合，"S [Partition By A_1, A_2, …, A_k Rows 3]"と指定する。分割は，関係演算での射影に相当する。SELECT句で射影を指定する代わりに，FROM句のストリームSに対して直接射影を行うことになる。

▶スライディングウィンドウ
▶スライド幅
▶オーバラッピングウィンドウ

・スライディングウィンドウ（sliding windows）…ウィンドウをずらすスライド幅を指定する。オーバラッピングウィンドウ（overlapping windows）ともいう。"S [Range T Slide L]"と指定する。例えば，時間ベースでT=30秒を指定して，スライド幅をL=30秒，"S[Range 30 seconds Slide 30]"とすれば重なりなく30秒ごとにストリームから関係を生成できる。"S[Range 30 seconds Slide 15]"とスライド幅を15にすれば，15秒ごとに過去30秒分のタプルを含む関係を生成できる。タプルベースの場合も，指定したタプル集合の個数よりもスライド幅の個数が少なければ，例えば，"S[Range 20 Slide 10]"の場合10個のタプルの到着ごとに，過去20個のタプルを含む関係を生成する。

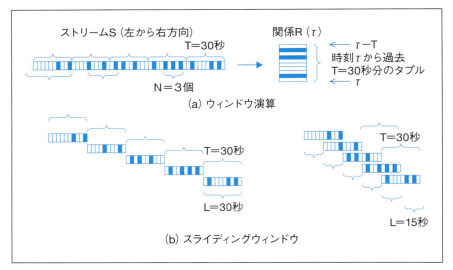

図 10-43　ストリームから関係への演算

(2) 関係から関係への演算

関係から関係を生成する演算であるが，SQL によって自由に記述することができる．もともとストリームから関係に変換するのは，この処理が目的である．次の例は，車両の速度検知システムで，車両の位置と速度のストリームから，現在時刻から 60 分以内で進出検知位置の速度が進入検知位置の速度を時速 30km 以上上回った車両を検出するための CQL の記述例である．

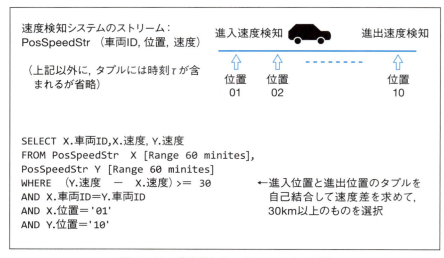

図 10-44　速度検知システムの CQL の例

(3) 関係からストリームへの演算

関係からストリームへの演算は，CQL では SQL の関数のような形で，次の三

つが定義されている。
- Istream(R)（挿入ストリーム）…直前の時刻 $\tau-1$ から現在時刻 τ までに関係Rに新たに挿入されたタプルの集合のストリームを生成する。1は単位時間。
- Dstream(R)（削除ストリーム）…直前の時刻 $\tau-1$ から現在時刻 τ までに関係Rから削除されたタプルの集合のストリームを生成する。1は単位時間。
- Rstream(R)（関係ストリーム）…現在時刻 τ における関係Rの全タプルの集合のストリームを生成する。

次に示すIstream(R)とRstream(R)の例は，結果として時速65km以上の車両IDを全て抽出し，ストリームを生成する。Dstream(R)の例は，30秒前までは速度検知システムに存在したが，現在時刻には存在しない走り去った車両IDを抽出し，ストリームを生成する。

```
SELECT Istream(*)              次の三つの演算を含む
FROM PosSpeedStr [Range         S→R：全タプルの関係Rを生成
Unbounded]                      R→R：時速65km以上のタプルを選択
WHERE 速度 > 65                 R→S：時速65km以上のタプルをストリームと
                                     して抽出


SELECT Dstream(車両ID)          次の三つの演算を含む
FROM PosSpeedStr [Range 30      S→R：30秒以内のタプルの関係Rを生成
Seconds]                        R→R：関係Rから車両IDを射影
                                R→S：関係Rから削除されたタプルをストリー
                                     ムとして抽出


SELECT Rstream(*)               次の三つの演算を含む
FROM PosSpeedStr [Now]          S→R：現在時刻のタプルの関係Rを生成
WHERE speed > 65                R→R：時速65km以上のタプルを選択
                                R→S：時速65km以上の全タプルをストリーム
                                     として抽出
```

図 10-45　Istream(R)，Dstream(R)，Rstream(R) の例

10.7.4　NoSQL

▶NoSQL
▶KVS

ビッグデータの三つの「三つのV」を実現するためには，関係データベースなどの従来のデータベース管理システムだけでは困難である場合が多いことが知られており，大規模な分散処理フレームワークなどが必要とされる。その中でも，関係データベースを補完するものとして，NoSQL（Not only SQL）に注目が集まってきた。KVS（Key Value Store）はデータの保存・管理手法の一つで，任意の保存したいデータに対し，対応する一意の標識（キー）を設定し，キーとデータをペアで保存する方式であり，その機能を提供するソフトウェアである。（分散）KVSなどを技術の中核とした関係データベースに代わるデータベース管理

システムを NoSQL と称する。

　KVS などが出現した当初は，もはや関係データベースや SQL は必要としないという意味で No（No more）SQL と，SQL を否定する意味に使われたこともあったが，現在では SQL の重要性は再認識され，No（Not only）SQL と称されるのが一般的になった。

(1) NoSQL の分類

　従来の関係データベースと比較すると，RDBMS の特徴は厳密なトランザクション管理（データの一貫性）にあるが，NoSQL はどちらかというと厳密な意味のデータの一貫性は諦めるが，性能と柔軟性に優れるという特徴がある。しかし，現在では利用環境によっては，NoSQL にも厳密なデータの一貫性を求める場合もある。表 10-8 に KVS 型だけではない NoSQL の分類を示す。

表 10–8　NoSQL の分類

▶ KVS 型
▶ Redis
▶ Amazon Dynamo

▶ 列指向型
▶ HBase
▶ Cassandra

▶ ドキュメント指向型
▶ MongoDB

▶ CouchDB

▶ グラフ指向型
▶ Neo4j

NoSQL の分類	機能・特徴	製品例
KVS 型	データとインデックス付きの値で構成。高速な読み書きが可能。複雑な検索には不向き。	Redis はメモリデータベースで高速。LINE，Instagram などで使用実績。 Amazon Dynamo は，Amazon Web Service の DB サービスの一つ。
列指向型	データは列単位で管理。高速な読み書きが可能。NoSQL の主流。KVS 型のキーに対して値は一つという制限をなくし，複数の値（列）を持てるようにした。	HBase は Google BigTable（列指向）を基に Hadoop に Bigtable 機能を提供するために開発。 Cassandra は分散ハッシュテーブルと Google BigTable を基に開発。Facebook，Twitter などで使用実績。
ドキュメント指向型	KVS 型を拡張。複雑なデータをドキュメントとして格納。各ドキュメントにキーを割り当てる。スケーラビリティが高い。	MongoDB はドキュメントを JSON に準じた形式で管理。結合演算やトランザクション管理はできないが，RDBMS のように使用でき，広く普及している。 CouchDB はドキュメント指向の DB。
グラフ指向型	グラフ構造でデータを格納。データ同士の複雑な関連性（SNS のソーシャルグラフなど）を表現。関連性の検索を得意とし，特に更新性能が良い。	Neo4j はスウェーデンで開発されたグラフデータベースの代表例。

(2) NoSQL のデータの一貫性

▶ CAP 定理

　CAP 定理とは，分散システムにおいて次の三つの性質の頭文字を取り，その性質を同時に満たすことができず，最大でも二つしか満たせないというものであ

10.7 ビッグデータとNoSQL

る。

▶一貫性
- C（Consistency；**一貫性**）…処理の状態に関わらず，複製したデータの内容に矛盾がない。表現を変えれば，データを更新したら，その後は必ず更新後の最新のデータが参照できることである。

▶可用性
- A（Availability；**可用性**）…分散システムの一部のノードの機能が失われても，正常なノードによって処理が継続できる。表現を変えれば，ユーザのどのアクセスも正常なノードで処理される。

▶分断耐性
- P（Partition tolerance；**分断耐性**）…ネットワーク障害などによって，動作可能なノード群が複数のグループに分散されても，正常に動作する。表現を変えれば，データが複数のノードに分散されており，一つのノードに障害が発生しても別のノードによってデータが参照可能である。

　もう少し具体的にCAP定理を理解するために，最も簡単な二つのノードの分散システムを考えよう（図10-46）。ここでもし，ネットワークの分断が起きなければ一貫性（C）と可用性（A）は維持できることになる。分断が起きた場合，片方のノードだけ状態を更新できるようにすると，二つのノードのC（一貫性）がなくなる。逆に一貫性（C）を維持しようとすれば，一方のノードは利用できない状態としなければならず可用性（A）がなくなる。一貫性（C）と可用性（A）が維持できるのは，二つのノードが通信できる場合となる。この場合，分断耐性（P）が失われるが，実際にはネットワークの多重化などによって深刻な分断は起きなくなっており，CとAの両方が維持できる可能性は高くなっている。

　一般に関係データベースでは，単一システムの場合，一貫性（C）と可用性（A）を保証するとされるが，分断耐性（P）を放棄したと考える方が妥当であろう。NoSQLでは，可用性（A）よりも一貫性（C）と分断耐性（P）を優先させるシステム（CPはHBaseなど）と，一貫性（C）よりも可用性（A）と分断耐性（P）を優先させるシステム（APはCassandraなど）があるが，どちらかというとAPの方が分散システムでの動作に向いているとされる。特に，可用性（A）と分断耐性（P）を優先させたシステムにおいて，分散した複製サイト間で更新内容を厳密に同期させずに，同期の一時的な遅れを許容することを**結果整合性**

▶結果整合性
（eventual consistency）という。

▶BASE特性
　結果整合性を含む**BASE特性**というものが提案されている。BASEは，BA（Basically Available；基本的には可用），S（Soft-state；ソフト状態），E（Eventual consistency）の略である。ソフト状態とは，書込みがなくても結果整合性によって（データベースなどの）状態は変化するという意味である。

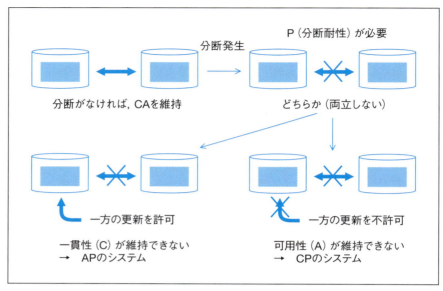

図10-46　APのシステムとCPのシステム

(3) データ分散

NoSQLでは，大規模なデータを大規模数のサーバに分散配置することが多い。さらに，可用性を高めるために，複製も分散配置する。既に「5.1.2 データの分散戦略」でNoSQL出現以前のデータの分散方法を説明したが，NoSQLにおいても，当然基本的な考え方は同じである。

▶データ分散
▶シャーディング
▶シャード
▶レプリケーション
▶複製
▶レプリカ
▶パーティショニング
▶パーティション

NoSQLあるいは一部のRDBMSにおいては，データを分散配置することを**データ分散**（sharding；**シャーディング**）といい，分散される分割された部分は**シャード**（shard，陶器の破片という意味）というが，この部分はパーティションという場合も多い。複製の分散配置は，従来のRDBMSと同じく**レプリケーション**（replication）といい，レプリケーションされる分割された部分を**複製**（**レプリカ**）という。一方，単一DBMS又は並列DBMSなどで複数のディスクがある場合，関係を分割して格納する場合があるが，この方式を**パーティショニング**（partitioning；パーティション分割）といい，分割され区切られた部分を**パーティション**（partition）という。

パーティショニングは，水平分割（horizontal partitioning又はhorizontal fragmentation）と垂直分割（vertical partitioning又はvertical fragmentation）に分かれる。水平分割は，一つの関係のタプルを別々の関係に分散させることである。垂直分割は，関係の一部の属性だけを抜き出す形で分割を行う。垂直分割は，関係の正規化と重なっている。

① 分割手法

NoSQL又はRDBMSでは，分割について，次のような分割手法を用いる。

▶レンジ分割

・**レンジ分割**（range partitioning）…分割キーの値がある範囲内にあるかどうかで分割する。例えば，職業，郵便番号を分割キーとして水平分割する。

10.7 ビッグデータとNoSQL

▶リスト分割

- **リスト分割**（list partitioning）…値のリストごとにパーティションを割り当て，分割キーの値によってパーティションを決める。例えば，地域という属性値が，愛知，岐阜，三重，静岡のどれかのタプルを抜き出すと，東海地方のパーティションを分割できる。

▶ハッシュ分割

- **ハッシュ分割**（hash partitioning）…ハッシュ関数の値によってパーティションに含めるかどうかを決める。例えば，10個のパーティションに分割する場合，ハッシュ関数は0から9の整数を返す。なお，ハッシュ分割に限り，パーティションの代わりに，ハッシュ法の用語の**ハッシュバケット**（hash bucket）又は単に**バケット**（日本語でバケツ）ということもある。

▶ハッシュバケット
▶バケット

前記の手法を組み合わせて用いることもある。レンジ分割した後，ハッシュ分割する。ハッシュ分割した後，リスト分割するなどがある。

② コンシステントハッシュ法

▶コンシステントハッシュ法

コンシステントハッシュ法（consistent hashing）は，実際のノード数より大きい値でハッシュ分割した後，実際には存在しない仮想ノードに割り付ける。そして幾つかの仮想ノードを一つのノードに割り付ける。

例えば，ハッシュ分割でデータベースを分割した場合，あるノードがアクセス不能となったときや復旧したときに，どのように全体を再構築するかという問題がある。単純にノード数でデータを分割してしまうと，ノード数が変わるとパーティションをほぼ全てのノードで移動させる必要がある。コンシステントハッシュ法の場合，平均で仮想ノード数／ノード数を移動させるだけですむ。図10-47では，（仮想ノード数：9）／（ノード数：3）＝3の移動ですんでいる。なお，図には並列処理性能の向上と耐障害性の高める複製のバケットを含めていないが，複製は同じデータなので同じハッシュ値となるが，同じノードに格納しても意味はない。したがって，例えば，論理的にノードがリング上につながっている（**リングアーキテクチャ**）として，当該ノードに隣接したノードに割り付けるという手法などが用いられる。

▶リングアーキテクチャ

第10章　データベースの技術動向

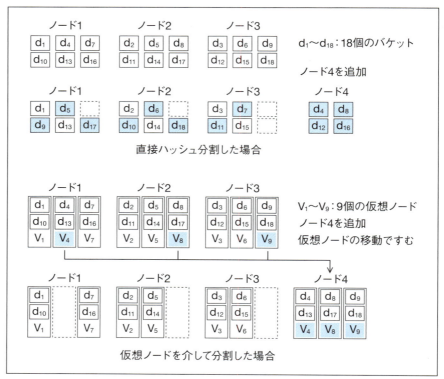

図10-47　ハッシュ法とコンシステントハッシュ法の比較

 ACID特性のCとCAP定理のCは同じでしょうか。

　ACIDのCは，トランザクションの開始，終了などの状態によらずデータベースの内容が一貫性を保っている（矛盾がない）ことですが，CAP定理のCは，どこかのユーザがデータを更新したら，続いて同じデータを参照する全てのユーザが必ず更新されたデータを取得できることを意味します。なお，CAP定理のCを一貫性と訳さず，整合性とする場合もあるようです。

10.8 章末問題

問 10-1　　　　　　　　　　　　　　　　　　　　　　　　　　　　■ H16春-DB 問43

関係データベースの"注文"表と"注文明細"表が，次のように定義されている。"注文"表の行を削除すると，対応する"注文明細"表の行が，自動的に削除されるようにしたい。この場合，SQL文に指定する語句として，適切なものはどれか。ここで，表定義中の実線の下線は主キーを，破線の下線は外部キーを表す。

注文

注文番号	注文日	顧客番号

注文明細

注文番号	商品番号	数量

ア　CASCADE　　　イ　INTERSECT　　　ウ　RESTRICT　　　エ　SET NULL

問 10-2　　　　　　　　　　　　　　　　　　　　　　　　　　　　■ H19秋-SW 問69

ストアドプロシージャの特徴として，適切なものはどれか。

ア　SQL文の実行順序を制御することはできない。
イ　SQL文をクライアントにダウンロードして実行する。
ウ　共通のSQL文によるアクセス手続をアプリケーションに提供できる。
エ　複数のSQL文を含んでいてはならない。

問 10-3　　　　　　　　　　　　　　　　　　　　　　　　　　　　■ H17春-SW 問64

関係データベースのトリガ（trigger）に関する記述として，適切なものはどれか。

ア　参照命令発行時に動作する。
イ　データの変更操作時に動作する。
ウ　ほかのトリガから起動されることはない。
エ　ロールバック処理実行時に動作する。

第 10 章 データベースの技術動向

問 10-4　　　　　　　　　　　　　　　　　　　　　　　　■ H21 春 -DB 午前Ⅱ問 14

関係データベースを利用して，データウェアハウスをスタースキーマ構造で作成することがある。このとき，分析の対象とするトランザクションデータを格納するテーブルはどれか。

　ア　ディメンションテーブル　　　　イ　デシジョンテーブル
　ウ　ハッシュテーブル　　　　　　　エ　ファクトテーブル

問 10-5　　　　　　　　　　　　　　　　　　　　　　　　■ H27 秋 -SM 午前Ⅱ問 21

OLAP によって，商品の販売状況分析を商品軸，販売チャネル軸，時間軸，顧客タイプ軸で行う。データ集計の観点を，商品，販売チャネルごとから，商品，顧客タイプごとに切り替える操作はどれか。

　ア　ダイス　　　　　　　　　　　　イ　データクレンジング
　ウ　ドリルダウン　　　　　　　　　エ　ロールアップ

問 10-6　　　　　　　　　　　　　　　　　　　　　　　　■ H26 春 -DB 午前Ⅱ問 18

データマイニングに関する説明として，適切なものはどれか。

ア　基幹業務のデータベースとは別に作成され，更新処理をしない時系列データの分析を主目的とする。
イ　個人別データ，部門別データ，サマリデータなど，分析者の目的別に切り出され，カスタマイズされたデータを分析する。
ウ　スライシング，ダイシング，ドリルダウンなどのインタラクティブな操作によって多次元分析を行い，意思決定を支援する。
エ　ニューラルネットワークや統計解析などの手法を使って，大量に蓄積されているデータから，顧客購買行動の法則などを探し出す。

問 10-7　　　　　　　　　　　　　　　　　　　　　　　　　　■H16秋-SD 問14

オブジェクト指向におけるインヘリタンスに関する記述として，適切なものはどれか

ア　あるクラスの下にサブクラスを定義するとき，上のクラスで定義されたデータ構造と手続をサブクラスで引き継いで使うことができる。
イ　オブジェクトの性格を決めるデータ構造や値を隠ぺいし，オブジェクトの外部から直接アクセスすることを禁止する。
ウ　オブジェクトのデータ構造や手続を変更した場合でも，外部への影響を避けることができ，オブジェクトの独立性を向上させることができる。
エ　同一のデータ構造と同一の手続をもつオブジェクトをまとめて表現したものである。

問 10-8　　　　　　　　　　　　　　　　　　　　　　　　　　■H20秋-FE 問41

オブジェクト指向における基底クラスと派生クラスの関係にあるものはどれか。

ア　"会社" と "社員"　　　　　　イ　"自動車" と "エンジン"
ウ　"図形" と "三角形"　　　　　エ　"人間" と "頭"

問 10-9　　　　　　　　　　　　　　　　　　　　　　　　　　■H18春-DB 問17

UML を DFD 又は E-R 図と対比した記述のうち，適切なものはどれか。

ア　UML ではデータの関係を記述できないので，E-R 図を併用する必要がある。
イ　UML ではデータの流れを記述できないので，DFD を併用する必要がある。
ウ　UML におけるコラボレーション図（協調図）やコンポーネント図が DFD に相当する。
エ　UML における静的な構造を示すクラス図が，E-R 図に相当する。

第10章 データベースの技術動向

問 10-10　　　　　　　　　　　　　　　　　　　　　　　　　　　■ H18春-DB 問21

関係データベースとオブジェクト指向データベースを比較したとき，オブジェクト指向データベースの特徴として，適切なものはどれか。

- ア　実世界の情報をモデル化したクラス階層を表現でき，このクラス階層を使うことによって，データと操作を分離して扱うことができる。
- イ　データと手続がカプセル化され一体として扱われるので，構造的に複雑で，動作を含む対象を扱うことができる。
- ウ　データの操作とリレーションが数学的に定義されており，プログラム言語とデータ操作言語との独立性を保つことができる。
- エ　リレーションが論理的なデータ構造として定義されており，非手続的な操作言語でデータ操作を行うことができる。

問 10-11　　　　　　　　　　　　　　　　　　　　　　　　　　　■ H27春-DB 問18

インターネット販売などの巨大な取引データを高速に処理するために，NoSQLと呼ばれるデータ処理方式が使われることがある。その特性のうち結果整合性（Eventual Consistency）の説明として，適切なものはどれか。

- ア　データを複製し，複数サイトに分散して保持するとき，コンシステントハッシング手法によって，時間帯別に格納先を固定する。
- イ　複数のクライアントからの更新要求が衝突する場合，ロック機構によってどちらかを待たせることで整合性を保つ。
- ウ　分散した複製サイト間で更新内容を厳密に同期させずに，同期の一時的な遅れを許容する。
- エ　分散した複製サイト間で更新内容を整合させるために，2相ロック方式を採用する。

章末問題　解答・解説

章末問題　解答・解説

第1章　データベースとデータモデル

問 1-1　ウ　　　　　　　　　　　　　　　　　　　　　　ANSI/SPARC3層スキーマ　■H21春-DB 午前Ⅱ問1

　　　ANSI/SPARC3層スキーマの外部スキーマは，利用者やアプリケーションから，直接，見える世界であり，関係データベースのビューやネットワーク型データベースのサブスキーマに相当する。（ウ）の「概念スキーマ」は「外部スキーマ」の誤りである。したがって，（ウ）が適切でない記述である。
ア：内部スキーマによって物理的データ独立性は保たれ，外部スキーマによって論理的データ独立性が保たれる。適切な記述である。
イ：外部スキーマは概念スキーマを外部に見せるためのインタフェースであり，概念スキーマが変化しても外部スキーマを恒常的に保つことが可能である。適切な記述である。
エ：内部スキーマはデータの格納構造を記述するので，適切な記述である。

問 1-2　エ　　　　　　　　　　　　　　　　　　　　　　実装用データモデルの適切な多重度　■H24春-DB 午前Ⅱ問4

　　　この概念データモデルはUMLのクラス図の多重度表記で表現されている。クラス図の多重度表記は，「最小数..最大数」の形で記述するが，最小数が0の場合は，その関連に参加していないインスタンスがあることを示す。例えば，会社と人の関連では互いに0..5，0..＊で0が最小数であるが，会社から見ると全員とは雇用関係がない，人から見ると全部の会社とは雇用関係がないということを意味する。E-R図の用語では，最小数に相当するものをパーティシペーション（participation），最大数に相当するものをカーディナリティ（cardinality）などという。
　　　問題で挙げられている概念データモデルは，①人は会社に雇用されていないか，最大五つの会社に雇用されている，もしくは雇用されたことがある（0..5に対応）ことと，②会社は人を1人も雇用していないか，何人か雇用しており，上限がない（0..＊に対応）ことを示している。選択肢の雇用は，E-R図で，多対多の関連を1対多と多対1の二つの関連に分解する連関エンティティに相当する。会社から見て雇用は0..＊の多重度があるから，雇用の側に 0..＊ がある（エ）が正解である。なお，雇用から見ると会社と人はそれぞれ必ず一つ存在するので多重度は1である。UMLのクラス図の表記では，意味的には1..1であるが，1と記述する。

問 1-3　エ　　　　　　　　　　　　　　　　　　　　　　　　　　　　　　E-R図　■H21秋-AP 問30

　　　関連は，二つのエンティティ間の対応関係を表したもので，1対1，1対多，多対多の3種類の関係のいずれかとなる。選択肢の内容から，E-R図に表現されたエンティティは，在庫，仕入先，部品の三つであることが分かるので，部品在庫管理台帳から，各エンティティ間の関連を判断すればよい。1番目の行と2番目の行は部品コードが同じであるので，部品と在庫の関係は1対多であることが分かる。次に，2番目と3番目の行は仕入先が同じであるので，仕入先と在庫の関係は1対多であることが分かる。これらの条件を満たしているのは（エ）である。
ア：在庫と仕入先の関係が1対多になっているので，逆である。
イ，ウ：在庫と部品の関係が1対多になっているので，逆である。

問 1-4　ア

E-R 図の解釈　■H23 春 -ES 午前Ⅱ問 21

　問題の E-R 図のように，あるエンティティが更に自分自身との関連をもつ場合，再帰的（リカーシブ）な関連があるという。この E-R 図は，組織同士の親子関係を表現するものであるが，例えば，事業部－部－課－係といった階層の違う組織を，すべて同じ種類のエンティティととらえたものと考えることができる。この E-R 図の解釈をすべて挙げることは難しいので，各選択肢についての真偽を考えて正解を導くとよい。
　親組織と子組織の関連は多対多であり，子組織の親組織の数についてそれ以外の制限はないので，（ア）が適切な解釈となる。なお，他の選択肢については，それぞれ次のような誤りがある。

イ：多対多の関連には 0 も含まれるので，子組織をもたない組織もあり得る。また，必ず子組織をもつとした場合，組織階層がループするか，組織の階層が無限となってしまう。
ウ：階層についての制限はない。前述の例のように，事業部－部－課－係というような 4 段階の階層もあり得る。
エ：ネットワーク構造とは，親が複数の子をもつことが可能で，子も複数の親をもつことが可能な構造のことである。この E-R 図では親子関係が多対多なので，まさにネットワーク構造になっている。なお，親子関係が 1 対多の場合にはネットワーク構造にならず，階層構造となる。

問 1-5　イ

汎化階層のある E-R モデル　■H12 春 -DB 問 30

　製品構成が n 階層から成っていると考えると，a を最終製品，X を組立て品としたほうが適切である。1 階層目の組立て品 A は，2 階層目の組立て品 B，C を持ち，2 階層目の組立て品 B は，3 階層目の組立て品 D，E を持ち，……と続く（次図参照）。この場合，最終製品と組立て品は共存的なサブタイプになる。例えば，1 階層目の組立て品 A は最終製品である。また，C 部品が最終製品であってもよい。したがって，（イ）が正しい。

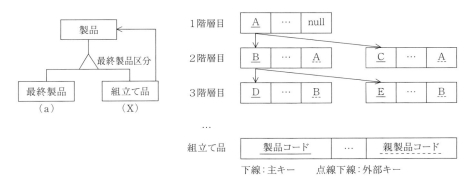

ア：a を組立て品，X を最終製品とすると，製品構成が 1 階層の場合にしか対応できない。最終製品は複数の組立て品を持てるが，組立て品が，さらに別の組立て品を持つ場合が表現できないので不適切である。
ウ：設計図は製品を特化したもの（サブタイプ）ではない。
エ：材料は製品の構成物（part-of 関係）である。

章末問題 解答・解説

問 1-6　ア
論理データモデルの特徴　■H15春-DB問23

階層モデルでは，一つの子は必ず一つの親（a）を持つが，ネットワークモデルでは，一つの子は複数の親（b）を持つことができる。関係モデルはデータを表の形で表し，表の関連付けは値の一致（c）によって行う。したがって，（ア）が適切な組合せである。

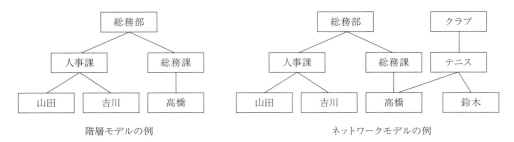

階層モデルの例　　　　　　　　　　　ネットワークモデルの例

問 1-7　イ
UML表記のデータモデルに関する説明　■H19春-DB問31

本問は，データモデルとしてのモデルの表記にUMLを用いると明記されている。したがって，1 *の多重度の意味，説明文の意味は，UMLクラス図を知っていることが前提で，説明はない。導出クラスの表記の説明はあるが，中身の説明はない。導出クラスは，クラスのオブジェクトから一定の条件で検索し加工を施したものである。

"トランザクション"クラスの移動日は，入庫日または出庫日のことである。左下の説明文と"トランザクション"クラスが"実績"と"予定"のサブクラスに分かれていることから，実績と予定を考慮した指定日での（在庫）数量が計算できる。したがって，（イ）が適切である。

ア："/在庫"クラスのインスタンスは，指定日が指定されるごとに数量が計算されて，導出クラスとして追加されるので，"トランザクション"クラスにインスタンスが追加されるたびに更新する必要はない。

ウ："トランザクション"クラスからは，2本の関連の線が出ており，入庫と出庫のどちらかの一方の移動を記録するということはない。

エ："保有"クラスと"品目"クラスは，多対1の関連があるので，"品目"クラスの一つのインスタンスに対して"保有"クラスの複数のインスタンスが作られる。

問 1-8　エ
UMLで表記された組織のデータモデル案　■H28春-DB午前Ⅱ問4

部，課，係の階層構造からなる組織のデータモデルに関する問題である。

モデルA～Cの三つのデータモデルは，以下の特徴がある。

データモデル	概要	特徴
A	部，課，係エンティティを用意し，各エンティティ間に親子関係をもたせるデータモデル	・各組織は一つの親組織，複数の子組織をもつことが可能 ・新しい組織レベルが追加される場合はデータモデルの変更が必要 ・各組織に独自の属性が設定可能
B	組織エンティティという汎用エンティティを設け，一つのエンティティで親子関係を表現するデータモデル	・各組織は一つの親組織，複数の子組織をもつことが可能 ・新しい組織レベルが追加されても対応することが可能 ・各組織に独自の属性は設定不可能
C	組織エンティティという汎用エンティティを設け，組織構造エンティティという連関エンティティ(注記)を設けて親子関係を表現するデータモデル	・各組織は複数の親組織，複数の子組織をもつことが可能 ・新しい組織レベルが追加されても対応することが可能 ・各組織に独自の属性は設定不可能

注記：連関エンティティという用語は，情報処理技術者試験の問題では使われていないが，DB 設計（E-R 図）では多対多のリレーションシップを1対多と多対1の二つのリレーションシップに分解する役割を果たすエンティティのことを指す。交差エンティティ又は関連エンティティなどと呼ぶ場合もある。

ア：モデル A は，組織ごとに個別エンティティとなっているため，新しい組織レベルが追加されるとデータモデルを変更する必要があり，この解釈は誤りである。

イ：モデル C は，親組織が複数になったとしても対応できるため，この解釈は誤りである。

ウ：モデル B では，複数の子組織を設定できるため，組織エンティティの属性として子組織をもつ形とすると属性数が定まらないため実現できない。よって，外部キーとするのは親の組織コードであり，この解釈は誤りである。

エ：モデル C では，連関エンティティを使うことで自由に親子関係を設定することができるが，部の親組織として係を設定することもできるため，制約によって親子関係が循環しないようにする必要がある。よって，この解釈は正しい。

第2章　関係モデルの理論

問 2-1　イ　　　　　　　　　　　　　　　　　　　　　　　　関係モデルの特徴　■H12 春 -DB 問 32

関係の各行を一意に識別する極小の属性集合を候補キーというので，（イ）が適切である。

ア：関係モデルでは，表の列や行に順番はない。ちなみに，実装段階で，ある列の値の順に格納するのをクラスタインデックスという。

ウ：列に順番はなく，列を識別するために属性名はユニークでなければならない。

エ：列が異なれば，異なるデータ形式を持てるが，同じ列では同じデータ形式である。

問 2-2　ア　　　　　　　　　　　　　　　　　　　　　　関係データベースにおける定義域　■H17 春 -DB 問 22

関係データベースの定義域とは，属性がとり得る値の集合である。定義域は値の範囲以外に，属性のとり得る値の表現形式を定めるデータ型を含むと考える。定義域の定義から，定義域の異なる属性同士の比較は意味がなく，（ア）が適切な記述である。

515

章末問題　解答・解説

イ：定義域には，単一の基本データ型でなくても，複数の値からなる複合型でも許される。
ウ：データ定義の集合がスキーマなので，一つの属性に関する定義域とは別の概念である。
エ：一つの属性は，一つの定義域上に定義する。一つの定義域を複数の属性が共有する場合はある。

問 2-3　イ　　　　　　　　　　　　　属性がn個ある関係の異なる射影の数　■H29 春 -DB 午前Ⅱ問 13

属性がn個ある関係の異なる射影の数の総数は，「元の関係と同じ結果となる射影，及び属性を全く含まない射影を含めるものとする」と問題文にあるので，$_nC_0$ から $_nC_n$ まで合計したものとなる。これは 2 項定理において，$(1+1)^n$ に相当する。

射影の数の総数 $= {_nC_0} + {_nC_1} + {_nC_2} + \cdots\cdots {_nC_{n-1}} + {_nC_n} = (1+1)^n = 2^n$ となり，（イ）の 2^n が正解である。

問 2-4　ウ　　　　　　　　　　　　　　　　　　　　　　関係代数演算　■H14 春 -DB 問 25

射影は，ある関係から一部の属性を取り出して新しい関係を作るので，（ウ）が適切な記述である。
ア：結合は，二つの関係のすべての組合せ（直積）に選択演算を施して求める。
イ：差は，片方に現れるタプルから両方に現れるタプル（共通部分）を除いて求める。
エ：商は，一つの関係Rに含まれる二つの関係の直積 t×S から，関係Rの一部である t を求める。

問 2-5　エ　　　　　　　　　　　　　2 表を共通項目で等結合した結果　■H27 春 -DB 午前Ⅱ問 10

等結合とあるので，商品番号は重複して表示されることになり，（エ）が正しい。結合（演算）とは結合属性（共通の属性）に注目してタプルを足し合わせることである。結合は，二つの関係の直積に選択（演算）を施すことと等価である。タプルを足し合わせるために，比較演算子（＝，＞，＜など）を使用するが，これをΘ（シータ）結合という。Θ結合のうち，等号（＝）に限定したものを等結合という。等結合のうち，重複する片方を射影（演算）によって取り除いたものが自然結合である。重複の一方を除去したものは自然結合の結果表（ウ）である。等結合と自然結合とを混用しないようにしたい。ただし，単に結合といえば自然結合を意味し，また実際の SQL では，SELECT 句で射影，WHERE 句で結合条件を指定するので，どちらも意識して表示できる。

問 2-6　ア　　　　　　　　　　　　　　　関係代数表現の演算結果　■H24 春 -DB 午前Ⅱ問 10

次の図のようになり，（ア）が正しい。

章末問題　解答・解説

R×S		
A	B	C
1	a	x
1	a	y
2	b	x
2	b	y
3	a	x
3	a	y
3	b	x
3	b	y
4	a	x
4	a	y

T
A
1
3

R×S÷T	
B	C
a	x
a	y

U	
B	C
a	x
c	z

R×S÷T−U	
B	C
a	y

① 商R×S÷Tは，Tの全タプル（1，3）をともに含んだR×S中のタプル（1ax，3ax，1ay，3ay）からAの列を除いた（ax，ay）になる。
② 差R×S÷T−Uは，商R×S÷TからUと共通するタプル（ax）を除いた（ay）になる。

図　関係代数表現R×S÷T−Uの演算結果

問2-7　ア　　　　　　情報無損失分解かつ関数従属性保存が可能な正規化　■ H26春-DB午前Ⅱ問4

　情報無損失分解が可能な正規化とは，問題文にもあるように自然結合によって元の関係が必ず得られる分解である。例えば，生徒（生徒名，郵便番号，住所県名）という関係では，生徒名→郵便番号，郵便番号→住所県名という推移的関数従属性があるため，生徒（生徒名，郵便番号）と住所（郵便番号，住所県名）という二つの関係に分解することができる。この分解した二つの関係は，郵便番号をキーとして自然結合すれば元の関係が必ず得られるため，情報無損失分解が可能な正規化であるといえる。

　また，関数従属性保存が可能な正規化とは，元の関係において存在した関数従属性が，正規化によって分解した後でも必ず残っている分解である。前述の例では，分解後の二つの関係においても元の関係に存在した生徒名→郵便番号，郵便番号→住所県名という二つの関数従属性は残っているため，関数従属性保存が可能な正規化であるといえる。一般的に，第3正規形からボイスコッド正規形（BCNF）への変換において，関数従属性保存が不可能なケースが存在する。

　したがって，（ア）が正解である。なお，第1正規形から第2正規形への変換についても，情報無損失分解ができ，かつ関数従属性保存が可能である。また，（ウ）は関数従属性保存とは無関係であり，（エ）のボイスコッド正規形から第4正規形への変換では関数従属性保存が成り立たない場合がある。

問2-8　イ　　　　　　与えられた表の正規形の判断　■ H27春-DB午前Ⅱ問6

　この表の候補キーは，{受注番号，項番}と考えられる。得意先コードなどの非キー属性が，候補キーである{受注番号，項番}に部分関数従属しており，第2正規形の定義に抵触している。したがって，（イ）の「第1正規形まで正規化されている」という説明が適切である。参考までに，この表に存在する候補キーに対する非キー属性の部分関数従属性と推移的関数従属性は，次のとおりである。

- 部分関数従属性：{受注番号，項番} → {受注日，得意先コード，商品コード，数量} において，<u>受注番号→{受注日，得意先コード}</u>
- 推移的関数従属性：{受注番号，項番} →<u>商品コード→単価</u>

　この下線部分の冗長性を排除するために，それぞれ第2正規化と第3正規化を行う。

517

章末問題　解答・解説

ア：表の各項目に繰返し項目がなく，関係データベースの表になり得るので，既に第1正規形である。
ウ，エ：非キー属性の候補キーに対する部分関数従属性があり，第2，3正規形ではない。

問 2-9　エ　　　　　　　　　　　　　　　　　正しく定義している第3正規形の表　■ H20 春 -DB 問 24

図の関数従属性図を，属性の組の関数従属性として表現すると次のようになる。
　① a → {b, c, d, e}
　② b → {f, g}
　③ {b, c} → h

このように，図には①～③の三つの関数従属性がある。これらの関数従属性から，属性 a の値が決まればすべての属性の値が決まることは明らかである。したがって，属性 a はすべての属性を一つの表とした場合の候補キーである。その他に候補キーはなく，属性 a 以外はすべて非キー属性（候補キーに属さない属性）である。第3正規形を定義する場合，手順としては，まず第2正規化を考えるが，第2正規形の定義はすべての非キー属性がどの候補キーにも部分関数従属しないことである。候補キーは属性 a 単独であるから，とりあえず部分関数従属性は存在しないので，すでに第2正規形である。次に第3正規化を考える。第3正規形の定義はすべての非キー属性がどの候補キーにも推移的関数従属しないことであるが，この表には a → {b, c} → {f, g, h} という推移的関数従属性がある。この推移的関数従属性の冗長な部分 {b, c} → {f, g, h} に対応するものを別の表に分割する。
　④ {a, b, c, d, e}
　⑤ {b, c, f, g, h}

分割でできた表⑤の候補キーは {b, c} であるが，これに b → {f, g} という関数従属性が存在し，非キー属性が候補キーに部分関数従属しているので，冗長な部分 b → {f, g} に対応するものを別の表に分割する。
　④ {a, b, c, d, e}
　⑤-1 {b, c, h}
　⑤-2 {b, f, g}

したがって，（エ）が正解である。なお，以上は非キー属性が候補キーに部分関数従属する，あるいは推移的関数従属することだけにこだわったが，分解後に候補キーになるもの（具体的には {b, c}）は先に部分関数従属性と判定してもよい。したがって，{a, b, c, d, e, f, g, h} から次のようになる。
　⑥ {a, b, c, d, e, h}
　⑦ {b, f, g}

⑥の表の推移的関数従属性 a → {b, c} → h の冗長な部分 {b, c} → h を別の表に分割して，次のように考えても同じことである。
　⑥-1 {a, b, c, d, e}　（④と同じ）
　⑥-2 {b, c, h}　　　（⑤-1と同じ）
　⑦ {b, f, g}　　　　（⑤-2と同じ）

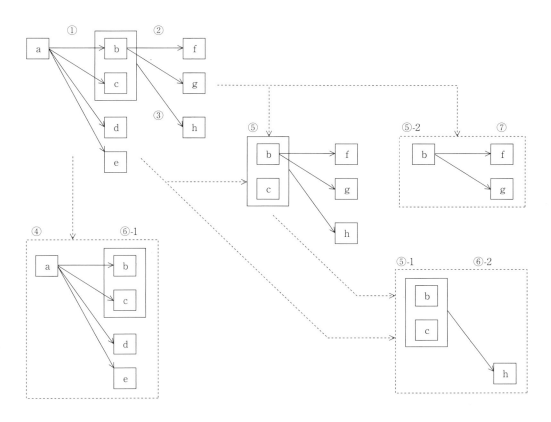

問 2-10　エ　　　　　　　　　　　　　　　　　　　　　　　　　　関数従属　■H25 春 -DB 午前Ⅱ問 2

　和集合(B ∪ C)が決まれば，Bは和集合(B ∪ C)に含まれるという自明の関数従属性（反射律）によって，Bが決まる。B ⊆ (B ∪ C)ならば(B ∪ C)→ B である。

　同様に，C ⊆ (B ∪ C)ならば，(B ∪ C)→ C である。BとCの和集合がAに関数従属(A →(B ∪ C))するのであれば，A →(B ∪ C)→ B，A →(B ∪ C)→ C が成り立つ。つまり，BとCはそれぞれAに関数従属する。すなわち，A → BC は，A → B と A → C と等価である。したがって，(エ)の記述が適切である。
ア：A → B，A → C ならば，A →(B ∪ C)（合併律）であるが，B → C とはいえない。
イ：B ⊆ A なので A → B(反射律)である。また，A → C なので，(ア)と同様に，A →(B ∪ C)であるが，B → C とはいえない。
ウ：B ⊆ A ならば，BはAに関数従属する(A → B)。

問 2-11　ウ　　　　　　　　　　　　　　　　　　　　　関数従属から決定できる候補キー　■H19 春 -DB 問 22

　所与の関数従属 A → BC と CD → E を関数従属性図に描くと図のようになる。図から，明らかに，AとDが決まるとEの値が決まり，すべての値が決まる。したがって，(ウ)のADが候補キーである。念のため，アームストロングの推論則（推論律）を使って，導き出すと次のようになる。A → BC に，左右にDを足して（増加則），AD → BCD が成り立つ。CD → E に，左右にBを足して，BCD → BE が成り立つ。AD → BCD → BE より（推移則），AD → BE が成り立ち，AD → E が得られる。

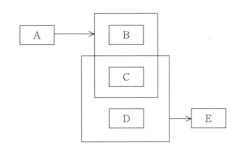

関係Rの関数従属性図

第3章　DBMS の機能

問 3-1　ウ　　　　　　　　　　　　　　　　　　　　　埋込み SQL とカーソル　■ H16 春 -DB 問 34

　　SQL は，もともと対話型の関係データベース言語（対話型 SQL）であるが，プログラムから SQL 文を使う方式の一つが埋込み SQL である。埋込み SQL には，あらかじめプログラム中に固定な SQL 文を埋め込む静的 SQL と動的に SQL を解釈しながら実行する動的 SQL（SQL-92 から）の 2 種類がある。通常の親言語（SQL を呼ぶプログラム言語）は，一度に 1 行のレコードを扱う手続き型言語であるが，SQL は一度に複数の行を扱う非手続き型言語である。SQL の問合せ結果の表を親言語から 1 行ずつ扱うようにする橋渡しの機能が，カーソル（処理機能）である。したがって，（ウ）が適切である。

ア：INSERT 文は，関係データベースの表の性質から，挿入場所を指定して INSERT できないので，カーソルとは無関係である。

イ：動的 SQL は，SQL 文として与えられた文字列を SQL として解釈する PREPARE 文と実行する EXECUTE 文がある。この記述は，EXECUTE 文の説明である。

エ：カーソルによる 1 行ごとの伝送は，効率が悪い。

問 3-2　エ　　　　　　　　　　　　　　　　　　　ビューの SELECT 権限に関する説明　■ H22 春 -DB 午前Ⅱ問 11

　　ビューと元の表は，SELECT 権限に関しては，独立である。ビューに対する SELECT 権限があれば，そのビューに対し問合せをすることができる。したがって，（エ）が適切である。ビューは，セキュリティ面で重要な役割を担っており，元の表の全体に SELECT 権限を与えられないが，一部の項目（データ）に関しては SELECT 権限を与えたい場合に使用する。

ア：元の表の SELECT 権限とは無関係である。元の表の SELECT 権限が必要であるとすると，前述のセキュリティ面でのビューの役割が担えない。

イ：いずれかではなく，ビューに対する SELECT 権限が必要である。

ウ：ビューに対する SELECT 権限が必要である。

問 3-3　ウ　　　　　　　　　　　　　　　SQL（更新可能なビューの定義）　■ H28 春 -DB 午前Ⅱ問 10

　過去の標準 SQL（SQL92 まで）では，次のような条件を満たしたビューを更新可能としていた。
・単一の表から構成されていること。
・DISTINCT を使用していないこと。
・GROUP BY 句を使用していないこと。
　新しい標準 SQL（SQL99 から）では，「単一の表から構成されていること」という条件が緩和され，ビュー定義に UNION と結合を含んでいても，更新対象の基底表（標準 SQL の JIS では実表）の行と対応が付けば更新可能となっている。
　（ウ）の場合，"取引先"表のランクが 15 より大きい取引先を選んでおり，ビューと基底表の行と 1 対 1 の対応が付く。よって，ビューが更新可能であり，これが正解である。
ア：ビューでは，DISTINCT によって選択された値を更新することはできない。この場合，"納入"表には同じ取引先番号で同じ製品番号が複数行あると考えられるので，DISTINCT を含むとビューと基底表の行とは 1 対 1 の対応が付かない。
イ：ビューでは，GROUP BY 句によってグループ化された値を更新することはできない。この場合，"納入"表を GROUP BY 句で取引先番号と製品番号でグループ化しており，ビューと基底表の行とは 1 対 1 の対応が付かない。
エ：SQL92 までの仕様では，FROM 句に二つの基底表を指定しており，更新できない。SQL99 でも，この CREATE VIEW 文は AS 以降の FROM 句で"取引先"表と"製品"表を指定しており，WHERE 句による結合条件がないので，二つの表の直積表が SELECT 句の対象となる。この直積表には同じ内容の取引先住所，ランク，製品倉庫が複数あると想定され，ビューと基底表の行とは 1 対 1 の対応が付かない。なお，この SQL 文には，GROUP BY 句がなく，HAVING 句が使われているが，この場合一つのグループとみなすことになるが，一般的な使い方ではない。現に GROUP BY 句がないと HAVING 句の指定を許さない仕様の SQL 実装製品もある。

問 3-4　イ　　　　　　　　　　　　　　　カーソル操作の SQL 文　■ H26 春 -DB 午前Ⅱ問 7

　カーソルを用いた位置付け UPDATE 文の構文は，次のようになる。
　　　　UPDATE 表名
　　　　　　SET 代入コンマリスト
　　　　　　WHERE CURRENT OF カーソル名
カーソル名は B なので，空欄 a には「CURRENT OF B」が入る。したがって，（イ）が適切である。

問 3-5　イ　　　　　　　　　　　HAVING 指定のある SELECT 文の実行　■ H17 春 -DB 問 35

　部品区分によるグループ化を行い，その在庫量の合計が 201 以上のものの中から，部品区分，部品数，単価の最大値を出力する SELECT 文である。部品区分ごとに一つ一つ計算して確かめると次のようになる。まず，在庫量の合計を計算して，部品数や部品単価の最大値は後で確認すればよい。次の値から，（イ）が正解となる。

部品区分	部品数	MAX（単価）	SUM（在庫量）
P1	3	2,000	240
P2	3	950	200
P3	4	2,500	220
P4	2	950	180

問 3-6　イ　　　　　　　　　　　　　　　　SQL 文を実行した結果得られる表の行数　■H22 春 -DB 午前Ⅱ問 14

　SQL の相関副問合せと EXISTS 句の使い方を確認する問題である。
　副問合せとは，SELECT 文の WHERE 条件の中で，再び SELECT 文を指定する方法である。特に，相関副問合せでは副問合せの中で上位の問合せの表を参照する。相関副問合せで使用される EXISTS 述語は，存在検査である。この問題の場合，NOT EXISTS，すなわち存在していないことを確認している。SQL の意味を解説していく。

SELECT DISTINCT 製品番号 FROM 製品
　　　WHERE NOT EXISTS (SELECT 製品番号 FROM 在庫
　　　　　WHERE 在庫数 > 30 AND 製品.製品番号 = 在庫.製品番号)

　まず，"製品"表の先頭の製品番号である AB1805 を選択し，副問合せの SELECT 文を評価する。AB1805 は"在庫"表に 2 件あり，在庫数が 150 で条件にかなうものがあり，NOT EXISTS は偽となる。次に"製品"表の製品番号である CC5001 を選択し，同様の評価をする。CC5001 も条件にかなうものがあり，NOT EXISTS は偽となる。MZ1000 は"在庫"表にはないので，NOT EXISTS は真となり，1 行選ばれる。XZ3000 は，"在庫"表にあるが，在庫数の条件にかなわず，NOT EXISTS は真となり，1 行選ばれる。ZZ9900 は，条件にかない，NOT EXISTS は偽となる。結局，選ばれるものは MZ1000 と XZ3000 の 2 行となり，（イ）が正しい。

問 3-7　ア　　　　　　　　　　　　　　　　2 講座以上受講している受講生名（SQL）　■H12 春 -DB 問 51

　2 講座以上受講している受講生名を求めるには，"受講"と"受講生"を受講生番号で結合した結果に対し，GROUP BY 句で受講生番号ごとにグループ化し，HAVING 句でグループ化した表のうち二つ以上の異なる講座番号を持つ受講生を抽出すればよい。したがって，（ア）が適切である。
イ：講座番号ごとの受講生数が 2 以上のときの受講生を抽出しているので，誤りである。
ウ：（イ）と同じ意味になり，誤りである。
エ：（ア）と同様の抽出を行っているように見えるが，HAVING 句の条件が間違っている。COUNT（DISTINCT 受講 . 講座番号）< 2 とすべきである。

問 3-8　エ　　　　　　　　　　　　　　　　　　　　　　　　SQL 文を実行した結果　■H19 秋 -SW 問 66

　ここでは一つの表"会員"を X と Y という名前で別々に扱い，「X. リーダ会員番号 = Y. 会員番号 AND X. 生年月日 < Y. 生年月日」という条件で会員名を抽出している。
　まず「X. リーダ会員番号 = Y. 会員番号」という条件の下で，表 X と表 Y を結合した結果を示す。

X.会員番号	X.会員名	X.生年月日	X.リーダ会員番号	Y.会員名	Y.生年月日
001	田中	1960-03-25	002	鈴木	1970-02-15
002	鈴木	1970-02-15	002	鈴木	1970-02-15
003	佐藤	1975-05-27	002	鈴木	1970-02-15
004	福田	1960-10-25	004	福田	1960-10-25
005	渡辺	1945-09-01	004	福田	1960-10-25

表から，会員の年齢がリーダの年齢よりも高い（X.生年月日 ＜ Y.生年月日）ものは，田中と渡辺であることが分かる。したがって，（エ）が正解である。なお，年齢の大小と生年月日の大小は逆であることに注意する。

問 3-9　ア　　　　　　　　　　　　　　　2表に対するSQL文の実行結果表（外結合）　■H18春-DB 問32

FROM句に LEFT OUTER JOIN が記述されているので，左外結合の演算である。この指定は，SQL-92で設けられたものである。左外結合は，左側に記述された表（この場合は，商品）の結合に指定された属性と，右側に記述された表（この場合は，売上明細）の対応する属性に一致する値がない場合でも左側を優先して結合する。右側の値は，空値（NULL）となる。この問題では，"－"で表示されている。商品の商品番号"S102"は，売上明細に存在しないが，左外結合では，商品が優先されて結合される。したがって，（ア）が正しい。このように，外結合は，商品マスタテーブルにあって注文がない商品でも，結合の結果として表示したい場合などに使用される。

問 3-10　エ　　　　　　　　　　　　　　　　　　　同じ結果が得られるSQL文　■H17春-DB 問37

問題のSQL文は，"納品"表の商品番号'G1'の商品を納品する顧客番号と顧客名を出力している。選択肢のSQL文を確認していく。
ア：この探索条件は，"納品"表に商品番号'G1'があるかどうかをチェックしており，あれば"顧客"表の全部の顧客番号と顧客名を出力することになる。
イ：この探索条件は，"顧客"表に商品番号という列はなく，SQLエラーになる。
ウ：結合条件がないので，"納品"表と"顧客"表の直積に対して，商品番号'G1'を選択しているが，直積なので全部の顧客番号と顧客名が出力される。
エ：問題のSQL文の副問合せと等価な結合問合せになっており，正解である。

問 3-11　イ　　　　　　　　　　　　　　　DBMSの参照制約の削除規則　■H14春-DB 問45

（1）の商品テーブルと受注テーブルの間は，（2）のような両者の依存関係がなく，ある商品が複数の受注テーブルのインスタンスで参照されることから，〔削除規則の種類〕の（b）「参照する外部キー側の行が存在していれば，主キー側の削除を許さない」を適用する。（2）の出荷明細テーブルは，出荷テーブルに依存しており（出荷番号が主キーの一部），両者がペアで出荷の事象を表すので，（a）「主キー側の行を削除したら，それを参照する外部キー側の行も削除する」を適用する。この組合せに該当するのは（イ）である。

523

章末問題　解答・解説

問 3-12　エ　　　　　　　　　　　　　　　社員データベース作成におけるデータ入力順序　■H18春-DB 問44

　表a，表b，表cにおいて，表cの事業本部コードは，表bの主キーである事業本部コードを参照する。表aの｛事業本部コード，部門コード｝は表cの｛事業本部コード，部門コード｝を参照する。したがって，表bの事業本部コードが一番先に存在し，その次に表cの｛事業本部コード，部門コード｝が存在する必要があるので，（エ）の順序が適切である。この例のように，ほかの表でキーになっている列の値が，その表に存在しないとエラーとする機能を参照制約あるいは参照制約動作という。また，参照する側の表の列を外部キーといい，この制約に対するエラーを参照制約エラーあるいは参照整合性エラーなどという。なお，表aの事業本部コードは，単独で直接的に表bの主キーである事業本部コードを参照するのではないことに注意したい。表aの事業本部コードは，あくまでも｛事業本部コード，部門コード｝というペアで表cの主キーである｛事業本部コード，部門コード｝を参照している。

問 3-13　エ　　　　　　　　　　　　　　　　　　　　　トランザクション管理　■H22春-DB 午前Ⅱ問18

　同時実行制御の目的は，データベースの一貫性や隔離性（直列可能性を保つ）を保ちながら複数のトランザクションを並行して処理し，単位時間当たりに実行されるトランザクション数（スループット）を最大にすることである。したがって，（エ）が適切である。
ア：2相ロック方式は集中型のデータベースでも使用される。直列可能性を保証する。
イ：ロックの粒度とは，ロック対象の大きさ（ページ，行など）のことであり，時間の長さではない。
ウ：ダーティリードなど隔離性水準を下げると，並行実行性が高まり，スループットは高くなる。

問 3-14　ウ　　　　　　　　　　　　　　　　　　　　　ACID特性の説明　■H29春-DB 午前Ⅱ問16

　ACID特性とは，データベースを更新するトランザクション処理において，データベース群の整合性を保つために必要な基本特性のことであり，次の四つの特性の頭文字を並べたものである。
〔ACID特性〕
・原子性（Atomicity）：完了（コミット）か，もしくは何もしない（ロールバック）かのどちらかの状態で終了する。
・一貫性（Consistency）：トランザクション処理の状態にかかわらず，データベースの内容は矛盾していないことを指す。例えば，お金をX口座からY口座に振り込むトランザクションがあるとき，X口座からお金を引き落とし，まだY口座にお金が振り込んでいない状態を処理中のトランザクション以外に見られないようにすることである。
・隔離性（Isolation）：複数のトランザクションを同時に実行した場合と，順番に実行した場合との結果が一致していることを指す。例えば，二つのトランザクションをA，Bとした場合，A→B又はB→Aと処理結果が異なることがあるが，どちらかの結果と一致するという意味である。
・耐久性（Durability）：トランザクションが完了すれば，障害などによって，結果が損なわれることはないことを指す。
　（ウ）は，一貫性に関する記述として適切である。
ア：この説明は原子性に違反している。
イ：この説明は耐久性に違反している。

エ：この説明は隔離性に違反している。

問 3-15　エ　　　　　　　　　　　　　　　　　　　　直列可能性を保証できる組合せ　■ H24 春 -DB 午前Ⅱ問 19

（エ）では読み書きの処理の前にロックを，全ての処理の後にアンロックを行っている。つまり，途中でアンロックをしない 2 相ロック方式に準拠しており，T1 → T2 か T2 → T1 の順序でしかスケジューリングできない。したがって，T1 → T2 か T2 → T1 のどちらかの実行結果に一致するという直列可能性を保証できる組合せであり，（エ）が正解である。

ア：ロック前に READ するので T1 → T2 → T1（又は T2 → T1 → T2）のスケジューリングが可能であり，直列可能性を保証できない。データ a は更新の喪失が起きる。

イ：処理の途中でアンロックするので T1 → T2 → T1（又は T2 → T1 → T2）のスケジューリングが可能であり，直列可能性を保証できない。最終的には正しい結果になるが，このスケジューリングの途中の段階，つまり T2（又は T1）が終わった段階では，正しくない。データ a は T1（又は T2）の更新結果を反映するが，データ b は反映しない。

ウ：処理の途中でアンロックするので T1 → T2 → T1 のスケジューリングが可能であり，直列可能性を保証できない。このスケジューリングの場合，T2 において，データ a は T1 が更新したデータを参照するが，データ b は初期状態のデータを参照することになる。

問 3-16　ア　　　　　　　　　　　　　　　　READ COMMITTED で並行処理した場合の事象　■ H18 春 -DB 問 35

トランザクションの隔離性水準（アイソレーションレベルまたはトランザクションモード）に関する問題である。

トランザクションの隔離性水準には，次のようなものがある。

・READ UNCOMMITTED：COMMIT 前に READ 可能
・READ COMMITTED：COMMIT 後だけ READ 可能
・REPEATABLE READ：繰返し読込み可能
・SERIALIZABLE：直列可能

いずれも，トランザクションの実行によって，データの整合性が崩れることを防止するか，トランザクションの実行結果が正しくなるように保証することを目的としている。

二つの SQL 文は，一つの表の列（A，B，C）に同時にアクセスしているが，ページ単位で排他制御を行う DBMS とあり，同時に複数の資源（この場合，複数のページ）をロックすることはなく，デッドロックが発生することはない。したがって，（ア）が誤っている。

イ：READ COMMITTED では，SELECT 文では共有ロックを SELECT 文の実行中だけ掛ける。①の実行中に②を実行すると，①の SQL 文終了後に，まだ COMMIT 文が発行されない時点で，②の SQL 文は，ロックが掛かっていないので，終了する場合がある。

ウ：READ COMMITTED では，必ず COMMIT の後に READ を行う。したがって，②の COMMIT 実行前の結果が①に反映されることはない。

エ：②を連続して実行していても，COMMIT 文は直後にあるので，①が②の終了した更新結果を読むのは当然である。なお，この選択肢が，READ COMMITTED で発生する Non repeatable read の現象を記述する意図とすれば，問題文の番号が入れ替わっている。その場合，①を COMMIT 文なしで連続して実行して

いるときに②を実行すると，①より前に終了した②の結果が①に反映される場合がある。

参考までに，隔離性水準と共有ロック，占有ロックの関係をまとめる。短期は，SQL 文実行中だけロックを掛け，長期は，SQL 文でいったんロックを掛けるとコミットまでロックを解かないことを意味する。

ISOLATION LEVEL	共有ロック	占有ロック	発生する現象
READ UNCOMMITTED	掛けない	短期	Dirty read
READ COMMITTED	短期	長期	Non repeatable read
REPEATABLE READ	長期	長期	Phantoms
SERIALIZABLE	長期 検索範囲にロック	長期	

問 3-17　ウ　　　　　　　　　　　　　システム障害の前進復帰による障害対策　■H20 秋 -SW 問 67

現在の DBMS では，ディスクに対する入出力性能を向上させるためにバッファリング手法がとられている。データ更新は，いったんメモリバッファ上のページ（ブロック）に対して行われ，バッファが一杯になったタイミングなどで一括してディスクに書き込まれる。このためシステム障害が発生するとバッファの更新内容がディスクに書き込まれる前に失われることがあり，その対策として前進復帰（ロールフォワード）による障害回復が行われる。そして，この前進復帰による障害回復時間を短縮するために，バッファ上の更新内容を定期的にディスクに書き込むこと，また，そのタイミングをチェックポイントという。障害発生時点でのディスクの内容は，直近のチェックポイント時点のものである。したがって，システム障害発生時には，直近のチェックポイントまで戻り，それを基点として障害回復を行えばよい。

問題に目を移すと，トランザクション T1 は，チェックポイント以前にコミット（完了）しているので，更新内容はすでにディスクに反映されている。T2 と T3 は，チェックポイント以降にコミットしているので，前進復帰の対象になり，更新内容はディスクに反映される。T4 は，システム障害発生時に実行中であり，トランザクション開始前に戻すことになるので，後退復帰（ロールバック）の対象であり，その更新内容はディスクに反映されない。

以上から，a の値は，T1 (a = a + 1) と T3 (a = a + 3) が更新内容として反映され，a = 0 + 1 + 3 = 4 となり，b の値は，T2 (b = b + 2) が更新内容として反映され，b = 0 + 2 = 2 となる。したがって，（ウ）が正解である。

問 3-18　エ　　　　　　　　　　　　　コミット処理完了とみなすタイミング　■H26 春 -DB 午前Ⅱ問 13

ログファイルにコミットしたというログの書込みが完了したタイミングが，コミット処理完了，すなわちトランザクションの終了である。したがって，（エ）が適切である。

ア：アプリケーションの更新命令（SQL では UPDATE 文）完了時点では，コミット処理がまだ行われていない。

イ：チェックポイント処理は，コミット処理とは同期はしていない。

ウ：ログバッファへのコミット情報の書込みでは，システム障害時にバッファが失われるので，コミット処理完了にはならない。

問3-19　エ　　　　　　　　　　　　　　　　　　　　　　　WALプロトコル　■H21春-DB午前Ⅱ問11

　ログを先に書き出すWAL（Write Ahead Log）プロトコルに従った正しい順番は，（エ）である。データベースの更新前に必ず，ログバッファにあるログレコードを書き出すのがWALプロトコルの特徴である。もし，ログを書き出す前にデータベースの更新が行われると，ログを用いたリスタート処理ができなくなる。WALプロトコルによる更新処理は，次のような順序になる。

(1) トランザクションの開始（begin transactionレコード）①をログファイルへ書き出す。
(2) トランザクションがデータベースの更新処理を開始すると，障害回復に備えて，更新前レコード③を先に，その後で更新後レコード④をログファイルへ書き出す。
(3) バッファのフラッシュのタイミングやログファイルが切り替わるタイミングでデータベースへの書出し②が行われる（チェックポイントの発生）。
(4) トランザクションの終了に伴いコミットが発行されるので，commitレコード⑤がログファイルへ書き出される。
(5) トランザクションの終了（end transactionレコード）⑥がログファイルへ書き出される。

第4章　DBMSの実装技術

問4-1　イ　　　　　　　　　　　　　　　　　　　　　　ハッシュアクセス手法　■H15春-DB問43

　アクセス手法（ハッシュインデックスとも呼ぶ）では，レコードの格納場所を求めるのに，特定のキー値をもとにハッシュ関数を利用して格納場所を計算する。キーの値から直接格納場所が計算されるので性能はよいが，キー値の順に格納されるわけではないので，連続検索には向かない。連続検索に向くのは，クラスタインデックスである。クラスタインデックスは，特定のキーの値の順番に連続してレコード格納するものである。またハッシュインデックスはキーの値が，一様に分布しているときにはよいが，キーの値の分布によってはコンフリクト（シノニム）が多発して，効率が下がることがある。したがって，（イ）が適切である。
ア：ビットマップインデックスの説明である。男女の区別，赤，青，黄など値の種類が少なく，重複する値が多いデータに向くインデックスである。ビットマップインデックスは，インデックス作成に時間がかかるので，更新のない情報系データベースに向いている。
ウ：インデックスの基本的な構造である。この基本構造をどう実装するかによってインデックスの処理時間が決まる。その一つが（エ）である。分厚い本の巻末に多くの索引があるとき，索引項目自身を見つけるのに時間がかかることを想像してほしい。
エ：B木インデックスの説明である。通常，3，4階層のB木インデックスが実際の関係データベース管理システムの中で利用されている。関係データベース管理システムの基本中の基本のインデックス構造である。

問4-2　ウ　　　　　　　　　　　　　　　　DBMSの記憶管理に関する記述　■H18春-DB問43

　（ウ）のクラスタリングは，静的クラスタリングのことであり，特定の格納手法を用いてデータの集まり（クラスタ）をあらかじめ磁気ディスクなどの記憶媒体に格納しておく。これには，クラスタインデックス（クラスタキー）やハッシュインデックスなどが該当するが，いずれも「磁気ディスクへのアクセス効率向上を

目的」としており，(ウ)が最も適切な記述である。なお，並列データベースマシンなどではハッシュビットアレイやソートマージを用いて実行時に動的にクラスタリングを行うが，これを動的クラスタリングという。

ア：「参照制約実現のための処理を高速化する」ためには，連結リストではなく，B木インデックスやハッシュインデックスが用いられる。

イ：「関係データベースの一つの表」は，ページではなく，DBMS によって呼び方はさまざまであるが，表領域などと呼ばれるファイルスペースに格納される。

エ：バッファ管理は，FIFO も間違いではないが通常 LRU（Least Recently Used）と呼ばれる手法によって管理される。最も適切とはいえない。

問 4-3　イ　　　　　　　　　　　　　　　　B木構造の格納レコード数　■ H28 春 -DB 午前Ⅱ問 2

B木構造とは，データ構造の一つである木構造のうち，一つのノードに複数のレコードを格納できる木構造である。木構造の次数を k とした場合における B木構造のルールは次のとおりである。また，次数 $k=1$，木構造の段数 $n=2$ の場合の B木構造の例を図に示す。

● k 次の B木構造のルール
1. 各ノードは，最大 $2k$ 個のレコードを格納できる。
2. ルートノード以外のノードは，少なくとも k 個のレコードを格納する。
3. k 個のレコードをもつノードは，$k+1$ 個の子ノードをもつ。
4. リーフノードは全て同じレベルとなる。

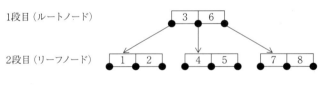

図　B木の例＜k＝1, n＝2＞

図のとおり，$k=1$，$n=2$ の場合，最大で八つのレコードを格納することができる。
これを選択肢に当てはめる。

ア：$(2 \times 1)^1 - 1 = 2 - 1 = 1$
イ：$(2 \times 1 + 1)^2 - 1 = 9 - 1 = 8$
ウ：$2 \times (1 + 1)^1 - 1 = 4 - 1 = 3$
エ：$2 \times (1 + 1)^2 - 1 = 8 - 1 = 7$

よって，正解は（イ）である。

（別解）
B木構造のルールより，各ノードの最大レコード数は次のようになる。
1 段目　$2k$ 個 $= 2k \times (2k+1)^0$ 個
2 段目　$2k \times (2k+1)^1$ 個

3段目　$2k \times (2k+1)^2$ 個

・
・

n段目　$2k \times (2k+1)^{n-1}$ 個

n段のB木構造の最大格納レコード数をSとすると，Sは1段目からn段目までの最大レコード数の総和となる。

$$S = 2k \times (2k+1)^0 + 2k \times (2k+1)^1 \cdots + 2k \times (2k+1)^{n-1}$$

$$= 2k \times \sum_{i=1}^{n} (2k+1)^{i-1}$$

$\sum_{i=0}^{n} r^{i-1} = \dfrac{1-r^n}{1-r}$ より

$$S = 2k \times \dfrac{\{1-(2k+1)^n\}}{1-(2k+1)} = 2k \times \dfrac{\{1-(2k+1)^n\}}{-2k} = (2k+1)^n - 1$$

よって，正解は（イ）である。

問 4-4　ア　　　　　　　　　　　　　　　　　　　ハッシュインデックスの特徴　■H16春-DB 問42

ハッシュインデックスでは，インデックス列（主キー，代替キー，外部キーなどを指定）にハッシュ関数を適用して，キー値に一致するデータ（行）だけを1回のアクセスで取り出す。この特徴から，ハッシュインデックスは比較条件問合せのうち，X = 'abc'の形の等号比較（完全一致検索）には有効であるが，大小比較などの範囲の検索には向かない。したがって，「不等号の条件検索が不得意」とある（ア）が適切である。

イ：ワイルドカード方式の検索は，検索パターンに任意の1文字やn文字と一致するマスク文字を含む。そのため，前方一致などの範囲の検索が生じ，ハッシュインデックスには向かない。

ウ：「インデックスノードが木構造」とあるので，B木インデックスのことである。

エ：ハッシュインデックスを作成する場合，行の平均長やキーの最大数に基づき，行を格納する領域をあらかじめ割り当てる。「行の追加や削除が多い」場合は，行を格納する領域の物理的な配置がくずれるので，I/O効率が悪くなる。これを解消するために，ハッシュインデックスの再構成（再作成）を行う。

問 4-5　ウ　　　　　　　　　　　　　　　　格納レコード件数と平均アクセス時間の関係表　■H18春-DB 問40

一般にB^+木インデックスは，m分木（mは2以上）の構造をとる。B^+木インデックスは，B木インデックスに対して，リーフレベルのインデックスに順次アクセスのためのポインタ構造を付加したものであるが，格納レコード件数と平均アクセス時間の関係についての本質はB木インデックスと同じである。B木インデックスを，実際に探索するときには，探索する格納レコードの値とインデックスの値を比較しながら，2分探索法で該当するレコードを見つける。つまり，それぞれの階層のインデックスを階層数分2分探索することになるが，階層数はせいぜい3，4階層であり，それぞれの2分探索法の計算コストは，個数nに対して，$O(\log_2 n)$であり，全体としては(3または4)×$O(\log_2 n) = O(\log_2 n)$となる。したがって，格納レコードと平均アクセス時間の関係を表すものは，格納レコード件数に対して対数値をプロットした（ウ）が正解である。

なお，2分探索の計算コストは，n個の項目があるとすると，探索回数をkとした場合，探索ごとに半分になっていき，最後に見つかるので，

章末問題　解答・解説

$$n \rightarrow n \times 1/2 \rightarrow n \times (1/2)^2 \rightarrow \cdots\cdots \rightarrow n \times (1/2)^k = 1$$

となり，最後の

$n \times (1/2)^k = 1$

$2^k = n$

から，両辺を底2の対数をとり，$k = \log_2 n$，すなわち $O(\log_2 n)$ であることが導ける。

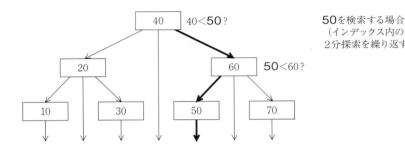

第5章　分散データベース

問5-1　ウ　　　　　　　　　　　　　　　　　分散DBシステムにおける分割に対する透過性　■H25秋-SC 午前Ⅱ問21

　分散データベースシステムにおける"分割に対する透過性"は，「一つの表が複数のサイトに分割されて格納されていても，利用者はそれを意識せずに利用できること」である。したがって，（ウ）が正しい。

　その他の記述が示すものは，次のとおりである。

ア："移動に対する透過性"と区別する場合もあるが，"位置に対する透過性"に含まれる。

イ："複製に対する透過性"である。複製に対する更新を伴う場合，更新伝播（レプリケーション，プロパゲーションなどと呼ぶ）が必要となる。

エ："位置に対する透過性"である。

　なお，データベースの利用者から見てデータが分散していることを意識しないで利用できるための透過性をまとめて分散データベースシステムの透過性というが，前述した透過性以外にも次のような透過性がある。

・トランザクションに対する透過性：分散トランザクションもACID特性をもたなければならない。

・性能に関する透過性：データが分散されても集中された場合と性能が変わらない。

・DBMSに対する透過性：DBMSが異なっても意識せずに利用できる。

問5-2　イ　　　　　　　　　　　　　　　　　サイト名を表の命令規則に使った場合の特徴　■H12春-DB問61

　分散データベースシステムにおいて，「サイト名＋表名」の形で，つまりサイト名を使って表の名前をユニークにする方式を分散型命名方式という。分散型命名方式で他サイトの表に問合せを行う場合，自サイトのデータ辞書しか持たない場合でも，表の名前に付けたサイト名によって他サイトのデータ辞書を直接見つけることができる。したがって，分散型命名方式は他サイトの問合せが効率的となる。したがって，（イ）が適切である。

ア：完全重複管理方式の説明である。

ウ：一点集中管理方式は，負荷が集中し，障害にも弱いので，小規模システム向けである。分散型命名方式

530

は，この方式をとらない。

エ：表の移動，フラグメントおよび重複が発生してもサイト名を変えない誕生サイト方式（分散型命名方式の一つ）の特徴である。

問 5-3　イ　　　　　　　　　　　　　　　表の属性だけを送る分散型 DBMS の結合方式　■H25 春 -DB 午前Ⅱ問 20

　セミジョイン法は，結合演算の対象となる共通列をどちらかのサイトに送付して結合演算を行い，結果を問合せの抽出に必要な列とともに相手のサイトに送り返す。共通列だけを送付することや結果の列だけを返送することで，通信負荷を減らせる。したがって，正解は（イ）である。（ア）の入れ子ループ法や（エ）のマージジョイン法は，ともに表全体をどちらかのサイトに送付することになるので，セミジョイン法よりも通信負荷がかかる。

　（ウ）のハッシュセミジョイン法は，ハッシュジョイン法を使用したセミジョイン法の新しい手法である。ハッシュセミジョイン法は，共通列（必要な属性）を送る代わりに，共通列に相当するベクトル情報だけ（ビット列）を送るので，問題文には合致しない。

問 5-4　イ　　　　　　　　　　　　　　　　　　トランザクションのコミット制御　■H27 春 -DB 午前Ⅱ問 12

　2相コミットでも，主サイトと従サイトの間の通信が途絶えると，主サイトの指示が届かないことは当然あり得るので，サブトランザクションをコミットすべきかロールバックすべきか分からない場合がある。したがって，（イ）が適切な記述である。

ア：サブトランザクションが実行される全てのサイトからコミット了承応答が届けば，全てのサブトランザクションにコミット指示を出す。

ウ：サブトランザクションがロールバックされた場合には，全てのサブトランザクションがロールバックされる。

エ：1相コミットでは，サイト間のデータベースの一貫性は保証できない。

問 5-5　イ　　　　　　　　　　　　　　　　　分散データベースにおけるコマンドシーケンス　■H26 春 -AP 問 29

　コマンドシーケンスの記述に UML のシーケンス図の記法を用いているが，内容は，分散データベースの更新同期をとるための2相コミットメントの問題である。2相コミットメントでは，第1フェーズで更新準備完了か？（COMMIT 可か？）を問い合わせ，全て OK ならば第2フェーズとして実際のデータベースの更新を行う。

　調停者が，参加者（この場合，システム1，2）に COMMIT 可否を問い合わせ，全ての参加者が COMMIT 可の場合は COMMIT の実行要求を出す。しかし，参加者が一人でも COMMIT 否の場合は，更新処理を取り消し ROLLBACK の実行要求を出す。問題のシーケンス図を見ると，COMMIT 可否問合せに対する点線の矢印に可と否があるので，調停者は，ROLLBACK の実行要求を出すことが分かる。したがって，（イ）が正解である。

章末問題　解答・解説

第6章　情報資源管理とデータベース設計

問 6-1　イ　　　　　　　　　　　　　　　　　　　　　　　　　　リポジトリシステムで必須の機能　■H19春-DB問14

　　　リポジトリシステムに格納されるメタデータには，本番稼働中の業務システムと開発中のシステムとが併存するなど状況に応じて，同じもので仕様が異なるバージョンが存在することがある。このため，リポジトリでは「格納したデータについての複数のバージョンを管理する機能」が必要になるが，一般のDBMSでは原則的に複数のバージョンが存在することはないので，この機能は不要である。したがって，（イ）が適切な機能である。
　　ア：「格納したデータに対する照会機能」は，リポジトリシステムに限らず，一般のDBMSでも必要である。
　　ウ：同時実行制御機能は，一般のDBMSでも必要である。
　　エ：更新・照会操作などのアクセス権限を管理する機能は，一般のDBMSでも必要である。

問 6-2　ウ　　　　　　　　　　　　　　　　　　　　　　　　　　　　　　　　　　　メタデータ　■H12春-DB問31

　　　データの定義情報をメタデータという。関係データベースでは，データ定義情報（表，ビュー，列名，データ型など）がメタデータに相当する。データ定義情報は，DDLスキーマに記述される。したがって，（ウ）が適切である。
　　ア：メタデータを管理するにはメタデータの定義情報が必要である。メタデータに対するメタデータであり，メタメタデータという。
　　イ：階層型データベースか関係データベースかなど，DBMSの種類によってメタデータの管理情報は異なる。
　　エ：適用業務で直接利用するデータは，メタデータではない。

問 6-3　エ　　　　　　　　　　　　　　　　　　　　　　　　　　　　　　　　　　メタデータの説明　■H18秋-SD問10

　　　メタデータは，データのデータという意味で，データ自身に関する定義情報を記述したデータであり，（エ）が正解である。
　　ア：メタデータと"べき集合"は無関係である。べき集合とは，ある集合の部分集合全体がつくる集合である。データベースとの関連では，関係データモデルの関係（リレーション）では，"べき集合"を認めない。関係データベースでは，値が更に関係であるようなものは認めない。値が関係でないものすなわち値が単一のものを第1正規形という。
　　イ：定義域（ドメイン）のこと。
　　ウ：メタデータもデータディクショナリあるいはリポジトリとしてDBMSに格納する。

※7章の章末問題はありません。

第8章　データベースシステム設計と実装

問 8-1　イ　　　　　　　　　　　　　　　　　　　　　　　　　　　　差分バックアップ方式による運用　■H29秋-AP問56

　　　フルバックアップ方式は，ディスク全体の内容をテープなどに取得する方式であり，差分バックアップ方式とは，直近のフルバックアップ以降に変更になった内容だけをテープなどに取得する方式である。このこ

とから分かるように，差分バックアップ方式での復旧は，直近のフルバックアップデータをディスクに復元（リストア）した後，更に直近の差分バックアップデータをディスク上へ反映することになる。したがって，（イ）が適切な記述である。

ア：フルバックアップ方式での復旧は，フルバックアップの復元だけでよく，差分の処理は不要である。一方，差分バックアップ方式は，フルバックアップの復元に加えて，差分による復旧処理も必要なため，障害からの復旧時間は，フルバックアップ方式に比べて長い。

ウ：差分だけでは復旧できないので，フルバックアップの取得が必須である。一般には，例えば，週末などにフルバックアップ方式でバックアップを行い，それ以外は差分バックアップにするといった，交互の運用となる。

エ：バックアップ対象のデータ量からも分かるように，バックアップに要する時間は，差分バックアップの方が短い。

問 8-2　ウ　　　　　　　　　　　　　　　　　　　　　　　分散型データベースのヒット率　■H12 春-DB 問 64

部門データベースへのアクセス割合，つまりヒット率を h（h＜1）とすると，全社顧客データベースへのアクセス割合は，1－ヒット率（1－h）となる。データベースへのアクセス時間とアクセス割合で加重平均をとると，平均データベースアクセス時間が求められる。要求される平均データベースアクセス時間は 4 秒以内である。

$$平均データベースアクセス時間 = 3秒 \times h + 10秒 \times (1-h) \leq 4秒$$
$$h \geq 6 / 7$$
$$\fallingdotseq 0.86$$

よって，（ウ）の最低 86％以上が正解である。

問 8-3　エ　　　　　　　　　　　　　　　　　　　　平均検索速度が向上するインデックス　■H21 春-DB 午前Ⅱ問 10

索引部のブロック数を n，データ部のブロック数を m とする。

　　キー値 i が重複している場合の索引部のアクセスコスト
　　　　　　　　＝ n×キー値 i の重複件数÷データ全件数
　　データ部のアクセスコスト＝ m×キー値 i の重複件数÷データ全件数

この索引部とデータ部のアクセスコストをキー値 i の出現割合（アクセスする割合）に応じて加重平均すれば，p，q などの 1 項目当たりの平均の検索効率（コスト）を求めることができる。キー値にアクセスの片寄りがなければ，

　　キー値 i の出現割合＝キー値 i の件数÷データ全件数

となる。

　　平均検索効率＝Σキー値 i の出現割合×(キー値 i の索引部アクセスコスト＋キー値 i のデータ部アクセスコスト)

データ部に関しても結果は同じなので，索引部だけで平均検索効率を比較すると，（エ）が正しいことが分かる。なお，直感的には各行は等頻度で検索されるのであるから，各行の絞込み率（重複件数÷データ全件数）の平均値が一番大きい（数値としては小さい）ものが，1 行当たりの平均検索速度が向上する。

533

章末問題　解答・解説

ア：平均検索効率 = $\frac{600}{1200} \times \frac{600}{1200} n + \frac{600}{1200} \times \frac{600}{1200} n = 0.5n$

イ：平均検索効率 = $\frac{1000}{1200} \times \frac{1000}{1200} n + \frac{200}{1200} \times \frac{200}{1200} n ≒ 0.722n$

ウ：平均検索効率 = $\frac{20}{1200} \times \frac{20}{1200} n + \frac{40}{1200} \times \frac{40}{1200} n + \frac{80}{1200} \times \frac{80}{1200} n$
$+ \frac{160}{1200} \times \frac{160}{1200} n + \frac{300}{1200} \times \frac{300}{1200} n + \frac{600}{1200} \times \frac{600}{1200} n$
$≒ 0.336n$

エ：平均検索効率 = $\frac{200}{1200} \times \frac{200}{1200} n \times 6 ≒ 0.167n$

問 8-4　ウ　　　　　　　　　　　　　　　　　　　　データから得ることのできない情報　■ H20 秋 -FE 問 58

1 人の購入者が複数の商品を購入することがあるので，「販売代理店の日別販売データ」では，"販売代理店ごとの購入者数の日別差異" を得ることができない。また，「顧客の商品購入データ」には日付の項目がないので，"販売代理店ごとの購入者数の日別差異" を得ることはできない。「販売代理店の日別販売データ」と「顧客の商品購入データ」は，共通の項目である販売代理店の値が等しいレコード同士を結合することも可能であるが，日別の販売データと顧客の購入データを結合しても，日別の購入者数を求めることはできないので，意味がない。したがって，（ウ）が正解である。

ア："商品ごとの販売数量の日別差異" は，「販売代理店の日別販売データ」にある日付・商品・販売数量から得ることができる。

イ：「顧客データ」と「顧客の商品購入データ」は，顧客項目の値が等しいレコード同士を結合して一つのレコードにすることができる。したがって，"性別ごとの売れ筋商品" は，性別・商品・販売数量から得ることができる。

エ："販売代理店ごとの購入者の年齢分布" は，顧客・生年月日・販売代理店から得ることができる。

問 8-5　ウ　　　　　　　　　　　　　　　　　　　インデックスが有効でない要因（不適切なもの）　■ 745426

検索条件にインデックス指定のある項目と「インデックス指定のない項目との複合条件を指定」すると，インデックス指定のある列によって検索範囲が絞り込まれ，インデックス列指定の効果がある。したがって，（ウ）は適切でなく，答えは（ウ）となる。（ア）は値が偏っていると範囲検索となるため，効果がない。（イ）は行数が少なければ，全件検索と変わらない。（エ）は否定形を用いると，全件検索になる。

問 8-6　エ　　　　　　　　　　　　　　　　　　　　　　　　　　キーレンジ分割方式　■ H18 秋 -SW 問 69

並列処理（パラレル SQL）では，検索処理を並列動作させるためにデータを複数のディスクに分割格納する。そのとき，キーの値によって，格納するディスクを決めることをキーレンジ分割方式という。したがって，（エ）が正しい。

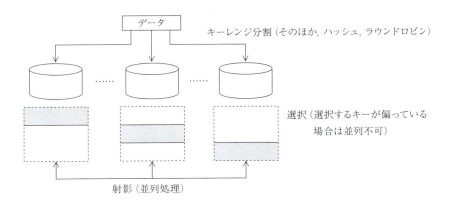

ア：第2，3正規化による表分割そのものである。
イ：発生順に分割格納しても，キーレンジ分割にならない。
ウ：キーレンジ分割ではなく，ハッシュ分割についての記述である。

第9章　データベースシステムの運用管理

問 9-1　イ　　　　　　　　　　　　　　　　　　RDBにおけるシステムの性能改善　■H15秋-SD問4

　　データベースを複数のディスクに分割することによって，読み書きの同時並行処理が可能となり，I/O待ち時間の短縮に役立つ。よって，（イ）が適切な記述である。
ア：全件検索を防ぐためには，適切なインデックスの設定が必要である。データベースの再編成については（エ）の解説を参照。
ウ：インデックスの再設定を行っても，アクセスが集中することに変わりはない。
エ：データベースの再編成を行う必要がある。データベースの再編成では，データ域の途中に空き領域が点在することのないように主キーの順にデータを吸い上げて，物理的に主キーの順にデータをロードし直し，オーバフロー領域を空にする。

問 9-2　ウ　　　　　　　　　　　　　　　　　　　　関係DBMSのチューニング　■H15春-DB問39

　　（1）の記憶域の再編成は，A表に対するレコード追加だけで削除がないので，無関係としてよいだろう。残るのは，（2），（3），（4）であるが，「表へのアクセスパスはアクセスモジュール生成時にDBMSが表の統計情報を基に決定する」とあり，（3）→（4）でなければならない。また，統計情報を採るためには，クラスタインデックスが再作成されている必要がある。したがって，（ウ）の手順が適切である。なお，クラスタインデックスは，全レコードが挿入された後に作成する。

問 9-3　エ　　　　　　　　　　　　　　　　　データベースのバックアップ又は復旧　■H29春-PM午前Ⅱ問19

　　選択肢の内容を見ると，ログ情報による復旧処理時間に関する（エ）と，フルバックアップに関する（ア）～（ウ）に分けられるので，まず，フルバックアップに関する（ア）～（ウ）について考えてみる。フルバッ

クアップに必要となる磁気テープ使用量や実行時間は，バックアップ対象のデータベース容量にほぼ比例する。対象のデータベースは，少ないながらもデータの追加・変更・削除が発生するので，データベースの容量は，日々変化することになるが，「少ないながら」としているので，バックアップ取得の時間間隔を2倍にしても，その間にデータベースの容量が半分になったり，2倍になったりということは考えにくいため，（ア）～（ウ）は適切とはいえない。

　続いて（エ）であるが，磁気ディスク障害のように，データベース自体の内容が失われてしまった場合には，まず直近のバックアップファイルを使って，バックアップ時点までの内容を復元し，その後，ログ情報を使用してバックアップ以降の変更内容を復旧していく。このうち，ログ情報による復旧は，バックアップ取得から障害発生までの間に発生した変更内容を記録したログ情報の量に比例するので，障害発生までの経過時間に比例すると考えられる。障害の発生時点はランダムであり，バックアップの取得直後から次のバックアップ取得の直前まで，発生確率は同等であるので，バックアップ取得から障害発生までの経過時間の平均は，バックアップ取得の時間間隔の中間時点と考えることができる。したがって，バックアップの取得の時間間隔を2倍にすると，ログ情報からの復旧処理時間の平均も約2倍になると考えられる。したがって，（エ）が正しい。

問9-4　イ　　　　　　　　　　　　　　　　　　データベースの障害回復処理　■H25春-DB 午前Ⅱ問14

　データベースの障害回復処理には，障害によって失われてしまった更新内容に対して更新後情報を使用して復元するためのロールフォワード（リカバリ）と，処理が中断してしまった更新内容に対して更新前情報を使用して元に戻すためのロールバック（リカバリ）がある。また，データベースの更新処理では，この二つのリカバリ処理に備えるため，更新前の内容，更新後の内容をログファイルに記録する。

　トランザクションによるデータベースの更新頻度が多い場合には，チェックポイントを設定し，定期的に更新バッファの内容をディスクに書き込み，ログとデータベース内容との同期をとることで，チェックポイント以前の回復作業を不要とし，システム障害時の回復時間の短縮を図る。したがって，（イ）が適切な記述である。なお，媒体障害の場合には，チェックポイント以前の内容も失われてしまうため，バックアップファイルをリストアした後，それ以降の更新後情報を利用した回復処理が必要となる。

ア：データのブロック化ではなく，ロック処理である。データのブロック化とは，複数のレコードをひとまとめにして記録することで，格納効率やアクセス効率を向上させる手法である。
ウ：データベースの媒体障害には，ログファイルの更新前情報ではなく，更新後情報でデータの回復処理を行う。
エ：トランザクションが異常終了した場合には，ログファイルの更新後情報ではなく，中途半端な更新結果が残る可能性があるデータを更新前情報で回復処理を行う。

第10章　データベースの技術動向

問10-1　ア　　　　　　　　　　　　　　　　　　　　　SQL文の制約句　■H16春-DB 問43

　SQL92の参照制約では削除時の動作として，
　　　ON DELETE NO ACTION | CASCADE | SET NULL | SET DEFAULT
が定義されている。このうち，CASCADEは主キー側の被参照表（"注文"）の行を削除すると，参照表（"注

文明細")の対応する外部キーを持つ行を自動的に削除する。したがって,(ア)が適切である。

イ:INTERSECT は,SQL92 の非結合問合せで積を求める場合に使用する。

ウ:RESTRICT は,SQL92 の表削除（DROP TABLE）,列削除,ビュー削除などで指定され,テーブルや列,ビューへの参照があると,削除は制限される。RESTRICT は,NO ACTION と同じである。

エ:SET NULL は参照動作の一つで,参照表の対応する外部キーを NULL に設定する。

問 10-2　ウ　　　　　　　　　　　　　　　　　　　　ストアドプロシージャの特徴　■H19 秋 -SW 問 69

　ストアドプロシージャは,あらかじめコンパイルされた,よく使用される SQL 文をデータベースサーバに格納することによって,共通のアクセス手続を提供する。ストアドプロシージャを利用することによって,クライアントとサーバ間の SQL 文の伝送負荷を軽減できる。したがって,(ウ)が適切である。

ア:純粋な SQL 文以外に,IF,GOTO などの機能を含められるのが普通であり,これらの機能を利用して,SQL 文の実行順序を制御できる。

イ:SQL 文をデータベースサーバに格納し,サーバで実行するのがストアドプロシージャである。

エ:複数の SQL 文を含むのが普通である。

問 10-3　イ　　　　　　　　　　　　関係データベースのトリガ (trigger) に関する記述　■H17 春 -SW 問 64

　トリガは,文字どおりトリガ（引き金）を引いたようにデータベースへの更新（UPDATE,INSERT,DELETE）操作が行われたときに,ストアドプロシージャ相当のものを実行させる機能である。したがって,(イ)の記述が適切である。

ア:参照操作では,動作しない。

ウ:ほかのトリガが更新操作を行えば,起動されることはある。

エ:ロールバック処理は,更新操作を元に戻すことなので,動作することはない。

問 10-4　エ　　　　　　　　　　　　　　　　　　　　　　スタースキーマ構造　■H21 春 -DB 午前Ⅱ問 14

　データウェアハウスのデータを格納するのに使われるデータベース構造を,多次元データモデルという。図に示すように,周辺に分析軸を示すディメンションテーブルを配置し,中心に事実（実績のこと）を示すファクトテーブルを配置する形状をとる。その形状が星型を連想することから「スタースキーマ構造」という。トランザクションデータを格納するのは,中心のファクトテーブルである。したがって,(エ)が正解である。

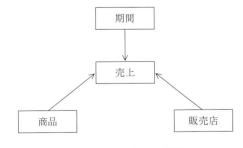

図　スタースキーマ構造

ア：ディメンションテーブルは，スタースキーマの周辺に配置されるテーブルであり，分析次元を示す。マスタ系のテーブルである。
イ：デシジョンテーブルとは，複数の条件の組合せと，それに対応してどのような処理を行うのかを表す表のことである。
ウ：ハッシュテーブルとは，キーと値の組を複数個格納し，キーに対応する値をすばやく参照するためのデータ構造のことである。

問 10-5　ア　　　　　　　　　　　　　　　　　　　　　　データ収集の観点の切り替え操作　■H27 秋 -SM 午前Ⅱ問 21

OLAP（OnLine Analytical Processing）とは利用者がデータにアクセスし，分析や検索を行うシステムである。OLAP ではデータベースのデータを，いろいろな項目で組合せ集計することによって，多面的な分析を行う。データ集計の観点を，商品，販売チャネルごとから，商品，顧客タイプごとに切り替えることは，分析軸を入れ替えることである。これをダイス（ダイシング）（dice，dicing）という。ダイスとはサイコロのことで，分析軸の入替えが，サイコロを転がすようであることからそう呼ばれる。したがって（ア）が正解である。

イ：データクレンジング（data cleansing）とは，データベース中のデータのデータ重複や誤記，表記の不統一や欠損を，削除，修正，正規化によって正確なデータにしていくことをいう。これが必要とされる理由は，一般に複数の業務系データベースには，同じ意味合いのデータであるにも係わらず，データ属性やコード体系が異なる場合があるからである。
ウ：ドリルダウン（drill down）は表を詳細に展開する操作を指し，例えば年ごとに集計したデータを，月ごとのデータに分解することである。
エ：ロールアップ（roll up）は表の集計単位をより大きくする操作を指す。ドリルダウンの逆の操作である。

問 10-6　エ　　　　　　　　　　　　　　　　　　　　　　　　　　データマイニング　■H26 春 -DB 午前Ⅱ問 18

データマイニングとは，詳細な生データを蓄積した大規模なデータベースからデータのパターンを見つけ出し，そのパターンから有用となる一定の規則（ルール）を導き出す発見的手法である。発見的手法には，ニューラルネットワークや統計解析などの手法が使用される。統計手法の仮説検証型ではなく，データマイニングは仮説発見型といわれている。したがって，（エ）が適切である。
ア：一般のデータウェアハウスについての説明である。
イ：分析者すなわちエンドユーザの目的別に切り出されたデータ，つまりデータマートの分析についての説明である。なお，データマートはサブジェクト指向のデータウェアハウスといってもよい。
ウ：対話型で意思決定用データ分析を行う OLAP（OnLine Analytical Processing）の多次元分析の機能についての説明である。

問 10-7　ア　　　　　　　　　　　　　　　　　　　　　　オブジェクト指向におけるインヘリタンス　■H16 秋 -SD 問 14

インヘリタンス（継承）は，オブジェクト指向における重要な概念の一つで，あるクラスとサブクラスの間で，上のクラスで定義された性質（メソッドやデータ）がサブクラスに引き継がれることである（ア）。インヘリタンス機能によって，プログラムを異なる部分だけ記述する差分プログラミングが可能になる。

ほかの選択肢もオブジェクト指向の概念に関するものである。
イ：カプセル化機能についての記述である。
ウ：カプセル化機能のメリットについての記述である。
エ：クラスについての記述である。

問 10-8　ウ　　　　　　　　　　　　　基底クラスと派生クラスの関係　　■H20 秋 -FE 問 41

　基底，派生という単語の一般的な意味から推測できるように，基底クラスとは元になるクラスのことであり，派生クラスとは基底クラスを元に派生したクラスのことである。この場合の「基底クラスを元に」というのは，「基底クラスの性質（属性やメソッド）を引き継いで」という意味であり，継承と呼ばれる。また，継承関係のあるクラスの関係は汎化－特化の関係（is-a の関係）と呼ばれ，基底クラスを親クラス（スーパクラス），派生クラスを子クラス（サブクラス）と呼ぶこともある。
　選択肢の中で汎化－特化の関係にあるのは，（ウ）の"図形"と"三角形"であり，正解である。なお，クラス間の関係には，この問題で問われている汎化－特化の関係のほかに，全体－部分（集約－分解）の関係（part-of の関係）があり，他の選択肢は，いずれもこの関係にある。

問 10-9　エ　　　　　　　　　　　　　UML と DFD または E-R 図の対比　　■H18 春 -DB 問 17

　UML（Unified Modeling Language）には，クラス図，ユースケース図，シーケンス図，コラボレーション図，状態図など9種類のダイアグラムがある。その中で，「静的な構造を示すクラス図」が，E-R 図に相当する（エ）。次図に示すように，UML のクラス図は，クラスを示す長方形を三つの部分に分けて，1番上の枠にはクラス名を，2番目の枠には属性を，3番目の枠には操作を記述する。E-R 図では，操作の記述はできない。
ア：（エ）のとおり，UML のクラス図は E-R 図に相当し，E-R 図を併用する必要はない。ただし，UML はオブジェクト指向であるため，クラス図には，E-R 図のキー表現（主キー／外部キー）に相当するものがない。
イ：UML のユースケース図は，DFD（Data Flow Diagram）にほぼ対応する。DFD のプロセスは，ユースケース図のユースケースに対応し，DFD の源泉（外部エンティティ）は，ユースケース図のアクターに対応する。
ウ：コラボレーション図は，シーケンス図と同様にオブジェクト間のメッセージによる連携動作を表すものであり，データの流れを表す DFD とは違う。またコンポーネント図は，コンポーネント間の依存関係を表す実装レベルのダイアグラムであり，機能設計レベルで使用する DFD とは違う。

問 10-10　イ　　　　　　　　　　　　　オブジェクト指向データベースの特徴　　■H18 春 -DB 問 21

　オブジェクト指向データベースとは，オブジェクト指向の概念を導入したデータベースである。データ構造とそれに対する操作（手続き）をまとめた（カプセル化という）オブジェクトクラスを定義する。また，

操作を実装したものをメソッドという。したがって，（イ）が適切な特徴である。
ア：「データと操作を分離して扱う」という部分が適切ではない。
ウ，エ：関係データベースの特徴に関する記述である。

問 10-11　ウ　　　　　　　　　　　　　　　　　　　　NoSQL の結果整合性　■ H27 春 -DB 問 18

　　分散システムを構築する場合，一貫性（Consistency），可用性（Availability），ネットワーク分割耐性（Partition Tolerance）の三つの要件はトレードオフの関係があり，同時に二つしか保証できないという特性がある。これを三つの頭文字をとって CAP 定理といい，分散システムを構築する際はシステムの要件を考慮して適切な技術を採用する必要がある。

　　NoSQL（Not only SQL）においては，巨大なデータを高速処理する必要がある。そのため，一時的なデータの不整合を許容することで整合性を保証するための処理負荷を軽減し，高速処理を実現している。これを結果整合性（Eventual Consistency）という。このような特性をもつことから，NoSQL は金融データ処理などデータの矛盾が許容できないシステムには利用できない。

　　したがって，（ウ）が適切な説明である。
ア：分散システムにおける，コンシステントハッシング手法による分散データの保管方法に関する説明である。
イ：分散システムにおける，ロック方式による排他制御に関する説明である。
エ：分散システムにおける，2 相ロック方式による排他制御に関する説明である。

APPENDIX

APPENDIX

1 主要な RDBMS の概要

製品名 (バージョン名は省略)	ベンダ 動作環境	特徴・機能
Oracle	オラクル	世界初の商用 RDBMS である。マルチバージョンデータベース方式を採用し，UNDO セグメント (ロールバックセグメント) を参照することで，専有ロックを待たずにデータを読める「読取り一貫性」機能を持つ。関連情報は，Web や専門書などから容易に取得できる。
	UNIX, Linux, Windows など	
Db2 (2017 年 DB2 から名称変更)	IBM	Oracle と並び，歴史と実績を持つ。Oracle などに比較すると Web や専門書などによる関連情報が少ない。Db2 (DB2) と総称しているが，メインフレーム用，AS/400 用，UNIX/Windows 用は別製品である。
	UNIX, Linux, Windows, z/OS など	
SQL Server	マイクロソフト	サイベースの SQL Server が元になっていたが，バージョン 7 から独自路線となった。新しい DBMS である。.NET 環境を構築する場合に適している。動作環境は，Windows に限定されていたが，SQL Server 2017 から Linux 上でも動作可能となった。
	Windows, Linux	
PostgreSQL	オープンソース	世界初の ORDB である Postgres の問合せ言語を SQL 化したものである。当然であるが，ORDB の機能が充実している。オラクルと同じようなマルチバージョンデータベース方式を採用している。日本語化などに早くから対応しており，オープンソース DBMS として広く使われている。
	UNIX, Linux, Windows など	
MySQL	オープンソース	スウェーデンの MySQL AB 社が開発していたオープンソース DBMS である。現在は，サンマイクロシステムズ経由でオラクルが所有。機能が少ないが軽快で，小規模 Web サイトのデータベースとして広く使われている。当初は，コミット／ロールバックや副問合せなどの機能を持っていなかったが，4.0/4.1 からそれらの機能もサポートされている。
	UNIX, Linux, Windows など	
SQLite	オープンソース	アプリケーションに組み込んで利用される軽量データベースである。データベースは単一のファイルとして保存される。SQL-92 の機能を実装しているが，簡易化されている機能もある。例えば，LEFT OUTER JOIN はあるが，RIGHT OUTER JOIN はない。著作権を放棄したパブリックドメインソフトである。Android 端末の標準ライブラリでもある。
	UNIX, Linux, Windows, Android OS など	

2　代表的なデータベース設計ツール（E-R図エディタ）の概要

▶E-R図エディタ

名称	ベンダ	概要	E-Rモデル表記法
erwin Data Modeler（旧名称 CA ERwin Data Modeler）	Erwin, Inc 日本では富士通エンジニアリングテクノロジーズ	1990年代にロジック・ワークスという会社が開発したデータモデリングツール（データ要件分析，データベース設計）である。主要なRDBMSを対象としており，E-R図から関係データベースへの変換（フォワードエンジニアリング機能）と関係データベースからE-R図への変換（リバースエンジニアリング機能）の機能を持つ。販売元はCAなどを経て，現在は新会社Erwin, Incに移っている。	IDEF1X 補助的にインフォメーションエンジニアリング表記法もサポートしている。
ER/Studio（イーアールスタジオ）	エンバカデロ・テクノロジーズ，日本では日揮情報システム	ERwinより遅れて登場したが，ERwinと似たような機能を持つ。主要なRDBMSを対象としている。Excelとのデータ連携もできる。	IDEF1X 補助的にインフォメーションエンジニアリング表記法もサポートしている。

▶フォワードエンジニアリング機能
▶リバースエンジニアリング機能

543

用語 INDEX

<番号>

1 fact in 1 place	58
1次インデックス	205
1次記憶	200
1次記憶容量	386
1事実1箇所	58
1事実複数箇所	57
1相コミットプロトコル	249
1対1関連	23
1対多関連	24
1対多関連のテーブル構造	346
2項関連	25
2次インデックス	205
2次記憶	200
2次記憶域のアクセス時間	389
2次記憶容量	386
2層クライアントサーバシステム	479
2相コミットプロトコル	250
2相ロック方式	170
2分探索	202
3層クライアントサーバシステム	479
3相コミットプロトコル	252
3層スキーマアーキテクチャ	14
3-分解可能	77

<欧字>

< A >

ACID特性	158
ADT	46
ALL	106, 119
ALLOCATE CURSOR 文	143
ALL [PRIVILEGES]	102
ALL 限定述語	134
ALTER TABLE	96
Amazon Dynamo	502
ANSI/X3/SPARC	14
ANY 限定述語	133
Apache Hadoop	495
Apache Mhaut	495
Apache Spark	495
Apache Storm	495
AS 句	120
AUTHORIZATION 句	88, 91
AVG	121

< B >

BASE 特性	503
BCNF	70
BETWEEN 述語	130
BLOB／CLOB 型	488
BLOB 型	443
B*木	211
B+木	212
B木	208
B木ファイル	208

< C >

CAP 定理	502
CASCADE	100, 150
CASE 演算子	122
Cassandra	502
CEP エンジン	497
CGI	480
CGI スクリプト	480
CHECK 句	99
CLOB 型	443
CLOSE	111
COALESCE 関数	123
CODASYL	436
CODASYL データベース仕様	436
COMMIT 文	141
Cookie	482
CouchDB	502
COUNT	121
COUNT(*)	121
CPU 時間	389
CQL	498
CREATE ASSERTION	101
CREATE DOMAIN	92
CREATE SCHEMA	91
CREATE TABLE	92
CREATE VIEW	94
CROSS JOIN	115
CRUD	321
CRUD 分析	321
CSV 形式	484

< D >

DBMS	8
DBMS 透過	238
DD	267
DDL	8, 86
DECLARE CURSOR 文	143
Deferred	150
DELETE	108, 111
DFD	317, 327
DISTINCT	106, 120
DML	8, 86
DRM	272
DROP DOMAIN	92
DROP SCHEMA	91
DROP TABLE	97
DROP VIEW	98
DS	267
DSMS	498
DSS	446

DTD ································· 486
DTP モデル ····················· 250

< E >
EIS ································· 446
E-R 図································ 20
E-R 図エディタ ············ 296, 543
E-R モデル ······················· 19
EXCEPT ··························· 119
EXECUTE IMMEDIATE 文 142
EXECUTE 文 ··················· 142
EXISTS 述語····················· 135

< F >
FETCH ···························· 110
FOREIGN KEY ················· 98
FROM 句 ·························· 123
FTC ································· 427
FULL OUTER JOIN ········ 115

< G >
GRANT ···························· 102
GRANT オプション············ 103
GROUP BY 句 ·················· 125

< H >
Hadoop ··························· 494
has-a 関係 ························· 18
HAVING 句 ······················ 126
HBase ····························· 502
HDFS ······························ 494
HTTP······························· 482

< I >
IDEF1X ··························· 294
Immediate ······················ 150
INSERT ··························· 106
INTERSECT····················· 118
INTO ······························· 105
IN 述語 ···························· 132

IoT ································· 493
I/O 統計 ··························· 423
IRD································· 267
IRDD レベル ···················· 268
IRDS ······························· 267
IRDS インタフェース ········ 269
IRDS 機能 ······················· 269
IRDS サービスインタフェース
 ······································· 269
IRDS フレームワーク ········ 268
IRD レベル ······················· 268
IRM································· 272
ISAM ファイル················· 207
is an instance of 関係 ··· 19, 466
is-a 関係 ···························· 18
IS ファイル ······················ 202

< J >
JIS SQL 補遺 1 ················ 437
JSON ······························ 487
JSON 形式······················· 483
Jubatus ··························· 495

< K >
KVS ································ 501
KVS 型 ···························· 502

< L >
LEFT OUTER JOIN ········ 113
LIKE 述語 ························ 131
LRU 管理方式 ·················· 215
LRU 方式 ························· 408

< M >
MapReduce ···················· 495
MATCH 句 ················ 100, 149
MATCH 述語 ··················· 140
MAX ······························· 121
MBR ······························· 460
MIN ································ 121

MOLAP ··························· 456
MongoDB ······················· 502
MVCC ····························· 167

< N >
NDL ································ 436
Neo4j ······························ 502
NO ACTION··············· 100, 150
NoSQL ···························· 501
NOT NULL 制約 ········· 99, 151
NULLIF 関数 ··················· 123
NULL 述語 ······················ 132
n 項関連··························· 25
n- 分解可能 ······················ 77

< O >
ODBC······························ 480
OID································· 442
OLAP······························ 454
OLAP ツール ··················· 456
OMS ······························· 278
ONLY 句 ·························· 477
OPEN ······························ 110
OPEN 文 ·························· 143
ORDBMS ························ 476
OUTER JOIN ············ 45, 113
OVERLAPS 述語 ············· 140

< P >
part-of 関係 ······················ 18
PCTE ······························ 278
PHP ································ 481
PREPARE 文 ··················· 142
PRIMARY KEY ················ 99
PSGI ······························· 480
PUBLIC ··························· 102

< R >
RDBMS ···························· 42
Redis ······························ 502

545

用語 INDEX

REFERENCES 句 ………… 100
REFERENCES 権限 … 102, 104
REST ………………………… 483
RESTful ……………………… 483
RESTRICT ………………… 100, 150
REST 形式 ………………… 483
REVOKE …………………… 105
RIGHT OUTER JOIN ……… 115
ROLAP ……………………… 456
ROLLBACK 文 ……………… 141

＜ S ＞

SAG …………………………… 438
SCHEMA 句 ………………… 88
SDSs ……………………… 278, 279
SELECT ……………………… 105
SELECT 権限 ……………… 103
SET CONSTRAINTS 文 … 141
SET DEFAULT ………… 100, 150
SET NULL ……………… 100, 150
SET TRANSACTION 文 … 141
SOAP ………………………… 483
SOME 限定述語 …………… 133
Spark ………………………… 496
SPF …………………………… 494
SQL ……………………… 9, 436
SQL1 ………………………… 436
SQL1 補遺 1 ………………… 436
SQL3 ……………………… 437, 440
SQL-89 ……………………… 436
SQL-92 ……………………… 436
SQL-99 …………………… 437, 440
SQL/CLI ………………… 437, 438
SQLJ ………………………… 474
SQL/MM …………………… 437
SQL/PSM ………………… 437, 438
SQLSTATE ……………… 89, 90
SQL/XML ………………… 489
SQL インジェクション …… 429
SQL サーバモジュール …… 438

SQL トランザクション …… 141
Storm ………………………… 497
StreamSQL ………………… 498
SUM ………………………… 121

＜ T ＞

TPC-C ……………………… 383
TPC-H ……………………… 383
TPC ベンチマーク ………… 383

＜ U ＞

UDDI ………………………… 483
UML ………………………… 467
UNION ……………………… 118
UNION JOIN ……………… 115
UNIQUE …………………… 99
UNIQUE 述語 ……………… 140
UPDATE …………………… 107
UPDATE 権限 ……………… 103

＜ V ＞

VLDB ………………………… 448

＜ W ＞

WebAPI ……………………… 482
Web サービス ……………… 482
WFG ………………………… 173
WHERE 句 ………………… 125
WITH CHECK OPTION … 95
WSDL ……………………… 483

＜ X ＞

XML ………………………… 484
XML 型 ……………………… 488
XML 関連仕様 ……………… 489
XML スキーマ ……………… 486
XML パス言語 ……………… 488
XML 文書 …………………… 484
X/OPEN …………………… 250
XPath ……………………… 488

XQuery ……………………… 489

＜ Y ＞

YARN ………………………… 496

＜かな＞

＜あ＞

アーカイブログ …………… 184
アクセス形態 ……………… 378
アクセス権限 ……………… 154
アクセス効率の向上 ……… 408
アクセス単位 ……………… 214
アクセスと活用のメタデータ 449
アクセスパス …………… 33, 220
アクセスパス調整 ………… 415
アクセス法 ………………… 201
アクティビティ図 ………… 470
値式 ………………………… 120
値式コンマリスト ………… 129
値指向のデータモデル …… 47
アトリビュート ………… 281, 287
アプリケーションのルール化 415
アボート前提 ……………… 250

＜い＞

異音同意語 ………………… 285
異音同義語 ………………… 285
移行性 ……………………… 384
意志決定支援システム …… 446
異種分散 DBMS …………… 227
依存リレーションシップ
 …………………………… 295, 302
一意性制約 ……………… 99, 148
一意性制約定義 …………… 98
位置付け DELETE ………… 111
位置付け UPDATE ………… 111
位置に対する透過性 ……… 235
一貫性 …………………… 158, 503
一貫性水準 ………………… 174
一貫性制御 ………………… 161

一点集中管理方式	232
移動に対する透過性	235
意味データモデル	14
異例時運用基準	422
入れ子ループ法	218, 240
インスタンス	19
インタフェース定義	442
インデックス	204, 218, 404, 424
インデックス化	409
インデックス数	408
インデックス数の制限	409
インデックス法	204

<う>

ウィンドウ演算	498
ウィンドウ幅	498
ウォームスタート	183
埋込みSQL	89
埋込みSQL文	90
埋込み変数	90
埋込み方式	89
運用データ	447
運用要件	379

<え>

影響分析	275
エグゼクティブ情報システム	446
エンタープライズモデル	272
エンティティ	19
エンティティ機能関連マトリックス	321
エンティティ候補の抽出	298
エンティティ・事象マトリックス	320
エンティティタイプ	19
エンティティライフサイクル	317, 320
エンティティライフサイクル分析	320

<お>

オーディット	380
オーバラッピングウィンドウ	499
オープン性	384
オカレンス	19
オブジェクト識別子	442, 466
オブジェクト識別性	465
オブジェクト指向設計	472
オブジェクト図	469
オブジェクトの平坦化と再構築	474
オブジェクトベース	279
オブジェクトリレーショナルDBMS	476
オプティマイザ	424
オペレーションミス対策	427
親子関係	33
親子集合型	34
オンライン分析処理	454

<か>

カーソル定義	90, 108
カーソルによらないデータ操作	105
カーソルによるデータ操作	108
カーソルを介した更新	109
カーディナリティ	296
ガーベジコレクション	424
下位型付け	464
階層型デッドロック検出	246
階層構造	33, 344
階層モデル	33
概念スキーマ	15
概念データモデル	14
外部エンティティ	318
外部キー	48, 98, 99
外部コード	319
外部スキーマ	15
核エンティティ	30
拡張E-Rモデル	28

拡張可能データ型	476
拡張関係モデル	45
拡張された問合せ	477
格納サイト方式	234
格納するデータの順序	411
隔離性	158
隔離性水準	175
型	463
型階層	442, 464
型付けされたテーブル	442
合併律	60
カテゴリ識別子	296
カプセル化	462
可用性	503
からすの足跡法	28
関係	46
関係DBMSのルール	43
関係完備	50
関係スキーマ	47
関係操作	50
関係付け	458
関係データベース	9
関係の性質	44
関係の喪失	57
関係名	46
関係モデルの機能	44
関数決定	58
関数従属	57, 58
関数従属性図	59
関数従属性に関する推論則	59
関数従属性	58
関係代数	50
完全関数従属	61
完全重複管理方式	232
完全複製	236
関連	19
関連制約	325
関連と多重度	466
関連と多重度の表記	468

用語 INDEX

<き>

キー	47
キーレンジ方式	399
記憶効率の向上	407
記憶ベース推論	460
基幹系データベース	9
期間の管理	339
木規約	171
木構造	33
記述エンティティ	31
傷付け−待ち方式	172
機能要件	379
揮発性記憶	200
キューブ	457
キューブ型多次元データベース	456
行SELECT	105
強エンティティ	22
行型	440
行サブクエリ	128
共存的サブタイプ	32
共有ロック	169

<く>

クエリツール	450
クエリの最適設計	412
クエリの分割	239
区分コードテーブルの統合	400
クライアントサーバ型	479
クライアントサーバ機能	140
クラス	463
クラス階層	464
クラス図	467
クラスタード（クラスタ化）インデックス	205
クラスタードファイル	205
クラスタインデックス	205, 405
クラスタ分析	461
クラスタリングインデックス	205
クラスタリングフィールド	205

クラスの表記	467
グラフ指向型	502
クリーンアップ規則	449
繰返し項目	62
グリッドファイル	207
グループ化	19, 466
グローバルデータ辞書	235

<け>

計算ノード	495
形式制約	151, 324
形式変換規則	449
継承	464
結果整合性	503
結合	53
結合従属性	77
結合表	113
結合表の更新可能性	442
決定木	458
決定項	58
決定フェーズ	250
権限受領者	102
権限定義	101
権限取消	105
権限付与者	103
検査合計	412
検査制約	99, 152
検査制約定義	99
原子性	158
現状概略図	292
現状詳細統合図	292
現状詳細部分図	292
現状調査と課題分析	288
検知除去法	173
限定述語	133

<こ>

更新可能なビュー	96
更新制約	151, 325
更新伝播	236, 260

更新の喪失	159
構造化設計	472
構造型	441
構造型データベース	9
構造化データ	447
構造的劣化現象	271
候補キー	47, 99
項目単位での追加	401
コード設計ルール	284
コールドスタート	183
コスト計算	413
コストベースオプティマイザ	221, 413
コネクション管理	140
個別型	441
コマンド統計	423
コミット	161
コミットされていない依存性の問題	160
コミュニケーション図	470
コミュニケーショントポロジ	256
コレクション型	440
コンカレンシ透過	237
混合アプローチ	293
コンシステントハッシュ法	505
コンポーネント図	471
コンポジット集約	468

<さ>

差	51
サーバサイドスクリプト	481
再帰型のテーブル構造	344
再帰結合	124
再帰構造	26
再帰的問合せ	442
サイクル	35
再現性	285
在庫系	299
再定義	465
再定義可能	442

548

最適化……………………… 216	自然結合………………… 53	準直列化可能スケジュール… 245
最適化処理……………… 221	実行自律性……………… 229	商……………………… 55
サイト…………………… 226	実装独立………………… 14	上位型…………………… 45
差演算…………………… 119	実体……………………… 19	商演算…………………… 139
索引……………………… 218	実体型…………………… 19	障害透過………………… 237
索引順次ファイル……… 202	実体関連モデル………… 19	障害に対する透過性…… 237
サブタイプ	実表……………………… 48	状態遷移図……………… 320
……… 31, 296, 299, 301, 304	自動アーカイブ………… 380	情報隠ぺい……………… 462
サブタイプ識別子………… 32	シノニム………………… 285	情報系データベース……… 9
サブタイプのみに分割…… 337	自明でない多値従属性…… 75	情報資源管理……… 271, 272
差分バックアップ……… 379	自明な多値従属性………… 76	情報資源辞書…………… 267
差分リフレッシュ……… 260	自明の関数従属性………… 59	情報資源辞書システム… 267
参加自律性……………… 229	シャーディング………… 504	情報資源辞書定義スキーマ
参照型……………… 440, 442	シャード………………… 504	レベル………………… 268
参照可能テーブル……… 443	射影……………………… 53	情報資源辞書定義レベル… 268
参照指定………………… 100	弱エンティティ…… 22, 300	情報資源辞書レベル…… 268
参照制約………… 99, 149, 324	ジャクソンダイアグラム… 321	情報スキーマ…………… 141
参照制約定義…………… 98	主インデックス………… 205	処理形態………………… 378
参照動作……………… 100, 150	集計データ……………… 401	処理順序制約…………… 325
	集計データベース……… 402	自立型言語方式………… 87
<し>	集計テーブル…………… 402	新規概要図……………… 290
シーケンス図…………… 470	集合関数参照…………… 121	新規概略図……………… 290
時間監視…………… 173, 247	集中DBMS ……………… 227	新規詳細図……………… 291
時間ベースウィンドウ… 499	集中型デッドロック検出…… 246	新規詳細統合図………… 292
識別子制約……………… 324	集中型命名方式………… 232	新規詳細部分図………… 292
時系列性の保持………… 397	集中データベース……… 226	新規情報要求…………… 332
時系列データベース…… 402	集中複製………………… 237	人的障害…………… 181, 184
時刻印アルゴリズム…… 164	集約……………………… 468	真部分集合……………… 62
時刻印制御……………… 163	集約化…………………… 466	真理値表………………… 130
時刻印方式……………… 247	集約化・分解関係………… 18	
自己結合………………… 124	集約の表記……………… 468	<す>
自己参照型の列………… 443	主キー…………… 22, 47, 99	推移的関数従属性………… 67
次元テーブル…………… 452	述語ロック……………… 170	推移律…………………… 60
事実テーブル…………… 451	出版関数………………… 489	垂直分割………………… 235
事象エンティティ……… 299	シュレッディング……… 489	水平分割………………… 235
次数……………………… 46	準結合法………………… 241	スーパキー……………… 47
システムカタログ…… 10, 266	順次ファイル…………… 202	スーパタイプ… 31, 295, 301, 304
システム障害……… 181, 183	順序……………………… 458	スーパタイプ／サブタイプに
システムパラメタ……… 424	順序付けインデックス… 207	分割………………… 336
時制データベース……… 339	順序ファイル…………… 202	スーパタイプへ統合…… 337, 400

用語 INDEX

スカラサブクエリ……………… 117
スキーマ削除…………………… 91
スキーマ定義…………………… 91
スキーマ認可識別子…………… 154
スキーマルーチン……………… 438
スキーマレス…………………… 486
スクリプト言語………………… 481
スケジュールの図式表示方式 161
スターインデックス…………… 453
スタースキーマ………………… 451
スタイルシート………………… 486
ステージ理論…………………… 271
ステートマシン図……………… 470
ステートレス…………………… 482
ストアドプロシージャ… 144, 409
ストリーム処理………… 497, 498
スノーフレークスキーマ…… 452
スライス………………………… 455
スライディングウィンドウ… 499
スライド幅……………… 498, 499

<せ>

整形式文書……………………… 485
制限……………………………… 54
整合性…………………………… 276
整合性制約……………… 98, 148
整合性制約の侵害……………… 159
静的 SQL ……………………… 142
静的 Web ページ ……………… 481
静的防止………………………… 172
性能透過………………………… 237
性能要件………………………… 382
制約検査………………………… 101
制約属性………………… 101, 150
制約名定義……………………… 98
制約モード……… 101, 141, 150
セーブポイント………………… 426
積………………………… 51, 118
セキュア状態…………………… 250
セキュリティ…………………… 154

セキュリティ管理……………… 428
設計自律性……………………… 229
セッション……………………… 482
セッション管理………… 140, 482
セッション統計………………… 423
接続性…………………………… 384
セミジョイン法………………… 241
全関数従属……………………… 61
線形探索………………………… 202
宣言的…………………………… 87
選択……………………………… 54
選択リスト……………………… 120
セントラルデータウェアハウス
 ……………………………… 445
専有ロック……………………… 169

<そ>

増加律…………………………… 60
相関副問合せ…………………… 138
相関名…………………… 121, 124
増分バックアップ……………… 379
双方向レプリケーション…… 259
ソート…………………………… 218
ソート指定……………………… 109
ソートマージ結合法…………… 219
ソートマージ法………………… 241
属性………………… 20, 46, 484
属性値集合……………………… 46
属性名…………………………… 46
外結合…………………………… 113
存在検査………………………… 135
存在制約………………… 151, 325
損失なしの分解………………… 72

<た>

ダーティライト………………… 176
ダーティリード………………… 177
第 1 正規化……………… 63, 328
第 1 正規形……………………… 63
第 2 正規化……………… 65, 329

第 2 正規形……………………… 65
第 3 正規化……………… 69, 329
第 3 正規形……………… 69, 71
第 4 正規形……………………… 76
第 5 正規形……………………… 77
耐久性…………………………… 158
体現ビュー……………………… 453
代替キー………………………… 47
代用キー………………………… 47
多次元データベース…… 403, 455
多次元分析……………………… 455
多重継承………………………… 464
多重定義………………………… 465
多重度…………………………… 23
多重度制約……………………… 325
多重バッファリング…………… 214
多数決ロック方式……………… 248
多対多関連……………… 24, 303
多対多関連のテーブル構造… 346
多値従属性……………………… 74
縦持ち…………………………… 343
妥当な文書……………………… 485
多バージョン同時実行制御… 167
タプルベースウィンドウ…… 499
多様性…………………… 442, 465
多レベルインデックス……… 207
単一継承………………… 442, 464
単一障害点……………………… 494
単一フィールドインデックス 207
単一レベルインデックス…… 204
探索型 DELETE ……………… 108
探索型 UPDATE ……………… 107
探索条件………………………… 128
単純属性………………………… 21
単純定義域……………………… 62
誕生サイト方式………………… 233

<ち>

チェックサム…………………… 412
チェックポイント……… 182, 426

用語 INDEX

遅延束縛……………………… 465
抽象データ型……… 46, 440, 462
抽象データ構造……………… 269
チューニング………………… 424
超キー………………………… 47
重複キー……………………… 71
重複更新……………………… 57
重複なし管理方式…………… 232
直積……………………… 52, 115
直接編成ファイル…………… 201
直列化可能…………………… 160
直列化可能スケジュール…… 160
直列化可能性………………… 160
直列化可能性判定グラフ…… 162

〈つ〉
通信自律性…………………… 229

〈て〉
定義域………………………… 46
定義域削除…………………… 92
定義域制約定義……………… 98
定義域定義…………………… 91
定義域変更…………………… 92
ディスクの使用率…………… 393
ディスク容量………………… 386
定例運用基準………………… 422
ディレクトリシステム……… 267
適切な分解…………………… 72
データ圧縮…………………… 408
データインテグリティ……… 45
データウェアハウス
　　　　　　　　10, 444, 448
データウェアハウス用
　メタデータ……………… 449
データ型……………… 93, 488
データ管理者………… 273, 422
データ記述言語……………… 484
データ構造…………………… 44
データ項目の定義…………… 284

データ資源管理……………… 272
データ辞書の管理方式……… 232
データストア………………… 318
データ制約…………………… 324
データ操作…………………… 45
データ操作言語…………… 8, 86
データソース用メタデータ… 449
データ中心設計……………… 472
データ定義…………………… 91
データ定義言語…………… 8, 86
データ定義標準化…………… 284
データディクショナリ
　　　　　　　　10, 266, 267
データ統計分布……………… 220
データのアロケーション…… 231
データノード………………… 494
データの整合性……………… 284
データの統合化……………… 11
データの独立性……………… 10
データフロー………………… 318
データフロー図……………… 317
データ分散…………………… 504
データ分散戦略……………… 231
データベース管理者…… 273, 422
データベースサイト………… 226
データベースダンプ…… 181, 426
データベース二重化…… 411, 427
データベースの運用管理要件 289
データベースの再構成… 381, 431
データベースの再編成… 381, 431
データベースの設計要件…… 289
データベースの要件定義…… 288
データマート………… 445, 448
データマイニング…………… 458
データマイニングツール…… 458
データモデル………………… 12
データモデルインスタンス… 12
データモデル機能…………… 12
データ量……………………… 378
テーブル……………………… 442

テーブルサブクエリ………… 132
テーブル単位のバッファ管理 409
テーブルの統合……………… 400
テーブルの分割……………… 401
手続型の言語………………… 87
デッドロック………………… 172
デフォルト定義……………… 94
点在…………………………… 205

〈と〉
問合せ式……………………… 111
問合せ指定…………………… 119
問合せの分割………………… 239
同音異義語…………………… 285
透過性………………………… 235
同期レプリケーション……… 260
等結合………………………… 53
同時実行制御……………… 8, 160
導出関係……………………… 48
導出制約……………………… 325
導出データ…………………… 401
導出表………………………… 48
同種分散DBMS ……………… 227
動的SQL …………………… 142
動的Webページ …………… 481
動的な索引保守……………… 208
動的防止……………………… 172
投票フェーズ………………… 250
ドキュメンテーション……… 275
ドキュメント指向型………… 502
特定リレーションシップ…… 295
特化…………………………… 466
トップダウンアプローチ
　　　　　　290, 291, 297, 451
ドメイン制約………… 151, 286
ド・モルガンの法則………… 137
トランザクション…………… 158
トランザクション管理……… 141
トランザクション系………… 299
トランザクション障害… 181, 183

551

用語 INDEX

トランザクション
　スケジューリング………… 166
トランザクション透過……… 237
トランザクション分析……… 395
トランザクション量…… 378, 393
トランスペアレンシ………… 235
トリガ…………………………… 145
トリガ機能…………………… 443
ドリルスルー………………… 455
ドリルダウン………………… 455
トレードオフ………………… 396

＜な＞
内部コード…………………… 319
内部スキーマ………………… 15

＜に＞
二重バッファリング………… 214
ニューラルネットワーク…… 460
ニラディック関数…………… 92

＜ね＞
ネイティブ XML データベース
　……………………………… 488
ネーミング…………………… 269
ネームノード………………… 494
ネットワーク構造…………… 345
ネットワークモデル………… 34

＜の＞
ノード…………………… 494, 495
ノンリピータブルリード…… 178

＜は＞
バージョン管理………… 269, 277
パーティショニング………… 504
パーティション……………… 504
ハードウェア障害…………… 184
媒体障害……………………… 181
排他制御……………………… 168

排他的サブタイプ…………… 32
配置図………………………… 471
バケット……………………… 505
バックアップコピー………… 181
バックマン線図……………… 28
発行関数……………………… 489
ハッシュインデックス… 213, 405
ハッシュ関数………………… 203
ハッシュクラスタ…………… 405
ハッシュセミジョイン法…… 241
ハッシュバケット……… 203, 505
ハッシュファイル…………… 203
ハッシュフィールド………… 203
ハッシュ分割………………… 505
ハッシュ方式………………… 399
発生時点の管理……………… 341
発生時点の管理（正規化）… 398
発生時点の管理（非正規化）397
バッファ……………………… 200
バッファ統計………………… 424
バッファの管理……………… 408
バッファヒット率…………… 390
バッファ領域………………… 386
バッファリング……………… 214
パディングファクタ………… 410
パブリッシャ／サブスクライバ
　レプリケーション………… 258
パラメタ定義………………… 89
汎化…………………………… 466
汎化階層……………………… 18
汎化関係……………………… 18
汎化・特化関係……………… 17
汎化の拡張…………………… 45
汎化の表記…………………… 468
半構造化データ……………… 447
半構造データ………………… 486
反射律………………………… 59

＜ひ＞
非依存リレーションシップ

　………………………… 295, 303
ヒープファイル……………… 201
比較述語……………………… 128
非キー属性…………………… 65
非クラスタード（非クラスタ化）
　インデックス……………… 205
非クラスタインデックス…… 205
非結合問合せ式……………… 116
被決定項……………………… 58
非構造化データ……………… 447
非順序ファイル……………… 201
ヒストリカルデータベース… 448
非正規化……………………… 400
非正規形……………………… 62
左外結合……………………… 113
非単純定義域………………… 62
ビッグデータ………………… 493
ビットマップインデックス… 212
非定型質問…………………… 446
非定型問合せ用データ……… 447
非手続型の言語……………… 87
非同期レプリケーション…… 260
ビュー…………………… 48, 155
ビュー削除…………………… 98
ビュー定義…………………… 94
非ユニークインデックス…… 404
表削除………………………… 97
表式…………………………… 123
標準別名……………………… 286
表制約定義…………………… 98
表制約変更操作……………… 97
表定義………………………… 92
表とクラスのマッピング…… 473
表副問合せ…………………… 132
表変更………………………… 96
表名…………………………… 46
表明…………………………… 152
表明定義……………………… 101

<ふ>

ファイル	201
ファイル編成	201
ファンクション	438
ファントム	178
フィールド	201
フォールトトレラントコンピュータ	427
フォワードエンジニアリング機能	543
不揮発性記憶	200
副型	45
複合2項関連	26
複合オブジェクト	17, 441
複合キー	22, 63
複合属性	21
副（次）インデックス	205
複数のディスクへの分散	410
複製	231, 504
複製に対する透過性	236
副問合せ	128
不整合分析の問題	160
物理設計	395
物理データベースの設計	395
物理データモデル	14
物理的データ独立性	15
物理ロック	169
不適切な分解	72
不特定リレーションシップ	295
部分関数従属性	65
部分重複管理方式	233
部分複製	236
プライマリコピー方式	248
フラグメンテーション	231
フラグメンテーション透過	235
フラットファイル	480
プリコミット	252
プリフェッチ機能	407
フルバックアップ	379
フルリフレッシュ	260
プロシージャ	438
ブロッキング	407
ブロック	200, 201
ブロック化因子	201
フロントエンドツール	450
分解	466
分割	231
分割ウィンドウ	499
分割に対する透過性	235
分散DBMS	227
分散DBMSの短所	230
分散DBMSの長所	229
分散型デッドロック検出	246
分散型命名方式	232
分散型命名方式による改善方式	233
分散処理	494
分散処理フレームワーク	494
分散データベース	226
分散データベース12のルール	230
分散トランザクション	237
分散トランザクション処理	244
分断耐性	503
分類	19, 458, 466

<へ>

閉塞	184
ページ	200, 201
ベースリレーション	48
別名	286
ベンチマーク法	383

<ほ>

ボイス-コッド正規形	70
包含関係	464
ホスト言語方式	87
ボトムアップアプローチ	291, 292, 326, 451
ホモニム	285

<ま>

マージジョイン法	241
マスタ系	298
マスタ／スレーブレプリケーション	258
待ちグラフ	173, 246
待ち-死に方式	172
マッピング規則	449
マルチキーインデックス	207
マルチデータベースシステム	228
マルチフィールドインデックス	207

<み>

密集	205

<め>

命名基準	285
命名「言語」	285
メタ階層	268
メタ実体	281
メタ実体型	281
メタデータ	10, 274, 448
メタデータの取扱い	281, 286
メタデータベース	280
メタデータモデル	280
メタデータモデル化	347
メタモデル	280
メモリキャッシュの使用	408
メモリ容量	386
メンバ	281
メンバ型	281

<も>

モジュール言語	88
モジュール定義	88
モジュール認可識別子	154
モジュールルーチン	438

用語 INDEX

<や>

矢印法……………………………… 29

<ゆ>

ユーザ定義型…………………… 440
ユーザ定義関数………………… 442
ユーザビュー…………………… 332
ユースケース…………………… 469
ユースケース図………………… 469
ユニークインデックス………… 404

<よ>

要素……………………………… 484
要約系…………………………… 299
横持ち……………………… 343, 399
予測……………………………… 461

<ら>

ラージオブジェクト…………… 443
楽観的制御……………………… 165
楽観的方式……………………… 247

<り>

理解性…………………………… 285
リスタートプロトコル………… 254
リスト分割……………………… 505
リバースエンジニアリング機能
　………………………………… 543
リポジトリ
　…………… 267, 274, 275, 280, 286
リポジトリインタフェース…… 275
リポジトリの構造定義………… 277
量記号に関するド・モルガンの
　法則…………………………… 137
利用者言語方式…………………… 87
両立性…………………………… 169
リレーションシップ……… 19, 20
リレーションシップタイプ…… 20
リングアーキテクチャ………… 505

<る>

類別リレーションシップ……… 295
ルーチン………………………… 438
ループ……………………………… 35
ループ構造……………………… 26
ルールベースオプティマイザ
　………………………… 221, 412

<れ>

レコード………………………… 201
列参照…………………………… 121
列指向型………………………… 502
列制約定義………………………… 99
列変更操作………………………… 96
レプリカ…………………… 231, 504
レプリケーション… 258, 412, 504
レベル対………………………… 268
レベルペア……………………… 268
レポートツール………………… 450
連関エンティティ……… 30, 300
連結キー………………………… 22
レンジ分割……………………… 504
連続問合せ……………………… 498

<ろ>

ロール……………… 20, 156, 443
ロールアップ…………………… 455
ロールバック…………… 161, 183
ロールフォワード……… 183, 184
ロギング………………………… 426
ロケーション最適化…………… 242
ロストアップデート…………… 159
ロック制御……………… 163, 170
ロックの粒度…………………… 168
論理データモデル……………… 14
論理データモデル機能………… 33
論理的データ独立性…………… 15
論理プロセス…………………… 324

<わ>

和…………………………… 50, 118
ワーキングスキーマ…………… 279

参考文献

- P.P.CHEN 著；「The Entity-Relationship Model　Toward a Unified View of Data」，ACM TODS，Vol.1.1，No1，1976 年
- 赤攝也他訳；「ACM チューリング賞講演集」，共立出版，1989 年，E.F. コッド；「関係データベース：生産性向上のための実用的基盤」，1981 年度 ACM チューリング賞記念講演
- E.F.Codd 著；「リレーショナル（関係）・データベース　その主要機能と実践的価値」，IBM ACCESS 誌 5／6 月号，1986 年
- 植村俊亮著；「データベースの基礎」，オーム社，1979 年
- 魚田勝臣，小碇暉雄著；「データベース」，日科技連，1993 年
- 「新しいデータベース技術」，bit 別冊，1980 年 4 月号
- 増永良文著；「リレーショナルデータベース入門 第 3 版」，サイエンス社，2017 年
- 山本森樹著；「体系的に学ぶデータベースのしくみ第 2 版」，日経 BP 社，2009 年
- Thomas Connolly, Carolyn Begg 著；「Database Systems」，Third Edition, Addison-Wesley, 2002
- R.Elmasri, S.Navathe 著；「Fundamentals of Database Systems」，Seventh Edition, Pearson Education 2017
- H.Garcia, J.D.Ullmann, J.Widom 著；「Database Systems The Complete Book」，Prentice-Hall, 2002
- J.D.Ullman 著；「Database and Knowledge-Based Systems」，Computer Science Press, 1988
- C.J.Date 著；「An Introduction to Database Systems」，Seventh Edition, Addison-Wesley, 2000
- Greg Riccarrdi 著；「Principles of Database Systems with Internet and Java Applications」，Addison-Wesley, 2001
- Alan R.Simon 著，「Strategic Database Technology；Management for The Year 2000」，Morgan Kaufmann Publishers, Inc., 1995
- T.J. ティオリ著，原田勝訳；「データベースの設計」，勁草書房，2000 年
- ロバート J. マラー著，苅部英司訳；「オブジェクト指向設計法によるデータベース設計技法」，三元社，2002 年
- マーチン・ファウラー，ケンドール・スコット著，羽生田栄一監訳；「UML モデリングのエッセンス第 3 版」，翔泳社，2005 年
- 三浦孝夫著；「データモデルとデータベース　Ⅰ，Ⅱ」，サイエンス社，1997 年
- ジョー・セルコ著；「プログラマのための SQL　第 4 版」，翔泳社，2013 年
- ジム・グレイ，アンドレアス・ロイター著，喜連川優監訳；「トランザクション概念と技法（上），（下）」，日経 BP 社，2001 年
- C.J. デイト著，芝野耕司監訳，岸本令子訳；「標準 SQL 改訂第 2 版」，トッパン，1990 年
- 「JIS ハンドブック」（JIS X3004, JIS X3005-1995），日本規格協会，1997 年
- C.J.Date 著；「A Guide to THE SQL STANDARD THIRD EDITION」，ADDISON WESLEY, 1993 年
- C.J.Date, Hugh Darwen 著，QUPU LLC 訳；「標準 SQL ガイド改訂第 4 版」，アスキー，1999 年

参考文献

- マーチン・グルーバー著；「SQL92／99 標準リファレンスブック」，ピアソン・エデュケーション，2000 年
- 土田正士／小寺孝著；「SQL2003 ハンドブック」，ソフト・リサーチ・センター，2004 年
- 穂鷹良介・堀内一・溝口徹夫・鈴木健・芝野耕司著；「データベース標準用語辞典」，オーム社，1991 年
- 上林弥彦著；「データベースの基礎理論（6） 共有データベースの諸問題に対する理論」，情報処理，Vol.24 No.8, 1983 年
- Hal Berenson, Phil Bernstein, Jim Gray, Jim Melton, Elizabeth O'Neil, Patrick O'Neil 著；「A Critique of ANSI SQL Isolation Levels」，ACM SIGMOD'95
- 上林弥彦著；「データベース」，昭晃堂，1986 年
- D.T.Dewire 著，岩田裕道他訳；「多層型クライアント／サーバ・コンピューティング－技術展望と活用アプローチ－」，日刊工業新聞社，1998 年
- 疋田定幸著；「COM シリーズ 分散型データベースシステム入門」，オーム社，1989 年
- 喜連川優監修，岩宮好宏他訳；「SE の基礎知識 分散トランザクション処理」，リックテレコム，1994 年
- 上林弥彦著；「マルチデータベースの研究開発動向」，情報処理，Vol.35, No.2, 1994 年
- A.P.Sheth, J.A.Larson 著；「Federated Database Systems for Managing Distributed Heterogeneous and Autonomous Databases」，ACM Computing Surveys, Vol.22, No.3, 1990 年
- I.L.Traiger, J.Gray, C.A.Galtieri, B.G.Lindsay 著；「Transaction and Consistency in Distributed Database Systems」，ACM Transactions on Database Systems, Vol.7, No.3, 1982 年
- 穂鷹良介，芝野耕司，鈴木健，堀内一著；「データベース関連技術の標準化」，情報処理，Vol.37 No.7, 1996 年
- 「Information Resource Dictionary System (IRDS) Services Interface (ISO10728)」，ISO, 1993 年 4 月
- 「Information Resource Dictionary System (IRDS) framework (ISO10027)」，ISO, 1990 年 6 月
- 堀内一監修／IRM 研究会編；「データ中心システム分析と設計」，オーム社，1996 年改訂
- IRM 研究会編；「情報資源管理ハンドブック」，小学館，1991 年
- 堀内一監修／IRM 研究会編；「データ中心システム分析と設計」，オーム社，1996 年
- 椿正明著；「データ中心システムの概念データモデル」，オーム社，1997 年
- 松本聡著；「IDEF1X」，日経 BP 社，1996 年
- Heidei Gregersen, Christian S.Jensen 著；「Temporal Entity-Relationship Models-a Survey」，A TimeCenter Technical Report, 1997 年
- 國友義久著；「データベース編成技法」，オーム社，1990 社
- 山谷茂著；「現場主義の RDB 設計」，リックテレコム，1995 年
- スティーブン M.ボブロフスキー著，富士ソフトウェア訳；「Oracle7 クライアント／サーバコンピューティング」，富士ソフトウェア，1994 年
- Peter Corrigan, Mark Gurry 著，原陽一監訳；「オラクルパフォーマンスチューニング」，インターナショナル・トムソン・パブリッシング・ジャパン，オーム社，1994 年
- 「日経システム構築」，日経 BP 社，2005 年 7, 8, 9 月号
- W.H.Inmon 著；「データウェアハウス 構築編」，インターナショナル・トムソン・パブリッシング・

ジャパン，ビー・エヌ・エヌ，1997 年
- H.S.Gill & P.C.Rao 共著，富士通 SSL 監訳；「データウェアハウス構築と実際」，富士通経営研修所，1997 年
- マイケル J.A. ベリー／ゴードン・リノフ著，SAS インスティチュートジャパン／江原淳／佐藤栄作共訳；「データマイニング手法」，海文堂出版，2002 年
- 山谷茂，リックテレコム「ネットワークコンピューティング」編集部著；「使えるデータウェアハウスは現場主義で作れ」，リックテレコム，1999 年
- グラディ・ブーチ著，オージス総研オブジェクト技術ソリューション事業部訳；「UML ユーザガイド」，ピアソン・エデュケーション，1999 年
- Michael Stonebraker, Paul Brown, Dorothy Moore 著，太田佳伸，木下聡，仲山恭央共訳；「オブジェクトリレーショナル DBMSs（原書第 2 版）」，オーム社，1999 年
- Arvind Arasu, Shivnath Babu, Jennifer Widom 著，「The CQL continuous query language：semantic foundations and query execution」，VLDB Journal (2006) 15 (2)：121-142
- Sharma Chakravarthy, Qingchun Jiang 著，「Stream Data Processing：A Quality of Service Perspective」，Springer, 2009
- Bill Franks 著，「Taming the Big Data Tidal Wave」，John Wiley & Sans, Inc., 2012
- 原隆浩著，「ビッグデータ解析の現在と未来」，共立出版，2017 年
- 「NoSQL の教科書」，Software Design，技術評論社，2016 年 12 月号
- 太田一樹，他著，「Hadoop 徹底入門」，翔泳社，2011 年
- W.H.Inmon 著；「Buliding the Data Warehouse」，QED Information Sciences, Inc, 1992
- Alex Berson Stephen J.Smith 著；「Data Warehousing, Data Mining, and OLAP」，McGraw-Hill, 1997
- Ralph Kimball 著；「The Data Warehouse Toolkit」，John Wiley & Sons, Inc, 1996
- Rob Mattison 著；「Data Warehousings」，Mcgraw-Hill, 1996
- P. キャバナ，他著，日本 IBM 訳；「データマイニング活用ガイド」，トッパン，1999 年
- Sholon M.Weiss, Nitin Indurkhya 著；「Predictive Data Mining」，Morgan Kaufmann Publishers, Inc., 1998
- 宇田川佳久著；「オブジェクト指向データベース入門」，ソフトリサーチセンター，1992 年
- ベノー・マッシャー著，石川直太監修；「実例で学ぶ XML」，インプレス，2000 年

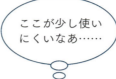

そんな声を教材に活かします!!
使用後アンケートご協力のお願い

　本書をご購入いただき，誠にありがとうございます。
　アイテックでは，本書を使用された皆様から本書に対するご意見・ご要望をお聞かせいただきたく，アンケートを実施しております。
　毎年，4月末，10月末までに弊社書籍アンケートにご回答いただいた方の中から抽選で20名様に，図書カード1,000円分をプレゼントいたします。ご当選された方には，ご登録いただいたメールアドレスにご連絡をさせていただきます（当選者の発表は，当選者へのご連絡をもって代えさせていただきます）。

※ご入力したメールアドレスは，ご当選した場合の当選通知，賞品お届けためのご連絡，賞品の発送のみに利用いたします。

※プレゼント内容は2018年9月現在のものです。詳細は，アンケートページをご確認ください。

アンケートご回答方法
　次のどちらかの方法でアンケートページにアクセスし，ご回答をお願いいたします。

【方法①：URL から】
https://questant.jp/q/db_kyou

【方法②：QR コード読み取り】

皆様のご意見・ご要望をお待ちしております。

株式会社アイテック

■ 執　筆

山本　森樹
　　アイテックIT人材教育研究部
　　大手電機メーカにて，汎用機OS，データベースマシン，分散管理ソフトウェアなどの開発に従事。その後，定年退職し，IT関連コンサルタントとして独立，元東京電機大学非常勤講師。現在は，IT基礎教育，基本ソフト関連の開発，データベース設計，エンベデッドシステム技術教育などに従事。

データベース技術の教科書

編著 ■ アイテックIT人材教育研究部
制作 ■ 山浦　菜穂子　　戸波　奈緒　　横山　直子
DTP・印刷 ■ 株式会社ワコープラネット

発行日　2018年10月10日　第1版　第1刷
発行人　土元　克則
発行所　株式会社アイテック
　　　　〒108-0074
　　　　東京都港区高輪2-18-10　高輪泉岳寺駅前ビル
　　　　電話　03-6824-9010
　　　　https://www.itec.co.jp/

本書を無断複写複製(コピー)すると著作者・発行者の権利侵害になります。
落丁本・乱丁本はお取り替えいたします。

© 2018 ITEC Inc. 702720-10WP
ISBN978-4-86575-144-4 C3004 ¥4200E